Ortwin Renn · Jürgen Deuschle · Alexander Jäger
Wolfgang Weimer-Jehle

Leitbild Nachhaltigkeit

Indikatoren und Nachhaltigkeit
Band 5

Herausgegeben von

Hans Diefenbacher
Volker Teichert
Stefan Wilhelmy

Ortwin Renn · Jürgen Deuschle
Alexander Jäger
Wolfgang Weimer-Jehle

Leitbild Nachhaltigkeit

Eine normativ-funktionale Konzeption und ihre Umsetzung

VS VERLAG FÜR SOZIALWISSENSCHAFTEN

Bibliografische Information Der Deutschen Nationalbibliothek
Die Deutsche Nationalbibliothek verzeichnet diese Publikation in der
Deutschen Nationalbibliografie; detaillierte bibliografische Daten sind im Internet über
<http://dnb.d-nb.de> abrufbar.

1. Auflage Juni 2007

Lektorat: Monika Mülhausen / Bettina Endres

Der VS Verlag für Sozialwissenschaften ist ein Unternehmen von Springer Science+Business Media.
www.vs-verlag.de

Umschlaggestaltung: KünkelLopka Medienentwicklung, Heidelberg
Druck und buchbinderische Verarbeitung: Krips b.v., Meppel
Gedruckt auf säurefreiem und chlorfrei gebleichtem Papier
Printed in the Netherlands

ISBN 978-3-531-15275-2

Vorwort der Herausgeber

Die Reihe, in der dieser Band veröffentlicht wird, möchte ein Forum für die wissenschaftliche Diskussion theoretischer und praktischer Konzepte zur Messung von Nachhaltigkeit durch Indikatoren bieten. Nach wie vor ist die Diskussion um nachhaltige Entwicklung sowohl wissenschaftlich als auch politisch so unbestimmt, dass nicht wenige Meinungsäußerungen mittlerweile darauf abzielen, auf die Verwendung des Begriffs wieder zu verzichten. Wir sind jedoch weiter der Ansicht, dass die Operationalisierung des Begriffs durch die Entwicklung statistischer Konzepte bei weitem noch nicht als abgeschlossen betrachtet werden kann. Nicht nur der wissenschaftliche sondern auch der politische Ertrag des Begriffs der Nachhaltigkeit kann daher auf keinen Fall endgültig beurteilt werden.

Die Arbeitsgruppe um Ortwin Renn wählt in diesem Rahmen einen Zugang, der uns besonders diskussionswürdig erscheint: Nachhaltigkeit wird von den Autoren von vornherein als Leitbegriff verstanden, der sowohl normativ bestimmt werden als auch analytisch überzeugen muss. Einer Darstellung der systemischen Wechselwirkungen zwischen der ökologischen und der kulturellen Dimension der Nachhaltigkeit folgt die kritische Würdigung einiger Ansätze, die Nachhaltigkeit zu verorten suchen. Das Konzept, das die Autoren dann im weiteren selbst verfolgen, begreift nachhaltige Entwicklung – ähnlich wie in der deutschen Nachhaltigkeitsstrategie der Bundesregierung aus dem Jahr 2002 – als eine Kombination aus systemarer Integrität, sozialer Gerechtigkeit und Lebensqualität. Die Autoren füllen die Indikatoren, die in diesen Dimensionen dann vorgeschlagen werden, nicht nur mit Daten für die Bundesrepublik Deutschland aus, sondern reflektieren kritisch die Wechselbeziehungen zwischen diesen Indikatoren in einer von ihnen weiter entwickelten Form der „Cross-Impact-Analysis". Ziel- und Transformationskonflikte, die hier unvermeidlich zu Tage treten, sollen mit Hilfe diskursiver Verfahren weiter bearbeitet werden, an die jedoch ein hoher Anspruch gestellt wird: Bürgerinnen und Bürger sollen so die Möglichkeit erhalten, „in einem Klima gegenseitiger Gleichberechtigung, der Anerkennung von Sachwissen und normativen Vorgaben sowie des Respekts vor der Legitimität unterschiedlicher Wertesysteme und Präferenzen Handlungsoptionen zu diskutieren, die damit verbundenen Folgen und Implikationen zu bewerten und auf dieser Basis Empfehlungen für repräsentative Gremien und/oder für ihre Mitbürger zu formulieren" (S. 197).

Die gesellschaftliche Auseinandersetzung mit Indikatoren der Nachhaltigkeit erhält im Konzept der Autoren um Ortwin Renn somit einen sehr hohen Stellenwert. Ein verantwortlicher Umgang mit komplexen Entscheidungsproblemen bedarf eines exzellenten Sachwissens, das nicht nur die Auswahl der Indikatoren sondern auch die Datenaufbereitung und Präsentation prägen muss. Angesichts dieser gesamtgesellschaftlichen Aufgabe ist dieser Band der Reihe „Indikatoren und Nachhaltigkeit" ein Plädoyer für eine sehr weitgehende, informierte Partizipation von Bürgerinnen und Bürgern, die bereit sein müssen, sich der Tragweite gesellschaftlicher Entscheidungsprozesse mit langfristiger Bedeutung zu stellen. Der Veröffentlichung ist zu wünschen, dass sie genau jene Diskussionsprozesse auslöst, die in ihr entwickelt werden, um Probleme der Nachhaltigkeit angemessen zu bearbeiten.

Hans Diefenbacher
Volker Teichert
Stefan Wilhelmy

Danksagung

Die in diesem Buch beschriebenen Forschungsergebnisse entstanden im Rahmen eines im Auftrag des Ministeriums für Wissenschaft und Kunst Baden-Württemberg durchgeführten Projektes und auf der Basis von Vorarbeiten der Akademie für Technikfolgenabschätzung in Baden-Württemberg.

Die Autoren danken Herrn Christian Leon für seine langjährigen Beratungen in diesem Forschungsprojekt und seinen Vorarbeiten, sowie Herrn Prof. Michael von Hauff, Herrn Prof. Joseph Huber, Herrn Jürgen Kopfmüller und Herrn Prof. Konrad Ott für ihre kritischen und konstruktiven Kommentare zur ersten Fassung des Buchmanuskripts. Dank schulden die Autoren weiterhin Dr. Günther Bachmann, Prof. Dr. Karl-Werner Brand, Dr. Hans Diefenbacher, Frau Ellen Frings, Prof. Dr. Michael Jischa, Dr. Thomas Kämpke, Jürgen Kopfmüller, Prof. Dr. Helge Majer, Prof. Dr. Dr. F. J. Radermacher, Dr. Klaus Rennings und Dr. Jörg Tremmel für die Bereitstellung ihrer Expertenurteile im Rahmen der Cross-Impact-Analyse. Verdienste bei der Erarbeitung der Datengrundlagen und bei der Fertigstellung des Manuskriptes haben sich Frau Stefanie Bohm, Frau Sabine Mücke, Frau Sabrina Schütze und Herr Marco Sonnberger erworben. Dem Baden-Württembergischen Ministerium für Wissenschaft und Kunst sei für die finanzielle Unterstützung der Arbeiten gedankt, die den erfolgreichen Abschluss des Projektes ermöglicht hat. Ein besonderer Dank gebührt Herrn Dr. Diefenbacher neben seinen bereits erwähnten Beiträgen für seine Bereitschaft, dieses Buch in seine Reihe „Indikatoren und Nachhaltigkeit" im VS-Verlag aufzunehmen.

Stuttgart im Januar 2007

Ortwin Renn, Jürgen Deuschle, Alexander Jäger und Wolfgang Weimer-Jehle

Inhaltsverzeichnis

Einleitung

„Man könnte bilanzieren: Seit Rio (1992) ist nichts so nachhaltig wie das Reden und Schreiben über 'Nachhaltige Entwicklung' oder 'Sustainable Development' und gleichzeitig nichts so aussichtslos wie der Versuch, den Begriff konsensfähig und allgemeinverbindlich zu definieren“ (Jüdes 1997: 1).

Mit diesen bitteren Worten beginnt eine kritische Analyse in der Zeitschrift „Politische Ökologie“ über die bisherige Nachhaltigkeitsdebatte in Deutschland. Wird der inflationäre Gebrauch des Wortes „Nachhaltigkeit“ dazu führen, dass wir nur noch mit einer Worthülse alles, was uns edel, hilfreich und gut erscheint, unter einen Begriff fassen wollen? Oder ist der Begriff mehr als eine dehnbare Schablone für Sonntagsreden und folgenlose Absichtserklärungen?

Der Begriff der Nachhaltigkeit stammt ursprünglich aus der Forstwirtschaft und bedeutet, dass nur soviel Holz geerntet werden darf, wie in dem jeweiligen Anbaugebiet nachwächst. Der sächsische Oberberghauptmann von Carlowitz hat im Jahre 1713 in seinem Werk "Sylvicultura Oeconomica" zum ersten Male den Begriff der Nachhaltigkeit verwendet, ohne zu ahnen, dass dieser Begriff 274 Jahre nach dem Erscheinen seines Werkes international in aller Munde sein würde (Peters 1984: 4; 261). Eine nachhaltige Forstwirtschaft, so der Oberberghauptmann, beruhe auf dem Grundsatz, dass man nur so viel an Holz einschlagen dürfe wie durch Neupflanzung an Bäumen nachwachsen würde. Die Idee hat die sog. Brundtland-Kommission übernommen. Sie definiert nachhaltige Entwicklung als eine „Entwicklung, die die Bedürfnisse der Gegenwart befriedigt, ohne zu riskieren, dass künftige Generationen ihre eigenen Bedürfnisse nicht befriedigen können” (Hauff 1987: 46). Der Kern dieser Definition liegt darin, dass für die Nachwelt etwas erhalten und den kommenden Generationen etwas hinterlassen werden soll. Die Perspektive der Nachhaltigkeit bezieht sich auf die Dauerhaftigkeit kollektiver menschlicher Handlungen. Künftige Generationen sollen die gleichen Entfaltungsmöglichkeiten besitzen wie wir, gleichgültig ob sie diese nutzen wollen oder nicht. Sie müssen aber als Angebote für sie erhalten bleiben.

Bei der internationalen Umweltkonferenz in Rio 1992 ist das Konzept der Nachhaltigkeit global zu einem Leitbild für zukünftige wirtschaftliche und gesellschaftliche Entwicklung geworden. Weltweit herrscht Übereinstimmung darüber, dass Nachhaltigkeit ein normatives Leitbild zur Verwirklichung einer gerechten Verteilung von Lebenschancen für die jetzt lebende Bevölkerung wie für die künftigen Generationen darstellt (Korff 1995: 282 f.; Knaus/Renn 1998: 29 ff.). Dabei geht es sowohl um die Frage der Verteilung von Chancen und Ressourcen im Vergleich der Völker und Individuen innerhalb der heute lebenden Bevölkerung (intragenerationale Gerechtigkeit) wie auch der Langfristverantwortung gegenüber kommenden Generationen. Wie die Postulate der intra- und der intergenerationalen Gerechtigkeit aber konkret umgesetzt werden soll, darüber besteht keineswegs Einigkeit. Denn das, was eine gerechte Verteilung von Lebenschancen bedeutet und wie man das Erbe festlegen soll, das man den künftigen Generationen hinterlassen soll und muss, hängt maßgeblich von der individuellen und kollektiven Bewertung der zu verteilenden Güter ab. Vielfach wird bei der Verteilung nur an die Menge der natürlichen Ressourcen gedacht, die, von den heutigen Menschen genutzt, folgenden Generationen nicht mehr vollständig zur Verfügung stünden. Darüber wird leicht vergessen, dass zu den Gütern und Chancen auch die wirtschaftlichen Errungenschaften einer Volkswirtschaft gehören, die mit Hilfe von Kapital, Arbeit und Natureinsatz geschaffen worden sind. Auch die sozialen Institutionen, wie demokratische Willensbildung, Regeln der gerechten Verteilung, Formen der friedlichen und gerechten Konfliktbearbeitung, Schaffung und Ausbau des Wissens sowie Manifestationen des kulturellen Selbstverständnisses und der sozio-kulturellen Identität, sind ebenfalls wichtige Elemente des kulturellen Schatzes von Gesellschaften, den wir gerecht auf die heutige Generation aufteilen und gleichzeitig den kommenden Generationen hinterlassen wollen. Die einseitige Fokussierung auf natürliche Ressourcen ist deshalb zu eng.

Ein Streben nach Nachhaltiger Entwicklung in einem umfassenden Sinne fordert von den heute lebenden Menschen eine Lebensweise, die berücksichtigt, dass auch die nach ihnen Lebenden ebenso wie sie selbst berechtigte Ansprüche haben werden. Wenn sich eine Gesellschaft zu einer nachhaltigen Lebens- und Wirtschaftsweise verpflichtet und sich darauf festlegt, nicht auf Kosten der nachfolgenden Generationen zu leben und zu wirtschaften, dann muss das Konsequenzen für den Umgang mit den Mitteln haben, die den Menschen zur Gestaltung ihres Lebens zur Verfügung stehen. Das Postulat der Nachhaltigkeit stellt letztlich eine Verteilungsnorm innerhalb und zwischen den Generationen dar. Es beschreibt also keinen wissenschaftlich beobachtbaren Sachverhalt, es leitet sich auch nicht unmittelbar aus dem Wissensschatz der Ökologie oder anderen Naturwissenschaften ab. Nachhaltige Entwicklung ist vielmehr ein normatives Prinzip. Es geht um die Frage wie Menschen leben sollen und was heute und morgen ein „gutes" Leben ist (Potthast 2000: 123; Reisch 2000: 218 f.).

Die Resonanz, die das Konzept der Nachhaltigkeit weltweit erfahren hat, drückt sich in unzähligen Regierungserklärungen, Nachhaltigkeitsprogrammen, Nachhaltigkeitsräten, kollektiven Selbstverpflichtungen, internationalen Abkommen, Absichtserklärungen und Strategiepapieren aus. Europäische Länder wie Dänemark, Frankreich, Großbritannien, die Niederlande, Schweden und Deutschland haben nationale Umwelt- oder Nachhaltigkeitspläne veröffentlicht (Eberhardt 2006: 56). Eine 19-Länderanalyse über die Wirksamkeit der Nachhaltigkeitsstrategien kommt allerdings zu dem ernüchternden Schluss, dass in den meisten Fällen diese Strategien politisch nicht umgesetzt wurden (Jänicke et al. 1997; Swanson et al. 2004). Entweder gab es kein Budget dafür oder es kam zu keiner Konkretisierung der Politikinstrumente. Oftmals fehlte auch eine Soll-Ist-Vergleichsbasis, so dass die Wirkungen der Strategien einfach verpufften. Zu ähnlichen Folgerungen kommen Bewertungen der Lokalen-Agenda-21-Prozesse, bei denen inzwischen immerhin ein Erfahrungshorizont von rund 15 Jahren vorliegt (Eberhardt 2006: 57). Zwar sei das Ziel einer breiteren Bewusstseinsbildung und einer Erfahrung der Vernetzung von ökologischen, ökonomischen und sozialen Aspekten im lokalen Umfeld in vielen Agenda-Prozessen erreicht worden, aber ob man dem Gesamtziel einer dauerhaften Entwicklung wirklich einen Schritt näher gekommen sei, müsse bezweifelt werden.

Die Inflation von Publikationen und Erklärungen zur Nachhaltigen Entwicklung steht in einem eigenartigen Kontrast zu den skeptischen Beurteilungen der Wirksamkeit aller dieser wohlmeinenden Strategiepapiere. Dabei ist im Grundsatz die Wissensgrundlage für die politische Wirksamkeit von Nachhaltigkeitsstrategien von einem einfachen Dreiklang abhängig (vgl. Ott/Döring 2004; Daschkeit 2006: 38):

- Schaffung von *Orientierungswissen:* Welche normative Grundlage wollen wir als Orientierungsmarken für unser eigenes Handeln akzeptieren, und welcher Zielhorizont ergibt sich daraus für Nachhaltige Entwicklung bezogen auf einen Planungszeitraum?
- Schaffung von *System- und Erklärungswissen:* Welche Zusammenhänge bestehen zwischen den Größen, die in das Zielsystem einfließen? Wie ist die Ausgangslage? Wie lassen sich Ausgangslage und Ziellage sinnvoll miteinander vergleichen?
- Schaffung von *Transformations- und Handlungswissen:* Welche Maßnahmen sind geeignet, nach den Maßstäben der Effektivität, Effizienz und Akzeptabilität die angestrebten Ziele und erwünschten Zustände zeitgerecht zu erreichen?

Jedem ist natürlich bewusst, dass Wissen alleine noch keine Veränderungen schafft. Aber Wissen ist eine Voraussetzung dafür, dass die Veränderungen auch eingeleitet werden. Vor allem aber ist das Wissen die wesentliche Ressource, um die Wirksamkeit der Veränderungen zu antizipieren und deren Nebeneffekte abzuschätzen. Sobald das Wissen vorliegt, ist es eine politische Aufgabe, die zum Handeln notwendigen Ressourcen zu beschaffen: Diese sind Geld, administrative Kapazität, politische Unterstützung, soziale Akzeptanz und institutionelles Monitoring. Es muss aber jedem klar sein, dass sich eine nachhaltige Entwicklung nicht allein auf Grundlage administrativen Handelns einstellen wird. Die so zu schaffenden Rahmenbedingungen sind zwar wichtig, aber ebenso bedeutend sind die nachhaltigkeitskonformen Handlungsentscheidungen eines jeden Einzelnen.

Die vorliegende Analyse setzt bei dieser Überlegung an. Wie alle aus der Wissenschaft stammenden Untersuchungen, geht es auch in dieser Publikation um Wissen. Die Umsetzung des Wissens in politische Praxis und individuelles Alltagshandeln ist und kann nicht Aufgabe einer wissenschaftlichen Studie sein. Allerdings ist die vorliegende Untersuchung von dem Gedanken getragen, den Dreiklang von Orientierungs-, System- und Umsetzungswissen näher zu beleuchten und dazu einen eigenen Ansatz zu wagen. Dabei geht es uns weniger um eine neue Perspektive in der konzeptionellen Betrachtung der Nachhaltigkeit oder um eine radikale Erneuerung des Nachhaltigkeitsansatzes, sondern vielmehr um eine Harmonisierung von normativem Grundkonzept, systemwissenschaftlicher Fundierung und daraus abgeleiteten Umsetzungsstrategien bis hin zu verfahrensmäßigen Vorschlägen zur diskursiven Entwicklung von Strategien. Alle Komponenten dieses Ansatzes sind in der Diskussion um Nachhaltigkeit bereits explizit oder implizit enthalten, der Neuigkeitswert unseres Versuchs besteht in einer möglichst konsistenten und kohärenten Verknüpfung der drei Wissensebenen.

Diese Forderung nach Integration der Wissensebenen ist einfacher gesagt als getan. Eine zukunftsgerechte, den berechtigten Ansprüchen kommender Generationen angemessene Entwicklung erfolgt nicht von selbst. Die Hoffnung vieler Ökonomen, der Markt werde schon für die richtigen Signale einer vorausschauenden Ressourcennutzung sorgen, lässt sich angesichts der heutigen Bedrohungen nicht oder nur bedingt einlösen (Renn 1997). Gleichzeitig verkennt eine Politik des kompromisslosen Erhalts der Natur die Angewiesenheit des Menschen auf Umwandlung von Natur- in Kulturflächen und auf Ausschöpfung der Material- und Energiereserven dieser Welt. Die Tragekapazität der Natur für menschliche Zwecke hat sich im Laufe der Zeit durch konstante Umwandlung von Natur- in Kulturfläche und durch technischen Wandel um den Faktor 10.000 gegenüber der ursprünglichen Jäger- und Sammlerkultur erhöht (Mohr 1995; Knaus/Renn 1998: 41f.). Die gängige Formel, der Mensch müsse von den Zinsen des Naturkapitals leben und nicht von der Substanz, macht nur dann Sinn, wenn man das Naturkapital als Variable und nicht als Zustandsgröße, als etwas Gegebenes, ansieht. Zweifelsohne ist die Tragekapazität nur bis zu einem bestimmten Grade für menschliche Expansions- und Interventionsstrebungen elastisch. Wo genau die objektiven Grenzen der Belastbarkeit der Natur liegen, ist eine akademisch interessante, aber praktisch belanglose Frage. Aus allen bisherigen Analysen wird nämlich zweierlei deutlich: Zum einen können moderne Gesellschaften nicht darauf vertrauen, dass die neuen Innovationswellen die Tragekapazität stetig ausweiten werden. Wir müssen uns also früher oder später auf objektive Grenzen einstellen. Zum anderen leben wir bereits heute von dem Grundkapital der jetzt gegebenen Tragekapazität, d.h. wir entziehen unseren Nachkommen einen Teil der Zinsen, die ihnen gemäß dem Postulat der Nachhaltigkeit aus Gerechtigkeitsgründen eigentlich zustehen würden (Catton 1980; Mohr 1995).

Dazu kommt noch, dass die Verwendung der Zinsen heute höchst ungleich über den Erdball verteilt ist (BUND 1996). Zwischen den reichen und den armen Ländern besteht in der Regel ein Faktor von zehn im Verbrauch der Umwelt als Ressourcenlager und als Abfallsenke. Die Ressourcennutzung eines durchschnittlichen Europäers oder Nordamerikaners lässt sich somit nicht auf alle Menschen verallgemeinern, ohne dass die Ressourcenlage zusammenbricht (Gestring et al. 1993: 580f).

Diese Randbedingungen machen eine Bestimmung, was man normativ unter einer nachhaltigen Politik zu verstehen hat, besonders schwierig. Eine einfache und vor allem eindeutige Verhaltensregel, wie die Menschen die Gratwanderung zwischen Bewahren und Erneuern bestehen sollen, ist weder in Sicht noch theoretisch zu erwarten. Es ist eine kulturelle Aufgabe, genauer zu bestimmen und zu begründen, welche Eingriffe in Natur, Gesellschaft und Kultur aus heutiger Sicht gerechtfertigt und welche besser zu unterlassen sind. Insofern ist die Frage nach den Zielen und deren Rechtfertigungen im Rahmen des Nachhaltigkeitsdiskurses keineswegs trivial. Weder die auf Ökologie fokussierten Konzepte der Nachhaltigkeit noch das sich inzwischen weltweit durchgesetzte Drei-Säulen-Modell können hier überzeugen.

Aus diesem Grunde widmen wir uns in dieser Studie auch dem Thema „Normative Grundlage der Nachhaltigkeit". Angesichts der Notwendigkeit einer bewusst vorzunehmenden Auswahl von Erhaltenswertem und Veränderbarem, geht es uns darum, ein normativ befriedigendes und analytisch angemessenes Konzept der Nachhaltigkeit vorzulegen. Dabei beschränken wir uns in dieser Studie bewusst auf Deutschland, wobei aber die grundlegenden normativen Überlegungen weltweit Geltung beanspruchen.

Um die adäquate Mischung und damit die Grenzen zwischen Bewahrung und Transformation zu bestimmen, sind zunächst Informationen über funktionale Zusammenhänge in einem breiten Gefüge von Interaktionen zwischen menschlichem Handeln und natürlicher Umwelt notwendig, die vor allem die Wissenschaften liefern können und müssen. Indem sie Wirkungsketten durchleuchten, Eingriffe in die Natur und Kultur analysieren und aufzeigen, wo die Entfaltung des Menschen die Umwelt(en) verändert und systemare Konsequenzen hervorrufen kann, ermöglichen sie einen sachgerechten Umgang des Menschen mit den natürlichen und kulturabhängigen Grundlagen seiner Existenz (WBGU 2000). Aus diesem Grunde beginnt diese Studie mit einer Analyse des Sachstandes, d. h. der Erläuterung der systemaren Zusammenhänge zwischen Natur und Kultur. Wie ist die heutige Situation zu beurteilen? Wie ist die Ausgangslage zu beurteilen? Es versteht sich von selbst, dass eine solche Analyse nur synoptischen Charakter tragen kann und auf eine subjektive Auswahl der aufgezeigten Phänomene angewiesen ist. Unser Augenmerk liegt dabei auf der Erörterung der Trends, die auf Problemlagen für zukünftige Entwicklungen hinweisen und bei denen eine Umsteuerung funktional sinnvoll erscheint. Dabei werden ökonomische, ökologische und kulturelle Entwicklungslinien thematisiert *(Kapitel 1)*.

Eine Ansammlung wissenschaftlicher Fakten reicht jedoch nicht aus, um Handlungsalternativen im Hinblick auf Nachhaltigkeit zu bewerten und auszuwählen. Jedes noch so fundierte und umfangreiche Systemwissen befreit die Menschen also nicht von der anspruchsvollen Aufgabe zu entscheiden, was im Sinne der Nachhaltigkeit zu tun bzw. zu unterlassen ist. Entscheidungen über Naturerhalt und Naturnutzung erfordern Prozesse der kollektiven Bewertung und Abwägung. Die Gesellschaft muss sich über Präferenzen und die Gewichtung von Werten verständigen. Diese Probleme treten noch deutlicher zutage, wenn man die ökonomische und soziale Komponente der Nachhaltigkeit mit einbezieht. Bis heute gibt es weltweit noch keine Übereinstimmung darüber, welche wirtschaftlichen und sozialen Errungenschaften für die kommenden Generationen zu erhalten sind. Vielfach sind die Dimensionen aus den gerade akuten Debatten abgeleitet oder sind Ausdruck von „Allgemeinplätzen“, die alles, was gerade in der Politik kontrovers diskutiert wird, unter dem Etikett „Nachhaltigkeit“ zu fassen versuchen.

Deshalb untersuchen wir im *zweiten Kapitel* mehrere aktuelle Ansätze, um Nachhaltigkeit analytisch und normativ zu fassen. Dabei beschränken wir uns im Sinne einer exemplarischen Auswahl auf einige wenige wissenschaftlich begründete und konzeptionell originelle Arbeiten, die zumindest für Teilbereiche der Nachhaltigkeit fundierte Rückschlüsse erlauben. Diese Übersicht über die gerade aktuellen Entwürfe zur Nachhaltigkeit macht aber auch deutlich, dass es bis heute noch keinen geschlossenen Konzeptentwurf gibt, der ausgehend von den normativen Grundlagen die Fragen der operationalen Umsetzung, der Indikatoren und der Strategieentwicklung behandelt. Insofern bietet die Analyse des zweiten Kapitels die Basis dafür, dass wir ein eigenes Konzept unter Einbeziehung der vorliegenden Studien entwickeln müssen, das versucht, diesem Anspruch einer kohärenten Gesamtschau gerecht zu werden.

Mit der Entwicklung dieses Konzeptes beginnen wir im *dritten Kapitel.* Dieses Kapitel ist darauf ausgerichtet, zum einen die theoretische Basis der Nachhaltigkeit zu schaffen und zum anderen die zentralen Ziele einer auf Nachhaltige Entwicklung ausgerichteten Gesellschaftsordnung abzuleiten. Wir gehen in unserer Konzeption davon aus, dass systemare Integrität, soziale Gerechtigkeit und Lebensqualität die drei zentralen Leitdimensionen der Nachhaltigkeit sind und begründen diese Position. Mit Hilfe der jeweiligen theoretischen Fundierung dieser Leitdimensionen kann dann identifiziert werden, welche Ziele und Maßnahmen konsistent zu den ausgearbeiteten Anforderungen der Nachhaltigkeit sind und welche nicht. Diese Ziele werden um eine eindeutige Bestimmung der Dimensionen angereichert, die sich zum einen aus dem Orientierungswissen und zum anderen aus dem Systemwissen ableiten lassen. Es würde natürlich zu weit führen, wenn man die Erkenntnisse des Systemwissens über die in Kapitel 1 ausgeführten Trends hier im Einzelnen aufführen würde. Dazu bräuchte man eine ganze Enzyklopädie. Bei den Erklärungen der Dimensionen und der in Kapitel 4 beschriebenen Indikatoren wurden deshalb Literaturhinweise aufgenommen, die eine vertiefte Auseinandersetzung mit dem Systemwissen zu den jeweils angeschnittenen Punkten ermöglichen.

Die folgenden drei Kapitel (4, 5 und 6) der Studie sind dem Transformations- und Handlungswissen gewidmet. Zum Ersten ist es für die Umsetzung von Wissen in Handlungen essentiell, die Wirksamkeit von Maßnahmen und Optionen im Voraus abschätzen und den Erfolg messen zu können. Dazu haben wir quantitative Indikatoren entwickelt, die es auf nationaler Ebene (Deutschland) erlauben, den Zielerreichungsgrad von Maßnahmen möglichst strukturgetreu abbilden zu können. Darüber hinaus sind dort auch zur Illustration die Indikatoren für die Bundesrepublik Deutschland konkret gemessen worden. Damit sollte auch gezeigt werden, dass viele der skeptischen Bewertungen zur Lage der Nachhaltigkeit in Deutschland durchaus ihre Berechtigung haben, wenn auch in einzelnen Feldern die Bilanz besser aussieht, als es die Skeptiker wahr haben wollen *(Kapitel 4)*.

Der zweite Schritt des Transformationswissens bezieht sich auf die Interaktionen der Dimensionen (und den daraus abgeleiteten Indikatoren). Da die Erfüllung einer Dimension zu positiven oder negativen Ausprägungen auf anderen Dimensionen führen kann, man also mit Ziel- und Umsetzungskonflikten rechnen muss, ist für die Realisierung einer nachhaltigen Entwicklung die Diagnose von Interaktionseffekten unerlässlich. Mit diesem Wissen sind die Konflikte nicht aus der Welt geschafft, aber ohne dieses Hintergrundwissen lassen sich Verfahren der Auflösung von Ziel- und Umsetzungskonflikten schwerlich entwickeln. Für diesen Zweck haben wir eine sog. Cross-Impact-Analyse durchgeführt, die es erlaubt, solche Interaktionseffekte zu identifizieren und zum Teil in ihrer Intensität einzuschätzen *(Kapitel 5)*.

Der letzte Schritt des Transformationswissens bezieht sich auf die Ausgestaltung und Auswahl der Maßnahmen selbst *(Kapitel 6)*. Hier wird der Prozess der Entscheidungsfindung besonders komplex, denn die Wahl der Maßnahmen ist nicht nur vom Grad ihrer Effektivität abhängig, sondern von vielen anderen wichtigen Bewertungskriterien. Darunter fallen die Effizienz (angemessene Ziel-Mittel-Relation), die faire Verteilung von Lasten und Privilegien, die moralische Akzeptabilität der Maßnahmen, die Kompatibilität mit dem politischen Steuerungssystem und die faktische Akzeptanz derjenigen, die diese Maßnahmen umsetzen oder diese annehmen müssen. Weder die Wissenschaft noch irgendeine andere Institution kann diese Bewertung ex cathedra für die Gesellschaft vornehmen. Mit der Cross-Impact-Matrix haben wir zwar ein Diagnoseinstrument, solche Interaktionseffekte zu identifizieren, aber die Auflösung von Zielkonflikten bleibt eine Aufgabe der multikriteriellen Bewertung. Denn zwischen diesen Bewertungskriterien herrscht oft ein Zielkonflikt: Das eine kann man nur auf Kosten des anderen verbessern. Wie man diese sog. Tradeoffs verteilen soll, ist eine Frage kollektiver Präferenzbildung und ethischer Reflektion. Dazu sind politische Aushandlungsprozesse notwendig und sinnvoll. Wie diese gestaltet werden können, wird in Kapitel 6 dieser Studie vorgestellt.

Als Autoren knüpfen wir an diese Untersuchung die Hoffnung, dass wir einen konstruktiven Beitrag zur Harmonisierung von System-, Orientierungs- und Transformationswissen geleistet haben. Mit dieser Verzahnung der drei Ebenen ist auch die Erwartung verbunden, dass die Politik zur Nachhaltigen Entwicklung einen weiteren Schub in Richtung Umsetzung und Einlösung ihrer vielen Strategiepapiere machen wird. Es wäre sicher schön, wenn 20 Jahre nach Rio die Bilanz der Nachhaltigkeit etwas weniger sarkastisch ausfallen würde, als es das Eingangszitat von Herrn Jüdes nahe legt.

1 Die Ausgangslage: Globale Trends und Probleme[1]

1.1 Gesellschaftliche Trends

1.1.1 Bevölkerungsentwicklung und Siedlungsdichte

Die Bevölkerung der Welt wächst ständig. Jedes Jahr wächst sie um rund 85 Millionen Erdenbürger: Das sind mehr Menschen als die Gesamtbevölkerung der Bundesrepublik Deutschland. Heute sind es bereits über sechs Milliarden, die unsere Erde bevölkern. Die Vereinten Nationen rechnen mit über neun Milliarden Menschen im Jahre 2050, von denen aller Voraussicht nach über die Hälfte in Großstädten leben werden (World Resources Institute 1996: 3, 174). Die Spezies Mensch hat inzwischen eine Siedlungsdichte erzielt, die um den Faktor tausend- bis zehntausendmal größer ist als das, was ohne Transformation von Natur- in Kulturland möglich wäre: Die Kultur der Jäger und Sammler hat die Menschheit in der neolithischen Revolution vor ca. vierzigtausend Jahren zugunsten einer neuen Wirtschaftsweise verlassen. Seit dieser Zeit verändert der Mensch planmäßig Natur und Umwelt, z. B. durch die Landwirtschaft und Viehzucht. Mit der Züchtung von Pflanzen und Tieren haben die Menschen ganz massiv in den Naturhaushalt eingegriffen.

Es gibt so gut wie kein Biotop, in dem der Mensch sich nicht häuslich eingerichtet hat – und gleich in großer Zahl. Die Ökologen bezeichnen die maximale Dichte einer Population in einem Raum als Tragekapazität. In den Begriff der Tragekapazität fließen zwei Größen ein: zum einen die Quantität der für die eigenen Interessen benutzten Naturreserven, d.h. der Anteil an der Nettoprimärproduktion, zum anderen aber auch die Qualität, d.h. die Intensität der Nutzung pro Einheit Naturverbrauch. Für Tiere und Pflanzen stellt diese Qualität und damit die Tragekapazität insgesamt eine biologisch vorgegebene Größe dar und bleibt unbeeinflussbar. Dem Menschen dagegen gelingt es, durch die Umwandlung von Natur in Kulturflächen, die Tragekapazität zu beeinflussen. Der Einfluss des Menschen führte im Laufe der Menschheitsgeschichte zu einer gewaltigen Steigerung der globalen Tragekapazität für den Menschen (vgl. Tabelle 1).

1 Autor dieses Kapitels ist Ortwin Renn

Tabelle 1: Maximale Tragekapazität für den Menschen bei unterschiedlichen Produktionsweisen

Produktionsbedingungen	Tragekapazität pro Quadratkilometer (Menschen)
Jäger und Sammler	0,0007 bis 0,6
Hirtenvölker	0,9 - 1,6
Frühe Agrikultur	2 - 100
Technisch verbesserte Agrikultur	8- 120
Frühindustrialisierung	90 - 145
Moderne Industriegesellschaft	140 - 300
Postindustrielle Gesellschaft	?

Datenquelle: Renn 1996: 86

Der Umweltsoziologe und Ökologe William Catton argumentiert in seinem Buch „Overshoot“ eindrucksvoll, dass die Menschheit die Grenze der Tragfähigkeit überschritten habe und unsere heutige Bevölkerungsdichte nur dadurch aufrecht erhalten könne, dass die heutige Generation der Menschen Kapital von der Nachwelt ausleihen würden, ohne dieses Kapital jemals zurückzahlen zu können (Catton 1980). Der Umweltökonom Julian R. Simon ist dagegen der Überzeugung, dass die Menschheit noch lange nicht die Grenze des Möglichen erreicht habe und sie die Tragekapazität im postindustriellen Zeitalter noch einmal wesentlich steigern könne (Simon 1992). Unumstritten ist aber, dass eine ausreichende Versorgung von sechs oder mehr Milliarden Menschen nicht mehr nach den Rezepten der Jäger- und Sammlerkultur möglich sein wird. Die technische Entwicklung ist damit unabdingbare Voraussetzung für die Existenzfähigkeit der Menschheit in ihrer jetzigen Populationsdichte.

1.1.2 Globalisierte Märkte

Die Menschen leben inzwischen in einer globalen und vernetzten Welt mit all ihren Vorzügen und allen ihren Problemen und Zwängen.

Was bedeutet Globalisierung? Die Tatsache, dass Güter weltweit ausgetauscht werden und man weltweit miteinander kommunizieren kann, ist seit vielen Jahrzehnten gegeben. Die Möglichkeiten der Internationalisierung haben sich sicher in den letzten Jahren erheblich ausgeweitet, aber sie sprechen nicht den Kern der Globalisierung an. Mit diesem Begriff verbindet sich der *Bedeutungsverlust des Ortes für Produktion, Handel und Kommunikation.* Gleichzeitig wird die ganze Welt Zeuge der Ereignisse, die auch im entferntesten Orte stattfinden. Gleichzeitigkeit der Ereignisse, Überwindung von Distanzen und globale Vernetzung von Handlungs- und Kommunikationsräumen sind wesentliche Kenzeichen der Globalisierung. Das globale Dorf ist nicht nur im Internet Wirklichkeit geworden. Transportkosten sind praktisch unerheblich geworden, zumal deren ökologische Kosten meist nicht in den Preis einbezogen sind. Räumliche Bindungen spielen so gut wie keine Rolle mehr im kommerziellen Austausch; wer irgendwo auf der Welt preiswerter oder qualitätsbewusster produziert, erhält den Vorzug. Der Verlust der Ortsgebundenheit ist dabei nicht auf das Wirtschaftsleben beschränkt. Die Ereignisse der Welt sind zeitgleich überall und potenziell jedem verfügbar. Alle Kulturansprüche auf Einzigartigkeit und Exklusivität, alle

Religionen mit Alleinvertretungsanspruch, alle Machtsysteme, die auf Isolierung gegenüber der Außenwelt bauen, brechen zunehmend auseinander. Pluralität und postmoderne Vielfalt bestimmen das globale Bild und ersetzen traditionelle Verwurzelungen in umfassenden Sinnsystemen. Gegen diese Form der globalen Modernisierung mit ihren relativistischen Begleiterscheinungen regt sich natürlich auch Widerstand: Die ökonomischen Verlierer, die Traditionalisten, die Moralisten, die alte Linke, die neue Rechte, die Vertreter von Leitkulturen, die Anhänger der „Zurück zur Natur"-Bewegung – sie alle fühlen sich durch die Globalisierung bedroht. Andere dagegen begrüßen sie euphorisch – die neuen Business-Eliten, die von Kontinent zu Kontinent jettenden Kulturfürsten, die universalistisch ausgerichteten Weltgelehrten und all die anderen Gewinner der Modernisierung.

1.1.3 Schlüsselvariable: Wissen

Alles systematisch zusammengetragene Wissen, das seit Beginn der Aufzeichnung von Wissen angesammelt worden ist, hat sich in den letzten Jahrzehnten rein quantitativ immer schneller vermehrt. Innovationszyklen verlaufen immer schneller, zahlreiche neue Produkte und Dienstleistungen überschwemmen die Märkte, und parallel dazu kommen und gehen Moden und Konsumstile. Allein in Deutschland werden pro Jahr fast 17.000 neue Patente erteilt (Statistisches Bundesamt 1997: 370; Harvard Business Review 2006). So wünschenswert diese Entwicklung im Hinblick auf Innovationskraft und Wettbewerbsfähigkeit auch sein mag, die Geschwindigkeit dieser Veränderungen wirkt sich natürlich auch auf die Befindlichkeit des Menschen aus. Das Diktat der Zeit verändert die Welt schneller als sie Verfahren entwickelt hat, diese Auswirkungen zu verkraften.

Die explosionsartige Zunahme des Wissens ist aber nicht einmal der Kernpunkt der vielfach beschworenen Wissensgesellschaft. Entscheidend ist vielmehr, dass sich die Halbwertszeit des angewandten Wissens ständig verringert. Mit Halbwertszeit ist die Zeitspanne gemeint, in der sich das einmal gelernte Wissen als überholt erweist. Heutzutage veraltert nichts so schnell wie das einmal gelernte Wissen. Wissen hat man immer gebraucht. Das Leben ist ohne Wissen nicht zu bewältigen. Jedoch wird die zeitliche Gültigkeit des erworbenen Wissens immer kürzer. Ohne ständige Erneuerung des eigenen Wissens ist die wirtschaftliche Zukunft weder individuell noch in der Gesellschaft als Ganzes zu meistern. Daraus folgt, dass die Menschen für eine langfristige Sicherung ihrer wirtschaftlichen und sozialen Leistungsfähigkeit zunehmend Investitionen in Bildung und Wissen benötigen. Die kostbarste Ressource ist weder Wasser noch Gold oder Platin, es ist das Wissen, das in den Gehirnen der Menschen und in Datenbanken wie Büchern und Computern gespeichert ist.

Wissen und Globalisierung stehen dabei in einem besonderen Spannungsverhältnis: Auf der einen Seite verlangt Globalisierung nach einem standardisierten Wissen, das überall auf der Welt in instrumentelles Handeln überführt werden kann. Auf der anderen Seite kann sich im globalen Wettbewerb nur derjenige halten, der die spezifischen Wissensressourcen der eigenen Region nutzt und Produkte bzw. Dienstleistungen anbietet, die andere nicht anbieten können. Während beispielsweise die Wissenschaft, vor allem die Naturwissenschaft, universelle Wissensbestände generiert, die unabhängig von der Herkunft des Wissens globale Geltung beanspruchen, sind Innovationssysteme mehr denn je auf spezifische Wissensbestände der Netzwerkpartner angewiesen (Renn 1997). Erst im Zusammenklang von abstraktem Wissen und regional und funktional differenziertem Wissen ist die Herausforderung der Globalisierung zu bewältigen.

Welche Potentiale erschließt "Wissen" für eine nachhaltige Entwicklung? Zum einen kann "Wissen" ermöglichen, dass derselbe Output an Gütern durch einen im Verhältnis zu anderen Produktionsfaktoren geringeren Verbrauch an natürlichen Ressourcen erzeugt werden kann. Zum anderen kann ein größerer Output an Gütern durch einen im Verhältnis zu anderen Produktionsfaktoren geringeren Verbrauch an natürlichen Ressourcen produziert werden. Schließlich kann Wissen zu ressourcensparenden Innovationen beitragen und den Lebensstil der Menschen im Sinne der Nachhaltigkeit positiv beeinflussen.

1.1.4 Die Gerechtigkeitslücke: Die tickende Zeitbombe

Der Zugriff auf die Ressourcen in dieser Welt ist von wachsender Ungleichheit geprägt. Die armen Länder dieser Welt verbrauchen nur einen Bruchteil der Ressourcen, die die Bewohner eines Industrielandes wie selbstverständlich in Anspruch nehmen. Wäre es aber physisch überhaupt möglich, den Lebensstil der Industrienationen auf alle Regionen dieser Welt zu übertragen? Wäre es beispielsweise physisch machbar, wenn die Chinesen ebenso viele Kraftfahrzeuge pro 100 Einwohner aufweisen würden wie die Deutschen? Gäbe es überhaupt genug Erdöl auf der Welt, um den durchschnittlichen Benzinverbrauch eines Amerikaners als Norm für alle sechs Milliarden Menschen zu verankern?

Jedem wird sofort einleuchten, dass eine Verallgemeinerung des Lebensstils der reichsten Erdenbürger auf alle Menschen dieser Welt die Ressourcenbasis innerhalb von wenigen Jahrzehnten aufbrauchen würde. Schon einige wenige Gegenüberstellungen von Zahlen über den Verbrauch von natürlichen Gütern in Industrieländern und Entwicklungsländern sprechen hier eine deutliche Sprache (vgl. Tabelle 2). Selbst wenn es möglich wäre, die heutigen Lebensumstände der reichen Industrienationen einzufrieren, also kein Wohlstandszuwachs mehr zugelassen würde, wäre zumindest kurz- und mittelfristig eine Verallgemeinerung dieser Lebensumstände auf ärmere Völker aus Gründen der Erschöpfbarkeit von Ressourcen unmöglich.

Tabelle 2: Verbrauch von natürlichen Ressourcen in den USA und Indien (1991)

Natürliche Ressource	Verbrauch in den USA	Verbrauch in Indien	Pro-Kopf-Verhältnis USA/Indien
Aluminium (in 1000 t)	4.137	420	33,7
Kupfer (in 1000 t)	2.057	157	44,8
Rohstahl (in 1000 t)	93.325	20.300	15,7
Kohle (in 1000 t)	672.036	184.992	12,4
Erdöl (in 1000 t)	666.032	53.294	42,7
Erdgas (in 1000 t)	21.387.719	387.250	183,9
Ganzholz (in 1000cm^3)	468.003	281.045	5,7
Faserholz (in 1000cm^3)	136.377	1.208	385,7

Datenquelle: World Resources Institute/United Nations Environment Programme (1995): Welt Ressourcen 1994-95.

Das gleiche gilt auch für die Einkommensverteilung. Die Kluft zwischen den Reichen und den Armen innerhalb eines Landes wie auch zwischen den armen und den reichen Ländern weitet sich aus. Hält man an der Forderung nach Chancengleichheit unter allen Menschen fest, dann führt kein Weg daran vorbei, dass die reicheren Länder umverteilen müssen. Trotz der internationalen Forderung, mindestens ein, wenn nicht sogar drei Prozent des Bruttosozialprodukts für Entwicklungshilfe vorzusehen, bewegt sich der Anteil in den meisten Industrieländern, einschließlich der Bundesrepublik Deutschland, auf unter 0,5 Prozent.

1.1.5 Individualisierung der Lebensansprüche bei gleichzeitiger Universalisierung von Teilkulturen

Die moderne Industrie- und Dienstleistungsgesellschaft hat die Möglichkeiten der Individualisierung geschaffen mit ihren unbestreitbaren Vorteilen, aber auch ihren Problemen. Pluralisierung von Werten und Normen sowie Säkularisierung der Weltbilder sind dabei wichtige Eigenschaften gegenwärtiger Gesellschaften. Das Erste führt zu einer Verbreiterung auswählbarer Lebensentwürfe, zu einer nie vorher vorhandenen Vielfalt an Lebensstilen und Orientierungsmustern. Die Kehrseite besteht aber aus Orientierungslosigkeit und situationsgebundener Zersplitterung von Verhaltensweisen. Das Zweite befreit den Einzelnen von seiner kulturellen Unmündigkeit und schafft gleichzeitig seelische Leere und Mangel an Geborgenheit. Individualisierung, Pluralisierung und Säkularisierung zusammen potenzieren die Fülle menschlicher Entfaltungsmöglichkeiten, eröffnen zusätzliche Handlungsoptionen und vermehren die materiellen und ideellen Lebensgrundlagen. Doch all dies hat seinen Preis: Die natürlichen Grundlagen sind gefährdet, die Effizienz der Produktion wird durch häufig sinnentleerte und entfremdete Arbeitsbedingungen erkauft und die integrale Persönlichkeit durch Rollenverhalten je nach segmentiertem Funktionsbereich (Arbeit, Heim, Freizeit) ersetzt. Individualismus und authentisches Leben werden zwar großgeschrieben, aber gleichzeitig besteht ein großes Bedürfnis nach kollektiver oder sozialer Geborgenheit. Dies äußert sich darin, dass sich zunehmend Gruppen mit kollektiven Normen und Verhaltensweisen herausbilden, die jenseits von Volkszugehörigkeit oder Nation eine eigene Identität entwickeln – und dies oft weltweit.

In einer international vergleichenden Studie wurden Einzelgruppen weltweit in Australien, Südamerika, Europa und Kanada zum Thema Wahrnehmungen von Technik, Risiken und Einstellungen befragt (Rohrmann/Renn 2000). Dabei stellte sich heraus, dass jede der befragten Einzelgruppen, vom Pflegepersonal in Krankenhäusern bis hin zu Obdachlosen, mehr miteinander gemein hatte, gleichgültig aus welchem Lande oder welcher Kultur sie stammten, als Personen aus unterschiedlichen Gruppen innerhalb eines Landes. Das ist eine neue Entwicklung. Alte Bindungskräfte, etwa des nationalen Zusammengehörigkeitsgefühls, schwinden zugunsten von neuen Lebensentwürfen, die über die Grenzen der eigenen Nation hinaus wirksam werden, weil sich Gleichgesinnte dank Internet und anderen globalen Medien weltweit zusammenfinden. Nationale Integration setzt dabei immer weniger Bindungskraft frei. Politik muss sich auf diese Aufweichung nationaler Bindungskräfte zugunsten einer Aufsplitterung in subkulturelle, jedoch weltweit agierende Sinngruppen einstellen. Gleichzeitig entstehen starke Gegenkräfte, die regionale oder nationale Bindungen wiederzubeleben versuchen, wobei es dabei auch zu fundamentalistischen Abschottungstendenzen kommen kann.

1.1.6 Die kulturelle Dimension des technischen Wandels: Die Identität des Menschen

Als Sigmund Freud auf die großen Kränkungen der Menschheit hinwies, hatte er vor allem den Stellenwert des Menschen im natürlichen Kosmos (verstanden als ein Mittelpunkt einer geistigen Ordnung) und in der kulturellen Evolution im Visier. Die Erkenntnis, dass die Erde nicht Mittelpunkt des Sonnensystems war, die Einsicht, dass der Mensch in evolutiver Abfolge von den Tieren abstammt, und die Wahrnehmung der Begrenztheit der eigenen Handlungsfreiheit durch die Kräfte des Unbewussten zog er als wesentliche Belege dafür her, dass das Selbstbild des Menschen, ein einzigartiges und souveränes Geschöpf zu sein, schmerzlich erschüttert wurde (Freud 1972: 283f.). Die weitere Entwicklung von Naturwissenschaft und Technik ist in diesem Sinne noch einen Schritt weitergegangen: Mit den Erkenntnissen der neuen Gehirnforschung und den damit verbundenen Möglichkeiten der externen Steuerung von menschlichen Denkprozessen auf der einen und den zunehmend intelligenteren Maschinensystemen auf der anderen Seite steht nun die Identität des Menschen selbst zur Debatte. Die vielen Science-Fiction-Romane und Filme, die Roboter häufig mit menschlichen Zügen darstellen, und zwar nicht nur in Bezug auf praktische Kenntnisse, sondern auch in Bezug auf moralisches Handeln, zeugen eindrücklich von den tiefliegenden Ängsten und Befürchtungen, die mit dem Angriff auf das Selbstbild des Menschen verbunden sind.

Die Ironie dieser Entwicklung besteht darin, dass mit zunehmender Macht des Menschen über die Natur, mit zunehmender Verfügungsgewalt über die Naturkräfte, mit zunehmender Technisierung der Umwelt und mit zunehmendem Wissen über die verborgenen Kräfte von Natur, Psyche und Kultur der Mensch selbst immer mehr von seinem Anspruch, souveräner Träger des Willens zu sein, Abstand nehmen muss. Das Bewusstsein der Menschheit schwebt zwischen der Hybris des allkönnenden Weltarchitekten und dem Fatalismus des getriebenen und entwurzelten Massenwesens und findet dabei keine rechte Balance. Mit dem Trend der Säkularisierung in den meisten Industrieländern fehlt auch die metaphysische Erdung des Menschen zwischen den beiden Extremen.

In dieser Situation sind alle Technologien, die das Selbstbild des Menschen infrage stellen, auf einem besonderen Prüfstand. Es ist schon schwer zu verkraften, dass der Mensch in seinen genetischen Anlagen weitgehend mit der Bäckerhefe identisch ist (Orzessek 2001: 55). Die Debatten um Stammzellenforschung, um Präimplantationsdiagnostik, um Biochips im Gehirn, um neue bewusstseinsverändernde Medikamente, um menschenähnliche Roboter drehen sich bei aller Unterschiedlichkeit ihrer wissenschaftlichen Fundierung um die Grundfrage nach der Identität des Menschen.

1.2 Globale Umweltprobleme

1.2.1 Erstmalige Gefährdung globaler Stoffkreisläufe

Die Menschheit verändert seit vierzigtausend Jahren die Umwelt und hat damit Tausende von Umweltkatastrophen verursacht.

Die vielen kleinen und mittleren Umweltfrevel der Menschen waren jedoch lokal begrenzt. Diese Situation hat sich heute grundlegend geändert. Erstmals in der Geschichte der Menschheit sind wir aufgrund des technischen Könnens in der Lage, die globalen Umweltbedingungen zu verändern und damit den Globus als Ganzes zum Experimentierfeld menschlicher Eingriffe zu machen. Anders als in den vergangenen Jahrhunderten kann sich die Menschheit ein Versuch-und-Irrtum-Verfahren nicht mehr leisten. Seit ca. 50 Jahren beeinflusst sie nämlich erstmals die globalen geo- und biochemischen Kreisläufe der Erde, und zwar in signifikanter Weise, d.h. im Prozentbereich (Schultze 2000: 79ff.). Dies gilt beispielsweise für den Kohlenstoffkreislauf. Seit Beginn der Industrialisierung stieg der Gehalt an Kohlendioxid in der Atmosphäre durch den vom Menschen verursachten Kohlenstoffeintrag (durch Verbrennung fossiler Brennstoffe, Waldrodung und veränderte Bodennutzung) von 280ppm vor einem Jahrhundert auf heute rund 390ppm. Viele Experten rechnen mit einer Verdoppelung der Kohlendioxidkonzentration ab Mitte dieses Jahrhunderts (Riebesell/Wolf-Gladrow 1993: 97; Enquete Kommission 1995: 24; Knuti et al. 2002). In ähnlicher Weise werden auch andere Kreisläufe des Globus durch menschliche Aktivitäten beeinflusst. Zu nennen sind hier Stickoxide, Methan, Phosphor, Wasserdampf und andere mehr. Die genauen Auswirkungen dieser massiven Emissionen sind bis heute ungeklärt.

1.2.2 Dramatischer Verlust der Biodiversität

„Wir erleben", so das Gutachten des Wissenschaftlichen Beirats der Bundesregierung Globale Umweltveränderungen (WBGU) aus dem Jahre 2000, „derzeit mit der 6. Auslöschung der Gen- und Artenvielfalt eine tiefe Krise der Biosphäre" (WBGU 2000). Der WBGU geht davon aus, dass rund 130 Arten pro Tag aussterben. Diese Schätzung ist vergleichbar mit der großen Aussterbewelle vor rund 65 Millionen Jahren, als die Dinosaurier ausgestorben sind. Die Wiederherstellung einer stark geschädigten Biosphäre verläuft extrem langsam. Nach der Aussterbewelle vor rund 65 Millionen Jahren hat es mehr als zwei Millionen Jahre gedauert, bis sich die Natur wieder erholt hat.

1.2.3 Übernutzung der Umwelt als Rohstofflager und Senke

Seit der Entstehung der Landwirtschaft im Neolithikum vor ca. 12000 Jahren erwächst die Basis des menschlichen Lebens nicht mehr aus der weitgehend unberührten Natur, sondern aus deren Transformation in kultivierte Natur und künstliche, menschengemachte Systeme (Mohr 1995: 31ff.). Die Menschen nutzen seit dieser Zeit die natürlichen und von Menschen veränderten Ökosysteme als Ausgangspunkte für vielfältige Produktions- und Umwandlungsprozesse. Zum Einen stellen Bestandteile der Natur Rohstoffe dar, die als Material für Herstellungsprozesse bestimmter Güter und Dienstleistungen gebraucht werden. Man spricht hier von der *Quellenfunktion* der natürlichen Umwelt. Beispiele dafür sind die Verwendung von Rohstoffen wie Eisen, Erdöl und Holz. Andererseits dient die natürliche Umwelt als Auffangbecken für Abfälle. Dies wird als *Senkenfunktion* bezeichnet. Hier wird die Fähigkeit bestimmter natürlicher Systeme zur Aufnahme und zum Abbau einzelner, begrenzt zugeführter Stoffe ausgenutzt. So können sich zum Beispiel viele Stoffe – auch Schadstoffe – im Laufe der Zeit in naturnahe Substanzen abbauen. Gewässer zum Beispiel besitzen ein Selbstreinigungspotenzial für viele organische Stoffe.

Ökologen versuchen den Grad der Beeinflussung von Ökosystemen durch den Menschen möglichst genau zu erfassen. Eine besonders aussagekräftige Methode einer derartigen Messung besteht darin, die Inanspruchnahme der sogenannten Nettoprimärproduktion durch den Menschen zu kalkulieren. Die jährliche Nettoprimär-produktion (NPP) wird definiert als der Betrag an Sonnenenergie, der innerhalb eines Jahres durch pflanzliche Photosynthese in biochemische Energie umgewandelt wird, und den die Pflanzen nicht für ihre eigenen Lebensprozesse benötigen (Vitousek et al. 1986: 57). Sie stellt diejenige Biomasse dar, die für den Menschen und alle anderen Lebewesen zur Verfügung steht und repräsentiert damit die grundlegende Nahrungsquelle allen Lebens. Der amerikanische Biologe Vitousek und seine Kollegen veröffentlichten 1986 eine Studie, in der sie berechneten, dass die Menschen durch ihre Aktivitäten bereits ca. 40 Prozent der verfügbaren Nettoprimärproduktion der Erde beanspruchen. Diese Zahl schließt direkte Nutzungen – wie den Konsum von Nahrungsmitteln und den Abbau von Holz – und indirekte Nutzungen – wie die Aufrechterhaltung der Landwirtschaft einschließlich Viehhaltung – ein. Sie berücksichtigt auch die Zerstörung von Anbauflächen durch Überweidung, Erosion und Bebauung (Vitousek et al. 1986).

Die aktuelle 40%ige globale Nutzung der Nettoprimärproduktion durch den Menschen schätzen Vitousek et al. als erdgeschichtliche Neuheit ein. Ginge man davon aus, dass die Nutzungsansprüche an die natürliche Umwelt durch den Menschen parallel zur Bevölkerungsentwicklung verlaufen würden, so ergäbe sich innerhalb der nächsten 60 Jahre eine Verdoppelung im Verbrauch der Nettoprimärproduktion durch den Menschen (van Dieren 1995: 67).

Diese ökologischen Berechnungen zeigen also, dass die Menschheit bei allem Erfolg, die Tragekapazität des Menschen durch weitere Innovationen und Veränderungen der Produktionsbedingungen zu erweitern, an absolute Grenzen stößt. Sie hat fast die Grenze der Aufnahmefähigkeit des Globus für menschliche Aktivitäten erreicht. Bedenkt man darüber hinaus, dass eine Erhöhung der Nettoprimärproduktion nur noch auf Kosten der Biodiversität gehen kann, so ist eine weitere Ausweitung von Flächen für wirtschaftliche Aktivitäten kaum noch zu verantworten.

1.2.4 Die Süßwasserkrise

Neben Atemluft ist die Verfügbarkeit von Wasser die wichtigste Grundlage für die Existenz von Leben. Ähnlich wie der Mensch bereits den Löwenanteil an der Nettoprimärproduktion für eigene Zwecke beansprucht, so sieht es inzwischen auch bei der Nutzung von Süßwasser aus.

Rund 40% der Nahrungsmittel, die weltweit hergestellt werden, werden auf bewässerten Böden angebaut (WBGU 1998: 75f.). Die künstlich bewässerten Flächen haben sich in den letzten 100 Jahren verfünffacht, von ca. 50 Mio. ha (1900) auf 95 Mio. ha (1950) und heute auf rund 270 Mio. ha (2000). Eine weitere Ausdehnung stößt aber an objektive Grenzen: Zum einen fehlt es einfach an entsprechenden Wassermengen, die noch für die Bewässerung verfügbar sind, zum zweiten kommen zunehmend marginale Böden zum Einsatz, die auch bei Bewässerung wenig ertragreich sind, und zum dritten ist die Bewässerung mit einer Reihe ökologischer Nachteile versehen, wie etwa die Versalzung von Böden, die eine Ausweitung der Bewässerungswirtschaft kaum mehr zulassen. Bedenkt man noch zusätzlich noch den Klimawandel, dann wird sich die Krise des Süßwasserangebots noch verstärken.

Zu dem Mangel an Wasserquantität kommt das Problem mangelnder Wasserqualität. Die Qualität der verfügbaren Wasservorkommen wird durch menschliche Nutzungsansprüche bestimmt. In den Ländern oder Regionen der Welt, wo Wasser, insbesondere die für die Trinkwasserversorgung nutzbaren Ressourcen, ein knappes Gut darstellen, ist die Erhaltung von Qualitätsstandards besonders wichtig. Hierbei handelt es sich vor allem um die Entwicklungsländer, in denen nach wie vor für ungefähr eine Milliarde Menschen, davon leben rund 850 Millionen in ländlichen Regionen, kein Zugang zu einer ausreichenden und hygienisch unbedenklichen Trinkwasserversorgung gewährleistet ist. Von akutem Wassermangel (erneuerbare Süßwasserressourcen von pro Kopf und Jahr von 1000 m^3 und weniger) sind Mitte der neunziger Jahre circa 130 Millionen Menschen betroffen. Die überwiegende Mehrheit dieser Menschen lebt in den Ländern Nordafrikas, der Subsahara Afrikas, des Nahen Ostens und Westasiens (Bundesministerium für wirtschaftliche Zusammenarbeit und Entwicklung 1996: 2). In diesen Ländern ist nicht nur das Trinkwasser knapp geworden, es ist auch meist von einer schlechten Qualität, die schwere Gesundheitsrisiken mit sich bringt. Die WHO geht davon aus, dass über 1 Millionen Menschen weltweit pro Jahr an wasserbedingten Krankheiten sterben. Jeder zweite Mensch, so die WHO weiter, leidet zur Zeit an Krankheiten, die über das Wasser und an Wasser gebundene Erreger übertragen wurden (WBGU 1998: 7).

Ein dritter Aspekt, der mit Süßwasser verbunden ist, betrifft den Hochwasserschutz. Die großen volkswirtschaftlichen Schäden, die weltweit durch Überschwemmungen verursacht werden, sind nicht allein durch die Launen der Natur, wie die meteorologischen Verhältnisse oder die lokalen Abflussmöglichkeiten, bedingt. Sieht man von einer unmittelbaren Mitverursachung, etwa durch gewässerbauliche Maßnahmen oder durch die Versiegelung von Flächen, einmal ab, so wird das Schadensausmaß vielmehr (wie bei anderen „Naturkatastrophen" auch) wesentlich mitbestimmt durch das Verhalten der betroffenen Menschen vor, während und nach Hochwasserereignissen. Menschen siedeln in überschwemmungsgefährdete Gebiete, sie unterlassen vorbeugende Maßnahmen, leisten trotz akuter Gefahr Widerstand gegen eine Evakuierung etc. Vor allem sind hier die Siedlungsgewohnheiten zu nennen. Historisch haben sich viele Städte an Flüssen und Ufern von Seen und Meeren angesiedelt, zum Teil wegen des fruchtbaren Landes, zum Teil wegen der Nutzung von Wasserwegen als Transportmittel. Mit der zunehmenden Urbanisierung und Verdichtung von Lebensräumen wächst die Bevölkerung aus diesem Grund gerade an den Gebieten in der Welt, die besonders für Hochwasser und andere Naturkatastrophen anfällig sind. Dieser Trend hat sich bereits finanziell bemerkbar gemacht. Die Versicherungen haben zum Beispiel im Jahrzehnt zwischen 1990 und 2000 mehr als 16 mal so viel an Schadenssumme zum Ausgleich für Naturschäden bezahlt wie von 1960 bis 1970 (Münchener Rückversicherung 2000). Je mehr die Städte wachsen und je mehr Menschen in exponierten Gebieten leben, desto größer ist der Gesamtschaden, wenn es zu einer Überschwemmung oder einem extremen Sturmereignis kommt.

1.3 Folgerungen für eine Politik der Nachhaltigkeit

Die hier vorgestellten Makrotrends bilden die Begleitmusik, die für die weitere Entwicklung der Gesellschaft und den sozialen Wandel den Ton angeben. Bevölkerungsdichte und viele der aufgeführten Umweltgefahren verkörpern weitgehend externe Rahmenbedingungen, die nur schwer und langfristig zu beeinflussen sind und bei denen im Wesentlichen Anpassungsprozesse gefragt sind. Globale Märkte und Wissensexplosion sind bestimmende Elemente der ökonomischen Entwicklung, die eher als interne, d.h. aus dem Vollzug menschlichen Handelns sich ergebende Phänomene anzusehen sind. Auch diese sind für den einzelnen Akteur zunächst einmal von außen her vorgegeben; sie bieten jedoch für kollektive Akteursgruppen Gestaltungsspielräume und Freiheitsgrade, die konstruktiv genutzt werden können. Die drei letzten Trends, ungerechte Verteilung, die Entstehung neuer funktionaler und global wirksamer Teilkulturen und die Bedrohung der menschlichen Identität charakterisieren wesentliche Entwicklungen im sozialen und kulturellen Bereich, die ebenfalls als intern generiert angesehen werden können. In beiden Fällen sind in begrenztem Maße Einflussmöglichkeiten durch aktive politische oder soziale Steuerung gegeben.

Die Nutzung von (kultivierter) Natur ist eine anthropologische Notwendigkeit. Der Mensch verfügt über ein reflexiv wirkendes Bewusstsein und damit verbunden ein kausales Erkenntnisvermögen, das ihn befähigt, Ursache und Wirkungen antizipativ zu erfassen und produktiv in eigenes Handeln umzusetzen. Dieses Wissen ist die Triebfeder der kulturellen Evolution und der Entwicklung von Technik, Agrikultur und Städtebau. Mit der Herrschaft über ein immer größer werdendes Potential an Gestaltungs- und Interventionsmöglichkeiten in Natur und Sozialwesen ist im Laufe der Menschheitsgeschichte aber auch das Potential an Missbrauchs- und Ausbeutungsmöglichkeiten angewachsen. Bei diesen Überlegungen spielen normative Erwägungen eine zentrale Rolle. Sie bieten zum Einen die Möglichkeit, auf der Basis verallgemeinerungsfähiger Kriterien konkrete Normen und Verhaltensoptionen zu überprüfen (Kapitel 3 und deren weitere Konkretisierung in Kapitel 4 und 5), und zum Anderen vermitteln sie prozedurale Ratschläge, um eine rationale und faire Abwägung von zu erwartenden positiven und negativen Auswirkungen vorzunehmen (Kapitel 6).

Welche Handlungsspielräume bestehen nun für die hier im Vordergrund stehenden Probleme der menschlichen Interventionen in die natürliche, soziale und kulturelle Umwelt? Die Zunahme der Bevölkerungsdichte und die Gefährdungen globaler Stoffkreisläufe durch menschliche Aktivitäten sind bestimmende Einflussgrößen der zukünftigen Entwicklung von Technik, Wirtschaft und Gesellschaft. Beide Trends erscheinen unumkehrbar. Die betroffenen Menschen werden sich weitgehend daran anpassen müssen. Natürlich kann und soll die Menschheit die umweltbedingten Gefährdungen der Menschheit nicht tatenlos hinnehmen: Für viele Bedrohungen durch Umweltbelastung, Klimaveränderung, Globalisierung und Technisierung gibt es durchaus sinnvolle Strategien, direkt an den Ursachen anzusetzen und präventiv Risiken auszuschließen. Die Gefährdung als solche ist aber aufgrund der Bevölkerungsdichte nicht mehr rückgängig zu machen, es sei denn, man wollte die Menschheit zwangsweise um mehr als die Hälfte reduzieren. Ohne Gewaltausübung wäre dies aber zumindest kurz- und mittelfristig nicht umzusetzen. Im Rahmen einer nachhaltigen Entwicklung wird es deshalb darauf ankommen, die Ursachen für die aufgezeigten Bedrohungen langfristig zu beeinflussen und damit die Prävention voranzutreiben und gleichzeitig kurz- und mittelfristig Risikobegrenzungen durch intelligente Anpassung an die veränderten Lebensbedingungen vorzunehmen.

Will man beide Ziele erreichen, dann sind weitgehende Veränderungen in der Steuerung von Wirtschaft, Politik und Gesellschaft sowie beim individuellen Verhalten notwendig, denn bislang haben Gesellschaften Begrenzungen ihrer realen Möglichkeiten als etwas Negatives und zu Überwindendes angesehen. Wenn aber selbst auferlegte Grenzen im Rahmen einer nachhaltigen Entwicklung notwendig sind, dann ist es besonders wichtig, dass diese selbst auferlegten Grenzen allen beteiligten Akteuren einleuchtend und nachvollziehbar vermittelt werden können. Aus den in diesem Kapitel geschilderten Problemen ergeben sich noch keine für alle einsehbaren Handlungsstrategien für den Umgang mit diesen Problemen, geschweige denn für deren Lösung. Gefragt sind Konzepte der Nachhaltigkeit, die aus dem Wissen um die Probleme und in Reflektion der gemeinschaftlich getragenen Ziel- und Wertvorstellungen Handlungsanleitungen entwickeln können. Bevor wir uns selbst dieser Aufgabe stellen, sollen zunächst einmal Vorschläge aus der Literatur aufgegriffen und erörtert werden.

2 Bisherige Konzepte der Nachhaltigen Entwicklung

Wie bereits in der Einleitung angerissen, besteht in der Literatur jenseits sehr allgemein gehaltener Formulierungen wie der des Brundtland Reports keine Einigkeit darüber, was unter Nachhaltigkeit zu verstehen ist. Viele Konzepte, insbesondere aus frühen Debatten zur Nachhaltigkeit, basieren vorrangig auf einer Auswahl spezifischer *Bereiche der menschlichen Lebenswelt*, auf die sich Nachhaltigkeit bzw. nachhaltiges Handeln beziehen. Bekannte Beispiele für diese Bereiche sind die natürliche Umwelt, die Wirtschaft oder das soziale Gefüge von Gesellschaften. Zu Beginn der Diskussion um Nachhaltige Entwicklung stand die Betrachtung der ökologischen Bereiche im Vordergrund, genauer gesagt die Entwicklung und Bewahrung der natürlichen Umwelt unter der Perspektive ökologischer Systemsteuerung. Im Verlauf der Diskussion wurde diese Perspektive nach und nach um weitere als relevant betrachtete Lebensbereiche erweitert. In dieser Entwicklung lassen sich die folgenden drei Arten von Konzepten unterscheiden:

1. **Ein-Säulen-Konzept:** Der Schwerpunkt liegt hier auf der ökologischen Perspektive der Nachhaltigkeit. Nachhaltig bedeutet in diesem Konzept „langfristig ökologisch verträglich“. Natürliche Ressourcen dürfen nur soweit in Anspruch genommen werden, wie deren Potenzial auch künftigen Generationen noch zur Verfügung steht. Wirtschaft und Gesellschaft sollen sich nur im Rahmen ökologischer Grenzen bewegen (Leitplanken-Modell). Dieses Konzept liegt den Arbeiten des Sachverständigenrates für Umweltfragen (SRU), des Wissenschaftlichen Beirates der Bundesregierung Globale Umweltveränderungen (WBGU) und vielen ökologisch orientierten Gruppen, vor allem aus dem Lager der NGOs (Non-Governmental Organisations), zugrunde.
2. **Drei-Säulen-Konzept:** Dieses Konzept beruht auf der Gleichwertigkeit der drei Säulen Ökologie, Ökonomie und Soziales. Sie werden als eigenständige Bereiche angesehen, deren langfristiger Funktionserhalt im Vordergrund steht. Vertreter dieser inzwischen dominanten Richtung in der Diskussion um Nachhaltigkeit sind die Enquete-Kommission des 13. Deutschen Bundestages „Schutz des Menschen und der Umwelt“ (1998) sowie die Helmholtz Gemeinschaft (HGF).
3. **Vier- und Mehr-Säulen-Konzepte/Agenda 21:** Zusätzlich zu den o. g. drei Dimensionen kommen die kulturelle sowie die institutionelle Dimension hinzu. Eine Reihe von Vorschlägen aus kirchlichen Institutionen und NGOs fallen in diese Kategorie.

Wie die angeführten Konzeptionen muss sich jedes Modell von Nachhaltigkeit auf konkrete Bereiche der Lebenswelt beziehen, um überhaupt einen Bezug zu dem Alltag der Menschen herzustellen. Dabei ist es sinnvoll die ausgewählten Bereiche explizit zu formulieren und sie ggf. voneinander abzugrenzen, um die Klarheit der Konzepte zu erhöhen und mögliche Redundanzen zu vermeiden. Ein Problem dieser Vorgehensweise besteht jedoch darin,

Konzepte stetig um neue Bereiche auszuweiten, wie dies auch in der Entwicklung vom Ein- zum Mehr-Säulen-Konzept zu beobachten ist. Eine derartige Entwicklung kann leicht zu einer Verwässerung der Konzeption von Nachhaltigkeit führen, insbesondere wenn die thematisierten Bereiche nicht klar voneinander abgegrenzt werden.

Das Hauptproblem von Konzeptionen, die sich alleine oder vorrangig auf die Auswahl von relevanten Lebensbereichen gründen, ist jedoch, dass die Art und Weise wie Nachhaltigkeit in einem der Bereiche festgestellt wird in den Hintergrund tritt. Jede Konzeption, z. B. vom nachhaltigen Umgang mit natürlichen Ressourcen, beinhaltet natürlich immer auch eine Idee davon, wie der zu erreichende Zustand aussehen soll. Wird dies jedoch nicht explizit konzeptionell aufgearbeitet, können eine Reihe von Problemen entstehen.

Erstens wird die Kommunikation von Nachhaltigkeit erschwert, da der normative Bewertungsrahmen nicht explizit dargestellt wird und somit implizit erschlossen werden muss. Zweitens besteht die Gefahr, dass Zielkonflikte zwischen Normen übergangen werden. Und drittens ist es möglich, dass der Maßstab für Nachhaltigkeit, sich über die thematisierten Bereiche wie Ökologie, Ökonomie, etc. verändert und das Gesamtkonzept von Nachhaltigkeit inkonsistent wird. Im Extremfall führt dies dazu, dass Ziele und Interessen beliebig in die Konzeption einfließen können und auf diese Weise Nachhaltigkeit zu einer Leerformel wird.

In jüngster Zeit haben Ansätze verstärkt an Bedeutung gewonnen, die explizit bei den anzustrebenden Zielen – auf gesellschaftlicher Ebene *Normen* im Sinne gesellschaftlicher Wertvorstellungen – ansetzen und diese zum Ausgangspunkt der Konzeptentwicklung machen, gleichgültig welche Bereiche der Lebenswelt diese Normen berühren. In dieser Art der Konzeptionen liegen Normen quer zu den Bereichen, auf die sie sich beziehen. Auf diese Weise kann sich eine Norm wie beispielsweise Gerechtigkeit auf beliebig viele Bereiche wie Ökologie oder Ökonomie beziehen. Auf fünf besonders interessante Konzepte, die in diese Richtung einer normativen bereichsübergreifenden Begründung abzielen, soll im Folgenden eingegangen werden.

2.1 Diefenbacher/Teichert/Wilhelmy: „Leitfaden. Indikatoren im Rahmen einer Lokalen Agenda 21"

Bereits der Titel „Leitfaden. Indikatoren im Rahmen einer Lokalen Agenda 21" macht unmissverständlich klar, was der Inhalt und die dahinter stehende Motivation der Erarbeitung dieser Publikation war. Erstellt wurde sie an der Forschungsstätte der Evangelischen Studiengemeinschaft e.V. (FEST) unter Federführung von Hans Diefenbacher, Volker Teichert und Stefan Wilhelmy. Auftraggeber und zugleich Herausgeber sind die Umweltministerien der Bundesländer Baden-Württemberg, Bayern, Hessen und Thüringen. Mittlerweile liegt die dritte, überarbeitete und erweiterte Auflage des Leitfadens vor (Diefenbacher/Teichert/Wilhelmy 2005). Es geht hier also nicht um abstrakte Erörterungen oder normative Begründungen des Nachhaltigkeitsgedankens, sondern um das Monitoring der Entwicklungen auf kommunaler Ebene. Kleinere und mittlere Kommunen, so die Herausgeber in ihrem Vorwort, seien organisatorisch kaum in der Lage, originäre Indikatorsysteme aufzustellen; sie seien für die Kontrolle der eingeleiteten Maßnahmen auf eine Zuarbeit angewiesen, wie sie der Leitfaden liefere. Adressaten der Schrift sind weniger akademische Zirkel als vielmehr offizielle Vertreter(innen) der Kommunen und interessierte Bürger und

Bürgerinnen, v.a. solche, die sich in den Lokale-Agenda-21-Initiativen vor Ort engagieren. Um die Praxistauglichkeit des Leitfadens zu gewährleisten, wurde das System der Nachhaltigkeitsindikatoren unter Mitwirkung von 12 Städten bzw. Gemeinden und 4 Landkreisen entwickelt und getestet. So kommt man u. a. auch zu dem Schluss, dass ein System mit weit mehr als 30 Indikatoren für die Praxis nicht geeignet ist.

Der Hauptteil der Publikation ist durch 24 Indikatorblätter gegeben. Die Einführung ist dem gegenüber basal und knapp. Geschildert wird darin, worum es bei Nachhaltiger Entwicklung und Lokaler Agenda überhaupt geht. Dabei wird ein Bogen ausgehend von globalen Umweltproblemen über die Rio-Konferenz der Vereinten Nationen über Umwelt und Entwicklung im Jahre 1992 bis hin zum Aktionsprogramm der Lokalen Agenda 21 gespannt. Die Autoren legen allerdings Wert darauf, zu betonen, dass es sich bei der Lokalen Agenda nicht nur um ein Aktionsprogramm für Nachhaltige Entwicklung handelt, sondern auch um einen Prozess der Bürgerbeteiligung und nicht zuletzt um ein Programm, das der Politikverdrossenheit der Bürger entgegenwirken soll.

Folgerichtig umfasst das Indikatorsystem nicht nur jeweils sechs Indikatoren zu den Dimensionen Ökologie, Ökonomie und Soziales, sondern gleichberechtigt sechs weitere Indikatoren zum Bereich der Bürgerbeteiligung. Die Autoren betonen, dass eine Nachhaltige Entwicklung nur möglich sei, wenn eine einseitige Ausrichtung auf eine dieser Dimensionen vermieden werde, wobei klar sein müsse, dass Interdependenzen und Zielkonflikte bestünden. Verschiedene bereits vorliegende nationale und internationale Indikatorsysteme wurden ausgewertet und daraus eine Auswahl an Indikatoren getroffen. Die Funktionen von Indikatoren werden darin gesehen, Ziele zu visualisieren, die Kommunikation über Nachhaltigkeit anzuregen, die Entwicklung zu überwachen, Handlungsbedarf zu identifizieren und schließlich den interkommunalen Vergleich zu ermöglichen. Dass Letzteres möglich ist, zeigen die Autoren in einer kurzen Bestandsaufnahme zur praktischen Umsetzung der globalen Nachhaltigkeitsstrategie in lokalen Initiativen in Deutschland.

Den genannten vier Dimensionen werden jeweils sechs Kernindikatoren zugewiesen, die jeweils die Entwicklung der korrespondierenden Teilziele operationalisieren. Alle Indikatorblätter weisen dieselbe Struktur auf. Zunächst wird definiert, was unter dem genannten Indikator verstanden werden soll. Sodann wird der Bezug des Indikators zur Lokalen Agenda 21 aufgezeigt und damit seine Verwendung begründet. Anschließend werden die Ziele diskutiert, und jenes Ziel herausgestrichen, das bei dem jeweiligen Indikator für eine Nachhaltige Entwicklung steht. Schließlich erfolgt im Sinne der Praxis eine Arbeitsanleitung. Darin wird ausführlich beschrieben, wo und wie entsprechende Daten zu erhalten bzw. zu erheben sind und wie sie in einem Diagramm visualisiert werden können. Für jeden Kernindikator werden stichwortartig noch jeweils drei Ergänzungsindikatoren vorgeschlagen. Weiterhin werden Zusatzindikatoren im Bereich Ökologie und ein Zusatzmodul „Eine Welt“ mit entsprechenden Indikatoren angeführt. Ergänzt wird das FEST-Konzept durch die Downloadmöglichkeit von Mustervorlagen für die Erstellung eines Nachhaltigkeitsberichts und von Nachhaltigkeitsberichten der am Entwicklungsprozess beteiligten Kommunen (www.lubw.baden-wuerttemberg.de/servlet/is/1870/).

2.2 Ott/Döring: „Theorie und Praxis starker Nachhaltigkeit“

Konrad Ott und Ralf Döring beklagen eine Diskrepanz zwischen Quantität und Qualität des Nachhaltigkeitsdiskurses (Kap. 1). Ihrer Meinung nach dominiert einerseits der Begriff der Nachhaltigkeit die umweltpolitische Diskussion durch die schiere Häufigkeit seiner Verwendung, andererseits kommt es gleichzeitig zu einer Trivialisierung des Begriffs der Nachhaltigkeit und eines möglichen dahinter stehenden Entscheidungskonzepts. Die Begriffsintention wird demnach zunehmend den unterschiedlichsten Interessen und damit der Willkür der Diskutanten anheim gestellt. Nachhaltigkeit werde zum Klammerbegriff für alle möglichen Zukunftsprojekte. Infolgedessen sei v. a. eine Verharmlosung der ökologischen Brisanz der Nachhaltigkeitsidee festzustellen. Mit ihrem Buch wollen die beiden Autoren dieser Entwicklung Einhalt gebieten und gleichzeitig einen Beitrag zu einer qualitativ hochwertigen und belastbaren Basis des Nachhaltigkeitsdiskurses leisten.

Ott und Döring sehen das Hauptproblem in der Tatsache, dass der Nachhaltigkeitsdiskurs bislang auf keiner starken theoretischen Basis geführt werde. Das Drei-Säulen-Modell sei der große Weichspüler der Nachhaltigkeitsidee. Entsprechend streben sie auf Basis einer Begriffs- und Theoriebildung die theoretische Durchdringung des Nachhaltigkeitsdiskurses an. Auf dieser Kontrastfolie könne dann entlarvt werden, welche Beiträge lediglich einen oberflächlichen Jargon der Nachhaltigkeit pflegen und welche Beträge auch inhaltlich und in ihren Konsequenzen konsistent zur Nachhaltigkeitsidee sind. Im Kern ihrer Konzeption sehen sie eine gerechtigkeitstheoretische Grundlegung (Kap. 2), eine Konzeption starker Nachhaltigkeit (Kap. 3) und die Definition der Begriffe Nachhaltigkeit und Naturkapital (Kap. 4) verortet, auf die sich ihre Ausführungen konzentrieren. Schließlich zeigen sie anhand von drei Fallbeispielen auf, welches handlungsleitende Potential und welche ökologische Brisanz in ihrer Konzeption steckt.

Die Idee der Nachhaltigkeit ist Ott und Döring zufolge an die Idee der Gerechtigkeit angelehnt. Deshalb ist für sie essenziell darzulegen, welche Entwicklung bzw. Zustände sowohl intra- also auch intergenerationell betrachtet gerecht sind. Da damit auch Fragen der Befriedigung von Bedürfnissen angesprochen sind, wird es für Ott und Döring notwenig, die ethischen Grundsätze von heutiger und zukünftiger Lebensqualität zu erörtern. Als belastbaren gerechtigkeitstheoretischen Referenzpunkt wählen sie jene Arbeit, die seit über 30 Jahren den politikphilosophischen Diskurs zur Gerechtigkeit geprägt hat, nämlich Rawls' „Theory of Justice“. In Anlehnung an Rawls zeigen die beiden Autoren, dass das Effizienz-Prinzip (Marktsteuerung) als Grundlage einer gerechten Ordnung nichts taugt. Vielmehr gelingt es ihnen plausibel zu machen, dass sich die Rawlsche Entscheidungsregel (Schleier-Argument) auch für die Klärung intergenerationeller Gerechtigkeit eignet. Sie kommen zu dem begründeten Schluss, dass es als Ausdruck der moralischen Verpflichtung gegenüber zukünftigen Generationen das Ziel sein muss, das Ausmaß der menschlichen Bewirtschaftung der Biosphäre zu begrenzen.

Die in der gerechtigkeitstheoretischen Ausarbeitung als maßgeblich festgelegten ethischen Prinzipien leiten Döring und Ott bei der Entscheidungsfindung, welches Nachhaltigkeitskonzept das angemessene ist, jenes der schwachen oder jenes der starken Nachhaltigkeit. Der Hauptunterschied zwischen den Konzeptionen liegt in der Beurteilung der Substitutionsmöglichkeiten von Naturkapital. Die schwache Konzeption der Nachhaltigkeit nimmt diesbezüglich eine Portfolio-Perspektive ein: Naturkapital kann vollständig oder sehr weitgehend durch andere Kapitalien wie Sach- und Humankapital ersetzt werden. Ott und Döring erkennen hinter dieser Einstellung einen optimistischen (Irr)Glauben an die Technik und die geringe Vulnerabilität, die v. a. in den reichen Ländern vorherrsche. Sie entscheiden sich, dem von Hermann Daly entwickelten Konzept der starken Nachhaltigkeit zu folgen, das sie ausgerichtet auf ökologische Belange darlegen und mit kontrollierten Modifikationen zugunsten partieller Substitution im Produktionsbereich ausstatten. Den drei Säulen des klassischen Säulen-Modells der Nachhaltigkeit werden im Lichte der erarbeiteten Konzeption starker Nachhaltigkeit normative Leitlinien auferlegt, die sie mit den Begriffen Effizienz (Ökonomie), Suffizienz (Soziales) und Resilienz (Ökologie) überschreiben. Ihr Hauptaugenmerk schenken sie der Resilienz und Fragen der Ökologie bzw. des Naturkapitals. Sie versäumen es jedoch nicht zu erwähnen, dass es sich keineswegs um ein ausschließlich ökologisches Konzept handelt. Sie kommen zu dem Schluss, dass in Zukunft verstärkt in Naturkapital investiert werden müsse. Als Beispiele nennen sie die Wiederherstellung der Bodenfruchtbarkeit, Erosionsschutz, der Aufbau naturnah bewirtschafteter Wälder, Wasserreinheit und den Schutz regenerationsfähiger Fischbestände.

Da Ott und Döring zufolge diese Forderung heute noch als befremdlich erscheinen könne, illustrieren sie anhand von drei Beispielen detailliert, wie praktikabel diese Forderung erfüllt werden kann. Im Bereich der Landwirtschaft zeigen sie entlang des Konzepts der differenzierten Landnutzung auf, wie Transferzahlungen und Subventionen für die Produktion kostenneutral in den Naturschutz umgeschichtet werden können (Kap. 5). Landwirte und Naturschützer sollten für ökologische Dienstleistungen honoriert werden. Dies sei eine Form von Investition in Naturkapital. Weitere Fallbeispiele sind das Fischereimanagement (Kap. 6) und die Klimapolitik (Kap. 7).

2.3 Bundesregierung: „Perspektiven für Deutschland – Unsere Strategie für eine Nachhaltige Entwicklung“

Der Bericht „Perspektiven für Deutschland – Unsere Strategie für eine Nachhaltige Entwicklung“ wurde von der Regierung Schröder 2002 als umfassende Handreichung für eine nachhaltige Ausrichtung der Politik erstellt. Wie es dem Ziel eines Strategiepapiers einer Bundesregierung entspricht, richtet sich der Bericht vorrangig an die interessierte Öffentlichkeit und ist weniger als „theoretisches Grundsatzpapier“ denn als „praktische Orientierung zu nachhaltigem Handeln von Politik und Gesellschaft“ gedacht (S. 323). Dem Strategiepapier folgte 2004 der erste Fortschrittsbericht und 2005 eine weitere Bilanz unter dem Titel „Wegweiser Nachhaltigkeit 2005“, denen das ursprüngliche Papier zu Grunde liegt.

Nach einer kurzen Einleitung zur Bedeutung einer Nachhaltigkeitsstrategie für die Politik wird ein Leitbild für eine Nachhaltige Entwicklung skizziert, das aus vier Dimensionen besteht: Generationengerechtigkeit, Lebensqualität, sozialer Zusammenhalt und internationale Verantwortung. Das Leitbild der Gerechtigkeit beschränkt sich auf den Aspekt des Generationenausgleichs in direktem Anschluss an die Formulierung im Brundtlandreport. Generationengerechtigkeit meint dabei den Interessenausgleich zwischen Generationen. Ein weiteres Leitbild ist der Erhalt und die Verbesserung der Lebensqualität, verstanden als vielfältige Möglichkeiten der Lebensgestaltung in sozialen Beziehungen in einer gesunden ökologischen Umwelt. Die Dimension der Lebensqualität schließt dabei die Verantwortung für den Erhalt der Lebensqualität mit ein. Das Leitbild sozialer Zusammenhalt meint die gelebte Solidarität und den inneren Zusammenhalt als Grundlage einer sozial gerechten und wirtschaftlich erfolgreichen Gesellschaft. Der Bericht geht hierbei auf die Rolle des Sozialstaates und dessen Grenzen ein, thematisiert darüber hinaus aber auch das Verhalten der Einzelnen. Die Bedeutung der Dimension „Internationale Verantwortung" ergibt sich laut dem Bericht aus den ökologischen und sozialen Missständen in vielen Ländern der Welt und der Vernetzung dieser Probleme mit den Entwicklungen in Deutschland.

Im Anschluss an die Leitbilder stellt der Bericht in Kürze ein „Managementkonzept" der Nachhaltigkeit vor, bestehend aus Managementregeln, Indikatoren, Zielen und Monitoring. In den Managementregeln werden verschiedene zentrale Akteure (Bürger, Unternehmen et al.) in der Gestaltung einer Nachhaltigen Entwicklung und eine Reihe von Postulaten in verschiedenen Handlungsbereichen aufgelistet. Die skizzierten Regeln greifen dabei eher thematisch als systematisch auf die zuvor formulierten Leitbilder zurück, konkrete Umsetzungsziele und -zeitpläne werden nicht aufgestellt.

Mehr Wert als auf das Managementkonzept legt der Bericht auf die Darstellung erster Projekte in der bürgernahen, partizipativen Ausgestaltung der Nachhaltigkeitsstrategie. Um einen Dialog zwischen den Beteiligten zu organisieren hatte die Bundesregierung einen ersten Strategieentwurf veröffentlicht und in Internetforen zur Diskussion gestellt, sowie Konsultationsrunden mit einzelnen zentralen Akteuren durchgeführt und den Rat für Nachhaltige Entwicklung in die konzeptionelle Entwicklung mit eingebunden. In dem dritten Kapitel werden zudem die verschiedenen Rollen und Aktivitäten der beteiligten Akteursgruppen (Wirtschaft, Gewerkschaften, Wissenschaft etc.) skizziert.

Im Anschluss an die Diskussion partizipativer Aktivitäten werden „Indikatoren und Ziele" der Nachhaltigkeitsstrategie diskutiert. Die Indikatoren sollen dazu dienen, den Stand der Nachhaltigkeit zu dokumentieren und den Erfolg der Maßnahmen zu kontrollieren. Die 21 rein quantitativen Indikatoren werden jeweils mit konkreten Zielen verknüpft. Für die Generationengerechtigkeit stehen dabei neun, für die Lebensqualität sechs, für den sozialen Zusammenhalt vier und für die internationale Verantwortung zwei Indikatoren zur Verfügung.

Im umfassendsten Teil des Berichtes – dem Kapitel „Schwerpunkte einer Nachhaltigen Entwicklung" – geht es um die konkreten Schlussfolgerungen, die aus der Formulierung der Leitbilder gezogen werden sollen. In den Handlungsfeldern werden Grundsätze aus den Leitbildern aufgegriffen sowie Zielkonflikte thematisiert. Es werden Strategien, Maßnahmen, Instrumente und Pilotprojekte vorgestellt, wobei die einzelnen Felder mit unterschiedlicher Tiefe und in Teilen abweichender Systematik bearbeitet werden. Parallel zu den Schwerpunkten einer Nachhaltigen Entwicklung im nationalen Kontext formuliert der Bericht Ziele und Handlungsstrategien im internationalen Bereich und führt bisherige Initiativen und Bemühungen auf. Analog zu der Formulierung der Leitbilder wird der Bereich der Bemühungen auf nationaler und internationaler Ebene nicht systematisch verbunden.

Abschließend werden in dem Bericht Maßnahmen zur Erfolgskontrolle und Weiterentwicklung der Nachhaltigkeitsstrategie thematisiert. Wie das Managementkonzept im Allgemeinen bleibt die Ausarbeitung der Erfolgskontrolle hinter den Detailinformationen zurück und wird nur in Grenzen ausgearbeitet. Die Berichte von 2004 („Fortschrittsbericht") und 2005 („Wegweiser Nachhaltigkeit 2005 – Bilanz und Perspektiven") lösen den Anspruch der Erfolgskontrolle jedoch zu großen Stücken ein, auch wenn sie insgesamt wenig kritisch gehalten sind. Inhaltlich und konzeptionell schließen sie direkt an das ursprüngliche Strategiepapier von 2002 an.

2.4 von Hauff/Kleine: „Das Integrierende Nachhaltigkeits-Dreieck"[2]

Von Hauff und Kleine entwickelten mit dem Integrierenden Nachhaltigkeits-Dreieck (IND) ein Instrument zur Einordnung von Handlungsfeldern oder Indikatoren in ein integratives Schema. Die im Drei-Säulen-Modell der Nachhaltigkeit angelegte und in der Nachhaltigkeitsdebatte oft unangemessen isolierte Betrachtung der ökologischen, ökonomischen und sozialen Nachhaltigkeit soll aufgelöst werden. Das IND bietet dazu die Möglichkeit, Handlungsfelder und Indikatoren mit Mischcharakter zu verorten.

Das IND basiert auf zwei Ansätzen zur graphischen Visualisierung der Mehrdimensionalität von Nachhaltigkeit: i) das „Magische Dreieck", das die drei Säulen als gleichschenkeliges Dreieck darstellt und dadurch die Mehrzielproblematik verdeutlicht und ii) das „Schnittmengenmodell", das die Aufmerksamkeit auf Aspekte mit Mischcharakter lenkt. Diese Ansätze kombinieren von Hauff und Kleine mit dem in den Ingenieurwissenschaften und der Bodenkunde gebräuchlichen „Konzentrationsdreieck", das es erlaubt, die Mischungsverhältnisse von drei Bestandteilen korrekt in einem zweidimensionalen Schema darzustellen. Das aus der Kombination dieser drei Visualisierungsansätze folgende IND ist in Abb. 1 dargestellt.

Abbildung 1: Das Integrierende Nachhaltigkeits-Dreieck. Veränderte Darstellung nach von Hauff und Kleine (2005). Mit Genehmigung der Autoren.

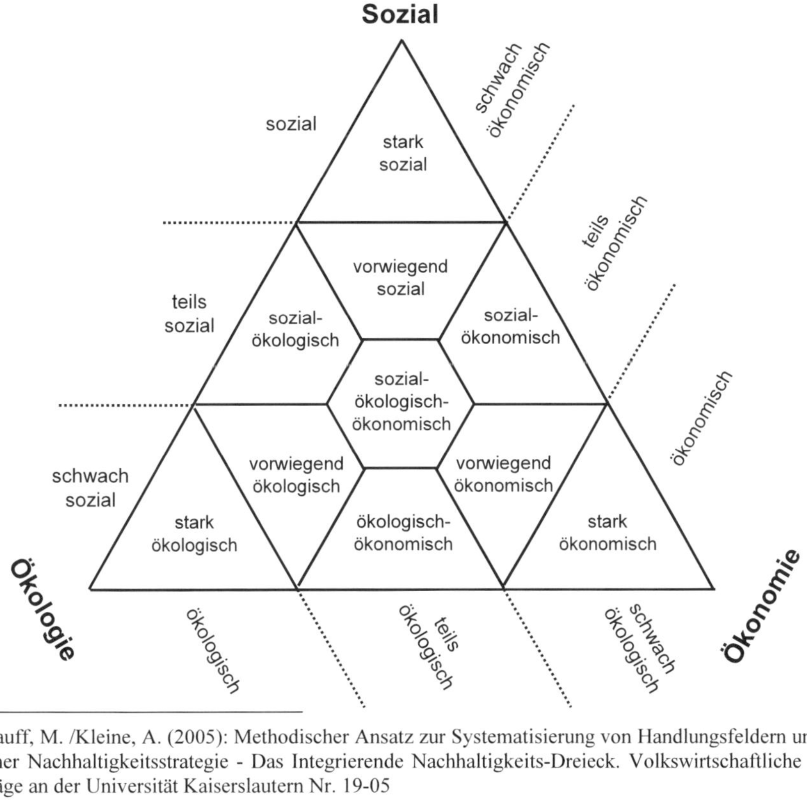

2 von Hauff, M. /Kleine, A. (2005): Methodischer Ansatz zur Systematisierung von Handlungsfeldern und Indikatoren einer Nachhaltigkeitsstrategie - Das Integrierende Nachhaltigkeits-Dreieck. Volkswirtschaftliche Diskussionsbeiträge an der Universität Kaiserslautern Nr. 19-05

Mit dem IND können Indikatoren und Handlungsfelder gemäß ihrem Mischcharakter graduell eingeordnet werden. Darüber hinaus bietet das IND die Möglichkeit, die Darstellung durch zusätzliche Informationen anzureichern: So können durch das Einfügen von Linien zwischen den Einträgen harmonische oder konfligierende Beziehungen dokumentiert werden. Durch die Verwendung von Pfeilsymbolen anstatt von Punkten für die Einträge kann signalisiert werden, ob Indikatoren eine zielkonforme Trendentwicklung zeigen. Durch Schraffuren für die einzelnen Felder kann visualisiert werden, in welchen Bereichen kritische oder inakzeptable Ist-Zustände bestehen.

Auch für die Beurteilung der Ausgewogenheit von Nachhaltigkeits-Strategien bietet das IND einen Ansatz. Als Anwendungsbeispiel analysieren von Hauff und Kleine die Nationale Nachhaltigkeitsstrategie der Deutschen Bundesregierung (vgl. Deutsche Bundesregierung 2002; Deutsche Bundesregierung 2004). Dabei bewerten sie das Verteilungsmuster der 21 Handlungsfelder (bzw. Ziele) der Nationalen Nachhaltigkeitsstrategie und ihrer Indikatoren auf dem IND. Von Hauff und Kleine konstatieren eine Konzentration auf den ökologischen Feldern und eine Unterbesetzung sozial-ökologischer, sozial-ökologisch-ökonomischer sowie rein ökonomischer Indikatoren.

Den Hauptwert des IND sehen die Autoren in der Systematisierung der Umsetzung des Nachhaltigkeits-Leitbildes und in einer dadurch bedingten Erleichterung bei der Implementierung. Das Verfahren wurde bereits bei der Weiterentwicklung des rheinland-pfälzischen Agenda-21-Programms eingesetzt[3].

2.5 Das integrative Konzept des HGF-Projektes „Global zukunftsfähige Entwicklung“

Die Hermann-von-Helmholtz-Gemeinschaft Deutscher Forschungszentren (HGF) führte im Zeitraum 1998-2003 ein Verbundprojekt zur Konkretisierung und Umsetzung des Leitbildes einer Nachhaltigen Entwicklung durch[4]. Die Arbeiten des Projektes gliedern sich nach den Ebenen

- *Normative Ebene* – Erarbeitung eines integrativen Konzeptes der Nachhaltigkeit.
- *Kontextuale Ebene* – Übertragung allgemeiner Handlungsleitlinien auf Deutschland.
- *Strategische Ebene* – Entwicklung und Bewertung von Szenarien, Handlungsstrategien und Instrumenten.

Die Entwicklung eines integrativen Konzeptes der Nachhaltigkeit (vgl. Kopfmüller et al. 2001) war ein Kernelement des Projektes und ist der Gegenstand dieser Zusammenfassung. Integration der Dimensionen wird dabei von den Autoren als das Gebot verstanden, Strategien und Maßnahmen nicht isoliert für einzelne Dimensionen, sondern dimensionsübergreifend zu analysieren (vgl. Kopfmüller et al. 2001: 179). Das Konzept ging von einem Vier-Säulen-Modell aus (ökologische, ökonomische, soziale, institutionell-politische Dimension).

3 vgl. Landtag Rheinland-Pfalz 2003. Siehe auch www.agenda21.rlp.de. Das Vorgehen mit dem IND während der Erstellungsphase ist ebenfalls publiziert: Kleine 2005

4 www.itas.fzk.de/zukunftsfaehigkeit

Die konstitutiven Elemente der Nachhaltigkeit sind nach dem HGF-Ansatz Gerechtigkeit, Globalität und Anthropozentrik. Bereits die konsequente Orientierung am Gerechtigkeitsbegriff erzwingt nach Ansicht der Autoren ein integratives Konzept, da Gerechtigkeit nicht auf einzelne Aspekte oder Räume eingegrenzt werden kann. Dies schließt auch die Gleichberechtigung inter- und intragenerationaler Gerechtigkeit mit ein. In Abgrenzung zum Leitplankenkonzept des WBGU wird die Sicherung der *Mindestbedingungen menschenwürdigen Lebens* zum Ziel gesetzt. Am Leitplankenkonzept wird der „quasi-objektive Ansatz" kritisiert, bei dem die „...Gefahr der impliziten ‚Erschleichung' von Normativität" gesehen wird (vgl. Kopfmüller et al. 2001: 129) und dem daher ein explizit normativer Ansatz vorgezogen wurde. Eine anthropozentrische Ausrichtung mindestens im methodischen Sinn wurde aus erkenntnistheoretischen Gründen als unvermeidlich betrachtet. Inhaltlich orientiert sich das Konzept an einem „aufgeklärten Anthropozentrismus", der den Schutz nichtmenschlichen Lebens und der Natur aufgrund der subtilen Bedürfnisse des Menschen einbezieht und den eventuellen Selbstwert nichtmenschlichen Seins zwar nicht verwirft, aber außerhalb des Nachhaltigkeitskonzepts ansiedelt.

Zur Operationalisierung des Nachhaltigkeitsleitbildes werden „generelle Ziele" als notwendige und hinreichende Bedingungen eingeführt (vgl. Kopfmüller et al. 2001: 165 ff.):

- Die Sicherung der menschlichen Existenz. Mindestanforderungen:
    - Schutz der menschlichen Gesundheit
    - Gewährleistung der Grundversorgung
    - Selbständige Existenzsicherung
    - Gerechte Verteilung der Umweltnutzungsmöglichkeiten
    - Ausgleich extremer Einkommens- und Vermögensunterschiede
- Die Erhaltung des gesellschaftlichen Produktivpotenzials. Mindestanforderungen:
    - Nachhaltige Nutzung erneuerbarer Ressourcen
    - Nachhaltige Nutzung nicht-erneuerbarer Ressourcen
    - Nachhaltige Nutzung der Umwelt als Senke
    - Vermeidung unvertretbarer technischen Risiken
    - Nachhaltige Entwicklung des Sach-, Human- und Wissenskapitals
- Die Bewahrung der Entwicklungs- und Handlungsmöglichkeiten der Gesellschaft. Mindestanforderungen:
    - Chancengleichheit in Hinblick auf Bildung, Beruf, Information
    - Partizipation an gesellschaftlichen Entscheidungsprozessen
    - Erhaltung des kulturellen Erbes und der kulturellen Vielfalt
    - Erhaltung der kulturellen Funktion der Natur
    - Erhaltung der sozialen Ressourcen.

Die Vernetztheit dieser Ziele werten die Autoren als Ausdruck der Integrativität des Ansatzes. Die Mindestanforderungen konkretisieren die generellen Ziele als substanzielle Anforderungen („Was-Regeln"). Ihnen folgen instrumentelle Anforderungen („Wie-Regeln"):

1. Internalisierung der ökologischen und sozialen Folgekosten
2. Angemessene Diskontierung
3. Begrenzung der Verschuldung

4. Faire weltwirtschaftliche Rahmenbedingungen
5. Förderung der internationalen Zusammenarbeit
6. Resonanzfähigkeit der Gesellschaft
7. Reflexivität
8. Steuerungsfähigkeit
9. Selbstorganisation
10. Machtausgleich

Für die einzelnen Ziele und Regeln werden Konkretisierungen und Erläuterungen gegeben. So wird z.B. die nachhaltige Nutzung nicht-erneuerbarer Ressourcen in die Forderung übersetzt, dass die statische Reichweite der einzelnen nachgewiesenen Ressourcen nicht sinken soll. Zur Messung der Einhaltung der Ziele und Regeln entwickelten die Autoren einen Indikatorensatz aus ca. 120 Schlüsselindikatoren und zusätzlichen Indikatoren.

Grundsätzlich erwarten die Autoren, dass Ziel- und Regelkonflikte in diesem Konzept nicht auftreten (und damit ein typisches Problem integrativer Konzepte vermieden ist), da die Regeln auf Mindestforderungen in den einzelnen Dimensionen und nicht wie in anderen Konzepten auf Optimierungsgeboten beruhen (vgl. Kopfmüller et al. 2001: 178ff). Dennoch wird die Möglichkeit von Regelkonflikten nicht ausgeschlossen und es wird hierfür ein Abwägungskonzept skizziert. Dazu sind für jede Regel mehrere „Erfüllungsbereiche" zu definieren, die unterschiedliches Gewicht erhalten. Die Erfüllung des „Kernbereichs" einer Regel (z.B. das „nackte Überleben" innerhalb der Regel „Grundversorgung") hat im Konfliktfall Vorrang vor nach geordneten Erfüllungsbereichen anderer Regeln.

2.6 Schlussfolgerungen

Die weitläufige Literatur zur Nachhaltigen Entwicklung wird durch die in diesem Kapitel beschriebenen Arbeiten eher exemplarisch als umfassend beschrieben. Die ausgewählten Literaturstellen demonstrieren jedoch anschaulich die Vielschichtigkeit der Themen, die in der aktuellen Debatte um Nachhaltigkeit aufgearbeitet werden. Während ein Teil der Autoren wie Ott und Döring das theoretische Fundament des Nachhaltigkeitsbegriffs verstärken, konzentrieren sich andere Arbeiten (wie die "Perspektiven für Deutschland") auf die Erschließung des Nachhaltigkeitskonzeptes für das strategische politische Handeln oder bieten wie Diefenbacher, Teichert und Wilhelmy Handreichungen für die praktische Umsetzung des Konzeptes durch bürgernahe politische Handlungsebenen. Andere Beiträge bearbeiten auf unterschiedlichen Ebenen das zentrale Problem der Ziel- und Regelkonflikte in der Nachhaltigkeit, indem sie auf Basis einer umfassenden Diskussion der bestehenden Ansätze eine integrative Methodik entwickeln (wie Kopfmüller et al.), oder indem sie Vorschläge zu bestimmten Einzelfragen beisteuern, wie z.B. die Thematisierung der Überschneidungen zwischen den klassischen Nachhaltigkeitssäulen durch das Integrierende Nachhaltigkeitsdreieck nach von Hauff und Kleine.

Die ganze Spannbreite der thematischen Gegenstände der Nachhaltigkeitsliteratur abzudecken, ist auch nicht die Zielsetzung des vorliegenden Buches. Vielmehr diente die exemplarische Charakterisierung einiger neuerer Werke zur Nachhaltigkeit dem Zweck, für die Ableitung unseres eigenen Konzeptes Impulse zu vermitteln und Einsichten bzw. Überlegungen aus diesen Werken in unseren Ansatz zu integrieren, wo dies sinnvoll und konsistent erschien. Das vorliegende Buch knüpft an viele der dargestellten Konzepte und Vorschläge an, geht aber dort andere Wege, wo dies erforderlich wird, um den von uns angestrebten Perspektivenwechsel auf einen normativ-funktionalen Blickwinkel zu verdeutlichen und die Synthese von konzeptioneller Begründung und praktischer Handreichung zu unterstreichen.

So folgen wir Ott und Döring in ihren theoretischen Überlegungen, die auf die Gerechtigkeitsidee als die wesentliche Wurzel des Nachhaltigkeitskonzeptes verweisen, indem wir Gerechtigkeit als eine von drei Normen aufgreifen, die die Basis unseres Konzeptes bilden. Der besondere Rang des Naturkapitals bei Ott und Döring findet dagegen in unserem Konzept keine explizite Entsprechung, da die von uns gestellte Schlüsselfrage - welche Notwendigkeiten sich aus dem Ziel der dauerhaften Aufrechterhaltung der für das Individuum erforderlichen Systemfunktionen ergeben - auf der konzeptuellen Ebene bewusst eine Unterscheidung zwischen gesellschaftlichen, wirtschaftlichen oder ökologischen Systemfunktionen vermeidet. Die Differenzierung der Systemfunktionen in diese Kategorien ergibt sich nach unserem Konzept erst bei der Übersetzung in konkrete Kriterien.

Wir knüpfen zudem an die praktisch orientierten Beiträge zur Nachhaltigkeitsliteratur an, indem wir unseren Nachhaltigkeitskriterien empirisch messbare Indikatoren zur Seite stellen, die diese Kriterien in den realen Ausprägungen veranschaulichen. Denn unser Ansatz ist von dem Anliegen getragen, ein durchgängiges und konsistentes Ablaufmodell von der Konzepterstellung bis hin zur praktischen Beurteilung des Status Quo und der Entwicklung einer Gesellschaft zu entwickeln. Die Wahl der Indikatoren fußt auf einem deduktiv abgeleiteten Konzept der Nachhaltigkeit, was im Kontrast steht zu den meisten ad hoc entwickelten Indikatorenkatalogen, deren theoretische Fundierung und deren Auswahlkriterien vage oder unerklärt bleiben. Dies gilt auch für den hier besprochenen Indikatorenkatalog der Bundesregierung. Dabei sind wir uns natürlich bewusst, dass sich die Auswahl von Indikatoren nie gänzlich stringent aus dem verwendeten Nachhaltigkeitskonzept ergibt, sondern dass dieser Arbeitsschritt stets auch von einer gewissen Subjektivität begleitet ist. Dennoch haben wir uns bemüht, so weit wie möglich, die Auswahl der Indikatoren auf der Basis des Ausgangskonzeptes plausibel zu begründen.

Ähnlich wie Kopfmüller et al. sehen wir in der Frage der Interdependenzen zwischen den Handlungsbereichen und dem Umgang mit den damit verbundenen Ziel- und Regelkonflikten eine Kernproblematik, zu der ein integratives Nachhaltigkeitskonzept Stellung nehmen muss. Im Kontext des Säulen-Modells der Nachhaltigkeit, dessen horizontale Logik keine inhärente Rangbildungen begünstigt, gibt es nur eingeschränkte Möglichkeiten für eine grundsätzliche Lösung dieser Frage. Kopfmüller et al. geben mit ihrem Konzept der Mindestbedingungen einen Lösungsvorschlag vor, der jedoch einen breiten Raum der Indifferenz innerhalb dieser Mindestbedingungen belässt. Leichter fällt die Auflösung von Ziel- und Regelkonflikten nach unserem Eindruck, wenn es gelingt, die horizontale Logik des Säulenmodells durch eine vertikale Logik zu ersetzen, für die eine innere Hierarchie begründet werden kann. Dies führt, wie wir später noch zeigen werden, zu einer hierarchisierbaren Dimensionsstruktur, die zusammen mit dem Einsatz diskursiver Verfahren eine gute Grundlage für die Auflösung von Zielkonflikten bietet.

Einen Schritt weiter als die beschriebenen Konzepte wollen wir auch in der Frage der Interdependenzen zwischen den verschiedenen Systemmerkmalen gehen, die mit den Zielen, Regeln und Handlungsfeldern der Nachhaltigkeit verknüpft sind. Auf deren Bedeutung wird zwar regelmäßig hingewiesen, jedoch erweist es sich als schwierig, einen angemessenen methodischen Zugang zu ihrer Erfassung zu finden, da einfache Ansätze eher deskriptiven als analytischen Charakter haben und die Ergebnisse komplexer quantitativer Modelle die Gefahr laufen, stärker durch die expliziten und impliziten Annahmen als durch das eingespeiste empirisch oder theoretisch fundierte Wissen geprägt zu werden. Mit der Cross-Impact-Analyse in Kapitel 5 werden wir einen methodischen Ansatz zur validen Messung von Interdependenzen zwischen den Nachhhaltigkeitskriterien vorschlagen.

Ein weiteres zentrales Element einer Nachhaltigkeitskonzeption ist die Integration normativer Elemente in den Nachhaltigkeitsprozess. Kopfmüller et al. warnen eindringlich davor, den Anteil von Normativität, der zwangsläufig in die Beurteilung von Entwicklungen eingeht, zu verschleiern. Diefenbacher, Teichert und Wilhelmy ergänzen das klassische Drei-Säulen-Modell vor diesem Hintergrund um die Bürgerbeteiligung als vierte Säule. Der vorliegende Ansatz wird diesem Anspruch gerecht, indem er die Formulierung von Normen in Verknüpfung mit den funktionalen Erfordernissen aufgreift (Kapitel 3) und darüber hinaus im sechsten Kapitel diskursive Verfahren zur Lösung von Ziel- und Transformationskonflikten bei der Formulierung normativ geprägter Umsetzungsstrategien aufzeigt.

In Anlehnung an die bisherigen Erkenntnisse der Nachhaltigkeitsforschung und deren philosophisch-konzeptionelle Wurzeln und in Übereinstimmung mit den in der Einleitung postulieren Ziele einer Synthese von System-, Orientierungs- und Transformationswissen ist es unser Anliegen, in den folgenden Kapiteln ein normativ-funktionelles Konzept für die nachhaltige Entwicklung und dessen operative Umsetzung Schritt für Schritt zu entwickeln.

3 Ein normativ-funktionales Konzept für Nachhaltige Entwicklung[5]

3.1 Vorteile normativ-funktionaler Konzepte und Normen in der Nachhaltigkeitsdebatte

Der vorliegende Ansatz ist von einem normativ-funktionalen Konzept zur Ableitung von Dimensionen, Kriterien und Indikatoren geprägt. Das im Folgenden dargestellte Konzept verbindet normative Setzungen mit funktionalen Aussagen, welche die Ziele von Nachhaltigkeit zur jeweiligen Zeit und für die jeweilige Generation definieren. Dadurch wird es möglich, die oft impliziten normativen und funktionalen Aspekte der Beiträge zu Fragen der Nachhaltigkeit offen zu thematisieren und Schlüsse zu ziehen, ohne dabei den Anspruch zu erheben, das Rad der Nachhaltigkeit neu erfinden zu wollen. Letztlich soll mit dem vorliegenden Konzept ein konsistenter Rahmen für die Schaffung von System- und Erklärungswissen für die Nachhaltigkeitsdebatte vorgeschlagen werden.

In den folgenden Ausführungen sind Normen als verhaltenslenkende, allgemein gültige Regeln des Handelns in einer Gesellschaft zu verstehen. Normativ ist in diesem Sinne ein Ansatz, der an gesellschaftlichen Wertvorstellungen orientiert ist und Regeln dafür formuliert, wie diese Wertvorstellungen in menschliche Handlungen übersetzt werden können. Normative Ansätze bringen ethische und analytische Gedanken zusammen und formulieren Normen, die zum Ausdruck bringen, was wünschenswert ist und geschehen soll. Normative Entscheidungen sind dort notwendig, wo Bereiche von menschlicher Wahlfreiheit und Optionalität gesellschaftlich zu verantworten und zu legitimieren sind und/oder Unsicherheiten bezüglich künftiger Gegebenheiten bestehen.

Im Sinne einer funktionalistischen Vorstellung haben gesellschaftliche Phänomene wie Normen und Institutionen eine bestimmte Funktion für das Gesellschaftssystem. Bestimmte Normen und Institutionen können dann dem betrachteten Gesamtzusammenhang, in dem sie stehen, förderlich, d.h. funktional, oder abträglich, d.h. dysfunktional, sein. Des Weiteren können sie durch funktionale Äquivalente ausgetauscht werden, die in der Lage sind, die Funktion der ursprünglichen Objekte vollständig oder in großen Teilen zu übernehmen (vgl. Merton 1973). Ein funktionaler Ansatz ermöglicht es, dort wo weitgehendes Wissen über die Gegebenheiten existiert, die Formulierung von Normen an ihre künftige Rolle in der gesellschaftlichen Wirklichkeit zurückzubinden.

Rein normative oder rein funktionale Ansätze bergen spezifische Gefahren. Ein rein normativer Ansatz verkennt oft, dass funktionale Erfordernisse in Zielkonflikten mit moralischen Normen stehen können, etwa dass die Ernährung von heute sechs Milliarden Menschen unweigerlich eine Transformation von Natur- in Kulturflächen bei Inkaufnahme einer Reduktion von Biodiversität bedingt. Ein ausschließlich funktionaler Ansatz besitzt den

5 Autoren dieses Kapitels sind Alexander Jäger (Kap. 3.1. und 3.2.1.), Jürgen Deuschle (Kap. 3.2.2. und Kap. 3.2.3.) und Ortwin Renn (Kap. 3.3.)

Nachteil, dass eine so verstandene nachhaltige Gesellschaft auch unter Verzicht auf relevante kulturelle Werte sowie die Befriedigung grundlegender menschlicher Bedürfnisse möglich wäre.

Aufgrund der Nachteile einseitig normativer und funktionaler Ansätze werden in den meisten neueren Beiträgen zur Nachhaltigkeit beide Ebenen miteinander verbunden, ohne dies explizit zu machen. Der vorliegende Beitrag sieht normative und funktionale Aspekte einer Nachhaltigkeitskonzeption als sinnvolle und notwendige Ergänzung im Zusammenspiel von Wahlfreiheit (Normativität) und der für bestimmte Zwecke notwendigen Handlungen (Funktionalität) an. Die Verknüpfung von normativen und funktionalen Aspekten erlaubt daher die Formulierung von handlungsleitenden Setzungen unter Berücksichtigung funktionaler Gegebenheiten einer Gesellschaft.[6]

Die Kombination von funktionalen und normativen Regeln bietet mehrere Vorteile:

1. Durch die normative Grundausrichtung wird der ethische Kern der Nachhaltigkeit transparenter als bei der Auflistung von deskriptiven Dimensionen wie Ökologie, Ökonomie und Soziales. Die Werte, die hinter diesen Dimensionen stehen, werden explizit gemacht.
2. Der normative Ansatz ist unabhängig von der Zahl der Dimensionen und erlaubt deren Modifikation über den Nachhaltigkeitsprozess hinweg.
3. Der normative Ansatz integriert über die traditionellen Dimensionen hinweg, d.h. er vermeidet die sonst übliche analytische Segmentierung in ökologisch, wirtschaftlich und sozial. Wo eine vorläufige, analytische Trennung im Folgenden vorgenommen wird, orientiert sie sich stattdessen an der Aufteilung in ökologische und soziale Systeme entsprechend den gegebenen Unterschieden in ihrem Aufbau und der Zuschreibung von Funktionen (s. Kapitel 3.2.1).
4. Die funktionale Komponente stellt sicher, dass die kausalen oder sequentiellen Beziehungen zwischen den Zielen und den zur Zielerreichung eingesetzten Mitteln, etwa zur grundlegende Existenzsicherung des Menschen, erkannt, berücksichtigt und im Rahmen der physischen (jeweils zeit- und ortsabhängigen) Möglichkeiten umgesetzt werden.
5. Die Kombination bietet die Chance, sich auf einige wenige funktionale Grundgegebenheiten und normative axiomatische Grundsätze zu beschränken und damit das Konzept trennscharf zu gestalten.
6. Aus den funktionalen und normativen Axiomen lassen sich gesellschaftsrelevante Funktionen ableiten. Aus diesen wiederum können die wichtigen (und im Zeitablauf variablen) Beurteilungsdimensionen, Kriterien und Indikatoren bestimmt werden. So besteht die Chance, ein in sich geschlossenes System eines modernen Nachhaltigkeitsverständnisses sukzessiv zu entwickeln, ohne wie bei der dimensionalen Sichtweise immer wieder neue normative ad hoc Annahmen einführen zu müssen.

---

6 Die Fokussierung auf normativ-funktionale Axiome der Nachhaltigkeit bedingt unmittelbar ein kognitiv anthropozentrisches Verständnis von menschlichen Handlungen und deren Wirkung auf die natürliche und kulturelle Umwelt. Mit diesem Ansatz vereinbar sind aber normativ-physiozentrische Ansätze, sofern sie im Kommunikationsprozess der Beteiligten als normative Zielsetzungen des eigenen Handelns (unter Transparenz der damit verbundenen Folgen) explizit vereinbart wurden. Ziel der Zukunftsfähigkeit von Gesellschaften ist damit die Gewährleistung der menschlichen Existenz bei weitgehender Berücksichtigung natürlicher Kreisläufe und Systemerhalte, gleichgültig ob die Handelnden den natürlichen Vorgängen und „Akteuren“ einen Eigenwert zusprechen oder sie nur als (bewahrenswertes) Mittel zur menschlichen Wohlfahrt ansehen.

7. Die Bezugnahme auf gesellschaftsrelevante Funktionen erlaubt die Modifikation von Zielen der Nachhaltigkeit in Abhängigkeit von deren normativen Bedeutung sowie eine kohärente Bewertung der Veränderungen im Status Quo und der Veränderungen in der Gesellschafts-Umwelt-Beziehung.

Bei der Durchsicht der Literatur fallen drei normative Annahmen auf, die sich als handlungsleitende Übersetzung allgemeiner Nachhaltigkeitsvorstellungen eignen: zum einen die Sicherstellung ökologischer Funktionen für kommende Generationen, zum Zweiten die Durchsetzung von Gerechtigkeitsnormen zwischen und innerhalb der Generationen und zum Dritten der dauerhafte Erhalt der individuellen Lebensqualität. Diese drei Normen lassen sich deduktiv wie auch induktiv begründen. Wenn mit dem Postulat der Nachhaltigkeit eine dauerhafte Gewährleistung eines humanen Lebens für Individuen und Gesellschaften angestrebt wird, so ist dieser Zustand von drei Größen abhängig: von der Kontinuität der für ein humanes Leben notwendigen natürlichen Ressourcen, von der gerechten Verteilung des Zugangs zu diesen Ressourcen auf die im Zeitablauf zu erwartenden Generationen sowie von der Ermöglichung eines individuellen humanen Lebens auf der Basis einer ausreichenden Ressourcenausstattung. Ohne ausreichende Ressourcenbasis verliert der Mensch die Existenzgrundlage. Ohne gerechte Verteilung der Ressourcen ist eine kontinuierliche Gewährleistung von individuellen Lebenschancen und des gesellschaftlichen Friedens gefährdet. Und ohne die Aussicht auf eine gerechte Verteilung ist die Realisierung individueller Wohlfahrt und damit eine möglichst hohe Lebensqualität für alle Gesellschaftsmitglieder kaum vorstellbar. Diese drei Normen können zwar funktionell unabhängig voneinander beschrieben werden, erst zusammen bilden sie jedoch die Voraussetzung für die Zielerreichung einer Nachhaltigen Entwicklung. Die ökologischen Bedingungen werden eingehalten, damit der Mensch langfristig überleben kann, die sozialen und ethischen Normen zur Einhaltung der Fairnessgebote gegenüber den heutigen wie den kommenden Generationen werden fortgeschrieben, so dass keine Generation auf Kosten der Zukünftigen wirtschaftet. Schließlich garantiert die dritte Norm dem beliebigen Individuum einer jeden Generation das Recht, im Rahmen der beiden vorherigen Normen seine persönliche Lebensqualität zu steigern und dafür die entsprechenden Rahmenbedingungen vorzufinden. Die drei Normen beziehen Konzepte der schwachen (Erhalt der individuellen Lebensqualität) und der starken Nachhaltigkeit (Dauerhaftigkeit der Ressourcenbasis unabhängig von ihrer möglichen Substituierbarkeit) ein. In der Debatte um Nachhaltigkeit werden die drei Normen immer wieder genannt und manchmal auch gegenseitig ausgespielt. Während die erste Forderung überwiegend von ökologisch orientierten Gruppen vertreten wird – wobei häufig auch die Vielfalt der Natur um ihrer selbst willen geschützt werden soll –, ist die zweite Forderung stärker mit den Vorstellungen vieler im Entwicklungsbereich tätigen NGOs, Gewerkschaften und kirchlicher Gruppen verbunden. Die dritte Forderung erhält Unterstützung von Vertretern ökonomischer Ansätze. Die Optimierung des Nutzens für den Einzelnen wird dabei in eine Maximierung der individuellen Lebensqualität übersetzt.

Die jeweiligen Vertreter eines der drei normativen Ausgangspunkte versuchen dabei, die jeweils anderen normativen Grundlagen zumindest teilweise bei der weiteren Ableitung von Unterzielen zu integrieren oder als deckungsgleich mit dem eigenen Ansatz anzusehen. Gleichzeitig legen viele die normativen Ausgangspunkte als Belege für die drei Dimensionen der Nachhaltigkeit aus: Der Systemerhalt bezieht sich auf die ökologische Komponente, die Gerechtigkeit auf die soziale und die individuelle Lebensqualität auf die ökonomische.

Eine solche dimensionale Einengung der drei Grundnormen der Nachhaltigkeit ist aber keineswegs zwingend. So ist der Systemerhalt – im Weiteren als „systemare Integrität" bezeichnet – auch für die Gesellschaft und ihre Subsysteme wie Wirtschaft, Gemeinschaft und Kultur wesentlich, ebenso wie Lebensqualität, die Qualität der umgebenden Natur mit einschließt. Gerechte Verteilung ist noch am stärksten mit der sozialen Dimension verbunden, hat aber auch Verbindungen zur Ökonomie wie zu Nutzungsrechten gegenüber natürlichen Ressourcen. Insofern liegen den drei Normen zwar bestimmte Bereiche der Gesellschaft näher als andere, sie lassen sich darauf aber nicht beschränken und sind vielmehr interdependent vernetzt (s. Kapitel 5).

Bevor die Normdimensionen näher ausgearbeitet werden, ist zu betonen, dass Nachhaltigkeit in dem vorliegenden Konzept als gesellschaftlicher Prozess begriffen wird, in dem die unterschiedlichen Ziele von sozialen Akteuren integrativ erarbeitet werden und nicht als stabiler, festgelegter Zustand von Gesellschaften. Prozesshaftigkeit ist hierbei eine analytische Formel mit zwei Handlungsebenen. Auf einer intergenerativen Ebene werden die Bedürfnisse der nachfolgenden Generation durch die vorhergehende Generation berücksichtigt. Diese Komponente bedingt eine hohe Wertbesetztheit von Gesellschaften als überdauernde soziale Komponente, weil die vorhergehende Generation die Ziele von Nachhaltigkeit für die nachfolgende Generation bestimmt. Auf einer kommunikativen Ebene wird die diskursive Festlegung von Zielen der Nachhaltigkeit für die „nachgefolgte" Generation thematisiert. Hierfür sind Fragen der Kommunikationsstruktur und des Konfliktmanagements von Gesellschaften von zentraler Bedeutung. Zugleich schließt dies eine evaluative Ebene ein, ob für die „nachgefolgte" Generation die für sie vorab von der vorausgegangenen Generation als nachhaltig bewerteten Ziele auch tatsächlich sinnvoll waren und auch erreicht wurden (Monitoring).

Nachhaltigkeit ist in diesem Verständnis ein iterativer gesellschaftlicher Prozess. Die zentralen analytischen Komponenten dieses iterativen Verständnisses von Nachhaltigkeit sind die Prozesse und Institutionalisierung von wertgebundenen Sozialisationsabläufen auf der Makroebene und von Internalisierung von Überzeugungen und Handlungsorientierungen auf der Mikroebene. Ein wesentliches Bindeglied zwischen der Makro- und der Mikroebene ist die konkrete Austragung von Zielkonflikten (definiert als Konflikte, in denen zwei Parteien jeweils als legitim empfundene Ziele anstreben, deren Verwirklichung jedoch zu Konflikten führt).

In den sich anschließenden Kapiteln werden die drei normativ-funktionalen Prinzipien der systemaren Integrität, Gerechtigkeit und Lebensqualität näher dargestellt und ihre verschiedenen Dimensionen erläutert (Orientierungswissen). Die Dimensionen dienen zur Präzisierung und als Raster für die Erarbeitung von Kriterien für die Messung von Nachhaltigkeit im Sinne des vorliegenden Konzepts (Kombination von Orientierungs- und Systemwissen). Auf der Grundlage von insgesamt sechzehn Kriterien werden dreiundvierzig Subkriterien und entsprechend dreiundvierzig Indikatoren ausgearbeitet, die sich direkt beobachten lassen und es damit ermöglichen, das hier vorgestellte Konzept in praktisch anwendbare Ideen zu übersetzen (Transformationswissen). Die Interdependenzen zwischen den Kriterien werden aufgearbeitet und in ihrer Bedeutung für das Systemverhalten analysiert. Zudem werden diskursive Verfahren vorgestellt, um die notwendige multi-kriterielle

Bewertung von Maßnahmen analytisch angemessen und demokratisch legitimiert durchführen zu können.

3.2 Dimensionen der drei normativ-funktionalen Setzungen: systemare Integrität, Gerechtigkeit und Lebensqualität

3.2.1 Systemare Integrität

Systemare Integrität meint die Kontinuität und den Fortbestand menschlicher und für Menschen bedeutsamer sozialer und ökologischer Systeme. Mit Systemen sind im Folgenden Gebilde gemeint, deren wesentliche Bestandteile aufeinander bezogen ein Ganzes ergeben.

Einen zentralen Zugang zu Fragen der Integrität bietet der Begriff der Ultrastabilität, wie er in der Kybernetik und der theoretischen Ökologie entwickelt wurde (Cadwallader 1979). Es geht hierbei nicht um Stillstand oder um Konservierung im Sinne von starren Gleichgewichtszuständen, sondern um einen stetigen Wandel und eine immanente Dynamik. Wandel, Entwicklungsfähigkeit und gestaltbare Veränderung werden hier zur primären Idee. Kontinuität meint eine Entwicklung unter Vermeidung unkontrollierbarer Brüche und Wechsel.

Innerhalb der Nachhaltigkeitsdebatte bezog sich die Forderung nach Kontinuität zu Beginn vor allem auf die Erhaltung der lebensbedingenden ökologischen Ressourcen. In den letzten Jahren hat sich zusätzlich die Werthaftigkeit dauerhafter und anpassungsfähiger sozialer Systeme in der Diskussion um Nachhaltigkeit etabliert (vgl. Becker et al. 1999; Ritt 2002; Spannberger 2003; Littig/Geißler 2005). Thematisierte werden dabei ökonomische, politische und sozialintegrative Aspekte. Aktuell ist zudem die demographische Entwicklung Deutschlands ein zentrales Thema im Nachhaltigkeitsdiskurs.

Im Folgenden werden die spezifischen Merkmale der Integrität von sozialen und ökologischen Systemen getrennt behandelt. Diese Trennung beruht auf der Tatsache, dass sich diese beiden Systemtypen in ihrem Aufbau, ihren Elementen und Prozessen grundlegend unterscheiden und nicht sinnvoll zusammen unter dem Aspekt der systemaren Integrität untersucht werden können. Dies hindert jedoch nicht daran, menschliche Eingriffe und menschliches Nutzungsverhalten in Bezug auf ökologische Systeme an passender Stelle einzubinden. Selektionskriterium ist nicht der Anwendungsbereich, sondern die logische Zugehörigkeit zu einer der drei normativ-funktionalen Setzungen.

Der Funktion nach beziehen sich ökologische und soziale Integrität auf die dauerhafte Nutzung durch und den Fortbestand von Menschen in sozialen und ökologischen Systemen. Die Integrität als Funktion von sozialen Systemen ist per Definition ein konstitutives Merkmal aller Gesellschaften, auch wenn der Grad der Integration von Gesellschaft zu Gesellschaft der Gestalt und Intensität nach variiert (Merton 1973: 189).[7] Integrität ist nicht die Eigenschaft eines Phänomens, etwa der Natur oder der Gesellschaft, sondern eine kultu-

7 Robert K. Merton merkt hierzu an: „Soziale Gebräuche und Gefühle können für einige Gruppen funktional, für andere innerhalb der gleichen Gesellschaft dysfunktional sein" (Merton 1973: 180). Von einer vollständigen funktionalen Einheitlichkeit beispielsweise spezifischer politischer oder wirtschaftlicher Institutionen über alle Gesellschaftsformen und Untersysteme hinweg, kann daher nicht ausgegangen werden. Trotz systeminterner Variationen bleibt Integrität jedoch stets eine konstitutive Funktion größerer sozialer Einheiten.

relle Zuschreibung, durch die die Elemente eines Systems miteinander in Bezug gebracht werden. Ob sich diese Bezüge im Rahmen von Zwecksetzungen bewähren, ist dabei ein empirische Frage.

Zwischen der Funktion sozialer und der Funktion ökologischer Integrität gibt es zwei Arten von Unterschieden. Zum einen betrifft dies die Zuschreibung des Nutzens an die Systeme. Soziale Systeme definieren ihre Funktion durch sich selbst (vgl. Luhmann 1990), d. h. durch die Menschen, die sie ausmachen. Anders verhält es sich mit ökologischen Systemen. Sie erhalten Wertzuschreibung durch die sie nutzenden Menschen. Zum andern unterscheiden sich soziale und ökologische Systeme in der Erfüllung von Funktionen, der Ausgestaltung von Dysfunktionen und der Möglichkeit von funktionalen Äquivalenten. Dies steht in direktem Zusammenhang mit den angesprochenen Unterschieden im Aufbau und den Elementen der beiden Systemtypen. Funktionale Äquivalente, beispielsweise eine stabile Regierungsform, sind von grundlegend verschiedener Art als die von Klimasystemen oder Energieformen.

Die Integrität sozialer Systeme

Soziale Systeme bestehen aus Interaktionen von mindestens zwei Personen, von begrenzten Kollektiven oder von ganzen Gesellschaften, bis hin zur Weltgesellschaft. Wandel und Stabilität sind dabei zentrale Begriffe, um sie zu beschreiben, und tauchen in regelmäßigen Abständen in der Auseinandersetzung mit spezifischen politischen, ökonomischen und sozial-integrativen Fragestellungen auf. Bezogen auf die verschiedenen gesellschaftlichen Subsysteme und die sich ihr widmenden Forschungsrichtungen lässt sich sagen, dass es gegenwärtig keine einheitliche Vorstellung von Dauerhaftigkeit und Wandlungsfähigkeit gibt. In Anbetracht der hohen Unterschiedlichkeit der verschiedenen Systeme in Bezug auf ihre Struktur und Größe nehmen wir an, dass es eine solche Vorstellung auch in Zukunft nicht geben wird.

In der Forschung zu politischen Prozessen und Systemen werden Wandel und Stabilität zum einen bezogen auf die Entwicklung von sich im Umbruch oder in einer instabilen Lage befindenden Staaten. Untersuchungen dieser Ausprägung richten sich beispielsweise auf die Demokratieentwicklung im Irak, Friedensprozesse in Bürgerkriegsregionen wie Uganda oder die Umbrüche in der ehemaligen DDR zu Ende der achtziger, Beginn der neunziger Jahre des 20. Jahrhunderts. Zum anderen werden die Intensität und Form der Veränderungen in relativ stabilen politischen Systemen, wie der Bundesrepublik Deutschland, untersucht. Hier werden die politischen Einstellungen der Bevölkerung und die verfassungsmäßig festgelegten Grundlagen und Handlungsspielräume der politischen Institutionen betrachtet. Wie in den meisten Sozialwissenschaften gibt es jedoch in der Politikwissenschaft keine umfassende Vorstellung von einem stabilen oder wandlungsfähigen politischen System als Ganzes. Vielmehr werden einzelne Aspekte, wie zum Beispiel Demokratievorstellungen, herausgegriffen und auf ihren zeitlichen Wandel untersucht.

Ähnlich verhält es sich in der Soziologie. Begriffe wie sozialer Wandel beziehen sich hier auf Veränderungen beispielsweise in der ethnischen Zusammensetzung einer Bevölkerung, der sich verändernden Selbst- oder Geschlechterbilder oder des Umgangs mit Wissen. Begriffe von Stabilität und Dauerhaftigkeit, die sich auf die Gesellschaft als Ganzes beziehen, werden in der Soziologie selten verwendet, zuletzt von Systemtheoretikern wie Talcott Parsons. Derartige Ansätze gerieten in den letzten Jahrzehnten jedoch zunehmend in den Hintergrund.

Die größte Bedeutung haben Stabilitäts- und Gleichgewichtsvorstellungen innerhalb der Sozialwissenschaften in der Ökonomie, also in der Untersuchung von wirtschaftlichem Wandel und Dynamik. Im Rückgriff auf Vorstellungen und Bilder der Physik des 19. Jahrhunderts entwickelten die Wirtschaftswissenschaften des 20. Jahrhunderts Modelle zur stabilen wirtschaftlichen Entwicklung, allen voran die der markträumenden Gleichgewichte unter der Bedingung der Paretoeffizienz (Mirowski 1990).

Vor dem Hintergrund der Situation in den einzelnen wissenschaftlichen Disziplinen wird im Folgenden keine umfassende, monolithische Definition von Stabilität und Wandel in sozialen Systemen verwendet. Stattdessen geht es darum, einzelne, für die zukünftige Entwicklung der deutschen Gesellschaft besonders zentrale Aspekte auf ihren Verlauf während der letzten Jahrzehnte und der sich daraus ergebenden Folgen zu untersuchen. Die einzelnen Aspekte können dazu genutzt werden, einen disziplin- und bereichsübergreifenden Prozess wie die Globalisierung abzubilden. Ausgelöst durch technische Innovationen (sinkende Transportkosten, IuK-Technologie) reagieren Gesellschaften im Falle der Globalisierung durch Anpassungsprozesse, um die eigene Stabilität zu sichern. Dabei ist es notwendig zu wissen, was stabil bleiben soll (z. B. Demokratie, Reproduktionsrate) und was eine wünschenswerte Veränderung darstellt.

Für die Beschreibung des wünschenswerten Zustandes wurde der Begriff Integrität gewählt, der die Ideen von Stabilität, Wandel und Anpassungsfähigkeit in sich vereint. Im Folgenden werden die für die Dimension der sozialen Integrität ausgewählten Bereiche und Unterbereiche – in Einklang mit messtheoretischen Standards als Kriterien und Subkriterien bezeichnet – eingeführt und erläutert. Dabei handelt es sich um die Kriterien humanbiologische Reproduktion, Integrität des Wirtschaftssystems, soziale Integration und Integrität des politischen Systems.

Die demographische Entwicklung

Die Entwicklung der Größe einer Bevölkerung und ihrer Altersstruktur ist eine der Grunddeterminanten von sozialen Prozessen innerhalb einer Gesellschaft. Unterschiedliche soziale Bereiche wie das Wirtschaftssystem, die politische Steuerung oder Familienstrukturen sind auf ein bestimmtes Niveau der Bevölkerungsgröße und Altersstruktur angepasst. Verändert sich die demographische Zusammensetzung einer Gesellschaft, so hat dies Konsequenzen für nahezu alle sozialen Phänomene. Die demographische Entwicklung, dargestellt durch die Reproduktionsrate, steht daher am Anfang der Darstellungen zur Integrität sozialer Systeme.

Integrität des Wirtschaftssystems

Mit Wirtschaftssystem sind alle diejenigen Interaktionen in einer Gesellschaft zu verstehen, die sich auf die Verwertung von Ressourcen zur Befriedigung von materiellen oder immateriellen Bedürfnissen der Menschen richten. In der Bundesrepublik wurde mit dem Gesetz zur Förderung der Stabilität und des Wachstums der Wirtschaft das Streben nach Stabilität und Wandlungsfähigkeit im wirtschaftlichen System 1967 gesetzlich verankert. Von den in dem Gesetz festgelegten Zielen wurden in diesem Bericht die Entwicklung des Wirtschaftswachstums und die des Beschäftigungsstandes aufgenommen. Um den Aspekt der Wandlungsfähigkeit stärker zu betonen, wurde zudem die Innovationsfähigkeit als Kriterium aufgenommen.

Soziale Integrität
Die Frage nach der sozialen Integrität richtet sich darauf, was die Gesellschaft und ihre Kollektive zusammenhält und ist innerhalb der Soziologie von zentraler Bedeutung. Aus den unterschiedlichen Aspekten, die sich daraus ergeben, wurde auf der Mikroebene die Entwicklung der Familien und die Suizidrate aufgenommen. Auf höherer Ebene wird untersucht, wie sich die Individuen in größere Gruppen einbringen und ihre Handlungen auf das Wohl der Mitbürgerinnen und Mitbürger richten. Ein dritter Untersuchungsbereich bildet die Anerkennung andersartiger Meinungen und Lebensformen innerhalb einer Gesellschaft. Eine hoher Grad an Toleranz ermöglicht es einer Gesellschaft, neue Aspekte aufzunehmen und sich so veränderten Bedingungen anzupassen.

Integrität des politischen Systems
Die Untersuchung vergleichsweise stabiler politischer Systeme richtet sich auf kollektiv geteilte Einstellungen und verfassungsmäßig festgelegte Grundlagen und Handlungsspielräume der politischen Institutionen. Ein grundlegendes Kriterium ist hierbei die Legitimation und Unterstützung demokratischer Regierungsformen durch eine entsprechende politische Kultur, ausgehend von den Bürgerinnen und Bürgern. Daneben ist es von hoher Bedeutung, dass die zentralen politischen Institutionen – die demokratischen Parteien – das verfassungsmäßig festgelegte demokratische System anerkennen. Als drittes Kriterium wird die Handlungsfähigkeit der Regierungsinstitutionen, politische Vorstellungen in konkrete Maßnahmen umzusetzen, anhand der zur Verfügung stehenden finanziellen Ressourcen gemessen.

Aus der hiesigen Konzeptionalisierung der Integrität des sozialen Systems der Bundesrepublik Deutschland ergeben sich elf verschiedene Kriterien, die in Kapitel 4.1.1 in Subkriterien und Indikatoren übersetzt werden.

Die Integrität ökologischer Systeme
Mit ökologischen Systemen sind Wirkungszusammenhänge zwischen Lebewesen verschiedener Art und ihrem Lebensraum gemeint. Ebenso wie soziale Systeme sind ökologische Systeme zumeist offene, von außen beeinflussbare Gebilde. Im normalen Zustand, wie man ihn für gewöhnlich in der Natur antrifft, sind die Stoffkreisläufe in einem System ausgeglichen, so dass sich dynamische Fließgleichgewichte bilden. Durch die Veränderung einzelner Komponenten oder Subsysteme kann jedoch die Balance von ökologischen Systemen gestört werden. Die Änderung von Gleichgewichten in einem System zieht zumeist eine Beeinflussung von benachbarten oder zusammenhängenden ökologischen Systemen nach sich.

Die weit reichende Transformation ökologischer Systeme durch menschliche Eingriffe mit den daraus resultierenden Verlusten an Biodiversität, Produktivität und Steuerungsfunktionen waren einer der Hauptgründe für das Aufkommen der Debatte um Nachhaltigkeit. Zentral hierbei war und ist der Gedanke, dass die ökologische Umwelt des Menschen für kommende Generationen zu erhalten ist. In diesem Argument verbindet sich das Postulat der Generationengerechtigkeit mit dem Anliegen ökologische Systeme, die von den Menschen als wertvoll erachtetet werden, nicht in kritischem Umfang in ihrem Gleichgewicht zu stören. Im Folgenden soll zuerst der Begriff der Integrität ökologischer Systeme näher erläutert und dann auf konkrete Analysedimensionen und Indikatoren eingegangen werden.

Im Rahmen des vorliegenden Berichts vermeiden wir den Begriff der Stabilität, stattdessen operieren wir mit dem Begriff der systemaren Integrität[8]. Um den Unterschied zwischen beiden Begriffen zu verdeutlichen, sollen zunächst die in der Literatur vorzufindenden Merkmale für die Stabilität aufgelistet werden (vgl. Drossel/Scheu 2004: 49; Brand 2005: 30ff.).

Die Stabilität von ökologischen Systemen weist demnach die folgenden fünf Charakteristika auf:

1. *Persistenz*: Ein System ist persistent, wenn es sich über die Zeit hinweg erhält.
2. *Konstanz*: Ein System weist Konstanz auf, wenn es trotz äußerer Umwelteinflüsse seinen ursprünglichen Zustand beibehält.
3. *Resistenz*: Ein System ist resistent, wenn es externen Störungen stand hält und durch sie nicht aus dem Gleichgewichtszustand gebracht wird.
4. *Elastizität*: Elastizität weist ein System dann auf, wenn es nach einer starken externen Störung wieder zum Ausgangspunkt (der Situation vor der Störung) zurückkehren kann.
5. *Resilienz*: Resilienz bezeichnet das Ausmaß der Störung, die ein System ohne Veränderung seiner Struktur absorbieren kann, wie auch die Geschwindigkeit, mit der ein System nach einer externen Störung zum Ausgangszustand zurückkehrt.

Der Grund warum wir den Begriff der Integrität dem der Stabilität vorziehen ist, dass ökologische Systeme nicht starr sind, wie dies in der obigen Liste der Merkmale zur Stabilität anklingt. Sie weisen sich vielmehr durch ihren ständigen Wandel und Anpassung an gegebene Umstände aus. Fridolin Brand formuliert dies wie folgt: „Ecosystems cannot be seen as static entities, rather, they represent always changing, fluctuating, dynamic systems. There is no balance of nature, rather endless change and the ongoing creation of novelty are the rule" (Brand 2005: 42). Ökosysteme sind daher offene, dynamische Gebilde, die nach einer externen Störung nicht notwendigerweise zum alten Gleichgewichtszustand zurückkehren, sondern sich auch in einem neuen Zustand einpendeln können. Hier im engeren Sinne von Stabilität zu sprechen wäre unangebracht (Grimm 2004: 73) und es wird daher im Folgenden der Begriff der systemaren Integrität verwendet. Systemare Integrität sehen wir als gegeben an, wenn ein System in der Lage ist, seine wesentlichen Funktionen trotz der durch äußere Entwicklungen oder durch Störungen aufgezwungenen inneren Veränderungen aufrechtzuerhalten. Im Gegensatz zum Stabilitätsbegriff trägt der Begriff der systemaren Integrität dem Umstand Rechnung, dass der unveränderte Erhalt von ökologischen (und auch von ökonomischen und sozialen) Systemen weder erreichbar, noch natürlich, noch wünschenswert ist. In dem bisher Gesagten ist offen, welche Veränderungen in den Zuständen ökologischer Systeme als funktional oder dysfunktional anzusehen sind. Diese Frage lässt sich nicht alleine aufgrund von natürlichen „Fakten" klären, da sich ökologische Systeme fortwährend verändern und sich nicht von alleine eine bestimmte Funktion oder Dysfunktion zuweisen. Diese Zuweisung erfolgt vielmehr auf der Beobachtungsebene, d. h. durch jene, die von der Funktion Gebrauch machen. Anknüpfend an die Idee der Funktiona-

8 Die beiden Autoren Döring und Ott sprechen in diesem Zusammenhang von Resilienz (2004). In unserem Kontext wird dieser Begriff aber schon spezifischer als Widerstandskraft gegen Eingriffe von außen definiert (siehe weiter unten). Insofern scheint uns der Begriff der Integrität als Oberbegriff besser geeignet zu sein, wobei Resilienz eines der Merkmale der Integrität ausmacht.

lität bedeutet die Zuschreibung von Dauerhaftigkeit für ein ökologisches System ein Ergebnis aus der intersubjektiven Verständigung von Menschen über den Zustand von ökologischen Prozessen. Die Funktionen oder Dysfunktionen – hier der Dauerhaftigkeit – eines ökologischen Systems ergibt sich damit aus der Einigung der Gesellschaft über seinen Nutzen in Abstimmung mit seinen physikalischen und biologischen Eigenschaften.

Welches sind die Kriterien für ökologische Integrität, die in Kapitel 4.1.2 anhand von Indikatoren erfasst werden? Bei der Auswahl der untersuchten Bereiche wird nicht versucht, die Integrität des gesamten Ökosystems abzubilden. Stattdessen orientiert sich die Ausarbeitung an dem Gefährdungsgrad der jeweiligen Systeme und der Bedeutung, die diesen Systemen durch Menschen zugemessen wird. Vor diesem Hintergrund wurden die folgenden Bereiche abgedeckt:

Klimastabilität
Von Klimastabilität wird heute besonders im Zusammenhang mit dem Klimawandel gesprochen. Anthropogenen Einfluss auf das Klima haben die Verbrennung fossiler Brennstoffe, die Entwaldung, die wachsende Urbanisierung sowie sonstige Änderungen der Landnutzung. Klimawandel kann sich dabei beispielsweise als Erwärmung oder Abkühlung der bodennahen Atmosphäre und in der Zunahme von Extremereignissen bemerkbar machen.

Sicherung der Luftqualität
Mit Luftqualität ist eine etwa nach den EG-Richtlinien festgelegte Mindestqualität der Luft gemeint. Zur Sicherstellung der Luftqualität wurden Mitte der achtziger Jahre Grenzwerte für Schwefeldioxid, Stickstoffdioxid, Schwebstaub und Blei in der Luft als „Immissionswerte" auf der Grundlage des Bundesimmissionsschutzgesetzes festgelegt. Je höher die Immissionswerte sind, desto stärker ist die Beeinträchtigung der Luftqualität und umso wahrscheinlicher ist eine Schädigung des Ökosystems.

Stabilität der Biosphäre
Die Biosphäre umfasst den gesamten Bereich der Erde, der von Lebewesen bewohnt wird. Es handelt sich um einzelne Lebensräume, die das Überleben von Pflanzen, Tieren und Menschen sicherstellen. Werden wesentliche Elemente der Biosphäre nachhaltig geschädigt, kann es zu einer Beeinträchtigung oder gar Zerstörung von Lebensräumen und somit zur Bedrohung einzelner Arten kommen.

Schonung nicht erneuerbarer Ressourcen
Die heutige Gesellschaft hat einen hohen Bedarf an nicht erneuerbaren Rohstoffen z.B. in Form ihres Energiebedarfs, den sie durch die Verbrennung von Rohstoffen oder durch Kernspaltung radioaktiver Stoffe deckt. Nicht erneuerbare Ressourcen sind endlich, daher wird die Funktion der Ökosphäre als Rohstofflieferant durch die Entnahme nichterneuerbarer Ressourcen eingeschränkt. Der Verbrauch nichterneuerbarer Ressourcen kann als Einbuße für den funktionellen Wert der Ökosphäre für den Menschen und damit als Einbuße für ihre systemare Integrität betrachtet werden. Die Energieversorgung künftiger Generationen wird durch den heutigen Rohstoffverbrauch eingeschränkt. Durch die Nutzung von fossilen Brennstoffen zur Energieversorgung wird vor allem CO_2 an die Atmosphäre abgegeben. CO_2 ist ein umweltschädliches Gas, das die Erwärmung der Atmosphäre zur Folge hat. Die CO_2-Emissionen müssen daher reduziert werden. Je eher und schneller dies umge-

setzt wird, desto weniger Klima- und Altlastenprobleme werden künftige Generationen haben.

Abfälle
Abfälle sind der unbrauchbare Überschuss aus menschlichen Siedlungen und Produktionsstätten, den es möglichst umweltgerecht zu entsorgen gilt. Die Menge und die Art der Entsorgung aber auch die Vermeidung und Wiederverwertung von Abfällen sind wesentliche Einflussfaktoren, welche eine Umweltschädigung und -belastung und somit eine Störung des ökologischen Systems darstellen.

Sicherung der Biodiversität
Das ökologische System gilt in der Regel dann als besonders resilient, wenn es sich aus möglichst vielen verschiedenen Arten zusammensetzt. Je mehr Arten in einem Lebensraum anzutreffen sind, desto eher kann ein solches System externe Belastungen und Interventionen ohne Substanzverlust verkraften, denn die Abnahme der Artenvielfalt führt zu einer höheren Anfälligkeit und stark verringerten Regenerationsfähigkeit von ökologischen Systemen.

Für eine detaillierte Analyse dieser Bereiche – in Kapitel 4 als Kriterien bezeichnet – wurden Indikatoren ermittelt, die eine Signalwirkung für den Gesamtzustand der Systeme besitzen. Für die Untersuchung der ökologischen Integrität wurden daher zumeist Wirkungsindikatoren ausgewählt, die einen direkt messbaren kausalen Zusammenhang mit dem ökologischen System aufzeigen. Eine Darstellung und Auswertung der insgesamt zehn Indikatoren zur ökologischen Integrität schließt sich in Kapitel 4.1.2 an. Bereits die Diskussion der Kriterien der ökologischen Integrität lässt erkennen, dass es vielfältige wechselseitige Beeinflussungen zwischen ihnen gibt. Beispiele für Einflüsse sind die Wirkung der Nutzung von Energieressourcen auf die Klimastabilität oder die Bedeutung der Stabilität der Biosphäre für die Biodiversität. Auch und zwischen den Kriterien unterschiedlicher Bereiche gibt es zahlreiche Einflussbeziehungen. Im Anschluss an die nachfolgend fortgeführte Aufstellung eines Kriteriensatzes und an seine Untersuchung mit Hilfe von Indikatoren, werden daher in Kapitel 5 die Interdependenzen zwischen den Kriterien anhand einer Cross-Impact-Analyse aufgearbeitet.

3.2.2 Gerechtigkeit

Vorstellungen von sozialer Gerechtigkeit[9] haben neben kultur- und zeitspezifischen Ausformungen einen universellen Kern. Mit diesem Kern der Gerechtigkeit verbindet alle Menschen in allen Kulturen und Epochen ein gemeinschaftliches Verlangen nach Gerechtigkeit. Ottfried Höffe (Höffe 2001: 9f.) stellt fest, dass es seit der Frühzeit zu den Leitzielen der Menschheit gehört, dass Gerechtigkeit herrscht. Deshalb könne die Menschheit auch als „Gerechtigkeitsgemeinschaft" angesehen werden. Konrad Ott und Ralf Döring (Ott/Döring 2004: 49) gehen davon aus, „dass das Interesse an Gerechtigkeit sowohl onto-

9 Diese Konzeption bezieht sich auf soziale Gerechtigkeit. Recht (z. B. Strafrecht) soll von sozialer Gerechtigkeit dadurch abgegrenzt werden, dass Recht mit Zwang durchsetzbar ist. Durch diese Sanktionsorientierung verlässt sich das Recht nicht auf den guten Willen allein. Zudem wird das „Rechte" mit formalen Rechtsverordnungen präziser festgelegt. Gerechtigkeitsvorstellungen werden in Recht überführt (z. B. Diskriminierungsverbote). Das Recht ist ein Sonderfall der sozialen Gerechtigkeit (vgl. Ekardt 2005: 10).

genetisch als auch kulturgeschichtlich tiefe lebensweltliche Wurzeln hat." Diese seien in unterschiedlichen Kulturen und selbst schon bei Kindern anzutreffen. Im Gegensatz zu Tugendpflichten wie Solidarität, Mitleid und Großzügigkeit, die man vom anderen nur erbitten und erhoffen kann, kann man Gerechtigkeit verlangen; Gerechtigkeit ist ein normativ stärkeres Prinzip. „Als geschuldete Sozialmoral hat die Gerechtigkeit den Rang des elementar-höchsten Kriteriums allen Zusammenlebens." (Höffe 2001: 29) Auch Wolfgang Kersting stellt fest: „Es gibt keine Eigenschaft, die den Mangel an Gerechtigkeit kompensieren könnte. Der Gerechtigkeitsgesichtspunkt genießt absoluten Vorrang und ist durch keine ordnungspolitischen Überlegungen, durch keine Stabilitätserwägungen und Effizienzbedenken zu relativieren." (Kersting 2004: 37) Der Sozialphilosoph Oskar Negt (Negt 2005: 112) bezeichnet im Einklang mit Höffe das „Gerechtigkeitsgefühl" als eine „kollektive Angelegenheit". Wenn die Gerechtigkeit gestört sei, „(...) kann es auf lange Sicht zu explosiven Situationen führen." Die Geschichtsbücher sind voller Schilderungen davon. Darüber hinaus zeigen sozialpsychologische Experimente, dass Menschen ein feines Gespür für Gerechtigkeit haben.[10] Gegen die Prognose der ökonomischen Rationalitätsregel sind sie bereit auf Vorteile zu verzichten, sofern sie eine Tauschsituation als nicht gerecht bewerten. Selbst wenn es genügend Beispiele dafür gibt, dass Nationen eine kulturelle Blütezeit erlebten, obwohl zugleich höchst ungerechte Verhältnisse herrschten – man denke z. B. an die Phase des Absolutismus in Frankreich –, kann festgehalten werden, dass die soziale Integrität einer Gesellschaft wohl nur dann gewährleistet ist, wenn sie von ihren Mitgliedern als gerecht empfunden wird. Letztlich wurde auch der Absolutismus durch den Ruf nach Freiheit, Gleichheit und Brüderlichkeit überwunden.

Durch das Paradigma der Nachhaltigen Entwicklung erhält nun die Zeitdimension von Gerechtigkeit eine besondere Betonung. Gerechtigkeit im Kontext der Nachhaltigkeit bezieht sich nicht allein auf die Lebensverhältnisse innerhalb der Generationen (intragenerationale Gerechtigkeit), sondern auch auf die Lebensverhältnisse zwischen vergangenen, heutigen und zukünftigen Generationen (intergenerationale Gerechtigkeit).[11] Ott und Döring (2004: 41) zufolge ist die Idee der Nachhaltigkeit an die Idee der Gerechtigkeit angelehnt. Armin Grunwald und Jürgen Kopfmüller (2006: 1) erkennen in der Gerechtigkeit das ethische Fundament der Nachhaltigkeit. Es besteht das Leitziel, dass sowohl intra- als auch intergenerationale Gerechtigkeit herrscht. Damit ist die Bedeutung, die Gerechtigkeit für jede Sozietät hat, herausgestrichen und zugleich die Frage aufgeworfen, welche Konzeption von Gerechtigkeit eine Nachhaltige Entwicklung fördert.

Möchte man zu einer Vorstellung gelangen, welche Gestalt eine gerechte Gesellschaft hat, dann ist es zielführend, den Umweg über den Begriff der Freiheit zu wählen. Der Begriff der Freiheit findet sich als Angelpunkt in vielen und dabei auch höchst unterschiedlichen Gerechtigkeitstheorien wieder, wie z. B. der von Friedrich von Hayek (Hayek 1991, 2003) einerseits und der von John Rawls (Rawls 1975) andererseits. Freiheit ist auch ein Schlüsselbegriff der Aufklärung, der Menschenrechtserklärung und der staatlichen Verfassungen – einschließlich des Deutschen Grundgesetzes. Ott und Döring gehen in ihrer Erarbeitung der Gerechtigkeitsgrundlagen der Nachhaltigkeitsidee davon aus, dass „(...) eine in

10 Gemeint ist das Ultimatum-Spiel. Vgl. Adloff 2005: 38; Nowak/Page/Sigmund 2000; Ott/Döring 2004: 71; Sigmund/Fehr/Nowak 2002. Für die alltagspraktischen Implikationen vgl. Struck 2006

11 Der Brundlandt-Bericht und viele Abhandlungen zum Thema Nachhaltigkeit sind klar von dem Gedanken getragen, dass es bei der nachhaltigen Entwicklung gleichrangig um intra- und intergenerationale Gerechtigkeit geht (vgl. Knaus/Renn 1998: 66; Grunwald/Köpfmüller 2006: 29 ff.)

sich schlüssige allgemeine Theorie der Gerechtigkeit zu einer Theorie der gerechten Verteilung von Gütern zwischen den Generationen und zwischen den Personen innerhalb einer Generation spezifiziert werden [muss].“ (Ott/Döring 2004: 41) Wir lehnen unsere Konzeption daran an, setzen in unserer Erörterung jedoch nicht an der Verteilung von Gütern an, sondern an der Verteilung von Freiheiten, wobei Freiheit hier auch in dem Sinne verstanden werden kann, der den (freien) Zugang zu Gütern meint. Wie nachfolgend dargelegt, stehen Freiheit und Gerechtigkeit in einem über die Ordnung vermittelten Zusammenhang.

In Anlehnung an die handlungstheoretische Freiheitsdefinition von Höffe (vgl. Höffe 2001: 64) und in knapper Erweiterung dieser kann man sagen, dass ein Mensch frei ist, wenn er mit beliebigen Mitteln zu beliebigen Zeitpunkten beliebige Ziele verfolgen kann. Freiheit spricht jedoch nicht vom Vollzug des Gewollten, sondern von der Möglichkeit dieses Vollzugs. Daher ist die subjektive Wahrnehmung der Freiheit auch als Illusion für die Bewertung der eigenen Situation entscheidend (vgl. Freytag-Löringhoff 1977: 40). Fragt man jenseits der subjektiven Wahrnehmung nach den objektiven Bedingungen der Freiheit, so kann man feststellen, dass der Mensch aus wenigstens drei fundamentalen Gründen niemals absolut frei sein kann. Der Mensch kann nicht absolut frei sein,

- weil er Teil der von den Naturgesetzen bestimmten Natur ist. Als Lebewesen verfügt der Mensch über beschränkte Möglichkeiten, zudem ist er nicht unabhängig von natürlichen Ressourcen, die überlebensnotwendig sind (vgl. Ekardt 2005: 114; Krings 1977: 86; Simon 1977: 22).
- weil er ein Sozialwesen ist. Als solitäres Wesen wäre der Mensch nicht überlebensfähig. Als instinktreduziertes „biologisches Sonderproblem“ (Gehlen 1966: 9 ff.) und „homo sociologicus“ (Dahrendorf 1967: 128 ff.) bedarf der Mensch der Gemeinschaft. Dies impliziert Sozialisation und Enkulturation, wodurch Wertsphären und Deutungshorizonte weitgehend festgelegt werden. Das überlebensnotwendige Zusammenleben schränkt die Freiheitsmöglichkeiten jedes Einzelnen ein. Die Wahl einer Option durch einen Menschen kann die Auswahl von Optionen eines anderen Menschen begrenzen. Sozietäten verlangen kollektive Verständigungsprozesse, um den Bedingungskranz für Optionenwahl und Optionenbegrenzung festzulegen.
- weil seine Verfügbarkeit über materiale und symbolische Mittel begrenzt ist. Die Einschränkungen reichen von der nicht nur natürlich, sondern auch kulturell festgelegten Ressource Zeit über natürliche Ressourcen und Artefakte bis hin zu den symbolisch generalisierten Kommunikationsmedien.

Die Vorstellung absolute Freiheit erlangen zu können, ist also aus natürlichen, sozialen und Verfügbarkeitsgründen eine Illusion. Gleichwohl scheint das Streben nach Freiheit eine der Haupttriebfedern der menschlichen Entwicklung zu sein. Menschliches Handeln orientiert sich eben weniger an objektiven Daten als vielmehr an deren subjektiven Repräsentationen. Mit dem kurzen Blick auf die objektiven Daten kann jedoch deutlich werden, dass Freiheit ein knappes Gut ist. Freiheit ist nicht unbegrenzt vermehrbar. Diese Feststellung weist auf das damit gegebene Verteilungsproblem hin.

Eine Lösung dieses Problems wird vom sozialen und wissenschaftlich-technischen Fortschritt erhofft. Und tatsächlich konnten die in diesem unhintergehbaren (objektiven) Rahmen verfügbaren Grenzen immer weiter verschoben und somit Freiheitsgrade hinzugewonnen werden: Immer wirkungsmächtiger werdende Mittel stehen zur Verfügung, immer weiter entfernt liegende Ziele können realistischerweise anvisiert werden, immer weit reichender werden Handlungsmöglichkeiten und -folgen in der Zeit. Mit jedem hinzugewonnen Freiheitsgrad wächst jedoch auch die Verantwortung der Menschen für verwendete Mittel, verfolgte Ziele und Folgen. Wie sollen wir handeln?

Die Sinnhaftigkeit des Zugewinns an Freiheiten wird seit jeher kritisch in Frage gestellt. Zu denken ist z. B. an die Ausweitung moralischer Freiheiten durch „Tabubruch“ oder an die von Beck (Beck 1986) beschriebene „reflexive Modernisierung“ der modernen Gesellschaft. Seit der UN-Konferenz für Umwelt und Entwicklung in Rio 1992 wird diese nach immer größerer Freiheit strebende menschliche Entwicklung unter dem Begriff der Nachhaltigkeit erörtert, nämlich welche Freiheiten bzw. welche Freiheitsgrenzen einer Nachhaltigen Entwicklung zuträglich sind. Damit erfährt die Verteilung von Freiheiten innerhalb und zwischen den Generationen eine besondere Problematisierung und es können weder naturwissenschaftliche, ökologische, soziale und ökonomische Gründe vorgebracht werden, die bestimmte Freiheitsgrenzen begründen und damit eine Politik der Nachhaltigkeit nach allgemein akzeptierten Rationalitätsstandards legitimieren können (vgl. Küng 1996; Renn 1996). Dies erschwert die Lösung des Problems der Freiheitsbegrenzung.

Wendet man den Blick von theoretischen Erörterungen ab und hin zu evolutionär erfolgreichen Institutionen der Freiheitsbegrenzung, also solchen Institutionen, die an ihre natürliche und soziokulturelle Umwelt zumindest in einem Stadium des lokalen Optimums angepasst sind (vgl. Boyd/Richerson 1985: Kap. 1; Diamond 2005; Diekmann 2003; Schmid 2003), dann zeigt sich in den dargelegten Bereichen der fundamentalen Freiheitsbeschränkungen ein Freiheitsparadox: Indem eine hinreichend wirksame Anzahl von Mitgliedern einer Gemeinschaft oder Gesellschaft als Bedingung ihrer Mitgliedschaft bestimmte negative Freiheitsrechte (Verbote) akzeptiert, gewinnt ihre Sozietät an positiven Freiheiten hinzu. Der Gewinn zeigt sich v. a. in der zeitlichen Betrachtung: Indem auf nur kurzfristig wirkende Opportunitätsvorteile verzichtet wird, ergibt sich langfristig ein positives Saldo. In der klassischen Drei-Säulen-Konzeption der Nachhaltigkeit finden sich die oben genannten drei Bereiche der Freiheitsbeschränkung und das Freiheitsparadox wieder:

- Im Bereich der Ökologie wurden z. B. durch Kultivierung der Natur Freiheitsgrade hinzugewonnen. Die Beschränkung der Ausbeutung natürlicher Ressourcen im Rahmen ihrer Tragfähigkeit führte gleichzeitig zu einem langfristigen Erhalt und damit über die Zeit zu einem Zugewinn an Freiheitsgraden. Klassische Beispiele hierfür sind die nachhaltige Bewirtschaftung von Fisch- und Waldbeständen.
- Im Bereich des Sozialen wurden z. B. durch die Ausbildung von Institutionen Freiheitsgrade hinzugewonnen. Eine institutionelle Einschränkung der Ausnutzung kurzfristiger Opportunitätsvorteile führte zu einer langfristigen Reduktion von Transaktionskosten. Beispiel hierfür ist der Aufbau von interpersonalem Vertrauen bzw. sozialem Kapital, das sich beides positiv auf die Wohlfahrt einer Gesellschaft auswirkt.
- Im Bereich der Ökonomie wurde z. B. der Zugriff auf Ressourcen geregelt, was zwar einerseits die unternehmerischen Freiheiten einschränkt, andererseits langfristig die Vorteile des Marktes für alle Akteure erhält. Beispiel hierfür ist das Kartellverbot.

Aus der Einschränkung der potentiell möglichen Freiheit resultiert in diesen Fällen im Saldo also nicht Unfreiheit, sondern weitere Freiheit.[12] Unfreiheit ist in diesem Falle ein denkbar unpassender Gegenbegriff zu dem der Freiheit. Vielmehr ist es eine spezifische Ordnung der Freiheitsbeschränkung, die zu neuen Freiheitsgraden führen kann. Allgemein können darunter Regeln verstanden werden, die systematisch der Wahl der Mittel, der Ziele und des Zeitpunktes Grenzen setzen. Der adäquate Gegenbegriff zum Begriff der Freiheit ist deshalb der der Ordnung. Ungleich schwerer als die Vergabe von Begrifflichkeiten ist jedoch die Ausgestaltung, Begründung und Anwendung der Ordnung.

Zur Ausgestaltung und Begründung der freiheitsbeschränkenden Ordnung kann generell das Argument der Vernunft – z. B. der zweckrationalen Entscheidung – ins Feld geführt werden. Für die (objektive) gesellschaftliche Makroebene kann dann funktionalistisch argumentiert werden, nämlich dass eine vernunftgeprägte Ordnung die Existenz der Menschheit oder einer Gesellschaft auf einem bestimmten Niveau der Lebensbedingungen gewährleisten kann. Auch auf der (subjektiven) Mikroebene der einzelnen Akteure kann das Argument der Vernunft angebracht werden. Allerdings können rein vernünftige und selbstbezogene Entscheidungen der Akteure zu dysfunktionalen Folgen auf der sozialen Makroebene führen. Zu denken ist dabei an das in der Literatur vielfach beschriebene Open-Access-Dilemma und das Free-Rider-Problem (vgl. Hardin 1976; Ostrom 1999).[13] Die Vernunft kann also nicht allein die Begründungslast tragen, sie kann in Dilemmata verstrickt werden, die sich zwischen kollektiver und subjektiver Rationalität oder zwischen unterschiedlichen Vorstellungen des Vernünftigen entwickeln. Soll sich eine Nachhaltige Entwicklung einstellen, dann ist es notwendig, dass die Perspektive der Vernunft über das selbstbezogene und das potentiell machbare Handeln hinausgeht, es müssen die größeren sozialen, kulturellen, räumlichen und zeitlichen Implikationen in den Blick genommen werden, es muss die „Kontingenz der Vokabulare“ (Rorty) in Rechnung gestellt werden. Eine Freiheitsbeschränkung sollte deshalb nicht nur als vernünftig, sondern auch unter dem Gesichtspunkt ethischer Reflektion als moralisch gerechtfertigt angesehen werden können. Rationalität muss an Normativität gebunden werden.

Armin Grunwald und Jürgen Kopfmüller (Grunwald/Kopfmüller 2006: 161 ff.) zufolge kommt deshalb den Weltreligionen eine große Bedeutung für die Nachhaltigkeit zu. Sowohl im Christentum, im Buddhismus, im Hinduismus als auch im Islam machen sie Aspekte aus, die der Idee der Nachhaltigkeit nahestehen und die die ethisch-normative Referenz nachhaltigen Handelns sind bzw. dazu werden können. Hans Küng (Küng 1996) bringt mit seinen Untersuchungen zum Weltethos das Argument der Selbstverpflichtung ins Spiel. In der Goldenen Regel[14] erkennt er das „Fundament“ eines interkulturellen Weltethos, da sie sich „(...) seit Jahrtausenden in vielen religiösen und ethischen Traditionen der Menschheit findet und bewährt hat“ (ebd.: 251). Er fordert deshalb jeden auf, das Nachhaltigkeitsprinzip als eine ethische Verpflichtung der Selbstbeschränkung zugunsten anderer zu sehen, ohne dabei allerdings die eigenen Interessen aus dem Auge zu verlieren: „Nein, Selbstbehauptung und Selbstbeschränkung brauchen sich nicht auszuschließen. Identität und Solidarität sind zur Gestaltung einer besseren Welt gefordert.“ (ebd.: 241)

---

12 Dies entspricht der Vorstellung Rawls', wonach Freiheit nur um der Freiheit selbst willen eingeschränkt werden dürfe (vgl. Hart 1998). Kersting (2000: 21) stellt in diesem Zusammenhang fest: „Gerechtigkeit ist ein typisch menschliches Optimierungsprogramm, denn nur Menschen legt sich die Strategie der Vergesellschaftung nahe, um die naturverursachten, endlichkeitsbedingten Mängel zu mindern.“

13 vgl. im Zusammenhang mit Gerechtigkeitserwägungen: Kersting 2004: 47.

14 Küng (1996: 251) formuliert: „Was du nicht willst, das man dir tut, das tue auch keinem anderen.“

Dennoch sind die Verbindlichkeit einer Ethik und das Rationalitätsdilemma immer aktuelle Probleme der Freiheitsbeschränkung. So stellt Heiner Geissler (Geisler 2005: 63) historisch rückblickend fest: „Über die richtige Ordnung haben die Menschen über Jahrhunderte gestritten und Kriege geführt." Doch nicht nur die Einschränkung von Freiheit ist ein Problem, sondern auch deren soziale Verteilung, die Legitimation und wahrgenommene Legitimität von Verteilungsagenturen und die praktische Durchsetzung der Ordnung.

An dieser Stelle kann nun der Begriff der Gerechtigkeit eingeführt werden. Eine Vorstellung über soziale Gerechtigkeit wird repräsentiert durch eine bewertende Aussage über die Richtigkeit einer freiheitsbeschränkenden Ordnung.[15] Wobei die Ordnung, also die wahrgenommene soziale Struktur und Zuweisung der Freiheitsgrade idealtypisch entweder als gerecht akzeptiert oder als ungerecht abgelehnt wird. Eine als gerecht akzeptierte Ordnung ist gleichzeitig Ausdruck einer hohen sozialen Integrität. Welche individuellen Motive dazu führen – höherstufige rationale und/oder ethische Prinzipien und damit zusammenhängende Kosten-Nutzen-Abwägungen, Instinkte, Gefühle, enkulturierte Dispositionen – ist zunächst von sekundärer Bedeutung. Diese Motive gewinnen in gerechtigkeitsbezogenen diskursiven Verfahren an Gewicht. Für eine allgemeine Gültigkeit beanspruchende gerechtigkeitstheoretische Konzeption ist dagegen primär von Bedeutung, unter welcher Bezugnahme eine Gerechtigkeitsaussage getroffen wird:

- Alltagspraktisch ist es die Aussage einer Person über subjektiv wahrgenommene Zustände. Dabei ist eine Begründung der Aussage für deren Relevanz nicht notwendig.
- Politisch ist es die Aussage der Regierung oder der Opposition zu einer politischen Maßnahme oder zu gesellschaftlichen Zuständen. Dabei wird i. d. R. versucht, die Aussage zu begründen und damit gegenüber der Bevölkerung zu legitimieren.
- Soziologisch ist es die Aussage über das empirisch Vorfindbare und deren Einflussfaktoren. Oftmals werden dabei Variablen zueinander in Beziehung gesetzt, um Kausalitäten zu identifizieren.
- Philosophisch ist es die Aussage über das normativ Richtige und zu Verwirklichende. Dabei wird die Aussage logisch aus unmittelbarer Anschauung und rational nicht hintergehbaren Feststellungen abgeleitet und begründet.

Als Richtschnur für die Gestaltung einer gerechten und objektiv begründbaren Gesellschaftsordnung eignen sich ausschließlich philosophisch reflektierte und begründete Gerechtigkeitstheorien. Darin kommen Prinzipien zum Ausdruck, welche (Freiheits-) Ansprüche jemand gegenüber anderen geltend machen kann, und die von anderen als berechtigt anerkannt werden sollen. Im Philosophieren werden dabei Commonsense-Vorstellungen und abstrakte ethische Prinzipien in einer wechselseitigen Verwiesenheit aufeinander abgearbeitet, um daraus eine Theorie des Gerechten zu explizieren.[16] Demgegenüber sind die subjektiv verzerrten Wahrnehmungen einzelner Akteure alltagspraktisch zwar von Bedeutung, als Grundlage einer objektiv verbindlichen Ordnung aber problematisch. Zudem wäre die Gefahr des Rationalitätsdilemmas groß, dass nämlich individuell wohlbegründete Vorstellungen von Gerechtigkeit auf der aggregierten Ebene der Gesellschaft zu ungerechten Zuständen führen. Ähnliches gilt für soziologische Befunde. Hier würde es heißen, aus dem

15 Ähnlich Höffe (2001: 28): Gerechtigkeit nimmt eine Bewertung von Mitteln, Zielen und Verteilungen vor.

16 Vgl. Kersting 2004: 126 ff.; Ott 2001: 25; Ott/Döring 2004: 54; Rawls (1975: 38) spricht vom „Überlegungsgleichgewicht".

Sein auf das Sollen zu schließen und damit einen naturalistischen Fehlschluss zu begehen. Gerechtigkeit lässt sich nicht empirisch begründen. Parteiprogramme sind zwar mehr oder weniger durch philosophische Gerechtigkeitstheorien informiert, gleichzeitig aber auch durch Lobbyinteressen und Pragmatismus verwässert. Allerdings besteht auch innerhalb der Philosophie und der politischen Philosophie kein Konsens darüber, wie eine sozial gerechte Gesellschaft auszusehen hat. Julian Nida-Rümelin (zitiert in Ott 2001: 72) spricht ob der Theorienvielfalt von einer „Grundlagenkrise" der Ethik. Liberalismus, Kommunitarismus und Egalitarismus bzw. egalitärer Liberalismus sind die drei großen in Konkurrenz zueinander stehenden Theoriefamilien, innerhalb derer wiederum unterschiedliche Ansätze ausgearbeitet wurden.[17]

Damit spiegelt die Philosophie jene Entwicklung wider, die Max Weber bereits vor 100 Jahren als Ausdifferenzierung der Wertsphären bezeichnete. Während Emile Durkheim Ende des 19. Jahrhunderts in der gesellschaftlichen Differenzierung die Chance einer neuen „organischen Solidarität" zwischen den Gesellschaftsmitgliedern erkannte und deren Förderung zur Daueraufgabe machte, sieht Niklas Luhmann die moderne funktional differenzierte Gesellschaft einer solchen Möglichkeit beraubt. An die Stelle einer universellen Moral sind die partikularen Resonanzfähigkeiten der Systeme getreten. Funktionssysteme wie Politik, Wirtschaft, Wissenschaft und Religion haben jeweils eine an ihrer Autopoiesis orientierte Systemrationalität und es scheint fraglich zu sein, ob überhaupt ein übergreifender moralischer Konsens zu finden ist.[18]

Zu den Tendenzen der Säkularisierung, Pluralisierung, Individualisierung und funktionalen Differenzierung tritt das Phänomen der Globalisierung. In dessen Windschatten ist ein steigender ökonomischer Druck auf bestehende Ordnungen festzustellen. Mit der Globalisierung kommen mithin neue Freiheitshorizonte ins Spiel, deren Möglichkeiten zur Nutzung sozial ungleich verteilt sind (vgl. Negt 2005: 109).

Von diesen Entwicklungen der „Anwendungsverhältnisse der Gerechtigkeit" (Rawls 1975: 148) gehen also Freiheitsimpulse auf formal gesatzte und informell eingeschliffene Ordnungen aus. Aus gerechtigkeitstheoretischer Perspektive stellt sich die Frage, ob diese Impulse gerechtigkeitsfördernd oder -erodierend sind und welche Gestalt eine Ordnung haben muss, die diesen Phänomenen Rechnung trägt, und die zugleich nach intersubjektiver Anschauung gerecht ist. Die Philosophie bietet zwar Antworten in Form von Gerechtigkeitstheorien an, dabei entstehen mit der Entscheidung für die eine und gegen die anderen Wahlverwandtschaften, die weniger der Antwort dienen als vielmehr die eigene Position legitimieren (vgl. Diefenbacher 2001: 90). Es drängt sich die Frage auf, ob es vor dem Hintergrund der genannten Entwicklungen zunehmend unmöglich wird, eine konsensfähige gerechte Ordnung zu gewährleisten. Verliert sich die Gerechtigkeit zunehmend in Skeptizismus und unverbindlichem Relativismus oder lässt sich ein verteidigungswürdiger Bezugspunkt für die gerechte Ordnung von Freiheiten finden?

Nach unserem Erachten ist dieser freiheitsregulierende Bezugspunkt mit der Verfassung der Bundesrepublik Deutschland, dem Grundgesetz, und dem etablierten Wirtschaftssystem, der Sozialen Marktwirtschaft nach ordoliberalen Grundsätzen, gegeben. Das Argument dafür ist, dass es sich hierbei um eine historisch gereifte und abgewogene Synthese philosophischer Theorien und alltagspraktischer Erfahrungen handelt. Diese Synthese erweist sich nicht nur in konstruktivistischen Betrachtungen als allgemein zustimmungsfähig,

17 vgl. Kersting 2000: 1; Kersting 2004: 8 f.; Märker 2002: 265; Ott 2001: 72; Sabbagh 2002.
18 Deuschle 2003; Luhmann 1986; Luhmann 1997: 171 ff.; Pioch 2005.

sondern genießt alltagspraktisch große Akzeptanz.[19] Beides, das Grundgesetz und die Soziale Marktwirtschaft integrieren sowohl abstrakte Gerechtigkeitsprinzipien als auch konkrete historische Erfahrungen von Gerechtigkeit und Ungerechtigkeit. Sie zeichnen sich traditionell durch politischen Konsens, Sozialpartnerschaft und soziale Integrationsbemühungen aus (vgl. Leisering 2004: 31). Die historische Dimension reicht von den Kämpfen des Bürgertums um die verfassungsrechtliche Beschränkung absoluter Staatsmacht über die amerikanische und französische Verfassung bis hin zu den Erfahrungen der Weimarer Republik und des Nationalsozialismus. Aus gerechtigkeitstheoretischer Sicht wurde eine Ordnung geschaffen, die zwischen Egalitarismus und Liberalismus steht und die mit den Menschenrechten eine naturrechtliche und mit dem Rechtsstaatlichkeitsprinzip eine rechtspositivistische Komponente enthält. Zu diesen beiden Bezugspunkten ist mit der nationalen Verpflichtung zu einer Nachhaltigen Entwicklung eine weitere Komponente hinzugekommen, die im Grunde jedoch lediglich eine Neuinterpretation des in der Präambel des Grundgesetzes dokumentierten Selbstverständnisses ist: „Im Bewusstsein seiner Verantwortung vor Gott und den Menschen (...) hat sich das Deutsche Volk kraft seiner verfassungsgebenden Gewalt dieses Grundgesetz gegeben". Das heißt die Bereitschaft Verantwortung für *alle* Menschen übernehmen zu wollen, wird hier an prominenter Stelle zum Ausdruck gebracht. Für diese Arbeit sind folgende Elemente von besonderer Bedeutung: Repräsentative Demokratie, soziale Marktwirtschaft, Sozialstaatsprinzip und das längs dazu liegende Leitbild der Nachhaltigkeit. Hierin sind jeweils spezifische Gerechtigkeitsvorstellungen verwirklicht.[20] Eine zentrale und empirisch zu beantwortende Frage ist, ob diese Prinzipien dort nur formal festgeschrieben oder ob sie auch fair verwirklicht sind.

In der gerechtigkeitstheoretischen Ausarbeitung dieses Bezugspunktes, kann der oben angesprochenen Heterogenität vorliegender Gerechtigkeitsansätze durch die Anwendung eines mehrdimensionalen Ansatzes (vgl. Sabbagh 2002: 42 ff) Rechnung getragen werden, der Gerechtigkeit in vier Unterdimensionen und damit in unterschiedliche Ordnungsvorstellungen aufgliedert: Chancen-, Leistungs-, Bedarfs- und Generationengerechtigkeit. Diese Differenzierung findet in der Gerechtigkeitsforschung (mit z. T. kleinen Variationen) als normative Konzeption und analytische Referenz breite Rechtfertigung und Akzeptanz[21] und kann nach unserem Erachten als „vernünftiger Pluralismus" (Ott 2001: 72) der Gerechtigkeitsprinzipien bezeichnet werden. Entlang dieser vier Dimensionen sollen Freiheiten generiert, begrenzt und verteilt werden. Dabei kann das Gleichheitspostulat als das Basisprinzip (Default-Option) verstanden werden. Es wird mit der Chancengerechtigkeit eingefordert. Weitgehender Konsens besteht zwischen den unterschiedlichen Paradigmen auch darin, dass Abweichungen von der Gleichverteilung zulässig sind, sofern sie intersubjektiv nachvollziehbar gerechtfertigt werden können.[22] Generationengerechtigkeit wird direkt aus dem Gleichheitspostulat abgeleitet. Demgegenüber markieren die Leistungs- und die Bedarfsgerechtigkeit nicht nur Abweichungen von diesem Prinzip, sie zeigen sich gegenseitig auch

---

19 Zur empirischen Überprüfung des Zusammenhangs zwischen sozialer Gerechtigkeit und Demokratie auf Basis der Daten von 124 Ländern vgl. Merkel/Krück 2003.

20 Bei den folgenden Verweisen und Interpretationen der Verfassungsgrundsätze gilt es folgende Feststellung von Vorländer (1999: 91) zu beachten: „Die Rechtssprechung umfaßt bis Ende 1998 nahezu 100 Bände. Neben dem Grundgesetz muß also immer die konkrete Auslegung und Interpretation durch das Bundesverfassungsgericht gelesen werden, um die verfassungsrechtlichen Normen in ihrer Bedeutung verstehen zu wollen."

21 Vgl. Becker/Hauser 2004; Diefenbacher 2001: 77 f.; Döring 2004: 90 ff.; Knaus/Renn 1998: 70; Kruip 2005: 90ff.; Lengfeld/Liebig/Märker 2002; Ott/Döring 2004: 55.

22 Vgl. z.B. Rawls' Differenzprinzip.

ihre Grenzen auf. So existieren Schutzzonen, die dem Prinzip der Leistungsgerechtigkeit entzogen sind und die über das Prinzip der Bedarfsgerechtigkeit begründet werden. Andererseits begrenzt die Leistungsgerechtigkeit das Prinzip der Bedarfsgerechtigkeit, denn davon sollen nur jene Personen profitieren, die nicht in der Lage sind, sich aus eigener Leistung ein menschenwürdiges Leben zu schaffen. Mit Leistungs- und Bedarfsgerechtigkeit sind also das Anreiz- und das Solidarprinzip des Sozialstaats mit seinem Wirtschaftssystem, der sozialen Marktwirtschaft, angesprochen. Die Balance zwischen beiden ist ein Gerechtigkeitsproblem, das u. a. durch diskursive Verfahren gelöst werden kann (vgl. Kap. 5). Diese vier Gerechtigkeitsprinzipien und die jeweils vorgestellten Indikatoren (vgl. Kap. 4) korrespondieren mit den herausgestellten Staatsprinzipien.[23]

Chancengerechtigkeit (Chancengleichheit): Eine gerechte Gesellschaft ist danach eine Gesellschaft, die allen ihren Mitgliedern gleichermaßen ein gutes Leben ermöglicht (vgl. Krebs 2005: 37; klassisch: Rawls 1975). Eine systematische Schlechterstellung, d. h. eine soziale Ungleichheit, die in den formalen oder informellen gesellschaftlichen Strukturen angelegt ist, wird als ungerecht abgelehnt. Die Gleichbehandlung gleicher Fälle (bzw. abstrakter: gleicher Menschen) ist ein Standard formaler Gerechtigkeit und in Art. 3 GG festgeschrieben (vgl. Ott/Döring 2004: 67). Die formale Chancengleichheit ist lediglich ein notwendiges, aber noch nicht hinreichendes Kriterium, es muss vielmehr eine faire Chancengleichheit bestehen. Es besteht ein Bezug zur Staatsform der repräsentativen Demokratie, die sozial gleichverteilte Mitwirkungs- und Verwirklichungschancen im politischen und öffentlichen Leben betont.[24]

Leistungsgerechtigkeit: Als ein Grundsatz der Leistungsgerechtigkeit kann die Angemessenheit im Nehmen und Geben ausgemacht werden. Eine bestimmte Leistung soll durch eine angemessene Gegenleistung entgolten werden. Daraus folgt, dass ungleiche Leistung ungleich entgolten werden kann, ohne dass damit das Prinzip der Leistungsgerechtigkeit verletzt wäre. Allerdings sind die Freiheiten der Ungleichstellung durch das Prinzip der Reziprozität eingegrenzt. Es bestehen also Schutzzonen, die die unsozialen Folgen einer auf Ökonomismus ausgerichteten Ordnung und die Anwendung von Macht im Austausch begrenzen. Dieses Prinzip korrespondiert mit dem Prinzip der sozialen Marktwirtschaft.[25]

Bedarfsgerechtigkeit: Leistungsgerechtigkeit geht von Ungleichheiten aus (Leistung), Bedarfsgerechtigkeit auch (Bedarf bzw. Bedürfnis). Dieses Prinzip korrespondiert zum einen mit der in Art. 1 Abs. 1 GG festgestellten Unantastbarkeit der Würde des Menschen, die der Leistungsgerechtigkeit Grenzen setzt. Zum anderen kommt im Sozialstaatsprinzip die Idee der Bedarfsgerechtigkeit zum Tragen. Personen, die sich nicht kraft eigener Leistung ein menschenwürdiges Leben schaffen können und die auf Hilfe angewiesen sind, werden von der Solidargemeinschaft getragen.[26]

---

23 Es sind z.T. alternative Zuordnungen möglich, je nachdem welcher Aspekt betont werden soll.

24 Vgl. Metzler 2003: 171; Art. 2 GG (Selbstverwirklichung, Handlungsfreiheit), Art. 3 GG (Gleichheitssatz, Diskriminierungsverbot,), Art. 20 GG (Sozialstaatsprinzip, Volkssouveränität), Art. 33 GG (Staatsbürgerliche Gleichstellung, Zugang zu öffentlichen Ämtern), Art. 38 GG (Wahlrecht, Gleichheit der Wahl).

25 Vgl. ebd. Art. 12 GG (Berufsfreiheit, unternehmerische Freiheit), Art. 14 (Eigentumsrecht, Sozialverpflichtung von Eigentum), Art. 20 GG (Sozialstaatsprinzip, Steuerpolitik). Vgl. zur Erörterung der Verfassungsmäßigkeit der sozialen Marktwirtschaft: Andersen 2003; Fürst/Günther 1982: 98 ff.; Seifert 1989: 44; Vorländer 1999: 85 f. und zur Aktualität der sozialen Marktwirtschaft in Deutschland: Kaufmann 2003: 276.

26 Vgl. Art. 1 (Menschenwürde), Art. 6 GG (Führsorgepflicht für Mütter), Art. 20 und 28 GG (Sozialstaatsprinzip); Kruip 2005: 91; Nullmeier 2003.

Generationengerechtigkeit: Bei aggregierter Betrachtung werden vereinfachend 30 Geburtsjahrgänge zu einer Generation zusammengefasst. Damit leben in einer Gesellschaft immer drei Generationen gleichzeitig: Die junge, die mittlere und die alte Generation. Generationengerechtigkeit kann als intergenerationale Chancengleichheit interpretiert werden.[27] Sie ist erreicht, wenn die Freiheiten zukünftiger Generationen auf Befriedigung ihrer Bedürfnisse mindestens so groß sind wie die der heutigen Generation (vgl. Becker/Hauser 2004: 23; Brandl 2004: 154; Schmähl 2004: 48). Das Prinzip der Generationengerechtigkeit ist Kernpunkt der nationalen Nachhaltigkeitsstrategie.

Das Anknüpfen der vier Gerechtigkeitsprinzipien an den Staatsprinzipien darf allerdings nicht zu der falschen Vorstellung verleiten, dass die Realisierung von sozialer Gerechtigkeit einzig eine administrative Aufgabe wäre, die über die staatliche Sanktionierung gerechten bzw. ungerechten Verhaltens läuft. Eine solche, alle Entscheidungen betreffende externe Sanktionierung wäre weder praktikabel noch sinnvoll, da sie die Ausbildungen der intrinsischen Motivation der Menschen hemmen würde, gerecht zu sein. Große Hoffnungen setzen Nachhaltigkeitstheoretiker deshalb in die Bildung. Für Grunwald und Kopfmüller (2006: 150) erfüllt Bildung „(...) wesentliche Funktionen in der Sensibilisierung für Nachhaltigkeitsprobleme und im Kompetenzaufbau (Capacity-Building) zu ihrer Bewältigung“. Doch wie kann zur vernünftigen Einsicht der ethische Impuls kommen, gerecht zu sein, auch wenn das der eigenen Binnenrationalität zuwider läuft? Die bereits erwähnte Möglichkeit der religiösen bzw. spirituellen Fundierung kann eine Antwort sein. Eine dazu homogene Antwort findet sich in einem Prinzip, das bereits in der griechischen Antike zu finden ist und das über Rousseaus Erziehungstheorie, Schoppenhauers Leidensethik bis hin zu den zeitgenössischen Arbeiten Martha C. Nussbaums und Richard Rortys reicht (vgl. Hallich 1998; Nussbaum 1993: 353ff.; Rorty 1989: Kap. 9; Rousseau 2001; Schopenhauer 2005). Dieses Prinzip besagt, dass man nur dann ein guter und gerechter Bürger (bzw. Bürgerin) werden kann, wenn man von der Kindheit an die Möglichkeit des Leidens verstehen lernt und begreift, dass es eine Möglichkeit ist, die man mit allen menschlichen Wesen teilt. Geht man davon aus, dass Menschen moralische Wesen sind, also Wesen, die in der Lage sind, Moral zu erlernen und geht man weiterhin davon aus, dass Vernunft und Gefühl gleichermaßen Handlungen motiviert, dann muss man fordern, dass über die rationale Ausbildung die Bildung von Empathie nicht vergessen werden sollte (vgl. Kraft 1997: Kap. 5). Nicht zuletzt die Redewendung von der Rechtschaffenheit einer Person weist darauf hin, dass neben der auf das Aggregat bezogenen Gerechtigkeit, Gerechtigkeit auch ein Charakter- oder Persönlichkeitsmerkmal ist, das sich in das Gewissen eingeschrieben hat (vgl. Cohen 2001: Kap. IX; Höffe 2001: 30ff). Rein mitleidsmotivierte Handlungen laufen Gefahr, nichts weiter zu sein als bloßer Aktionismus. Fehlt hingegen ein emotionaler Handlungsimpuls, dann bleibt die Vernunft im Stadium der gelehrsamen Trockenübung. Insbesondere den gesellschaftlichen Eliten kommt eine Vorbildfunktion zu. Denn es gilt: Über je mehr Freiheiten eine Person verfügt, desto mehr Freiheitsgrade kann sie stiften. Neben dem Top-Down-Ansatz besteht also ein Bottom-Up-Ansatz der Verwirklichung von Gerechtigkeit.[28] Denn der Zustand sozialer Gerechtigkeit ist ebenso abhängig von den freiwilligen Handlungsentscheidungen jedes einzelnen Akteurs, wie von den staatlichen Institutionen. Der Handelnde muss es als ethische Verpflichtung begreifen, gerecht zu sein. Dieser Er-

27 Vgl. Art 20a GG (natürliche Lebensgrundlagen, Generationenverantwortung); vgl. Bückmann et al. 2003: 29 ff.
28 Sabbagh 2002 spricht von Makro- und Mikrotheorien der Gerechtigkeit.

kenntnis trägt die hier vorgestellte Konzeption dadurch Rechnung, dass Indikatoren des Bottom-Up-Ansatzes integriert wurden.

Gerechtigkeit hat die Funktion des allgemeinsten gesellschaftlichen Ordnungsprinzips. Dies ist eine funktionale Notwendigkeit, denn Menschen bedürfen einer sozialen Ordnung. Es ist nicht vorstellbar, dass Menschen als Solitäre oder als ordnungslose Gruppen überlebensfähig sind. Gerechtigkeit ist somit notwendig, um ein dauerhaft hohes Maß an gesellschaftlicher Integrität zu sichern. In der Geschichte findet man Beispiele für funktionale Äquivalente zur Gerechtigkeit. Dazu gehört etwa die Diktatur, die mittels Macht die gesellschaftliche Ordnung herzustellen versucht. Vor dem Hintergrund der historischen Entwicklungen der Aufklärung und Säkularisierung können jedoch nur die Gesellschaften für sich eine Dauerhaftigkeit erhoffen, deren Gerechtigkeit auf vernünftigen, fairen, demokratisch legitimierten und rechtsstaatlichen Grundsätzen beruht. Die Forderung, diesen Grundsätzen zu folgen, ist ethisch begründet. Dysfunktionalitäten können sich jedoch auch hier einstellen, wenn abstrakte Gerechtigkeitsprinzipien und daraus abgeleitete Handlungsrichtlinien mit Lebenserfahrungen kollidieren oder wenn Reibungen zwischen Gerechtigkeitsprinzipien bestehen.[29] Auch sind die institutionalisierten Gerechtigkeitsprinzipien nur der halbe Weg zur gerechten Gesellschaftsordnung. Die zweite Weghälfte besteht darin, sie konkret auszugestalten und sich darüber zu einigen, welche Gesellschaftsbereiche wie stark welchem Prinzip zugeordnet werden.[30] Auf der Grundlage einer allgemeinen Gerechtigkeitskonzeption eignen sich diskursive Verfahren zur Beseitigung spezifischer Dysfunktionalitäten und Zuordnungsprobleme zwischen Objektbereich und Gerechtigkeitsprinzip. Diese werden im sechsten Kapitel erörtert.

Zusammenfassend ist festzuhalten, dass sich im Laufe der menschlichen Entwicklung die Vorstellungen der gerechten Ordnung zunehmend aus dem Schoß der Religion lösten und damit den absoluten Ruhepunkt in der Gerechtigkeit und Freiheit Gottes verloren. Mit dieser Transformation des Gerechtigkeitsproblems übernimmt der Mensch zunehmend selbst die Verantwortung für die gerechte Ordnung. Der Mensch muss sich nun selber die ethische Legitimation für sein Handeln besorgen. Die Aufgabe und Chance ist es, diese Ordnung sozial gerecht zu gestalten, mithin einer der wesentlichen Faktoren für soziale Integrität. Denn nur wenn die gesellschaftliche Ordnung als gerecht wahrgenommen wird, hat sie eine Chance auf langfristigen Bestand. Wir gehen auf Grundlage der vorangestellten Begründung davon aus, dass für eine Nachhaltige Entwicklung die faire Verwirklichung eines differenzierten Gerechtigkeitsansatzes am förderlichsten ist, wie er bereits in der Deutschen Verfassung, dem System der Sozialen Marktwirtschaft und der nationalen Nachhaltigkeitsverpflichtung angelegt ist. Diskursive Verfahren können eine wichtige Rolle bei der konkreten Umsetzung der Prinzipien in eine verbindliche, freiheitsbeschränkende und -fördernde Ordnung spielen. Die Pflege dieser Ordnung obliegt dabei ebenso den Staatsorganen wie jedem einzelnen Gesellschaftsmitglied.

29 Zwischen Gerechtigkeit und Rechtsstaatlichkeit können im konkreten Fall Spannungen bestehen. Prototypisch ist das Beispiel der Großtechnologie. Ausbaugenehmigungen können dabei rechtsstaatlich wohl begründet sein und dennoch bei den Betroffenen vor Ort als ungerecht wahrgenommen werden.

30 Beispiel hierfür ist die Diskussion, ob sich die soziale Absicherung nicht stärker als bisher vom Bedarfsprinzip verabschieden und dem Leistungsprinzip zuwenden solle.

3.2.3 Lebensqualität

Das Problem aller ideal-orientierter Ansätze, zu denen auch das Leitbild der Nachhaltigkeit zählt, ist ihre Kulturabhängigkeit. Leitbilder erfüllen nur eingeschränkt die im Allgemeingültigkeitsanspruch der Moral enthaltene Bedingung, prinzipiell für jedermann verständlich, nachvollziehbar und akzeptabel zu sein (vgl. Birnbacher/Schicha 1996; Trojan/Legewie 2001: 77). Wie kann mit diesem Problem umgegangen werden? Birnbacher und Schicha (vgl. Birnbacher/Schicha 1996: 146) weisen darauf hin, dass es nur einen einzigen (außermoralischen) Wert gibt, der die Bedingung der interkulturellen und intergenerationalen Verständlichkeit, Nachvollziehbarkeit und Akzeptabilität erfüllt, nämlich den des subjektiven Wohlbefindens. „Die Annahme, dass das, was ein Subjekt an sich selbst und unabhängig von den Folgen als positiven Bewusstseinszustand empfindet, deshalb auch objektiv etwas Positives ist, ist ein gemeinsamer Besitz aller jemals vorgeschlagenen Wertlehren." (ebd.: 146) Diese Erkenntnisse legen es nahe, das Leitbild der Nachhaltigkeit am subjektiven Wohlbefinden der Menschen auszurichten und es dadurch zu begründen, dass es dem subjektiven Wohlbefinden dient. Nachhaltigkeit sollte nicht als abstraktes Idealbild einer vermeintlich besseren Welt wahrgenommen werden, sondern als ein Konzept, das das subjektive Wohlbefinden spürbar fördert. Dabei gilt es folgende Bedingungen zu beachten:

Zum einen wird das subjektive Wohlbefinden beeinflusst von den biologischen Grundlagen des Menschen als Gattungswesen (Empfinden von Schmerz, Sättigung, Stress usw.) und den kulturellen Rahmenbedingungen seines Daseins als Kulturwesen (Vorstellungen des Vernünftigen, Erwünschbaren und Guten). In das Leitbild sollten deshalb basale natürliche und kulturelle Dispositionen aufgenommen werden, wobei sowohl ein extremer Essentialismus als auch ein extremer Relativismus vermieden werden sollte. D. h., dass einerseits (relativistisch) von der Einsicht ausgegangen werden soll, dass es mannigfaltige Vorstellungen eines guten Lebens gibt. Andererseits sollte es (essentialistisch) als möglich erachtet werden, eine Liste von essentiellen Eigenschaften und Ressourcen aufzustellen, die die Lebensqualität eines jeden Menschen positiv beeinflussen. Bedingung für den Erfolg des Leitbildes ist es also, dass eine möglichst große (essentielle), interkulturelle und intergenerationale Schnittmenge positiv angesprochen werden kann. Es sollte aber auch die Möglichkeit zur individuellen und kulturellen Variation gegeben sein.[31]

Zum anderen erhebt das Leitbild der Nachhaltigkeit von intersubjektiver Seite der systemaren Integrität und sozialen Gerechtigkeit her normative Forderungen, die unweigerlich das subjektive Wohlbefinden tangieren und zwar sowohl im Bereich der natürlichen Lebensgrundlagen als auch im Bereich der kulturellen Orientierung.[32] Es ist durchaus im Sinne des Leitbildes, vom Subjekt als unangenehm empfundene kognitive Dissonanzen zu erzeugen, mithin das Wohlbefinden zu stören. Notwendige Bedingung für den Erfolg des Leitbildes ist es aber, dass dissonanzreduzierende Alternativen aufgezeigt werden. Es sollte gleichermaßen subjektives Wohlbefinden, Verallgemeinerbarkeit und Nachhaltigkeit ermöglichen.

31 Ausführlich thematisieren Knaus/Renn (1998: 63, 80) das Problem, eine geeignete Referenzgröße Lebensqualität zu finden. Sie gehen davon aus, dass es kein universelles Konzept geben kann.

32 Knaus und Renn (1998: 74, 81) weisen darauf hin, dass Nachhaltigkeit immer nur ein kulturelles Ziel unter vielen darstellt, das im Konflikt zu anderen gesellschaftlichen Zielen stehen kann.

Auf Grundlage eines (hier:) gemäßigten Essentialismus lassen sich die Dimensionen Gerechtigkeit und Lebensqualität sinnvoll miteinander verknüpfen. Nur so kann die Brücke zwischen den Grundlagen guten Lebens und der Verteilung dieser Grundlagen geschlagen werden.[33] Zweifelsohne kann Gerechtigkeit selbst als eine wichtige Komponente von Lebensqualität angesehen werden und die vorgestellten Gerechtigkeitsindikatoren als mehr oder weniger naheliegende Grundgüter. Gleichwohl lassen sich Vorstellungen eines qualitativ guten Lebens nicht alleine durch Gerechtigkeit abbilden, dazu gehören weitere Dimensionen. Die Verknüpfung von Gerechtigkeit und Lebensqualität ist durch die normative Forderung gegeben, dass es für alle Menschen einen gerechten (d.h. chancen-, leistungs-, bedürfnis- oder generationengerechten) Zugang zu den essentiellen Grundlagen eines guten Lebens geben soll.

Aus den genannten Punkten kann der Schluss abgeleitet werden, dass die interkulturelle und intergenerationale Verständlichkeit, Nachvollziehbarkeit und Akzeptanz des Leitbildes der Nachhaltigkeit umso höher ist, je mehr es gelingt, die natürlichen und kulturellen Bedingungen des subjektiven Wohlbefindens positiv anzusprechen. Das subjektive Wohlbefinden bildet dabei das Scharnier zwischen den Konzepten der Nachhaltigkeit und der Lebensqualität. Über das subjektive Wohlbefinden lassen sich beide Konzepte zum Leitbild der nachhaltigen Lebensqualität verbinden. Heinz-Herbert Noll (Noll 2000: 18) zufolge „... kann jedenfalls kein Zweifel daran bestehen, dass Ziele und Prinzipien, wie sie unter dem Stichwort der `Nachhaltigen Entwicklung´ diskutiert werden, bei der Suche nach neuen Perspektiven der gesellschaftlichen Entwicklung und einer zeitgemäßen Interpretation des Konzepts der Lebensqualität zukünftig angemessen berücksichtigt werden müssen."[34]

Dieses Leitbild hat folgende Konturen: Lebensqualität kann verstanden werden als Leitbild dessen, was einerseits als objektive Lebensbedingungen und andererseits als Bezugspunkt subjektiven Wohlbefindens zu realisieren ist. Es werden also objektive Daten und subjektive Wahrnehmung gleichermaßen berücksichtigt.[35] Lebensqualität hatte und hat als Leitbild zu jeder Zeit ziemlich konkrete Dimensionen und umfasst eine Vorstellung vom guten Leben. Nachhaltigkeit verfolgt demgegenüber ein allgemeines Prinzip, auf welchem Wege das menschliche Dasein zu realisieren ist, ohne jedoch weitere Vorstellungen vom guten Leben zu haben. Daraus folgt: Lebensqualität soll nachhaltig sein und Nachhaltigkeit soll das subjektive Wohlbefinden fördern. Lebensqualität ergänzt hiermit die stärker intersubjektiv ausgerichteten Dimensionen der systemaren Integrität und Gerechtigkeit. Wie nachfolgend dargelegt, ist das Leitbild der nachhaltigen Lebensqualität der vorläufige Endpunkt einer historischen Abfolge von Wohlfahrtskonzepten.

Das Konzept der Lebensqualität durchlief in den vergangenen 150 Jahren eine Reihe von Deutungsverschiebungen. Auch begrifflich zeigen sich die Umgestaltungen: und zwar in den Begriffen Wohlfahrt, Lebensstandard, Wohlstand, Lebensqualität und nunmehr

33 Vgl. Kersting 2004: 54 ff. Von Martha C. Nussbaum (1993: 332 ff.) und John Rawls (1975: 111 ff. und Kap. 7) wurden abstrakte Grundgüterlisten vorgestellt und begründet. Die Auswahl der in dieser Arbeit vorgestellten Indikatoren zu den Dimensionen Gerechtigkeit und Lebensqualität wurde durch Nussbaum und Rawls beeinflusst. Sie sind jedoch zugunsten der Datenverfügbarkeit und des konzeptionellen Zuschnitts auf die nachhaltige Entwicklung der Bundesrepublik Deutschland weniger abstrakt und universell.

34 Knaus und Renn (1998: 61) integrieren den Lebensqualität-Begriff in ihre Nachhaltigkeitsdefinition: „Eine nachhaltige, auf Dauer angelegte Entwicklung muß den Kapitalbestand an natürlichen Ressourcen so weit erhalten, daß die Lebensqualität zukünftiger Generationen gewährleistet ist."

35 Dies ist Stand der Lebensqualitätforschung. Vgl. Bulmahn 2000: 2; Diefenbacher 2001: 173; Habich/Noll 1994: 15ff.; Korczak 1995: 15; Noll 2000: 1, 7 ff.; Trojan/Legewie 2001: 79 f.; Veenhoven 2001; Zapf/Glatzer 1984: 7, 392.

nachhaltige Lebensqualität. Die Gestalt dessen, was als erstrebenswertes gutes Leben angesehen wurde, spiegelt jeweils die Rahmenbedingungen wider, unter denen sie geformt wurde. Durchläuft man im Zeitraffer die Rahmenbedingungen der Lebensqualität-Leitbilder, so ist es eine Reise von einer Situation existenziellen Mangels in eine Situation des materiellen Überflusses (vgl. Noll 2000: 5; Zapf 1984: 16).

Zugleich waren mit den Leitbildern die Entwicklungsziele der Gesellschaft formuliert (vgl. Noll 2000: 1). Denn Entwicklung bedeutet im Falle des Leitbildes der Lebensqualität, die Gesellschaft so zu verändern, dass Sollen und Sein zunehmend zur Deckung kommen. Damit tritt zutage, was der Begriff selbst verschleiert. Streng genommen sind es nämlich nicht unterschiedliche Qualitäten im Sinne nominaler Unterschiede von objektiven Lebensbedingungen und subjektivem Wohlbefinden, auf die sich das Konzept bezieht, sondern ordinale Rangunterschiede der Erwünschtheit. Die Forderung ist seit jeher, dass sich die Lebensqualität verbessert, wobei die zugrunde liegenden Leitbilder aufzeigen, welche Veränderung als Verbesserung gewertet werden kann und welche Veränderung entsprechend verwirklicht werden soll. Vor allem zeigen erst konkrete Leitbilder auf, wie abstrakte Worthülsen wie Wohlfahrt und Lebensqualität mit Inhalt zu füllen sind.

Gemeinhin wird die Bismarck'sche Sozialgesetzgebung als Wiege des Deutschen Wohlfahrtsstaates gesehen (vgl. Metzler 2003: 12; Nullmeier 2003; Reiß 1990: 347; Schmidt 1998: 23f). Während die frühen Klassiker unter den Ökonomen die Ansicht vertraten, die bestehenden Einkommensverteilungen seien unabänderlich, so dass staatliche Eingriffe deshalb abgelehnt wurden (vgl. Samuelson/Nordhaus 1998: 439), stellen die Maßnahmen Bismarcks eine systematische Beeinflussung der wirtschaftlichen und gesellschaftlichen Rahmenbedingungen zugunsten der gewerblichen Arbeitnehmer dar.[36] „(...) geben Sie dem Arbeiter das Recht auf Arbeit, so lange er gesund ist, sichern Sie ihm Pflege, wenn er krank ist, sichern Sie ihm Versorgung, wenn er alt ist" (Bismarck zitiert nach Döring 2004: 17). Durch den systematischen Aufbau einer Kranken-, Unfall- und Rentenversicherung waren die ersten objektiven Strukturen eines Wohlfahrtsstaates gegeben. Die Maßnahmen zielten letztlich auf die Rahmenbedingungen, die als Voraussetzung für die Ermöglichung und Verbesserung des subjektiven Wohlbefindens der Nutznießer gelten können. Regulierende Eingriffe des Staates in den Markt sind nicht nur erlaubt, sondern dann geboten, wenn sie zur Sicherstellung der Chancengleichheit der am Markt teilnehmenden Subjekte dienen. Individuen müssen demnach befähigt werden, ihre möglichen Chancen im Wettbewerb physisch und psychisch einbringen zu können. Dazu gehören Vorsorgemaßnahmen zu Gesundheit und basaler Lebensführung, wie auch Kompetenzerwerb im Sinne von Bildung, Kommunikation und Sozialverhalten. Weitere Strukturmerkmale sind (vgl. Reiß 1990: 347; Samuelson/Nordhaus 1998: 439):

- Minimaleinkommen unabhängig vom Marktwert des Besitzes.
- Einschränkung des Ausmaßes der Unsicherheit durch soziale Absicherung.
- Bürgern ohne Klassenunterschiede den besten Standard von Sozialdiensten anzubieten.

Mit den Sozialgesetzen versuchte Bismarck nach 1883 der Not großer Teile der Bevölkerung zu begegnen und damit gleichzeitig auch den Angriffen der Sozialisten die Spitze zu

36 Vgl. Metzler 2003: 16 ff.; auf das politische Kalkül Bismarcks vor dem Hintergrund des Sozialistengesetzes soll hier nicht weiter eingegangen werden. Vgl. dazu Schmidt 1998: 27 ff.

nehmen. Als Hauptmerkmal der von Bismarck angestoßenen Sozialgesetzgebung kann die Versicherung gegenüber Risiken und damit die Absicherung vor Elend verstanden werden. 1911 wurden die Gesetze in der Reichsversicherungsordnung zusammengefasst, die im Wesentlichen heute noch Bestand hat (vgl. Metzler 2003: 13, 20, 27; Mickel 1994: 229).

Als nächste bemerkenswerte Stufe in der Verbesserung der objektiven Lebensbedingungen und des subjektiven Wohlbefindens ist die Einführung der sozialen Marktwirtschaft als Wirtschaftsordnung der Bundesrepublik Deutschland zu nennen.[37] Als deren politischer Vater wird gemeinhin Ludwig Erhard genannt. In seinem Buch „Wohlstand für alle" (Erhard 1957) legt er sein Leitbild dar. Er schreibt: „Darum soll auch an dieser Stelle noch einmal betont werden, dass die gerade von mir angestrebte Erhöhung des Lebensstandards nicht so sehr Verteilungs- als vielmehr Produktions- bzw. Produktivitätsprobleme berührt. Die Lösung liegt nicht in der Division, sondern in der Multiplikation des Sozialprodukts." (Erhard 1957: 227)[38] Wie bereits vor ihm Henry Ford und Franklin Roosevelt[39] nahm Erhard die Kaufkraft der breiten Masse zum konjunkturbestimmenden und egalisierenden Faktor. Objektive Merkmale des propagierten Leitbildes der sozialen Marktwirtschaft waren u.a.:

- Kontinuierliche Reallohnsteigerungen und damit Erhöhung der Kaufkraft.
- Beständiger Produktivitätszuwachs und stetiges Wirtschaftswachstum.
- Politische Eingriffe in das Wirtschaftsystem zur Gewährleistung des Wettbewerbs.

Subjektives Wohlbefinden war diesem Leitbild zufolge zuallererst eine Funktion der Kaufkraft. „Der Wille zum Verbrauch", eine „konsumfreudige Bevölkerung" (ebd.: 233) und das „demokratische Grundrecht der Konsumfreiheit" (ebd.: 14) sind demnach die Basis von Wohlbefinden. Materieller Wohlstand und Wohlbefinden waren synonym (vgl. Bulmahn 2000: 2; Noll 2000: 5).

Fakt ist, dass das Leitbild „Wohlstand für alle" zunehmend realisiert wurde, Sein und Sollen also zunehmend zur Deckung kamen. Fakt ist aber auch, dass sich die sozialen Unterschiede weiter verfestigten (vgl. Grube/Richter 1983; Schmidt 1983: 134ff). Schmidt (1983: 136) stellt aber fest:

> „Trotz dieser offenkundigen Einkommensverteilung empfanden die meisten Menschen in den fünfziger Jahren die wirtschaftliche Entwicklung zu Recht als einen stetigen Fortschritt in ihren persönlichen Lebensverhältnissen. Zu bitter war das Elend der Nachkriegszeit und der tägliche Kampf ums Überleben für die meisten gewesen, als dass nicht jetzt, wo die Verhältnisse sich wieder zu normalisieren begonnen hatten, wo das Warenangebot und die Kaufkraft von Jahr zu Jahr ohne Rückschläge zunahmen, (...) eine Welle der Zufriedenheit sich breit machte."

Während die bismarcksche Sozialgesetzgebung v. a. auf soziale Faktoren (soziale Sicherheit) abzielte, waren es im Leitbild der Sozialen Marktwirtschaft v. a. ökonomische Faktoren (quantitatives Wirtschaftswachstum), die der Realisierung von Lebensqualität dienlich sein sollten. Nicht die Verteilung, sondern die Steigerung ökonomischer Leistungsfähigkeit war der Schlüssel zur Lebensqualität (vgl. auch Erhard 1957: 10). Die soziale Sicherheit, die Errungenschaft aus der Kaiserzeit, wurde mit der Verpflichtung zu Sozialstaatlichkeit

37 Aus darstellungsökonomischen Gründen beschränken wir uns auf die Entwicklung Westdeutschlands.
38 So auch Erhard 1957: 237.
39 Zur unter Roosevelt eingeführten New Deal-Politik in den USA vgl. Treue 1962: 660 ff.

abgedeckt. Franz-Xaver Kaufmann (Kaufmann 2003: 304) stellt fest: „Es ist beeindruckend, wie sehr die in den Bismarckschen Sozialreformen grundgelegten Strukturen der Sozialversicherung sich durch alle politischen Konjunkturen hindurch erhalten und doch fortentwickelt haben.“

Die 1950er und 1960er Jahre waren geprägt von einem Glauben an den technischen Fortschritt und das wirtschaftliche Wachstum. Es bestand ein großer Fortschrittsoptimismus. Demgegenüber machte sich in den 1970er und 1980er Jahren Kulturpessimismus breit. Unter anderem von psychoanalytischer, soziologischer, sozialphilosophischer und systemanalytischer Seite wurde das Leitbild der Erhard-Ära kritisch in Frage gestellt.[40] Insbesondere wird seitdem mit Nachdruck auf die ökologischen Folgen des stetigen Wachstums hingewiesen. Im Anschluss daran erfolgt nun zunehmend ein Paradigmenwechsel in der Auffassung, was unter Lebensqualität zu verstehen ist. Lebensqualität wird nunmehr als ein multidimensionales Konstrukt angesehen, in dem soziale, ökonomische und ökologische Faktoren gleichermaßen berücksichtigt werden.[41] Gegenüber dem Leitbild der Wirtschaftswunderzeit werden nicht mehr allein schlicht Wachstumsgrößen aufsummiert, sondern es werden die ökologischen Kosten dem realisierten Nutzen der Lebensqualität in Rechnung gestellt. Mohr (Mohr 1995: 84) streicht den Erfolg des Wachstumsparadigmas heraus und mahnt zugleich: „Noch nie haben so viele Menschen so gut gelebt wie heute. Aber wir dürfen uns an dieser Stelle nicht täuschen: Wir leben von der Substanz.“

Seit den 1980er Jahren wird mit dem Leitbild des qualitativen Wachstums ein Konzept entwickelt, das einerseits die ökologische Kritik am Leitbild des quantitativen Wachstums aufgreift und das andererseits die kulturpessimistischen Tendenzen auffangen und überwinden will. Eine der Kernaussagen dieser Konzeption ist, dass Wirtschaftswachstum notwendig und gut sei, ohne Wachstum verlöre unsere Gesellschaft die Fähigkeit zu Innovation und Strukturwandel. Die Wachstumsorientierung und die Präferenz für technische und organisatorische Innovationen bilden demnach den unverzichtbaren Kern des ökonomischen Prozesses.[42] Allerdings soll das Wachstum nach Kriterien erfolgen, die den Erfordernissen der ökologischen Integrität entsprechen. Für die langfristige Realisierung dessen, was Menschen bislang typischerweise unter einem guten Leben verstanden haben, sind diese Forderungen alternativlos. Denn die dem Leitbild zugrunde liegende Erkenntnis ist die, dass ein Ignorieren der Ökologie aus drei Gründen zu einer Erosion der erreichten Stufe allgemeiner Lebensqualität führen würde. Erstens, weil durch die zunehmende Belastung der Natur die ökologischen Grundlagen gefährdet würden. Zweitens, weil durch den Verbrauch endlicher Ressourcen die ökonomischen Grundlagen ausgehebelt würden. Drittens, weil das Leben in einer intakten Umwelt und der Konsum zunehmend zu einem Privileg der sozialen Oberschicht würde und dadurch die sozialen Grundlagen von Lebensqualität aufgelöst werden würden.

Das Leitbild des qualitativen Wachstums verbindet die sozialen und ökonomischen Aspekte der Lebensqualität-Leitbilder der Vergangenheit mit dem neuen Aspekt der Ökologie. Die Kernpunkte sind entsprechend (vgl. Mohr 1995: 89; Renn 1994; Weizsäcker 1994; Weizsäcker et al. 1995):

40 Vgl. Schulze 1994, Korczak 1995: 12. Schlüsselwerke sind in der genannten disziplinären Abfolge Schmidtbauer (1972), Beck (1986), Fromm (1979), Meadows (1972).

41 Vgl. Bulmahn 2000; Diefenbacher 2001: 172; Habich/Noll 1994: 4; Korczak 1995: 14; Noll 2000: 3.

42 Masberg 1984: 17ff.; Majer 1984: 44ff.; Majer 1998: Teil 3; Mohr 1995: 87; Renn 1996: 97; Renn/Knaus 1998: Kap. 4.

- Ausbau des künstlichen Kapitalstocks (Humankapital, soziales Kapital).
- Erhöhung der Ressourceneffizienz, Anstieg des BIP bei fallendem Verbrauch.
- Verwendung erneuerbarer Ressourcen, nachhaltige Ressourcenbewirtschaftung.
- Reflektion und gegebenenfalls Korrektur des individuellen Bedarfs nach Maßstab der eigenen authentischen Bedürfnisse (Vermeidung von Konsum als Surrogatlösung für nichtmaterielle Bedürfnisse).
- Kongruenz zwischen Wachstum und Integrität: nur die Bereiche der Wirtschaft dürfen sich ausdehnen, die dem Postulat der Integrität nicht widersprechen.

Wie bereits angedeutet sind die beiden untrennbar verbundenen Seiten der Medaille der nachhaltigen Lebensqualität einerseits das neue Paradigma des qualitativen Wachstums und andererseits das subjektive Wohlbefinden. Die Kennwerte qualitativen Wachstums stehen für die objektiven Lebensbedingungen, die Kennwerte des subjektiven Wohlbefindens geben die individuelle Perzeption und Bewertung der eigenen Lebenssituation wieder. Lebensbedingungen und Wohlbefinden stehen in einer gegenseitigen Beziehung: Die Lebensbedingungen beeinflussen das Wohlbefinden, wie auch das Wohlbefinden Motiv für die Einflussnahme auf die Lebensbedingungen sein kann. Ernst Ulrich von Weizsäcker et al. (Weizsäcker et al. 1995: 21) bringen die Wirkung des qualitativen Wachstums wie folgt auf den Punkt:

> „Im Sinne einer reiferen Zivilisation sind auch Verzicht und Sparen hohe Tugenden, die zur Erhöhung der Lebensqualität beitragen. Wir legen aber Wert darauf, diese nicht mit der Effizienzrevolution zu verwechseln. [...] Ressourceneffizienz erhöht die Lebensqualität. Wir können mit effizienterer Beleuchtung besser sehen, Lebensmittel halten sich in neu entwickelten Kühlschränken länger, effizientere Fabriken stellen hochwertigere Waren her, man reist sicherer und bequemer in effizienten Fahrzeugen, fühlt sich in effizienten, baubiologischen Gebäuden wohler und ist besser ernährt mit ökologisch effizient erzeugten Lebensmitteln." (ebd.: 21)

In ihrem einflussreich gewordenen Buch „Faktor Vier" (ebd. 1995)[43] belegen sie ihre These anhand von 50 Beispielen aus vielen Bereichen, die als grundlegend für das subjektive Wohlbefinden angesehen werden können. Damit erfüllt das Leitbild der nachhaltigen Lebensqualität die einleitend formulierten Bedingungen für eine interkulturelle und intergenerationale Verständlichkeit, Nachvollziehbarkeit und Akzeptabilität. Zum einen steht jedem Individuum in jeder Kultur und jeder Generation ein weiter – jedoch nicht unbegrenzter – Raum zur individuellen Realisierung von subjektivem Wohlbefinden zur Verfügung. Zum anderen zeigt das Leitbild argumentativ Alternativen auf, indem es sich als eine Weiterentwicklung bisheriger Leitbilder präsentiert.[44] Wohl kaum jemand würde es heute bestreiten wollen, dass die Errungenschaften der Vergangenheit – soziale Sicherheit und materieller

43 Es geht um eine Verdopplung des Wohlstands bei gleichzeitiger Halbierung des Naturverbrauchs.

44 Weizsäcker et al. (Weizsäcker et al. 1995: 239) gehen davon aus, dass es eine Realisierung „... ohne neue Ethik oder Bewusstseinswandel der Regierenden und ihrer Wähler gibt. Bei der Effizienzrevolution handelt es sich um eine solche strategisch wichtige Methode, einen Weg freizuschlagen, dem heute alle Menschen folgen können." Zweifellos stößt eine Effizienzrevolution auf höhere Akzeptanz als eine Suffizienzrevolution, d.h. die Forderung nach Genügsamkeit (vgl. Knaus/Renn 1998: 103 f.; Umweltbundesamt 1997: 230 ff.). Allerdings stellt Andersen (Andersen 2003) fest, dass die Soziale Marktwirtschaft (auch) gegen den Zeitgeist eingeführt worden sei.

Wohlstand – dazu beigetragen haben, die Lebensqualität zu verbessern. So ist auch kaum zu erwarten, dass ein Konzept nachhaltiger Lebensqualität breite öffentliche Akzeptanz erhalten könnte, das diese Errungenschaften negiert. Vielmehr integriert dieses Konzept die sozialen und ökonomischen mit den ökologischen Bestimmungsgründen von Lebensqualität. Wie im Wohlfahrtskonzept der Bismarck'schen Reformen und dem Wohlstandskonzept der Erhard-Ära spiegelt das neue Leitbild auch die Rahmenbedingungen seiner Zeit wider, die v. a. durch Umweltbelastung und soziale Ungleichheiten auf globaler Ebene gegeben sind. Wie seine Vorgänger-Leitbilder wird sich auch nachhaltige Lebensqualität nicht ohne intelligente staatliche Steuerung einstellen (starker Staat) (vgl. Grunwald/Kopfmüller 2006: 168). Zudem wird es stärker als noch in früheren Zeiten vonnöten sein, für dieses Konzept rational und emotional zu werben. Denn hier wird die Lebensqualität nicht einfach positiv ergänzt, sondern es sind zudem Veränderungen des Bestandes notwendig, die als Konsequenz eine Abkehr vom kulturell Eingeschliffenen bedeuten können. „Wenn wir uns auf die Suche nach einer Zivilisation und nach den Werten der Nachhaltigen Entwicklung machen, dann müssen wir zuallererst dieses durch die Dominanz des ökonomischen Paradigmas verschüttete Wissen wieder entdecken." (von Weizsäcker et al. 1995: 325) Die praktischen Erfahrungen und wissenschaftlichen Erkenntnisse zum Komplex Umweltwissen, -wahrnehmung und -handeln bremsen die Euphorie, eine einfache Veränderung erreichen zu können. Hier liegen den Menschen die eingeschliffenen Gewohnheiten wohl näher als der Blick über den eigenen Tellerrand hinaus. Allerdings geht es beim Konzept des qualitativen Wachstums nicht um eine Reduzierung von Lebensqualität – was letztlich die Konsequenz eines „weiter so" wäre –, sondern um eine neue Lebensqualität auf höherem Niveau. Es wird nicht Askese verlangt, sondern eine neue Qualität des Konsums, der Mobilität, des Wirtschaftens und nicht zuletzt des gesellschaftlichen Miteinanders. Denn Lebensqualität und Gerechtigkeit ist ein untrennbar aneinander gekettetes Paar. Es ist kaum vorstellbar, dass eine Gesellschaft nachhaltigen Bestand hat, in der der Zugang zu den Grundlagen eines guten Lebens durch eine ungerechte Ordnung geregelt wird. Wie bei seinen Vorgängern haben deshalb die ethisch begründete vernünftige Einsicht, der politische Wille zur entsprechenden Gestaltung und schließlich das realisierte subjektive Wohlbefinden entscheidenden Einfluss auf die Akzeptanz des Leitbildes der nachhaltigen Lebensqualität.[45]

Während sich das subjektive Wohlbefinden funktional auf das Subjekt bezieht, ist das Leitbild des qualitativen Wachstums funktional auf die Gesellschaft bezogen. Wie dargestellt besteht zwischen beiden Funktionen eine starke Interdependenz. Wohlbefinden kann funktional als notwendig (nicht hinreichend) für Lebenserfüllung und Lebenssinn angesehen werden. Es besteht der ethische Imperativ, es nicht beim eigenen Wohlgefühl bzw. dem Streben danach bewenden zu lassen, sondern den Mitmenschen bei seinem Streben zu unterstützen bzw. auch dessen Streben als legitim anzuerkennen. Funktionale Äquivalente zum Wohlbefinden sind bekannt. So z. B. die Einstellung, dass das Leben nicht notwendigerweise, sondern auch sinnvollerweise mit Leiden verbunden sei und sich ein „reifes" Wohlgefühl erst durch Selbstbescheidung bis hin zur Askese einstellen würde. Inwieweit die Nachhaltigkeitsdimension Lebensqualität auf diese Kulturen übertragbar ist, kann hier nicht weiter erörtert werden, zumal davon ausgegangen werden kann, dass psychisches und physisches Wohlbefinden von der überwältigenden Mehrzahl der Menschen in Vergangen-

45 Anschaulich schildert z. B. Schmidt, M. G. (1998: 27 f.) die massiven politischen Widerstände, die sich der bismarckschen Sozialgesetzgebung entgegenstellten. Auch Erhard (1957) berichtet von Widerständen v. a. der Konzerne gegen das Konzept der Sozialen Marktwirtschaft.

heit, Gegenwart und Zukunft angestrebt wurde, wird und werden wird. Entscheidender ist die Frage nach der gesellschaftlichen Funktion des Konzepts des qualitativen Wachstums und nach seinen funktionalen Äquivalenten. Die hier vorgenommene Analyse zeigt, dass sich dieses Leitbild in einem historischen Prozess aus den in der Vergangenheit institutionalisierten Alternativen heraus entwickelt hat und gut begründbar ist. Die Funktion dieses Leitbildes besteht also darin, die objektiven Lebensbedingungen so zu strukturieren, dass eine möglichst große Chance dafür besteht, einer möglichst große Zahl von Menschen in Gegenwart und Zukunft und in allen Kulturen ein möglichst hohes Maß an subjektivem Wohlbefinden zu ermöglichen. Das Leitbild ist nicht imperialistisch, da es eine große Bandbreite an Interpretationen zulässt. Dass dieses Konzept trotz seiner funktionalen Überlegenheit kein Selbstläufer ist, zeigen die ernüchternden Ergebnisse bei der Einführung des so genannten Drei-Liter-Autos. Das Entscheidungsdilemma zwischen individueller und kollektiver Rationalität und die bekannte „Lücke" zwischen Bewusstsein und Handlung erschwert die Umsetzung. Es ist hier vonnöten, durch Argumentation, Diskurs und Aufzeigen von positiven Beispielen die Menschen anzusprechen und dadurch auch faktische und imaginäre Dysfunktionalitäten auszuräumen.

Der Tradition der deutschen Lebensqualität-Forschung entsprechend wurden objektive und subjektive Indikatoren der Lebensqualität gewählt (vgl. Kapitel 4). Die objektiven Indikatoren stehen üblicherweise für die objektiven Lebensbedingungen, die subjektiven Indikatoren für die subjektiven Perzeptionen und Bewertungen des eigenen Lebens. In der hier vorgeschlagenen Variation der nachhaltigen Lebensqualität stehen die objektiven Indikatoren für das Leitbild des qualitativen Wachstums, die subjektiven Indikatoren entsprechend für das subjektive Wohlbefinden. In beiden Bereichen werden die Indikatoren entsprechend der theoretischen Vorarbeit ausgewählt und begründet.

3.3 Die Setzungen im Verhältnis zueinander: Methodische Ordnung und hierarchische Entscheidungsregeln

Die drei hier formulierten Setzungen der Nachhaltigkeit stehen zunächst alleine für sich und werden auch als solches bei der Bildung von Indikatoren separat bearbeitet. Betrachtet man jedoch die Übersetzung der Normen Integrität, Gerechtigkeit und Lebensqualität in praktische Handlungsanweisungen, so ergeben sich vielfältige Konflikte, die vor allem zwischen den drei Normen, aber auch innerhalb der Normen – etwa zwischen inter- und intragenerationaler Gerechtigkeit – auftreten (können). Um diese Konflikte zu lösen, ist es ratsam, eine pragmatische Hierarchisierung der drei Normen vorzunehmen. Mit pragmatischer Hierarchisierung ist eine Reihenfolge der Normen gemeint, bei der unter der Voraussetzung, dass die Zielkonflikte parallel auf der gleichen Relevanz- oder Bedeutungsebene auf jeder Norm liegen, eine eindeutige Prioritätensetzung erfolgen kann. Ist eine Norm nur marginal und die andere in besonders starkem Maße verletzt, muss durch entsprechende Abwägung eine Lösung gefunden werden.

Wie lässt sich nun eine solche Prioritätensetzung in der Wertigkeit der drei Normen festlegen und begründen? Lassen sich die drei Normen überhaupt voneinander trennen? In der Tat überlappen sich die drei normativen Grundlagen „Integrität", „Gerechtigkeit" und „Lebensqualität" zwar im konkreten Vollzug, sie können jedoch analytisch unterschiedlich positioniert werden. Die Integrität von Systemen bezieht sich auf die Gelingensbedingungen des Systemerhalts bzw. des Systemzusammenhalts. Das einzelne Element des Systems steht nicht im Vordergrund der Betrachtung, sondern dessen Beitrag zur Funktionserfüllung des Systems. Dabei bleiben diese Funktionen kulturelle Setzungen: Sie sind nicht naturgegeben. Ihre Erfüllung oder Nichterfüllung drückt sich aber in empirisch messbaren Folgen für die einzelnen Systemelemente aus. Insofern kann man anhand einer methodisch ausgefeilten Folgenanalyse den Grad der Funktionserfüllung intersubjektiv nachweisen. Ist im Rahmen einer Kultur der Erhalt der jeweils systembedingten Funktion(en) als essentiell definiert, dann kommt den Prozessen und Aktivitäten, die auf die Funktionserfüllung Einfluss nehmen können, große Bedeutung zu. Denn bei einer Verletzung der Funktionalität sind alle Elemente des Systems betroffen, weil sie in ihrem Systemzusammenhang von der Funktionsfähigkeit der Zuordnung ausgehen müssen. Daher ist auch prima facie eine Hierarchisierung des Systemerhaltes vor der Entwicklung eines jeden Elementes begründbar. Denn der Systemerhalt ist Voraussetzung dafür, dass sich einzelne Elemente weiterentwickeln können. Weniger abstrakt ausgedrückt: Sind essentielle Funktionen der Gesellschaft wie Reproduktionsfähigkeit, Austausch mit der Umwelt, Integrationsfähigkeit, Ordnungsfähigkeit u. a. m. gefährdet, dann spielen andere Faktoren eine zweitrangige Rolle. Wenn zum Beispiel im Rahmen der globalen Umweltveränderungen die Funktionsfähigkeit von ganzen Ökosystemen auf dem Spiel steht, sind Prioritäten zur Wiederherstellung der Funktionsfähigkeit offenbar notwendig und sinnvoll, sofern man am Primat des dauerhaften Erhalts der Menschheit nicht rütteln will. Eingriffe, bei denen wichtige Stoff- oder Energiekreisläufe auf globaler Ebene nennenswert beeinflusst werden und global wirksame negative Auswirkungen zu erwarten sind, können demgemäß nicht durch Verweis auf eine Verbesserung der Gerechtigkeit oder auf Erhalt der individuellen Lebensqualität gerechtfertigt werden. In der Regel braucht dabei ein stringenter kausaler empirischer Beweis für die Schädlichkeit global relevanter Interventionen nicht einmal vorzuliegen, ein hinreichender Verdacht auf eine solche Schädlichkeit sollte im Sinne des Vorsorgeprinzips ausreichen (WBGU 2000). Im Rahmen von Kommunikationsprozessen ist dann zu klären, wie begründet ein Verdacht sein muss oder mit welcher Wahrscheinlichkeit ein globaler Schaden zu erwarten ist, um entsprechend prioritäre Handlungen auszulösen. Ohne dass eine hinreichende Sicherheit vorliegt, dass die natürlichen Kreisläufe wichtige Überlebensfunktionen für menschliche Gesellschaften wahrnehmen oder gesellschaftliche Ordnungen zur Steuerung von kollektiven Aufgaben existieren, können einzelne Individuen ihren Freiheitsspielraum zur Befriedigung ihrer persönlichen Wünsche gar nicht nutzen.

Wenn man diese Prämissen akzeptiert, dann ist die Wertigkeit der Norm „Integrität" höher einzustufen als die Wertigkeit der Norm „Lebensqualität", Denn ohne Integrität kann die Norm Lebensqualität zumindest für alle anspruchsberechtigten Individuen gar nicht eingelöst werden. Sie stellt die Bedingung dafür dar, dass sich der einzelne entfalten kann. Diese höhere Wertigkeit der Integrität ist aber daran gebunden, dass die damit verbundenen Funktionen essentiell für die Ermöglichung von Lebensqualität für alle Systemelemente ist. Insofern liegt eine gegenseitige Abhängigkeit vor: die Bewertung der Systemintegrität hängt davon ab, in welchem Ausmaß sie individuelle Lebenschancen ermöglicht oder begrenzt, gleichzeitig muss die Entfaltung der einzelnen Lebenschancen davon abhängig gemacht werden, dass die dazu notwendigen Funktionen im Sinne der Systemintegrität aufrecht erhalten werden können. Nur wenn die Funktionen essentiell für die Aufrechterhaltung der Lebensqualität sind, haben sie auch Vorrang vor dem, was sie im einzelnen bezwecken sollen. Was aber essentiell ist, bedarf der kulturellen Festlegung. Sicherlich gehören dazu biologische Funktionen wie Lebenserhalt, Nahrungsaufnahme, Schutz vor Naturgefahren und Krankheiten, aber auch ökonomische und soziale Bedingungen, wie die Existenz von Tauschregeln oder der Schutz gegen willkürliche Gewalt durch andere. Diese essentiellen Funktionen für eine Gesellschaft oder sogar die Staatengemeinschaft verbindlich festzulegen, bedarf es diskursiver Verfahren der Begründung, auf die wir noch in Kapitel 6 eingehen werden.

Wenn es auch intuitiv einsichtig ist, dass Gemeinwohl vor Eigenwohl gehen muss, also die Integrität prima facie Vorrang vor der Lebensqualität haben muss, ist die Frage nach der Wertigkeit der mittleren Kategorie, der Gerechtigkeit, schwerer einzustufen. Gerechtigkeit ist immer auf eine Beziehung zwischen Individuen oder Gruppen angewiesen. Sie kann zwar zur Verbesserung der eigenen Lebensqualität beitragen, aber auch dieses Merkmal von Lebensqualität ist immer an einen Vergleich mit der Lebensqualität anderer gebunden. Gerechtigkeit ist ein relationaler Begriff, d.h. durch ihn wird ein Verhältnis in Bezug auf andere charakterisiert. Im Idealfall definiert die Systemintegrität die offen stehenden Potenziale für individuelle Entfaltung und die Gerechtigkeit die Verteilungsregel für diese Chancen, sofern nicht jedes Element alle seine Entfaltungswünsche in die Realität umsetzen kann. Da die meisten Güter der Welt in Bezug zu denen, die daran teilhaben wollen, knapp sind, bedarf es Regeln, um diese Güter auf alle anspruchsberechtigten Elemente zu verteilen.

Ähnlich wie bei der Diskussion um Integrität versus Lebensqualität, ist es intuitiv einsichtig, dass nur dann etwas verteilt werden kann, wenn die Güter auch für die anspruchsberechtigten Elemente verfügbar sind. Da die zu verteilenden Güter erst durch den Erhalt der Systemintegrität sichergestellt oder bereit gestellt werden können, kann man auch hier von einer klaren Rangordnung in der Wertigkeit sprechen. Sofern die Integrität Funktionen gewährleistet, die erst das, was es zu verteilen gibt, ermöglicht, kann und muss sie eine höhere Wertigkeit besitzen als die Gerechtigkeitsnorm. Wenn man nichts zu verteilen hat, macht der Begriff der gerechten Verteilung keinen Sinn. Zusätzlich stimmt auch prima facie, dass eine Funktionserfüllung, durch die mehr Verteilungsmasse erzeugt wird als durch eine alternative Funktionserfüllung, dieser vorzuziehen ist. Denn eine größere Verteilungsmasse bedeutet mehr Lebensqualität für alle – unabhängig von der Verteilungsregel. Daraus könnte man schließen, dass die Vermehrung der Chancen für eine bessere Lebensqualität für alle Vorrang vor dem Gerechtigkeitspostulat haben sollte.

An dieser Stelle wird aber die Situation komplizierter. Auf den ersten Blick ist es offensichtlich, dass man zunächst die Menge und Qualität der Güter, die zur Verteilung anstehen, maximieren und sich erst dann, wenn man das „Bestmögliche" erreicht hat, um die Verteilung des Mehrwertes kümmern sollte. Optimale Allokation geht der optimalen Distribution voran. Diese an sich schlüssige Reihenfolge hat allerdings den gravierenden Nachteil, dass bestimmte Allokations- und Effizienzmechanismen zwangsläufig oder mit großer Wahrscheinlichkeit Normverletzungen der Gerechtigkeit implizieren können. Wenn Allokation und Distribution unabhängig voneinander wären, würde es in der Tat richtig sein, erst die allokative Effizienz zu bedienen und sich erst dann um eine gerechte Verteilung des erwirtschafteten Reichtums zu kümmern. Allerdings gibt es vielen Anzeichen dafür, dass die Festlegung von allokativen Entscheidungen bestimmte Optionen der Distribution ausschließen, erschweren oder andere privilegieren.

So kann man etwa davon ausgehen, dass die Leistungsmotivation eines Menschen gesteigert wird, wenn er möglichst wenig von seinem Einkommen an andere abgeben muss (etwa in der Form von Steuern). Will man also ein maximales Produktionsniveau erreichen, sollte man möglichst auf hohe Abgaben und Steuern verzichten. Diese sind aber in vielen Fällen Voraussetzung für eine gerechte Verteilung von Lebenschancen. Insofern kann eine Vermehrung der Verteilungsmasse insgesamt zu einer Verletzung von Gerechtigkeitspostulaten führen oder zumindest bestimmte Verteilungsformen von vornherein ausschließen.

Dieser Zielkonflikt zwischen Allokationsoptimierung und Gerechtigkeitsnormen ist vor allen dann zu erwarten, wenn die Ausgangsposition schon als grob ungerecht empfunden wird, Dann kann eine so genannte pareto-optimale Lösung (keiner soll durch eine Transaktion schlechter gestellt werden als vorher) die Reichen noch wesentlich reicher machen und die Armen weitgehend arm belassen. Aufgrund der großen Streubreite von Lebensstandards und Lebensbedingungen in der Welt kann der Maßstab für Nachhaltigkeit nicht aus dem gegenwärtigen Standard in den Industrieländern oder den sich entwickelnden Ländern abgeleitet werden, allein schon deshalb, weil eine Generalisierung des Lebensstandards eines reichen Industrielandes auf alle Länder dieser Welt durch die objektive Begrenztheit der Ressourcenbasis (wie in Kapitel 2 beschrieben) physisch nicht möglich wäre. Zumindest dort, wo eine Ressourcenaufteilung ein Nullsummenspiel darstellt, also jeder Verbrauch des einen den Verbrauch des anderen ausschließt oder einschränkt, kann eine Erst-Ausstattung eines Subjekts mit mehr als 50 Prozent der Ressource nicht mehr dadurch ausgeglichen werden, dass pareto-optimale Transaktionen (selbst zum Vorteil des Ärmeren) stattfinden. Hier kann es nur dann zu einer ausgeglichenen Lösung kommen, wenn der Reichere von seinem Reichtum abgibt, er also eine pareto-ineffiziente Lösung wählt. Folgt man dieser Überlegung, dann hat dies weitreichende Folgen für die Entwicklungspolitik im Sinne der Nachhaltigkeit. Unter Umständen geht es dann nicht mehr allein um eine gerechtere Verteilung des Mehrwertes (das allein wäre auch schon ein wichtiges Ziel), sondern auch um eine Umverteilung des vorhandenen Vermögens (im Sinne von Chancenzuteilung). Als Referenzgröße für alle ist dann an ein individuelles Lebensniveau zu denken, das Grundbedürfnisse sicherstellt und Entwicklungsmöglichkeiten für den einzelnen Menschen wie für Gesellschaften offenhält.[46]

In diesem Falle sollte also die Gerechtigkeitsnorm Vorrang vor der Möglichkeit der Verbesserung der Lebensqualität für eine bestimmte Gütergemeinschaft haben. Dies ist aber nicht zwangsläufig so. Häufig können zweitbeste Lösungen des Gerechtigkeitspostulats mit so großen Effizienzgewinnen bei der Produktion von Gütern und Dienstleistungen verbunden sein, dass eine Aufweichung der Gerechtigkeitspostulate sinnvoll erscheint. Während also die Norm der Systemintegrität prima facie Vorrang vor den beiden anderen Normen beanspruchen kann, stehen die beiden anderen Grundnormen in einem kompensatorischen Verhältnis zueinander. Werden durch eine optimale Allokationsregel fundamentale Gerechtigkeitsnormen verletzt, muss auf eine weniger effiziente aber gerechte Allokationsregel zurückgegriffen werden. Umgekehrt wenn die Einhaltung einer als gerecht empfundenen Verteilungsregel die Individuen in ihren Möglichkeiten, ihre Lebensqualität zu

46 Die Differenz zwischen pareto-optimaler Effizienz und pareto-ineffizientem individuellen Verhalten finden sich auch in Fragen der sozialen Nachhaltigkeit am Beispiel der gesteuerten und ungesteuerten politischen Beteiligung. Ausgehend von einem Status quo, in dem sozial benachteiligte Schichten weniger partizipieren, verstärkt eine ungesteuerte Partizipation in der Regel soziale Ungleichheit, weil sich Bessergestellte häufiger und wirksamer beteiligen. Daraus lassen sich angesichts des Beteiligungspostulats der Agenda 21 und deren direkten Zusammenhang zur sozialen Nachhaltigkeit vielfache Schlussfolgerungen für die Gestaltung einer neuen „deliberativen" Zivilgesellschaft mit gesteuerten, diskursiven Beteiligungsverfahren ableiten.

verbessern, stark einschränkt, ist es ebenfalls gerechtfertigt, diese Gerechtigkeitsregel durch eine andere weniger qualitätsvermindernde Regel zu ersetzen.
Die von Rawls in die Diskussion eingebrachte Regelung, dass derjenige, der von einer Verteilungsregel am wenigsten profitiert, dieser Regel zustimmen kann bzw. sie allen anderen Regeln vorziehen würde, weil sie die richtige Balance zwischen Allokation und Distribution einhält, könnte als Maßstab der gegenseitigen Bewertung von Lebensqualität versus Gerechtigkeit dienen. Auch in diesem Falle ist eine ex ante Bestimmung der Trade-Offs zwischen den beiden Grundnormen kaum möglich, erforderlich sind wieder gut strukturierte Diskurse, die auf der Basis der Ausgangslage und der zu erwartenden Konsequenzen eine solche Normabwägung vornehmen.

Innerhalb der Norm der Gerechtigkeit ist noch die Frage der intragenerationalen versus der intergenerationalen Gerechtigkeit zu klären. Prinzipiell liegt unter Einschränkungen eine Gleichrangigkeit zwischen inter- und intragenerationaler Gerechtigkeit vor. Dies bedeutet, dass es keine Notwendigkeit für einen quantitativen Diskontierungsfaktor zum Ausgleich unterschiedlicher Zeitpräferenzen gibt, sofern man von unterschiedlichen Generationen ausgeht und dabei die zeitliche Staffelung von Gewinnen und Verlusten innerhalb einer Generation aus dem Kalkül ausschließt. Gleichrangigkeit schließt ein, dass man Überlegungen zu Unsicherheiten der weiteren Entwicklung und Änderungen der künftigen Situationen (etwa technischer Forschritt) in die Bewertung der Konsequenzen des eigenen Handelns einfließen lassen kann. Allerdings sollte nicht grundsätzlich davon ausgegangen werden, dass spätere Belastungen niedriger bewertet werden (Diskontierung) als heutige. Das Gerechtigkeitspostulat schließt darüber hinaus die für eine Nachhaltigkeit bedeutsamen Fragen der Verteilungsform, der soziokulturell vermittelten individuellen und gesellschaftlichen Präferenzen sowie die Wahl des Wirtschaftssystems ein.

Nachdem auf das Verhältnis der sich aus den normativ-funktionalen Setzungen ergebenden Handlungsanweisungen eingegangen und die Konfliktfälle und ihre Lösung skizziert wurden, folgt nun die Übersetzung der Normen in Dimensionen, Kriterien und Indikatoren. Mit dem nächsten Kapitel wird die Verknüpfung des hier angesprochenen Orientierungswissens mit dem Systemwissen (wie sind die normativen Ziele funktional mit empirisch messbaren Größen verbunden) vorgenommen.

4 Indikatoren: Ableitung und Messung[47]

Wie bereits einleitend erwähnt wurde, boomt die Verwendung des Begriffes der Nachhaltigkeit. Doch bei genauerer Betrachtung ist es lediglich das Wort Nachhaltigkeit, mit dem z. T. sich mehr oder weniger überschneidende, z. T. aber auch völlig konträre Begriffsinhalte und Bedeutungen bezeichnet werden. Nachhaltigkeit scheint ein Wort zu sein, dem eine „political correctness" anhaftet, mit der sich Redner gerne schmücken. Durch die Instrumentalisierung des Wortes wird der Begriff entwertet und damit die ihm potentiell anhaftende Kristallisationskraft geschwächt. Mit zwei unterschiedlichen Strategien wird versucht, der zunehmenden Beliebigkeit entgegenzutreten. Die eine Strategie zielt darauf ab, eine starke theoretische Basis zu schaffen, auf deren Grundlage der Begriff der Nachhaltigkeit nicht nur exakt definiert, sondern darüber hinaus auch eine robuste Begründung geliefert werden kann. Mittels dieser Basis kann dann gut bestimmt werden, welche Nachhaltigkeitsbegriffe konsistent bzw. inkonsistent zur Theorie sind. Ein bedeutendes Problem dieser Strategie kann darin bestehen, dass sich aus der theoretischen Basis zwar konsistent Dimensionen und Indikatoren der Nachhaltigkeit ableiten lassen, dafür aber keine Daten verfügbar sind. Ein verlässliches Monitoring ist so praktisch nicht möglich oder nur aufwändig und mit Zeitverzögerung durchführbar, wenn etwa durch die amtliche Statistik erst neue Maßgrößen eingeführt werden müssen. Diese Strategie läuft also Gefahr, nicht über den Status einer theoretischen Fingerübung hinauszukommen. Der anderen Strategie genügt das theoretisch dünne klassische Drei-Säulen-Konzept als argumentative Basis, demgegenüber wird dem Monitoring die größte Aufmerksamkeit geschenkt, es wird von den belastbaren Fakten her gedacht, also von den verfügbaren oder leicht zu erhebenden Daten. Es werden Zielvorgaben festgelegt und kontinuierlich gemessen, wie weit man von den Zielen entfernt ist. Wer Nachhaltigkeit in den Mund nimmt, muss seine Aussage dann an den Daten messen lassen. Ein Problem dieser Strategie kann darin bestehen, dass sich die empirische Basis und die dahinterstehenden Indikatorensets relativ willkürlich zusammensetzen. Diese Strategie läuft Gefahr, die Begriffsdefinition von Nachhaltigkeit von der Datenverfügbarkeit abhängig zu machen. Der Begriff der Nachhaltigkeit könnte so von Stadt zu Stadt, Bundesland zu Bundesland, Nation zu Nation variieren, je nach Datenangebot.

Die vorliegende Konzeption folgt der erstgenannten Strategie, ohne jedoch in kompromissloser Tiefe in theoretischen Erörterungen zu versinken. Die Literatur über z. B. ökologische Systeme, soziale Gerechtigkeit oder qualitatives Wachstum sind Legion und böten den Ausgangspunkt dafür. Statt dessen wurde dem Monitoring-Gedanken ausführliche Aufmerksamkeit gewidmet ohne jedoch den Anspruch zu erheben, nur Indikatoren verwenden zu wollen, für die ausreichend lange Datenreihen zur Verfügung stehen. Auch auf die Festlegung von konkreten Zielwerten wurde verzichtet. Deren Setzung sehen wir eher als Aufgabe des öffentlichen Diskurses und/oder politischer Entscheidungsträger.

47 Autoren dieses Kapitels sind Alexander Jäger (insbesondere 4.1.) und Jürgen Deuschle (insbesondere 4.2. und 4.3.)

Jedoch sollte auch bei unserem Konzept aufgrund der theoretischen Begründung jeweils kein Zweifel darin bestehen, in welche Richtung die wünschenswerte Tendenz gehen sollte.

Hinsichtlich der theoretischen Begründung als auch der verwendeten Indikatoren muss für Deutschland zweifellos die Nachhaltigkeitsstrategie des Bundes als Referenz herangezogen werden. Unseres Erachtens wird hiermit die zweitgenannte der oben beschriebenen Strategien verfolgt. Anhand von 21 Indikatoren und zugeordneten Zielen konkretisiert die Bundesregierung ihr Leitbild. Mit den verwendeten Leitbilddimensionen Generationengerechtigkeit, Lebensqualität, sozialer Zusammenhalt und Internationale Verantwortung sind Parallelen zu unserem Konzept unübersehbar. Die Erörterung und Begründung dieser Dimensionen fällt im Strategiepapier jedoch sehr knapp aus. In Teilen trägt sie den Charakter eines politischen Rechenschaftsberichts. Doch die Differenzen sind weitreichender und z. T. grundlegender Natur. Mehrfach wird im Strategiepapier betont, dass es auch im Verantwortungsbereich jedes einzelnen Gesellschaftsmitgliedes liegt, für Nachhaltigkeit zu wirken.[48] Unseres Erachtens wird es jedoch versäumt, Indikatoren in das Set aufzunehmen, die diesem Bottom-up-Gedanken entsprechen. Während die Strategie des Bundes z. B. im Bereich der internationalen Verantwortung die Indikatoren „Ausgaben für die Entwicklungszusammenarbeit“ und „Einfuhren der EU aus Entwicklungsländern“ wählt, machen wir in unserem Konzept ernst mit dem Bottom-up-Gedanken, indem die internationale Verantwortung der Dimension Leistungsgerechtigkeit zugeordnet und ein Bottom-up-Indikator (Marktanteil des TransFair-Kaffees) gewählt wird. Im Bereich der systemaren Integrität finden sich einige Parallelen in Bezug auf die Wahl der Indikatoren für ökologische Integrität, jedoch ebenso weitreichende Differenzen für die soziale Integrität. Während die Indikatoren des Leitbildes der Bundesregierung verstärkt auf politische Handlungsfelder im Wirtschaftsbereich abzielen, versucht der vorliegende Ansatz, ausgehend von der Frage der Bevölkerungsentwicklung, die Bereiche des wirtschaftlichen, politischen und sozialintegrativen Wandels gleichmäßig zu untersuchen, um somit die gesellschaftliche Entwicklung als Ganzes abzubilden. Bei der Dimension der Gerechtigkeit berücksichtigen wir stärker als der Bund die Gerechtigkeit innerhalb einer Generation. Im Strategiepapier wird zwar einleitend die Bedeutung intragenerationeller Gerechtigkeit herausgestrichen und explizit darauf hingewiesen, dass in der „klassischen“ Nachhaltigkeitsdefinition[49] die Bedürfnisse der heutigen Generation als gleichrangig mit den Bedürfnissen künftiger Generationen gewürdigt werden, jedoch kommt dies in den verwendeten Indikatoren nur wenig zum Ausdruck. Bei der Dimension Lebensqualität verzichtet die nationale Nachhaltigkeitsstrategie darüber hinaus weitgehend auf die Berücksichtigung der subjektiven Ebene (in unserem Konzept: das subjektive Wohlbefinden), die wir u. a. als „Erfolgskontrolle“ berücksichtigt wissen wollen.[50] Gleichwohl besteht zwischen den beiden Konzepten über die verwendeten Dimensionen hinaus eine nicht unerhebliche Schnittmenge im Bereich der Indikatoren. So berücksichtigen beide Konzepte das Betreuungsangebot für Kinder, die Staatsschulden, die Energie- und Rohstoffproduktivität und die Kriminalität. Mit dem Vorschlag unkonventioneller Indikatoren und von Indikatoren, für die momentan noch kein Datenmaterial verfügbar ist, konnten wir die Spielräume akademischer Innovation aus-

48 Aktiv sein für den Wohnbezirk (Bundesregierung 2002: 18), Zivilcourage zeigen (ebd.: 28), Solidarität zeigen (ebd.: 31), Managementregeln (ebd.: 50 ff), Investitions- und Konsumverhalten (ebd.: 91).

49 Sie definiert nachhaltige Entwicklung als eine Entwicklung, die den Bedürfnissen der heutigen Generation entspricht, ohne die Möglichkeiten künftiger Generationen zu gefährden, ihre Bedürfnisse zu befriedigen.

50 Im Indikatorenset des Bundes steht lediglich ein Indikator (Zufriedenheit mit der Gesundheit) für die subjektive Ebene.

schöpfen, während das Bundeskonzept gegenüber den politischen Zwängen eines verlässlichen Monitorings von politischen Aktionsfeldern verpflichtet ist.

Im Folgenden werden die Dimensionen und Kriterien des vorliegenden Konzeptes anhand eines Indikatorensystems konkretisiert. Ziel ist die Bereitstellung von Transformations- und Handlungswissen. Hierfür wurden aus den beschriebenen Kriterien der Bereiche Integrität, Gerechtigkeit und Lebensqualität Subkriterien abgeleitet, die zentrale Einzelaspekte beschreiben. Jedem Subkriterium entspricht ein empirisch ermittelbarer Indikator. Indikatoren sind empirische Hilfsgrößen, die dazu dienen, nicht direkt beschreibbare Sachverhalte abzubilden. Indikatoren liefern im Kontext der Nachhaltigkeitsdebatte eine wissenschaftlich fundierte Handlungs- und Vergleichsgrundlage. Durch die Verwendung von Indikatoren werden intersubjektiv nachvollziehbare zeitliche und geographische Vergleiche möglich. Die Auswahl der nachfolgend vorgestellten Indikatoren erfolgte vor dem Hintergrund sowohl der theoretischen Vorarbeit als auch der Datenverfügbarkeit. Einerseits sollen die Kriterien, Subkriterien und Indikatoren konsistent mit dem erarbeiteten theoretischen Konzeptionen sein. Andererseits sollen für die abgeleiteten Indikatoren idealer Weise lange Zeitreihen an Daten verwendet werden. Zum überwiegenden Teil konnten beide Forderungen – theoretische Konsistenz und Datenverfügbarkeit – eingehalten werden. Wo keine quantitativen Daten verfügbar waren, wurde auf qualitative Darstellungen zurückgegriffen. Hinsichtlich des Umfangs des Indikatorsets wurde eine mittlere Größe angestrebt, die einen Kompromiss zwischen detaillierter Abbildung und praktischer Handhabbarkeit darstellt.[51]

In der vorliegenden Form findet sich zu jedem Indikator jeweils eine kurze Erläuterung und Begründung der Subkriterien, eine Beschreibung des entsprechenden Indikators und eine Darstellung der Ausprägung des Indikators verbal und, wo möglich, graphisch.

51 Während die nationale Nachhaltigkeitsstrategie mit einem kleinen Satz von 21 Indikatoren arbeitet, sind aus der Literatur auch Sets von mehreren hundert Indikatoren bekannt.

Tabelle 3: Übersicht über die Indikatoren

		Kriterium	**Subkriterium**	**Indikator**
Systemare Integrität	Sozial	Human-biologische Reproduktion	Geburtenrate	Nettoreproduktionsrate
		Integrität des Wirtschafts-systems	Wirtschaftswachstum Beschäftigungsstand Innovationsfähigkeit	Preisbereinigtes pro Kopf BIP Erwerbslosenquote Ausgabenintensität für Forschung- und Entwicklung
		Soziale Integration	Sozialer Rückhalt Suizid Beteiligung Integration/Toleranz	Haushaltsgröße Anzahl der Suizide Ehrenamt Einstellung zu Ausländern
		Politisches System	Parteisystem/Parteiränder Demokratische politische Kultur Finanzielle Handlungs-fähigkeit der Regierung	Wahl extremistischer Parteien Zustimmung der Bevölkerung zur Demokratie Haushaltsverschuldung
	Ökologisch	Klimastabilität	Treibhauseffekt Temperaturentwicklung Schadstoffemissionen	CO_2-Gehalt in der Atmosphäre Anzahl der jährlichen Hitzetage CO_2-Emissionen
		Luft	Luftqualität	Gehalt an bodennahem Ozon
		Stabilität der Biosphäre	Wald Landnutzungsformen	Waldschäden Anteile der Flächen für Landwirtschaft, Wald, Siedlung und Verkehr
		Erneuerbare Ressourcen	Energiequellen	Verbrauch an nichterneuerbaren Primärenergien
		Abfall	Abfallmenge Abfallverwertung	Menge an privatem und industriellem Abfall Anteil der wieder verwerteten Siedlungsabfälle
		Biodiversität	Naturnahe Lebensräume	Natur- und Landschaftsschutzgebiete
Gerechtigkeit		Chancenge-rechtigkeit	Lebenschancen für Heranwachsende Chance auf hohen sozialen Status Klassenloser Zugang zu Spitzenpositionen	Sozialhilfequote bei Kindern < 15 Jahre Relative Chance des Gymnasiumsbesuchs der 13- bis 14-jährigen Schulkinder nach sozialer Herkunft Relative Chance auf die Besetzung einer Spitzenposition in Politik und Wirtschaft nach sozialer Herkunft

Gerechtigkeit	Leistungsgerechtigkeit	Effizienter Umgang mit öffentlichen Geldern	Quote der verschwendeten Steuergelder, die Beamte und Politiker verwalten, verplanen und investieren
		Konsum unter Beachtung der Leistungsgerechtigkeit	Marktanteil des Kaffees mit FairTrade-Siegel am Kaffeeabsatz in Deutschland
		Gleiche Anerkennung für vergleichbare Leistungen	Einkommensunterschiede zwischen vollerwerbstätigen Männern und Frauen mit gleicher Qualifikation
	Bedarfsgerechtigkeit	Bedarf von gesellschaftlichem Interesse	Platz-Kind-Relation bei Krippenplätzen
		Bedarf an gesellschaftlicher Integration	Angebots-Nachfrage-Relation bei Ausbildungsplätzen
		Bedarfsgerechtigkeit des Gesundheitssystems	Universelle medizinische Versorgung
	Generationengerechtigkeit	Vererbung von finanziellen Lasten	Zins-Steuer-Quote
		Engagement der jungen Generation	TeilnehmerInnen am freiwilligen sozialen Jahr
		Nachhaltige Planung	Ausgaben für Renaturierungsmaßnahmen
Lebensqualität	Qualitatives Wachstum	Ressourceneffizienz	Spezifischer Energieverbrauch
		Künstlicher Kapitalstock: Humankapital	Bildungsausgaben
		Künstlicher Kapitalstock: Soziales Kapital	Registrierte potentielle Spender in der Deutschen Knochenmarkspenderdatei (DKMS)
		Umweltschonende Mobilität	Anteil des öffentlichen Personenverkehrs an der Personenbeförderung
		Soziale Sicherheit	Gesamtkriminalitätsziffer
	Subjektives Wohlbefinden	Allgemeine Lebenszufriedenheit	Mitgeteilte durchschnittliche Lebenszufriedenheit
		Wahrgenommene Umweltqualität	Mitgeteilte Besorgnis um die Umweltqualität
		Nichtmaterieller Wohlstand	Zufriedenheit über die Zeit zur Beschäftigung mit den eigenen Kindern
		Künstlicher Kapitalstock: Soziales Kapital	Vertrauen in Institutionen
		Zukunftsangst	Angst vor Verlust des Arbeitsplatzes

4.1 Indikatoren der systemaren Integrität

4.1.1 Indikatoren der sozialen Integrität

DIMENSION: Soziale Integrität **KRITERIUM: Humanbiologische Reproduktion**

Subkriterium: Geburtenrate

Indikator: Nettoreproduktionsrate

Die Entwicklung der Größe einer Bevölkerung und ihrer Altersstruktur ist einer der Grunddeterminanten von Prozessen innerhalb einer Gesellschaft. Unterschiedliche soziale Bereiche, wie das Wirtschaftssystem, die politische Steuerung oder die Familienstrukturen, sind auf ein bestimmtes Niveau der Bevölkerungsgröße und Alterstruktur angepasst. Eine instabile Bevölkerungsentwicklung führt zu einer Destabilisierung nahezu aller Gesellschaftsbereiche und der systemaren Integrität als Ganzes.

Als Indikator für die Bevölkerungsentwicklung wird die Nettoreproduktionsziffer herangezogen, die das Augenmerk darauf richtet, inwieweit eine Elterngeneration sich durch die Geburt von Kindern ersetzt. Ausgegangen wird hierbei von einer Grundmenge von 100.000 Frauen. Anhand der altersspezifischen Sterbewahrscheinlichkeiten wird ermittelt, wie viele dieser Frauen bis zum Ende des gebärfähigen Alters überleben. Mit Hilfe der altersspezifischen Geburtenziffern berechnet man dann, wie viele Mädchengeburten es gegeben hätte. Sind von den 100.000 Frauen im Laufe ihres Lebens wiederum 100.000 Mädchen zur Welt gebracht worden, beträgt die Nettoreproduktionsziffer 1.

Auf Bundesebene und Baden-Württemberg lässt sich in den letzten 15 Jahren eine konstant niedrige Nettoreproduktionsziffer von 0,6 bis 0,7 beobachten. Dies bedeutet, dass 100 Frauen nur zwischen 60 und 70 Mädchen zur Welt bringen, die dann in der nächsten Generation Kinder bekommen können. Die damit in der Nachkriegszeit stark abgesunkene Nettoreproduktionsrate – 1960 lag diese noch bei 1,1, 1970 bei 0,95 – pendelt sich auf einem sehr niedrigen Niveau ein, was dauerhaft zu einem Rückgang der Populationsgröße und Alterung der Bevölkerung führt. Diese Entwicklung führt zu Destabilisierung und sinkender gesellschaftlicher Integrität in nahezu allen Gesellschaftsbereichen.

Abbildung 2: Nettoreproduktionsrate seit 1990 auf Bundesebene

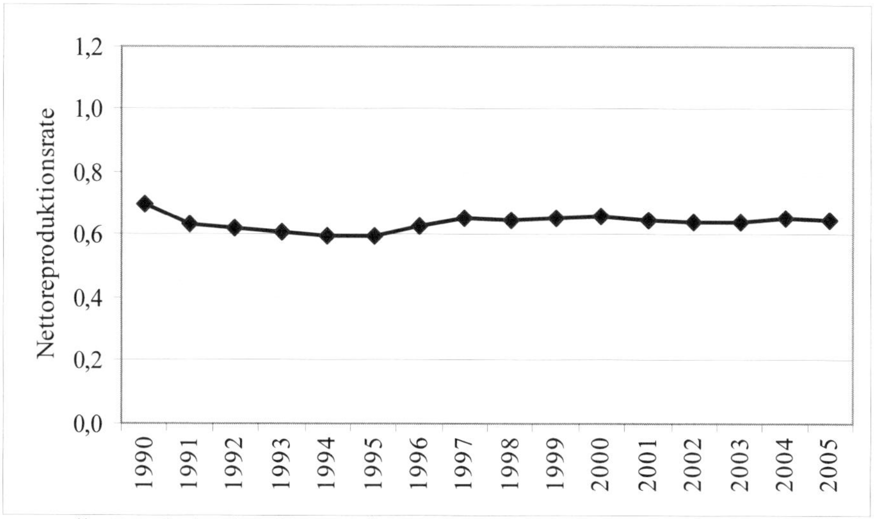

Datenquelle: Bundesinstitut für Bevölkerungsforschung (2004); Statistisches Bundesamt

DIMENSION: Soziale Integrität **KRITERIUM: Integrität des Wirtschaftssystems**

Subkriterium: Wirtschaftswachstum

Indikator: Preisbereinigtes pro Kopf BIP

Die Stabilität und Anpassungsfähigkeit eines Wirtschaftsraumes hängt direkt mit seiner ökonomischen Leistungsfähigkeit zusammen. Zum gegenwärtigen Zeitpunkt wird ein hohes Wachstum der ökonomischen Leistungsfähigkeit als Korrektiv z. B. für demographische Entwicklungen oder hohe Haushaltsverschuldung gesehen. Darüber hinaus erlaubt ein stabiles Wirtschaftswachstum die Bereitstellung von Ressourcen für Anpassungs- und Veränderungsprozesse.

Das Bruttoinlandsprodukt (BIP) ist – wenn auch nicht unumstritten – der gebräuchlichste und am besten erfasste Indikator für die ökonomische Leistungsfähigkeit und bildet einen wichtigen Bezugspunkt für eine Reihe von anderen Indikatoren. Alternativen zum BIP sind zwar von vielen Vertretern einer starken Nachhaltigkeit vorgeschlagen und zum Teil auch quantitativ entwickelt worden, sie sind aber entweder Indizes, die sowohl wirtschaftliche wie ökologische Leistungsfähigkeit gemeinsam erfassen, oder sie sind als Gradmesser für wirtschaftliche Leistung nicht anerkannt. Das BIP bildet den Wert aller Sachgüter und Dienstleistungen, die in einem bestimmten Zeitraum innerhalb der Landesgrenzen einer Volkswirtschaft erzeugt werden, ab. Das Bruttoinlandsprodukt misst ausschließlich monetäre Größen und erhebt keinen Anspruch darauf, auch Aussagen zu ökologischen und sozialen Aspekten zu machen, die vom Markt nicht erfasst werden. Aus diesem Grund steht es an dieser Stelle neben anderen wichtigen Kenngrößen in der vorliegenden Studie.

Für die hiesige Darstellung wird das Pro-Kopf-BIP verwendet, so dass die Bedeutung für den einzelnen Bürger sichtbar ist. Für den Zeitraum seit 1991 hat das BIP bis auf in den Jahren 1993 und 2005 stetig zugenommen. Das größte Wachstum wurde im Jahr 2000 verzeichnet. Trotz des stetigen Anstiegs des BIP gilt das Wirtschaftswachstum in diesem Zeitraum als nicht ausreichend, um die momentanen wirtschaftlichen Probleme der Bundesrepublik, wie beispielsweise steigende Arbeitslosigkeit und wachsende Haushaltsverschuldung, zu bewältigen.

Abbildung 3: Preisbereinigtes BIP pro Kopf und Jahr

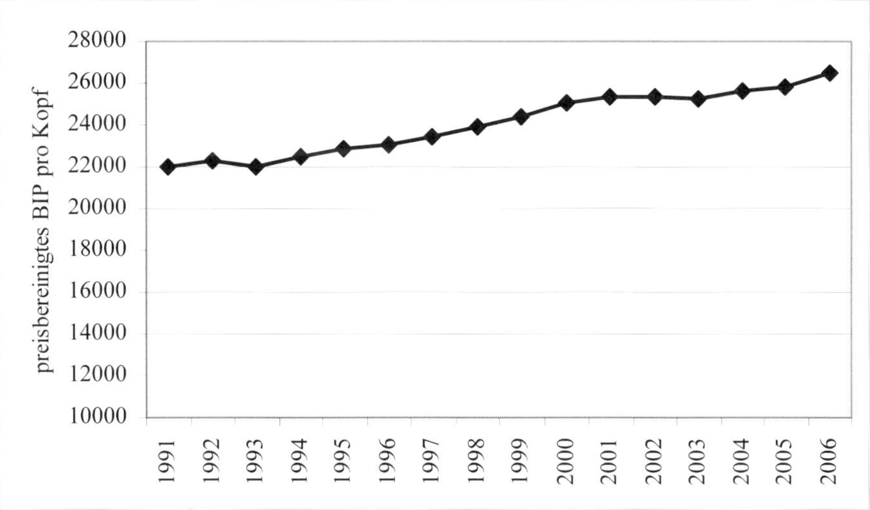

Datenquelle: Statistisches Bundesamt

DIMENSION: Soziale Integrität **KRITERIUM: Integrität des Wirtschaftssystems**

Subkriterium: Beschäftigungsstand innerhalb der Bevölkerung

Indikator: Erwerbslosenquote

Der Beschäftigungsstand – als Verhältnis der Arbeitstätigen zu den Arbeitslosen innerhalb einer Gesellschaft – gilt allgemein als Kriterium für die wirtschaftliche Stabilität und Nachhaltige Entwicklung zum Wohl der Menschen. Als solcher ist er auch wie das Wirtschaftswachstum Teil des Gesetzes zur Förderung der Stabilität und des Wachstums der Wirtschaft (StWG). Die Bedeutung des Beschäftigungsstandes gründet sich zum einen in den persönlichen Schicksalen der Betroffenen. In Ländern mit hohem und mittlerem Einkommen bildet die Erwerbslosigkeit eine der Hauptursachen für prekäre Lebensumstände. Zum anderen führt ein niedriger Beschäftigungsstand auf gesamtgesellschaftlichen Ebenen zu einer Destabilisierung des politischen und wirtschaftlichen Systems.

Der für die hiesige Studie ausgewählte Indikator der Erwerbslosenquote stellt den Anteil Erwerbsloser an allen Erwerbspersonen dar. Als erwerbslos gilt im Sinne der Definition der International Labor Organisation (ILO) jede Person im Alter von 15 bis 64 Jahren, die in diesem Zeitraum nicht erwerbstätig war, aber in den letzten vier Wochen vor der Befragung aktiv nach einer Tätigkeit gesucht hat. Die Einschaltung einer Agentur für Arbeit oder eines kommunalen Trägers in die Suchbemühungen ist – in Abgrenzung zur Arbeitslosenquote – nicht erforderlich.

Die Erwerbslosenquote stieg im Zeitraum von 1991 bis 2005 von 6,6 % auf 11,3 %. Der Anstieg wurde kurz 1995/96 unterbrochen und unterschritt in den Jahren 2000 und 2001 zuletzt die 10 %-Marke. Das Erwerbslosenniveau, insbesondere in seinem momentanen Trend, kann als dauerhaft systemdestabilisierend für das Wirtschaftssystem in Deutschland angesehen werden.

Abbildung 4: Erwerbslosenquote in Deutschland

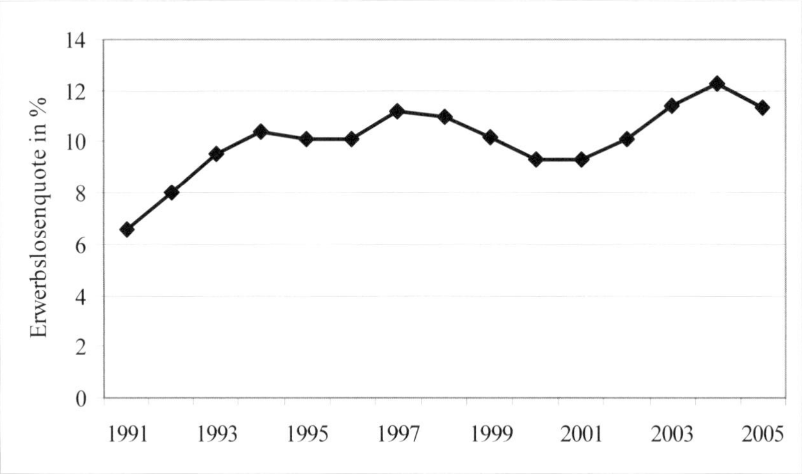

Datenquelle: Statistisches Bundesamt, Bundesagentur für Arbeit

DIMENSION: Soziale Integrität **KRITERIUM: Integrität des Wirtschaftssystems**

Subkriterium: Innovationsfähigkeit

Indikator: Ausgabenintensität für Forschung- und Entwicklung

Die technologische Leistungs- und Innovationsfähigkeit eines Wirtschaftsraumes ist heute einer der zentralen Faktoren für dessen dauerhaften wirtschaftlichen Erfolg und langfristige Wandlungsfähigkeit. Innovationen entstehen dabei nicht zufällig, sondern in einem komplexen Umfeld systematischer Aktivitäten in Forschung und Entwicklung.

Neben organisatorischen und institutionellen Merkmalen sind die aufgewendeten Ressourcen eine zentrale Grundlage für die Innovationsfähigkeit eines Wirtschaftssystems. Sie lassen sich abbilden als der Anteil der Aufwendungen der öffentlichen Hand und der Privatwirtschaft für Forschungs- und Entwicklungsaktivitäten am Bruttoinlandprodukt. Dieser Indikator bezieht sich ausschließlich auf die Höhe der Ausgaben und nicht auf die Effizienz der Mittelverwendung.

Die finanziellen und personellen Ressourcen für Forschung und Entwicklung erreichen 2001 wieder ein neues Hoch. Deutschland liegt im Bundesschnitt über dem europäischen Mittel, jedoch hinter Schweden, Finnland und der Schweiz. Die vergleichsweise hohe Innovationsfähigkeit Deutschlands gilt als Garant für die Integrität des deutschen Wirtschaftssystems.

Abbildung 5: Ausgabenintensität für Forschung und Entwicklung auf Bundesebene in %-Anteil am BIP

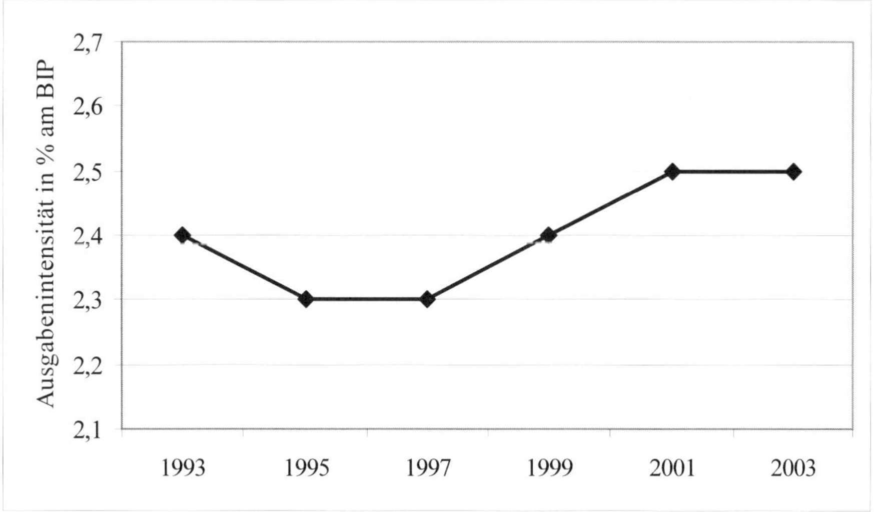

Quelle: Statistisches Bundesamt

DIMENSION: Integrität der Gesellschaft **KRITERIUM: Soziale Integration**

Subkriterium: Sozialer Rückhalt

Indikator: Haushaltsgröße

Der soziale Rückhalt einer Gesellschaft basiert auf der Integration und Sozialisation ihrer Mitglieder. Die wichtigste Institution für diese Prozesse bildet dabei die Familie.

Familien haben im Allgemeinen eine höhere Integrationswirkung als andere sozialisationswirksame Gruppen wie Freundeskreise und Peer Groups und eignen sich daher besonders als Referenzpunkt. Tendenzen der Individualisierung – repräsentiert durch die Zahl der Singlehaushalte – sind ein Zeichen abnehmenden sozialen Rückhaltes.

Bei der Betrachtung des Zeitverlaufs auf Bundesebene lässt sich eine Tendenz weg vom Haushalt mit fünf und mehr Personen hin zum Einpersonenhaushalt erkennen. Die Familie als integrationsfördernde Institution ist im Vergleich mit der Bundesebene häufiger anzutreffen. Insgesamt ist jedoch anzumerken, dass größere Familien ihre integrative Funktion zunehmend verlieren und bisher nicht äquivalent ersetzt wurden.

Abbildung 6: Anteile Haushaltsgröße in % pro Jahr

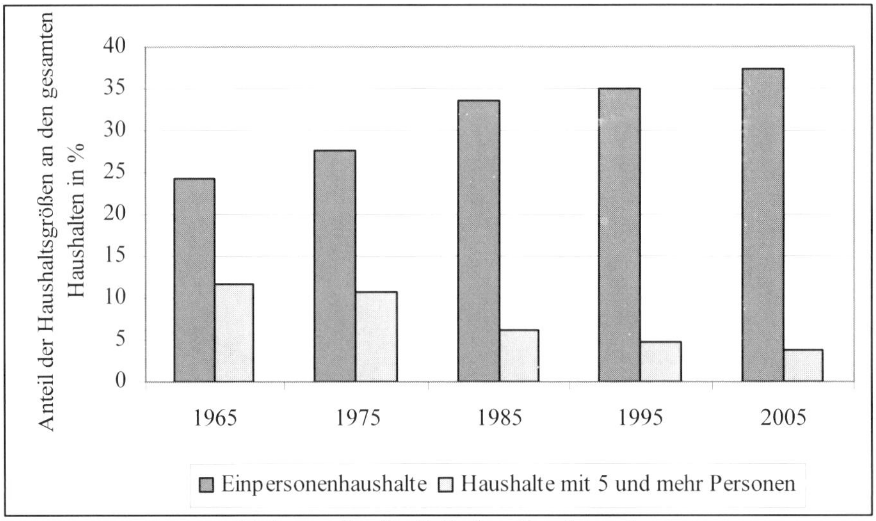

Datenquelle: Statistisches Bundesamt

DIMENSION: Integrität der Gesellschaft **KRITERIUM: Soziale Integration**

Subkriterium: Suizid

Indikator: Anzahl der Suizide

Soziale Integration ist die Einbindung von Menschen in die Gesellschaft und ihre Bezugsgruppen. Soziale Desintegration hingegen ist die Vereinzelung von Menschen z. B. durch einen Rückgang der Einbindung in die Familiengemeinschaft oder in Freundeskreise.

Wenn die Integration schwach ist, dann steigt die Wahrscheinlichkeit des Suizids für den Einzelnen. Dies bedeutet, dass Menschen, die beispielsweise alleine leben, sich einsam fühlen oder Kontaktschwierigkeiten haben, eher dazu neigen die Selbsttötung als Handlungsmöglichkeit in schwierigen Lebenssituationen zu betrachten.

Obwohl Suizid zumeist mit Erkrankungen wie Depression einhergeht, ist daher die Zahl der Selbsttötung in einer Gesellschaft immer Ausdruck des Zustandes der sozialen Integration bzw. Desintegration.

Suizid ist definiert als die willentliche Beendigung des eigenen Lebens durch eine selbstbestimmte Handlung oder durch das Unterlassen einer Handlung. Im Jahr 2005 starben 10.260 Menschen durch Suizid und damit mehr als durch Verkehrsunfälle (5.458) und Gewalttaten (2.809) zusammen. Zudem ist zu beachten, dass die statistisch erhobenen Zahlen eine Dunkelziffer von 25% aufweisen. Die Zahl der Suizidversuche wird auf das Zehnfache der Todesfälle durch Suizid geschätzt.

Die Zahl der Suizide erreichte 1982 in Deutschland ihren Höhepunkt und sank danach stark ab. Seit den 1990ern bleibt sie mit leichtem Abwärtstrend weitgehend stabil, wie in der nachfolgenden Graphik zu erkennen. Diese Abnahme ist vor allem auf eine Verbesserung der Notfall- und intensivmedizinischen Versorgung, einer Verbesserung der Versorgungsleistungen im Gesundheitswesen, eine Verschiebung in der Erhebung der Todesursachen und einer veränderten Altersstruktur der Bevölkerung zurückzuführen. Soziale Desintegration gilt weiterhin als eine wichtige Erklärung für Selbstmorde. Weltweit nimmt die Zahl der Suizide weiter zu.

Abbildung 7: Zahl der Suizide in Deutschland

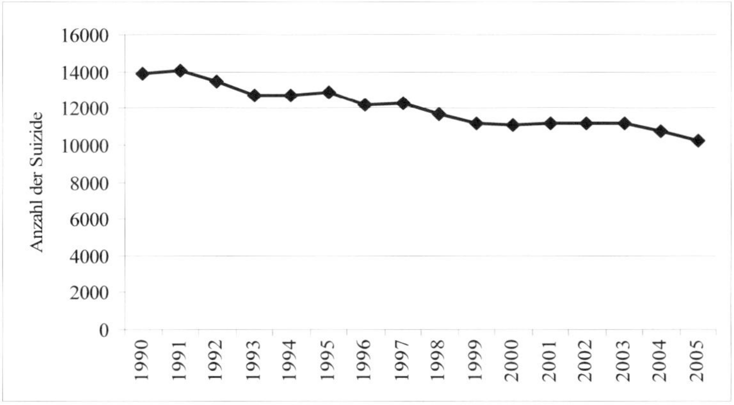

Datenquelle: Bundesamt für Statistik

DIMENSION: Integrität der Gesellschaft **KRITERIUM: Soziale Integration**

Subkriterium: Beteiligung

Indikator: Ehrenamt

Partizipation von Bürgern umfasst die Beteiligung an Institutionen und die Identifikation mit Werten und sozial relevanten Kräften der Gesellschaft. Die soziale Partizipation in Form von ehrenamtlichen Tätigkeiten hat einen positiven Einfluss auf die soziale Integration. Auf der einen Seite tragen eine Reihe von ehrenamtlichen Aktivitäten – wie z. B. Engagement für Senioren oder Migranten – dazu bei, dass betroffene Gruppen in erhöhtem Maße in die Gesellschaft eingebunden werden. Auf der anderen Seite werden die ehrenamtlich tätigen Bürger selbst durch ihr Engagement in soziale Netzwerke eingebunden.

Ehrenamtliche Tätigkeiten werden unentgeltlich, langfristig und zum Nutzen Dritter ausgeführt. Als Folgen dieser Tätigkeiten werden negative gesellschaftliche Entwicklungen abgefangen, die Gemeinwohlorientierung gestärkt, soziale Tugenden entwickelt sowie der Erwerb sozialer Kompetenzen gefördert.

Ehrenamtlich engagiert sind in Deutschland mehr als ein Drittel der Bevölkerung. In einem Vergleich des Anteils von 1999 (34 %) und 2004 (36 %) ist eine leichte Zunahme zu verzeichnen. Ein weiteres Drittel der Bevölkerung (2004: 34 %) ist gemeinschaftlich aktiv in dem Sinne, dass es in Gruppen, Vereinen, Organisationen und Einrichtungen, über private, erwerbsbezogene Zwecke hinausgehend aktiv beteiligt ist. Nur 30 % der Bevölkerung sind nicht gemeinschaftlich aktiv. Diese Zahl hat von 1999 (34 %) bis 2004 (30 %) noch einmal abgenommen. Im Sinne der sozialen Nachhaltigkeit ist die leichte Zunahme an ehrenamtlichen Tätigkeiten positiv zu bewerten, ebenso wie der insgesamt sehr hohe Stand gemeinschaftlicher Aktivität und freiwilliger Tätigkeit.

Abbildung 8: Gemeinschaftsaktivitäten und freiwilliges Engagement in Deutschland

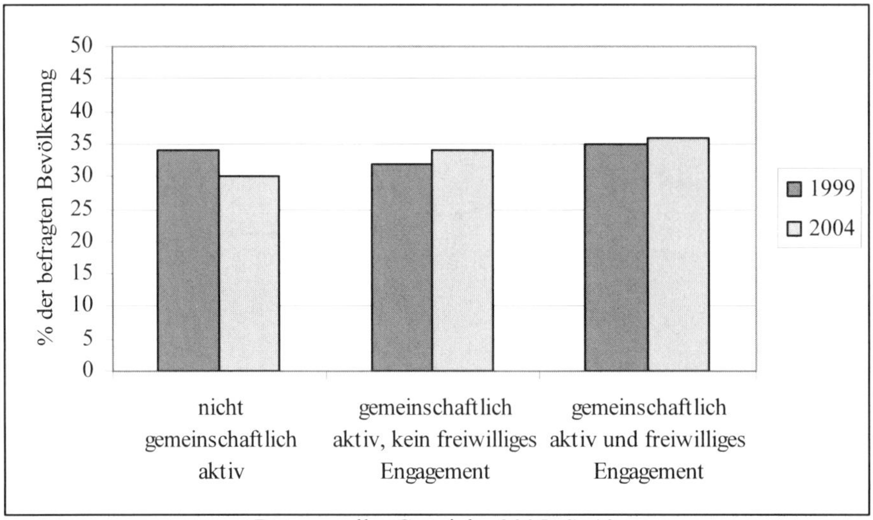

Datenquelle: Gensicke 2005, S. 12

DIMENSION: Integrität der Gesellschaft **KRITERIUM: Soziale Integration**

Subkriterium: Integration/Toleranz

Indikator: Einstellung zu Ausländern

Toleranz als Ideal- und Grundwert beinhaltet, dass über die eigene soziokulturelle Umwelt hinaus auch andere Kulturen, Wertsysteme, Anschauungen und Verhaltensweisen als gleichwertig anerkannt werden. Toleranz ist in diesem Sinne die Voraussetzung für eine gelingende soziale Integration in einer Gesellschaft mit unterschiedlichen Wert- und Normvorstellungen.

Die Einstellungen gegenüber Ausländern können hierbei als Indikator für die Toleranz gegenüber „Anderem, Unbekannten und Fremdem" verwendet werden. Hierbei gilt, je ablehnender die Einstellungen sind, desto intoleranter ist die Bevölkerung.

Von 1994 bis 1996 nahm die Zustimmung zu den drei angeführten, intoleranten Positionen verkörpernden Aussagen zu. Nach 1996 stimmten immer weniger Personen diesen Aussagen zu. Dies spricht für eine in Bezug auf die ausländischen Mitbewohner toleranter werdende Bevölkerung und eine stabiler werdende gesellschaftliche Situation im Umgang mit Fremden und Unbekannten.

Abbildung 9: Toleranz gegenüber Ausländern

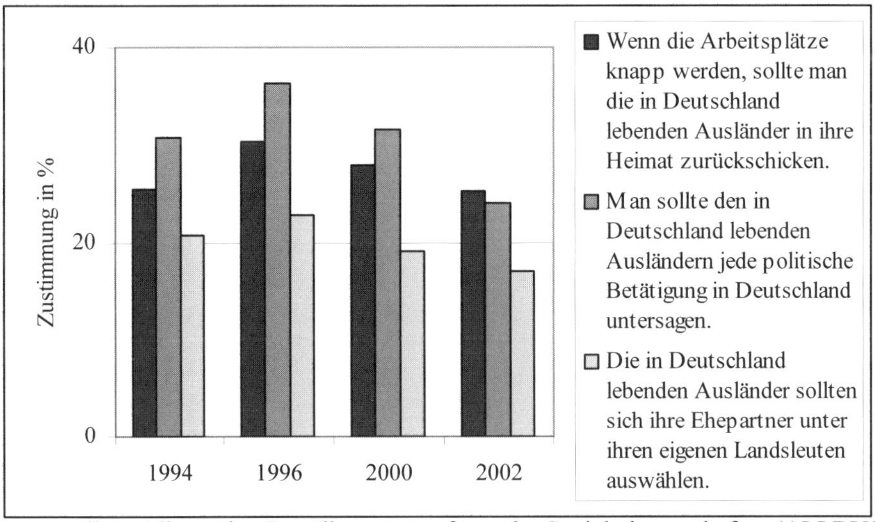

Datenquellen: Allgemeine Bevölkerungsumfrage der Sozialwissenschaften (ALLBUS) 1994 – 2002

DIMENSION: Integrität der Gesellschaft **KRITERIUM: Politisches System**

Subkriterium: Parteisystem/Parteiränder

Indikator: Wahl extremistischer Parteien

Im Allgemeinen beschreibt der Begriff des politischen Extremismus ein Verhalten und Denken, das im Gegensatz zum demokratischen Verfassungsstaat, d. h. zum Grundgesetz, steht und weit rechts oder links von der demokratischen Mitte angesiedelt ist. Das wichtigste Kennzeichen des politischen Extremismus ist die Ablehnung des demokratischen Verfassungsstaates. Darüber hinaus wird die Pluralität der Interessen negiert, woraus eine Ablehnung des Mehrparteiensystems und des Rechts auf Opposition folgt. An diesen Punkten zeigt sich, dass das Politikverständnis extremistischer Parteien einem demokratischen Politikverständnis diametral entgegen steht.

Hohe Wahlergebnisse extremistischer Parteien stellen eine Gefahr für die Stabilität und den Fortbestand eines demokratischen Systems dar, da durch diese Macht in die Hände von Parteien gelegt wird, die die politische Ordnung zumindest in Teilen ablehnen.

Da es nur der NPD, den Republikanern und der DKP bzw. KPD als extremistische Parteien gelang relativ hohe Wahlergebnisse zu erlangen, finden hier auch nur die genannten Parteien Berücksichtigung.

Im Bundestag konnte bisher keine extremistische Partei dauerhaft Fuß fassen. Im Vergleich gelang es eher dem Rechtsextremismus breitere Bevölkerungsschichten für eine Wahl zu mobilisieren. Eine Ausnahme bilden alleine die Wahlerfolge der KPD 1949 und 1953. Angesichts der historischen Last hat es jedoch jede Form des Rechtsextremismus nach wie vor schwer, Akzeptanz zu finden. In Bezug auf die vergleichsweise geringen extremistischen Parteiränder kann dem politischen System der Bundesrepublik in dieser Hinsicht eine geringe Gefährdung der systemaren Integrität bestätigt werden.

Abbildung 10: Bundestagswahlergebnisse extremistischer Parteien

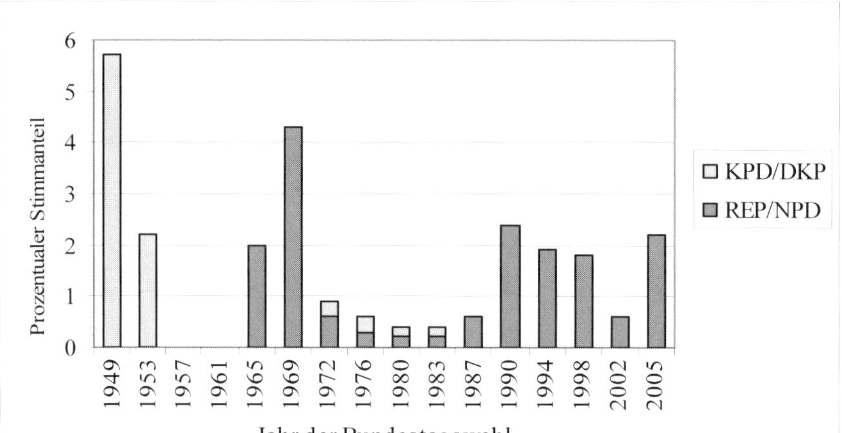

Datenquelle: Büro des Bundeswahlleiters (Internetvermerk s. Literaturangaben)

DIMENSION: Integrität der Gesellschaft **KRITERIUM: Politisches System**

Subkriterium: Demokratische politische Kultur/Legitimation

Indikator: Zustimmung der Bevölkerung zur Demokratie in Deutschland

Damit ein politisches System stabil ist, ist eine Übereinstimmung von politischer Kultur und politischer Struktur notwendig. Unter politischer Kultur wird hierbei die Gesamtheit der Werte, Glaubensüberzeugungen und Einstellungen der Bevölkerung bezogen auf die politischen Institutionen, die politischen Vorgänge und die Staatstätigkeit verstanden. Mit dem Begriff ‚politische Struktur' ist die Gesamtheit der Ämter und Institutionen innerhalb eines Staates gemeint. Das Fehlen einer adäquaten politischen Kultur führt zu einer Ablehnung der politischen Institutionen und damit der politischen Struktur, woraus wiederum ein Legitimitätsverlust für das gesamte politische System resultiert.

Für die Stabilität einer Demokratie, als politisches System der BRD, ist es daher unabdingbar, dass die Idee der Demokratie von einer breiten Mehrheit der Bevölkerung Unterstützung erfährt und durch sie legitimiert wird. Mit anderen Worten: Die momentane politische Ordnung muss von den Bürgern als rechtmäßig anerkannt werden.

In Westdeutschland findet sich eine unangefochten stabile Zustimmung zur Demokratie auf hohem Niveau. In Ostdeutschland dagegen fällt die Zustimmung stets geringer aus.

Zwar akzeptieren die Menschen in beiden Teilen Deutschlands in ihrer großen Mehrheit die Idee der Demokratie und geben ihr den Vorzug vor anderen Ordnungsmodellen, doch ist diese Einstellung im Westen weiter verbreitet als im Osten Deutschlands. Darüber hinaus war die Einstellung der Bürger zur Idee der Demokratie nach 1990 weit weniger stabil als zuvor. Die Integrität der Demokratie befindet sich in Deutschland jedoch auf den ganzen Zeitraum betrachtet auf sehr hohem Niveau.

Abbildung 11: Unterstützung der Idee der Demokratie in Ost- und Westdeutschland[52]

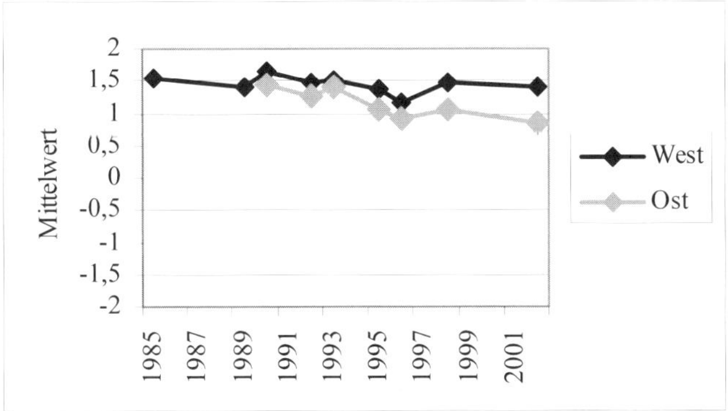

Datenquelle: Gabriel, Oscar W. 2004: 491

52 Der Fragetext zu der untenstehenden Abbildung lautete: „Bitte sagen Sie mir anhand der Skala [-2...+2], wie sehr Sie grundsätzlich für oder gegen die Idee der Demokratie sind: sehr für die Idee der Demokratie, ziemlich für die Idee der Demokratie, etwas für die Idee der Demokratie, etwas gegen die Idee der Demokratie, ziemlich gegen die Idee der Demokratie, sehr gegen die Idee der Demokratie."

DIMENSION: Integrität der Gesellschaft **KRITERIUM: Politisches System**

Subkriterium: Regierungsintegrität/Finanzielle Handlungsfähigkeit der Regierung

Indikator: Haushaltsverschuldung

Die Handlungskraft des modernen Staates ist wesentlich durch seine Verfügungsgewalt über monetäre Ressourcen bestimmt, da diese ein zentrales Steuerungsmedium darstellen. Die Haushaltsverschuldung ist, nach den Steuereinnahmen, die wichtigste Zustandsgröße zur Beschreibung der monetären Ressourcen. Erhöht wird die Haushaltsverschuldung meist durch ausgabenintensive Politikprogramme, durch den Auf- und Ausbau eines Netzes der sozialen Sicherung und durch konjunkturpolitische Eingriffe des Staates in die Wirtschaft.

Die Folge einer wachsenden Haushaltsverschuldung ist die Reduzierung der haushaltspolitischen Flexibilität einer Regierung. Besonders problematisch für zukünftige Generationen ist hierbei das Anwachsen der Zins-Ausgaben-Quote, d. h. des Anteils der Staatsausgaben für den Schuldendienst.

Es ist deshalb davon auszugehen: je weiter die Haushaltsverschuldung wächst, desto weniger ist es der Regierung möglich mittels des zentralen Steuerungsmediums Geld aktiv zu werden.

Bisher ist ein fast kontinuierlicher Anstieg der Haushaltsverschuldung des Bundes zu verzeichnen. Der sprunghafte Anstieg des Schuldenstandes von 1998 auf 1999 resultiert aus der Verschiebung eines Großteils der Verschuldung im Bereich der Sondervermögen hinein in den Bundeshaushalt, mit dem Ziel eine größere Haushaltsklarheit zu schaffen.

Abbildung 12: Entwicklung der Schuldenlast der Bundesrepublik Deutschland

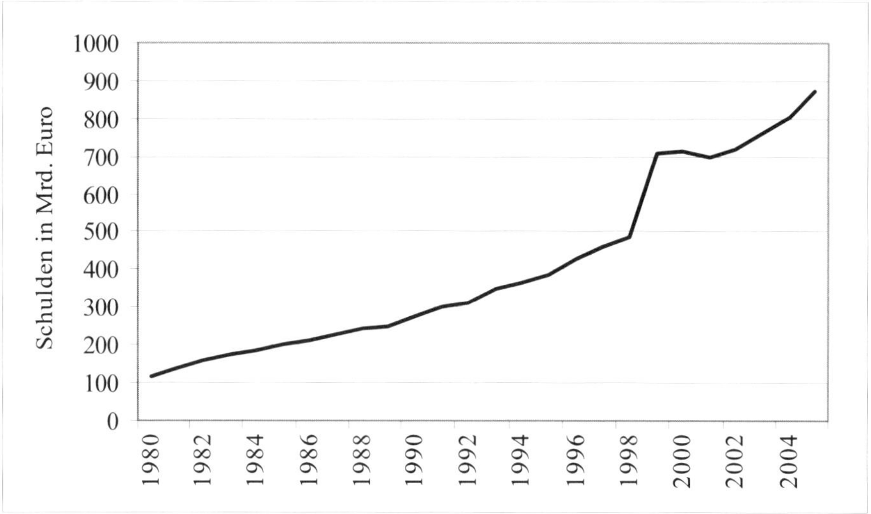

Datenquelle: Statistisches Bundesamt

4.1.2 Indikatoren der ökologischen Integrität

DIMENSION: Integrität des Ökosystems **KRITERIUM: Klimastabilität**

Subkriterium: Treibhauseffekt

Indikator: CO_2-Gehalt in der Atmosphäre

Die bedeutendsten klimarelevanten Spurengase sind Kohlendioxid CO_2, Methan (CH_4) und Stickstoffoxid (Lachgas, N_2O). Ihre Zunahme in der Atmosphäre verstärkt nach heutigen Kenntnissen den natürlichen Treibhauseffekt. Dies führt zu einer Erwärmung des Klimas mit möglichen Folgen wie Anstieg des Meeresspiegels, Verschiebung von Klimazonen und Zunahme von Wetterextremen. Die Emissionen von Kohlendioxid, die hauptsächlich bei der Verbrennung fossiler Brennstoffe entstehen, haben hierbei den größten Anteil. Um dieser Gefahr zu begegnen, haben sich die Vertragsstaaten im Klimaprotokoll von Kyoto 1997 zum Ziel gesetzt, die Treibhausgasemissionen in den Industrieländern zu reduzieren.

Als Treibhauseffekt bezeichnet wird die Tatsache, dass durch die Zunahme bestimmter atmosphärischer Gase die Abstrahlung der Wärme von der Erdoberfläche und der unteren Atmosphäre in das Weltall behindert wird. Dies führt zu einer langsamen aber stetigen Erwärmung der Erdoberfläche.

Die CO_2-Konzentration ist seit dem Beginn der Industrialisierung deutlich und kontinuierlich angestiegen. Die untenstehende Abbildung zeigt den Verlauf seit Anfang der 80er Jahre. Die anthropogenen Emissionen führen zu diesem kontinuierlichen Anstieg, eine allgemeine Erwärmung der Erdoberfläche ist die Folge.

Abbildung 13: CO_2-Konzentration in der Atmosphäre in ppm pro Jahr

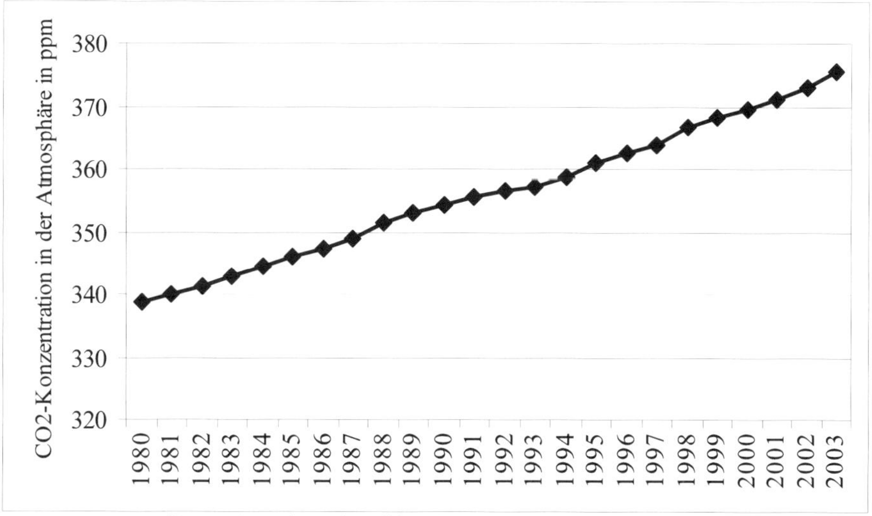

Datenquelle: University of California, Carbon Dioxide Research Group

DIMENSION: Integrität des Ökosystems **KRITERIUM: Klimastabilität**

Subkriterium: Temperaturentwicklung

Indikator: Anzahl der jährlichen Hitzetage

Die Temperaturentwicklung ist ein Indikator für den Klimawandel. Von anthropogenem Klimawandel wird gesprochen, wenn sich die Vorgänge in der Atmosphäre an einem bestimmten Ort über einen längeren Zeitraum unter dem direkten oder indirekten Einfluss des Menschen verändern. Im Mittelpunkt steht dabei die Emission der so genannten Treibhausgase (CO_2, CH_4, N_2O) und die Chlor-Fluor-Karbonate. Die Temperatur ist in diesem Zusammenhang ein Wirkungsindikator für die Klimaentwicklung.

Die Anzahl der Hitzetage (Tageshöchsttemperatur > 30° C) ist ein Indikator für die Häufigkeit von Extremereignissen. Während die Jahresdurchschnittstemperaturen in den letzten Jahren relativ konstant geblieben sind, nimmt die Zahl der Extremereignisse zu und weist so auf eine dauerhafte Veränderung des Klimas hin.

Die Datenreihe der Hitzetage für Karlsruhe zeigt, dass die Zahl der Hitzetage in den letzten 50 Jahren mit Rekordwerten im Sommer 2003 zugenommen hat. Zwar ist die absolute Anzahl der Hitzetage nicht repräsentativ für ganz Deutschland, der sich abzeichnende Trend ist jedoch in allen Teilen der BRD wieder zu finden.

Abbildung 14: Anzahl der Hitzetage in Karlsruhe

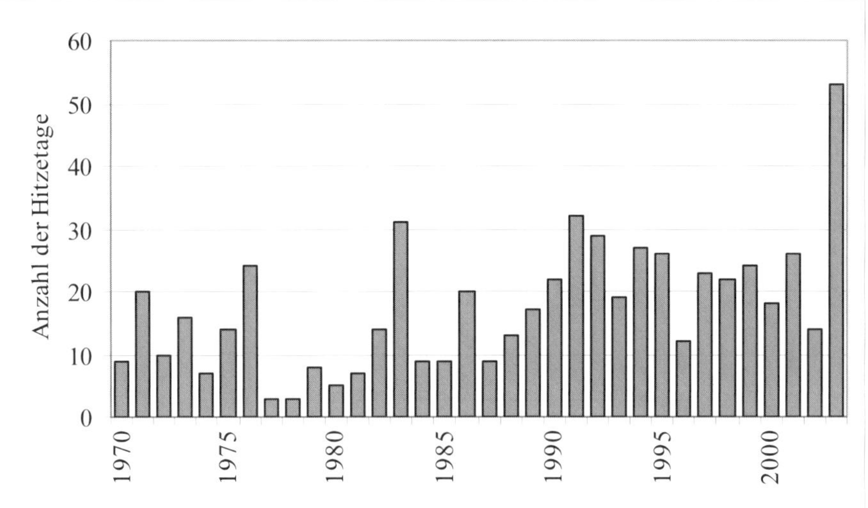

Datenquelle: Klimastatusbericht 2003, Deutscher Wetterdienst

DIMENSION: Integrität des Ökosystems **KRITERIUM: Klimastabilität**

Subkriterium: Schadstoffemissionen

Indikator: CO_2-Emissionen

Anthropogene Schadstoffemissionen verursachen Eingriffe in das Ökosystem und werden u.a. bei Verbrennungsprozessen in der Industrie und privater Nutzung freigesetzt. Schadstoffemissionen haben, neben anderem, klimatische und gesundheitsschädigende Auswirkungen (siehe auch Indikator: CO_2-Konzentration in der Atmosphäre).

Durch die Nutzung von fossilen Brennstoffen zur Energieversorgung wird insbesondere CO_2 an die Atmosphäre abgegeben. CO_2 ist ein Treibhausgas, das zur atmosphärischen Erwärmung beiträgt.

Auf bundesweiter Ebene hat durch die Umstrukturierungen in den neuen Bundesländern die Förderung erneuerbarer Energien und eine Effizienzentwicklung die Menge an energiebedingten CO_2-Emissionen seit 1990 um mehr als 15 % abgenommen. Seit neuerer Zeit geht die Abnahme aber tendenziell in eine Stagnation über.

Abbildung 15: Energiebedingte CO_2-Emissionen

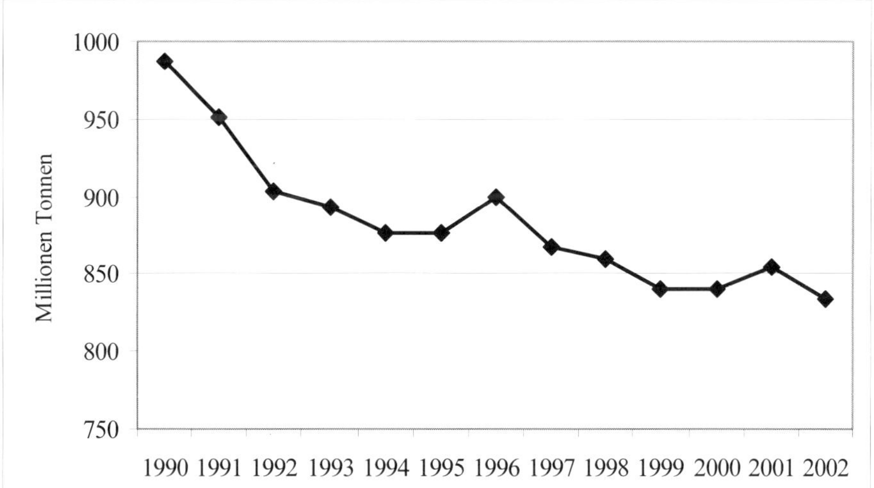

Datenquelle: Deutsches Institut für Wirtschaftsforschung: Daten aus: Globus 9835

DIMENSION: Integrität des Ökosystems **KRITERIUM: Luft**

Subkriterium: Luftqualität

Indikator: Gehalt an bodennahem Ozon

Zum Schutz der Luftqualität wurden in den 80er Jahren auf europäischer Ebene Grenzwerte für Schwefeldioxid, Stickstoffdioxid, Schwebstaub und Blei in der Luft festgelegt. Es gilt diese Werte einzuhalten, um eine Mindestluftqualität sicher zu gewährleisten und eventuelle Schädigungen von Lebewesen und Pflanzen zu verhindern oder zu begrenzen, die durch diese Stoffe und deren Folgeprodukte – wie bodennahes Ozon – verursacht werden.

Bodennahes Ozon entsteht durch die Reaktion von Stickstoffoxiden und Kohlenwasserstoffen aus natürlicher und anthropogener Herkunft. Die Reaktion läuft unter Einwirkung der UV-Strahlen der Sonne ab. Daher steigt die Ozonkonzentration in der warmen Jahreshälfte und insbesondere im Sommer. Die beiden Vorläufersubstanzen werden vor allem durch den motorisierten Verkehr emittiert. In hohen Konzentrationen kann Ozon Kopfschmerzen und Reizungen der Schleimhäute und Atemwege verursachen. Bei Pflanzen können hohe Ozonkonzentrationswerte zu Blattschädigungen und Wachstumsstörungen führen. Die Höhe der Ozonkonzentration ist im Wesentlichen abhängig von den klimatischen Bedingungen (Sonneneinstrahlung, Luftaustausch). In Städten werden häufig kurzfristig hohe Ozonkonzentrationen am Tage gemessen, in ländlichen Gebieten ist die Konzentration meist gleichmäßiger und höher.

Die durchschnittliche Ozonkonzentration ist mit Schwankungen bis 2003 angestiegen. Darüber hinaus haben – in der vorliegenden Graphik nicht abgebildet – die Tage mit sehr hohen Ozonwerten deutlich zugenommen. 2004 nahm der Indikator wieder leicht ab.

Abbildung 16: Jahresmittelwert der Ozonkonzentration

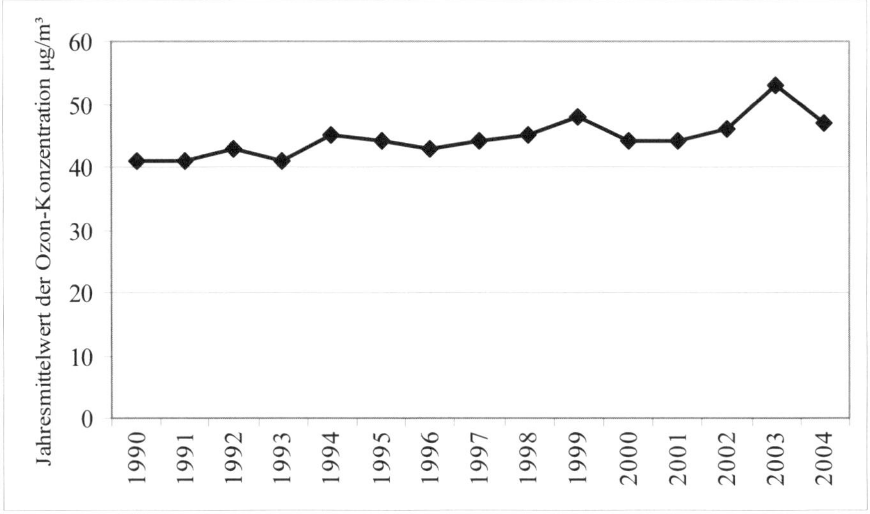

Datenquelle: Umweltbundesamt 2005: 9

DIMENSION: Integrität des Ökosystems **KRITERIUM: Stabilität der Biosphäre**

Subkriterium: Wald

Indikator: Waldschäden

Der Wald ist in Deutschland ein wesentlicher Teil der Kulturlandschaft. Neben der Nutzung durch den Menschen kommt ihm eine bedeutende Rolle als Sauerstoffproduzent und Erosionsschutz zu.

Die Vitalität eines Baumes steht in einer engen Beziehung zu der Dichte seiner Belaubung bzw. Benadelung. Bäume mit einer reduzierten Belaubung bzw. Benadelung sind daher als geschädigt anzusehen. Ursache für diese Schäden können sowohl biotische Faktoren, wie Insekten und Milben als auch abiotische Faktoren, wie Agrarchemikalien oder Immissionen, sein.

Die Abbildung zeigt den prozentualen Anteil der Bäume ohne Kronenverlichtung (0-10 % Nadel- bzw. Blattverlust), mit schwacher Kronenverlichtung (11-25 % Nadel- bzw. Blattverlust) und mit deutlicher Kronenverlichtung(26-100 % Nadel- bzw. Blattverlust) am gesamten Baumbestand Deutschlands. Insgesamt lässt sich Folgendes beobachten: Während der Anteil der Bäume mit deutlicher Kronenverlichtung von 23 % im Jahr 1991 mit einem kurzen Zwischentief von 21 % im Jahr 1998 auf 29 % im Jahr 2005 anstieg, blieb der Anteil der Bäume mit schwacher Kronenverlichtung mit 39 % im Jahr 1990 und 42 % im Jahr 2005 weitestgehend konstant. Der Anteil der Bäume ohne Kronenverlichtung sank deutlich von 38 % im Jahr 1990 auf nur noch 29 % im Jahr 2005. Die Zahl der nicht geschädigten Bäume ist damit auf einem tiefen Niveau angekommen. Zudem wird die Klimaveränderung in Zukunft eine weitere Belastung für den Wald in Deutschland mit sich bringen.

Abbildung 17: Waldschäden in Deutschland

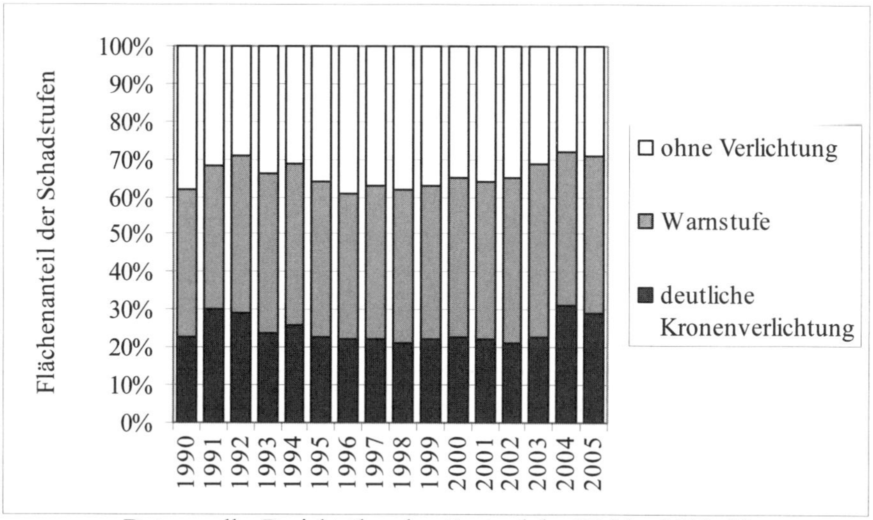

Datenquelle: Bericht über den Zustand des Waldes 2005: 10

DIMENSION: Integrität des Ökosystems **KRITERIUM: Stabilität der Biosphäre**

Subkriterium: Landnutzungsformen

Indikator: Anteile der Flächen für Landwirtschaft, Wald, Siedlung und Verkehr

Flächen und Böden unterliegen vielfältigen, oftmals konkurrierenden Nutzungen. Sie dienen als Produktionsfaktor für Land- und Forstwirtschaft, als Lebensraum für Tiere, Pflanzen und Bodenorganismen, als Fläche für menschliche Siedlung und Erholung und haben wichtige Filter- und Speicherfunktionen.

Als gravierendstes Problem der Landnutzung wird heute die hohe Flächenversiegelung gesehen. Ein hoher Versiegelungsgrad führt zum Verlust des Standortes als Lebensraum für Pflanzen und andere Organismen. Des Weiteren wird die Versickerung und Verdunstung von Wasser vermindert und damit der Oberflächenabfluss erhöht (Gefahr von Hochwasser) sowie die Grundwasserqualität beeinträchtigt (verminderte Filterleistung). Andererseits bringt die Flächenüberbauung einen Nutzen zur Befriedigung menschlicher Bedürfnisse nach Wohnstätten, Standorten für Produktionsstätten und verbesserte Mobilität. Ein stabiles Gleichgewicht der verschiedenen Nutzungsformen ist für die Stabilität der Lebensräume sehr wichtig.

Die Siedlungs- und Verkehrsfläche hat in der Bundesrepublik seit 1950 (7,1 %) zugenommen und stagniert seit 1997 (11,8 %). Hingegen hat die landwirtschaftlich genutzte Fläche im gleichen Zeitraum leicht abgenommen. Die Waldflächen haben insgesamt auch leicht zugenommen.

Abbildung 18: Entwicklung der Flächenaufteilung in der BRD (bis 1989 nur Westdeutschland)

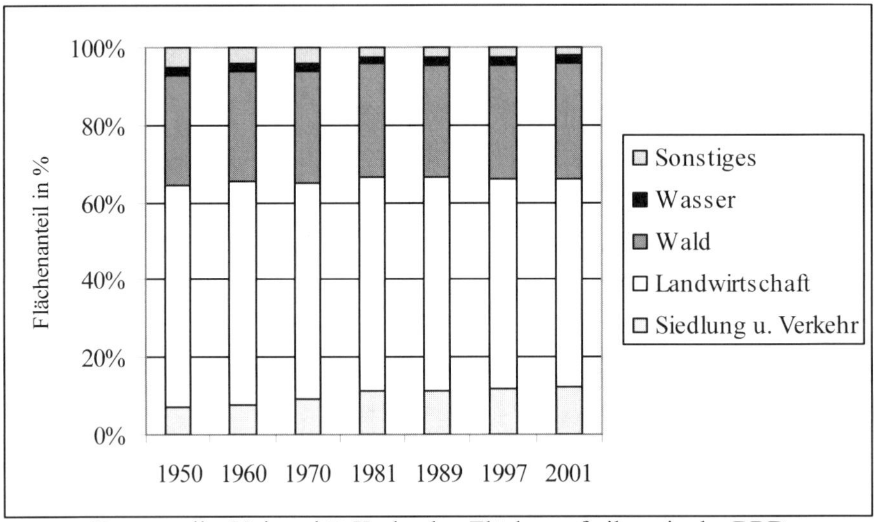

Datenquelle: Universität Karlsruhe: Flächenaufteilung in der BRD

DIMENSION: Integrität des Ökosystems
KRITERIUM: Verbrauch nicht erneuerbarer Ressourcen

Subkriterium: Energiequellen **Indikator:** Verbrauch an nicht erneuerbaren Primärenergien

Die bedeutendsten Energiequellen sind heute nicht erneuerbare fossile und nukleare Energieträger. Die weltweiten fossilen und nuklearen Energievorräte sind jedoch erschöpfbar; daher werden durch den Verbrauch die Möglichkeiten zukünftiger Generationen geschmälert, ihren Bedarf an Energie auf Dauer zu decken. Problematisch ist darüber hinaus, dass das bei der Verbrennung fossiler Energie freigesetzte Kohlendioxid zu Klimaveränderungen führen kann und bei der Energieproduktion aus nuklearen Energieträgern radioaktive Abfallprodukte entstehen. Auf der andern Seite sind viele Aktivitäten, die zur Erhaltung und Steigerung menschlichen Wohlstands führen sollen, unweigerlich mit Energieverbrauch verbunden.

Betrachtet man den Gesamtverbrauch der nicht erneuerbaren Primärenergieträger in Deutschland, so hält sich dieser seit Anfang der 90er Jahre nahezu konstant um die 500 Mio. Tonnen Steinkohleeinheiten (t SKE). Der Mineralölverbrauch weist bis 1996 eine leichte Zunahme, danach eine leichte Abnahme auf. Der Verbrauch an Kohlen war rückläufig. Der Energieverbrauch aus Kernenergie und auch der Gesamtenergieverbrauch ist seit 1990 nahezu gleich geblieben. Die Stromversorgung in Deutschland wird überwiegend durch Kohle, Kernenergie und Wasserkraft gedeckt. Mit dem Ausstiegsbeschluss zur Kernenergie ist die Frage der Substitution dieses Energieträgers offen.

Abbildung 19: Primärenergieverbrauch

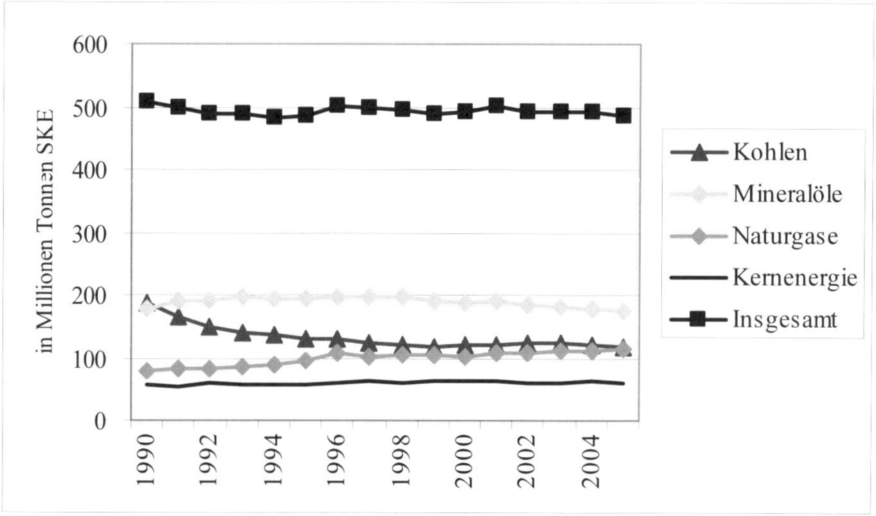

Datenquelle: Arbeitsgemeinschaft für Energiebilanzen

DIMENSION: Integrität des Ökosystems **KRITERIUM: Abfall**

Subkriterium: Abfallmenge

Indikator: Menge an privatem und industriellem Abfall

Gesellschaften mit wachsendem Wohlstand produzieren immer mehr Abfälle. Die Menge der Abfälle ist Ausdruck der Intensität der Stoffströme und ein Zeichen für die Umweltunverträglichkeit der Lebensweise einer Gesellschaft. Daher gilt es private und industrielle Abfälle möglichst gering zu halten.

Gemäß der Definition im Abfallbeseitigungsgesetz sind unter Abfall „bewegliche Sachen, deren sich der Besitzer entledigen will oder deren geordnete Beseitigung zur Wahrung des Wohls der Allgemeinheit insbesondere des Schutzes der Umwelt geboten ist“ (AsfG §3) zu verstehen. Abfall kann und wird jedoch zu einem gewissen Anteil wieder aufbereitet und verwertet, so dass Abfall letzten Endes nur das ist, was nicht wieder verwertet wird. Das Gesamtabfallaufkommen ist bis zum Jahre 2000 leicht angestiegen und nimmt seit diesem Zeitpunkt kontinuierlich ab. Abfälle aus Produktion und Gewerbe weisen ebenfalls bis 2000 eine deutliche Zunahme auf, nach 2002 sinkt das Aufkommen. Da die Frage der Verwertung häufig von Definitionen abhängig ist (etwa ob Verbrennung von Abfällen als thermische Verwertung eingestuft wird), ist bei dem Vergleich eine identische Verwertungsdefinition über den Zeitablauf angenommen worden. Die Siedlungsabfälle, Bau- und Abbruchsabfälle und das Bergematerial aus dem Bergbau unterliegen geringen Schwankungen.

Unter Siedlungsabfälle fallen zum einen Haushaltsabfälle wie beispielsweise Haus- und Sperrmüll, Glas und Papier sowie dem Hausmüll ähnliche Gewerbeabfälle, Garten- oder Marktabfälle.

Abbildung 20: Abfallaufkommen bundesweit

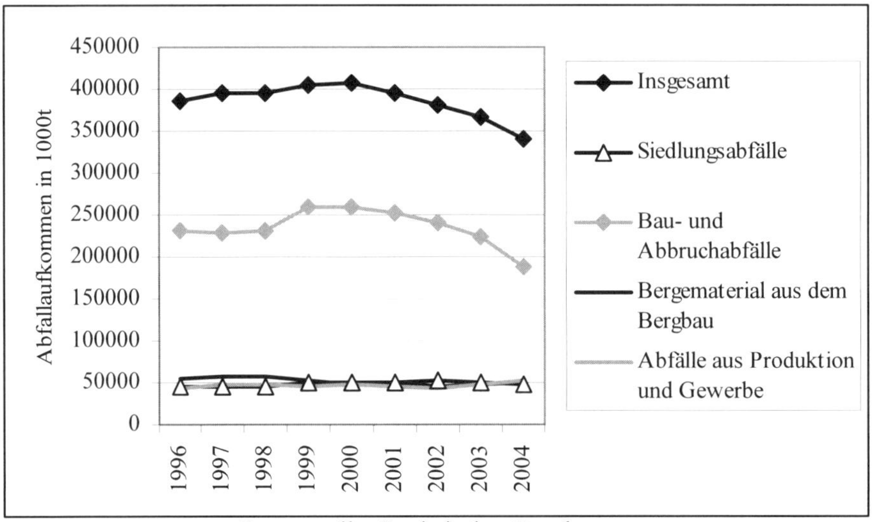

Datenquelle: Statistisches Bundesamt

DIMENSION: Integrität des Ökosystems **KRITERIUM: Abfall**

Subkriterium: Abfallverwertung

Indikator: Anteil der wieder verwerteten Siedlungsabfälle

Nach dem Vorbild des Stoffkreislaufes der Natur hat der Mensch erkannt, dass in dem scheinbar unbrauchbaren Müll wertvolle Rohstoffe enthalten sind. Im Abfallgesetz der Bundesrepublik sind Abfallvermeidung, Wiederverwertung und Recycling als Ziele formuliert. Recycling kann auf zweierlei Arten geschehen: zum einen durch die Gewinnung von Sekundärrohstoffen oder zum anderen durch die Verbrennung mit dem Ziel der Energiegewinnung.

Heute werden knapp zwei Drittel der Siedlungsabfälle, d. h. der Haushaltsabfälle und hausmüllähnlichen Gewerbeabfälle, wieder verwertet. Der Begriff ‚wieder verwertet' umfasst in diesem Zusammenhang die Gewinnung von Sekundärrohstoffen. Die Verbrennung von Müll und daran gekoppelt die Wärmeenergiegewinnung sowie die Mülldeponierung sind unter Beseitigung zusammengefasst (siehe oben).

Abbildung 21: Anteil des wieder verwerteten Mülls am Abfallvolumen der Siedlungsabfälle

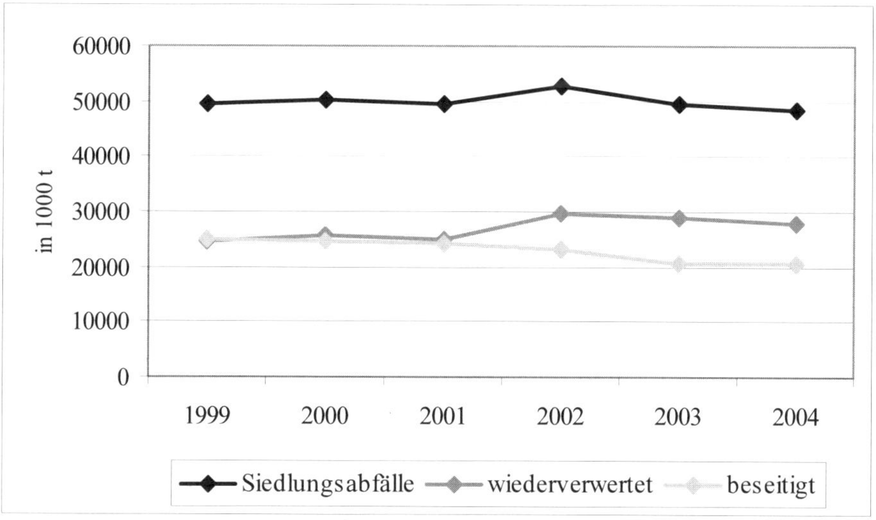

Datenquelle: Statistisches Bundesamt

DIMENSION: Integrität des Ökosystems **KRITERIUM: Biodiversität**

Subkriterium: Naturnahe Lebensräume

Indikator: Natur- und Landschaftsschutzgebiete

Naturnahe Lebensräume ermöglichen einer möglichst vielfältigen Pflanzen- und Tierwelt ungestört in einem Gleichgewichtszustand zu existieren. Für die Integrität des Ökosystems ist besonders die Artenvielfalt von Bedeutung, da Monokulturen anfälliger für externe Einflüsse sind. Naturschutzgebiete bieten der Vegetation und den Tieren einen Rückzugsraum, in dem sie geschützt vor direkten Eingriffen seitens der Menschen leben können. Im Idealfall entsteht ein in sich stabiles ökologisches Gleichgewichtssystem mit maximaler Artenvielfalt.

Natur- und Landschaftsschutzgebiete werden zum besonderen Schutz von Natur und Landschaft ausgewiesen und dienen der Erhaltung von Lebensgemeinschaften oder Biotopen bestimmter wildlebender Tier- und Pflanzenarten. Die Ausweisung von Naturschutzgebieten ist an sich kein Indikator für den Zustand der Biodiversität, sondern verweist zunächst auf bestehende Naturschutzaktivitäten der Länder. Dennoch wird hierdurch die Herausbildung von naturnahen Lebensräumen indiziert.

Landschafts- und Naturschutzgebiete sind zwei Möglichkeiten des gebietsbezogenen Naturschutzes, die im Rahmen des Bundesnaturschutzgesetzes festgelegt sind. Naturschutzgebiete sind streng geschützte Gebiete zur Erhaltung von Ökosystemen. Als Naturschutzgebiete können Flächen auch ausgewiesen werden, wenn sie aus wissenschaftlichen oder naturgeschichtlichen Gründen sowie wegen ihrer Seltenheit oder ihrer besonderen Schönheit schützenswert sind. Landschaftsschutzgebiete hingegen werden nicht ausgewiesen bei vollkommen unberührter oder intakter Natur, sondern wenn Landschaften eine besondere kulturhistorische Bedeutung oder eine Bedeutung für die Erholung haben.

Die Fläche für Naturschutzgebiete, aber vor allem die Fläche für Natur- und Landschaftsschutzgebiete hat in den letzten Jahren auf Bundesebene deutlich zugenommen.

Abbildung 22: Natur- und Landschaftsschutzgebiete

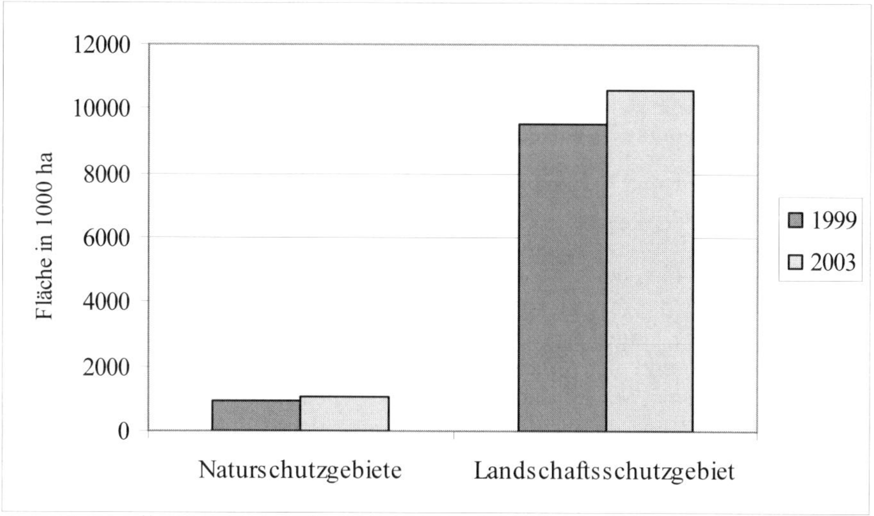

Datenquelle: Bundesamt für Naturschutz; Datenbasis: Daten zur Natur 2002

4.2 Indikatoren der Gerechtigkeit

DIMENSION: Gerechtigkeit **KRITERIUM: Chancengerechtigkeit**

Subkriterium: Lebenschancen für Heranwachsende

Indikator: Sozialhilfequote bei Kindern < 15 Jahre

Finanzielle Ressourcen sind Voraussetzung für ein selbstbestimmtes Leben und erhöhen die Chance zur Selbstentfaltung. Die Sozialhilfe hat nach dem 1962 in Kraft getretenen Bundessozialhilfegesetz (BSHG) die Aufgabe, in Not geratenen Bürgern ohne ausreichende andere Unterstützung eine der Menschenwürde entsprechende Lebensführung zu ermöglichen. Die Höhe der Unterstützung orientiert sich am soziokulturellen Existenzminimum. Besonders dramatische Folgen kann das Leben am Existenzminimum für Kinder und Jugendliche haben. Während ihre Altersgenossen heute im Schnitt reicher sind als früher und damit größere Freiheiten bei der Gestaltung ihres Lebensstils haben, bleiben Kindern in Armut diese Freiheiten und Entwicklungschancen verschlossen. Deprivationserscheinungen sind u. a. soziale Isolation, Beeinträchtigung der Gesundheit, Verzicht auf perspektivisches Denken, Minderwertigkeitsgefühle und Selbstzweifel. Arme Kinder und Jugendliche haben in ihrer Entwicklung eingeschränkte Erfolgschancen in Schule, Beruf und im öffentlichen Leben. So kommt es mit hoher Wahrscheinlichkeit zu einer Persistenz der Armut, zu einer sozialen Vererbung der Armut (Teufelskreis Armut) und zu sozialem Rückzug in Parallelwelten zur Wohlstandswelt.

Der Indikator gibt den prozentualen Anteil der unter 15-Jährigen an, die Sozialhilfe empfangen an der Altersgruppe der unter 15-Jährigen der Gesamtbevölkerung.[53]

Die Entwicklung zeigt seit Anfang der 90er Jahre eine kontinuierliche Erhöhung der Quote, die mit 8,1 % mehr als doppelt so hoch ist wie die Gesamtquote (3,5 %). Ein besonders hohes Armutsrisiko haben Kinder aus Migrantenfamilien (ca. 15 %) und v. a. Kinder in Alleinerziehendenhaushalten (21,9 %). 2004 waren rund 965.000 Kinder unter 15 Jahren arm im Sinne des BSHG, wobei von einer nicht erfassten Dunkelziffer von 200.000 bis 400.000 Kindern ausgegangen wird. In der Forschung wird von der „Infantilisierung der Armut" gesprochen. Das Niveau der Chancengerechtigkeit hat sich aufgrund der Zunahme der Kinderarmut verschlechtert.

53 Durch Inkrafttreten von Hartz IV ist dieser Indikator nur bis 2004 verfügbar.

Abbildung 23: Sozialhilfequote bei Kindern < 15 Jahre

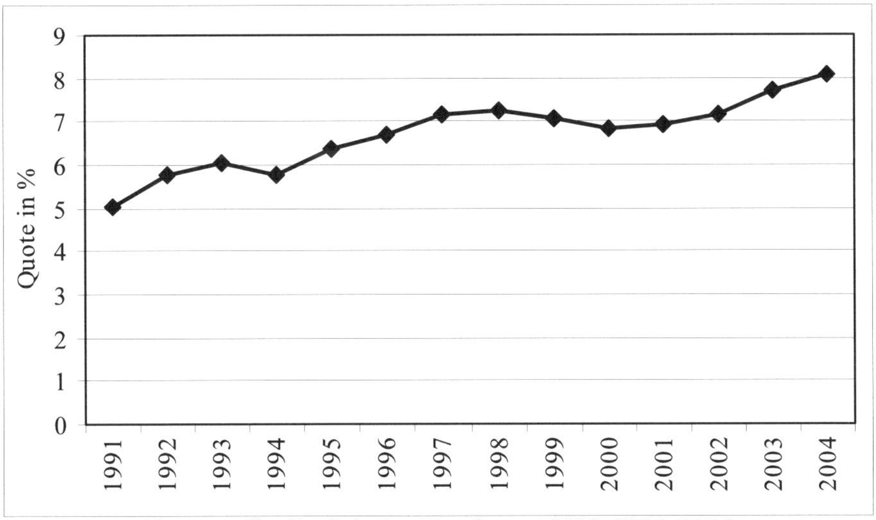

Datenquelle: Statistisches Bundesamt 2003, 2004, 2005

DIMENSION: Gerechtigkeit **KRITERIUM: Chancengerechtigkeit**

Subkriterium: Chance auf hohen sozialen Status

Indikator: Relative Chance des Gymnasiumsbesuchs der 13- bis 14-jährigen Schulkinder nach sozialer Herkunft

Dem Bildungsabschluss kommt eine Schlüsselfunktion im Prozess der Statuszuweisung zu. Um so höher dieser ist, desto höher ist der soziale Status des Trägers oder der Trägerin, und um so größer sind die Freiheiten beim Zugang zu sozialen Positionen mit ihren Chancen und Möglichkeiten. Auch die geistige Freiheit wird durch Bildung positiv beeinflusst. Da in Deutschland das dreigliedrige Schulsystem den anvisierten Bildungsabschluss festlegt und eine intragenerationale Karrieremobilität (zweiter Bildungsweg) nur in begrenztem Maße stattfindet, wird in einer frühen Lebensphase die Laufbahn weitgehend bestimmt. Das Bildungssystem hat eine zentrale Funktion bei der Herstellung von Chancengerechtigkeit. Dazu ist es gesetzlich verpflichtet. Als Folge der sich seit den 1960er Jahren vollziehenden Bildungsexpansion werden deshalb die Auswirkungen auf die Chancengerechtigkeit diskutiert. Chancengerechtigkeit heißt hier, dass jeder Schüler die gleichen Freiheiten zur Entwicklung haben sollte, so dass es der individuellen Leistung obliegt, wie diese Chancen genutzt werden. Eine systematische soziale Ungleichheit im Zugang zur Bildung würde nicht nur dem Prinzip der Chancengerechtigkeit widersprechen, es wäre auch im Hinblick auf die Entwicklung der „Wissensgesellschaft" unvernünftig, wenn das geistige Potential bestimmter sozialer Schichten nicht ausgeschöpft wird.

Zusammenhänge zwischen sozialer Herkunft und Kompetenzerwerb sind Indikatoren für die Chancengerechtigkeit im Bildungssystem. Der gewählte Indikator beschreibt die relative Chance des Gymnasiumsbesuchs der 13- bis 14-jährigen Schülern nach sozialer Herkunft. Dargestellt ist die relative Besserstellung der Kinder der oberen Dienstklasse gegenüber Kindern der Arbeiterklasse (Lesehilfe: interpretierbar als x-fache Besserstellung).

Eine Chancengerechtigkeit ist, wie nicht zuletzt auch die IGLU- und die PISA-Studien zeigten, nicht gegeben. Auf Datenbasis des SOEP wird für das Jahr 2000 eine 9fache Besserstellung der Kinder der Dienstklasse ausgewiesen. Besonders benachteiligt – das zeigen ergänzend die IGLU- und PISA-Werte – sind Kinder aus Migrantenfamilien. Sie haben wie Arbeiterkinder selbst bei gleichen schulischen Leistungen eine signifikant geringere Chance des Gymnasiumsbesuchs. Eine faire Chancengerechtigkeit ist nicht verwirklicht, sie ist lediglich formal gegeben.

Abbildung 24: Relative Chance des Gymnasiumsbesuchs der 13- bis 14-jährigen Kindern nach Herkunft

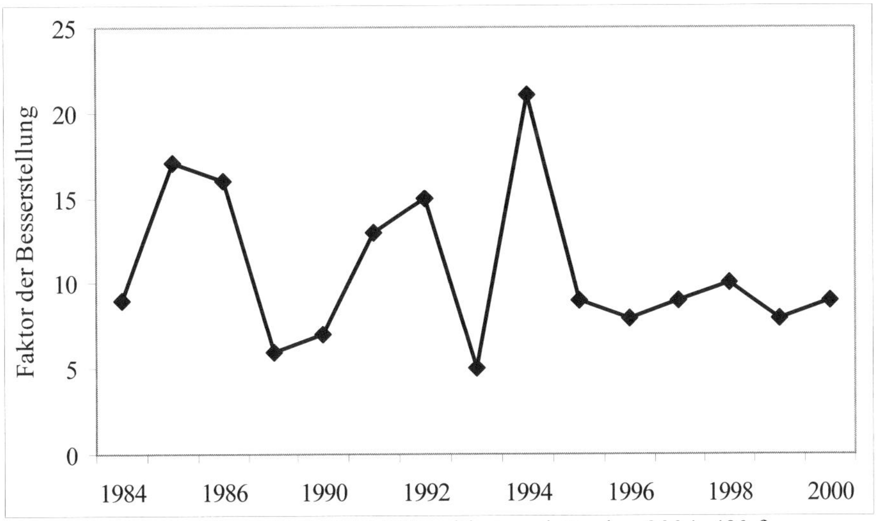

Datenquelle: SOEP 1984-2000 zitiert nach Becker 2004: 490 f.

DIMENSION: Gerechtigkeit **KRITERIUM: Chancengerechtigkeit**

Subkriterium: Klassenloser Zugang zu Spitzenpositionen

Indikator: Relative Chance auf die Besetzung einer Spitzenposition in Politik und Wirtschaft nach sozialer Herkunft

Die wesentlichen Kennzeichen der Demokratie sind das passive und aktive Wahlrecht und die Möglichkeit des Machtwechsels nach legitimierten Regeln. Voraussetzung für eine funktionierende und stabile Demokratie ist, dass politische Ämter – insbesondere auch Spitzenpositionen – prinzipiell von allen Bürgern und Bürgerinnen erreicht werden können. Dort wo der Besitz und die soziale Herkunft die Wahlchancen beeinflussen, ist die Idee der Demokratie nicht verwirklicht. Ähnliches kann für das Wirtschaftssystem festgestellt werden. Das Leistungsprinzip ist ein wesentliches Merkmal der Marktwirtschaft. Die Elite der Manager orientiert sich bei der Beurteilung der Arbeitsleistung der Mitarbeiter zunehmend am Leistungsprinzip. Spitzenmanager sollten diesem Prinzip zufolge ihre Position allein aus individueller Leistung erreicht haben. Bei gleicher Leistung sollten Sprösslinge aus dem Arbeitermilieu die gleiche Chance haben, eine Spitzenposition in der Wirtschaft zu erreichen, wie Kinder aus dem Bürgertum. Der Zugang zu Spitzenpositionen sollte faktisch nach den Prinzipien der Demokratie (Politik) bzw. der Leistung (Wirtschaft) verlaufen.

Hartmann (2002, 2004) hat die Zugangschancen zu Elitepositionen in Wirtschaft und Politik untersucht. Während im Bereich der Politik nur Trendaussagen möglich sind und ein Indikator erst noch erarbeitet werden muss, kann für die Wirtschaft die Chancenstruktur und -entwicklung auf Basis einer empirischen Erhebung valide quantifiziert werden.

In Frankreich, Japan und den USA ist die soziale Herkunft eines Kandidaten maßgeblich für die Karrierechancen im politischen System. Insbesondere in den USA ist das Erreichen von Spitzenpositionen zunehmend abhängig von finanziellen Ressourcen. In Deutschland setzt sich die politische Elite wegen der Vorherrschaft der Volksparteien deutlich heterogener zusammen. Spitzenpositionen werden v. a. durch ein „Hochdienen" durch die Parteiebenen erreicht. Bedingt durch das Abtreten der politischen Gründergeneration und durch zunehmenden Lobbyismus ist allerdings auch in Deutschland eine zunehmende soziale Abhängigkeit der Zugangschancen festzustellen.

Deutlich abhängiger von der sozialen Herkunft ist der Zugang zu Spitzenpositionen in der Wirtschaft. Auf der Basis der Leistung des Doktortitels kann aufgezeigt werden, dass Arbeiterkinder mit Promotion signifikant schlechtere Chancen auf eine Spitzenposition haben als promovierte Kinder der oberen Dienstklasse. Auf Grundlage umfangreichen Datenmaterials (n = 4.194 Promovierte der Promotionsjahrgänge 1955, 1965, 1975, 1985 der Fächer Ingenieurwissenschaften, Jura, Wirtschaftswissenschaften) wird ersichtlich, dass ungefähr jeder elfte Promovierte aus der Arbeiterklasse (9,3 %) eine Spitzenposition erreicht hat. Bei den Promovierten aus dem Großbürgertum hat es jeder Fünfte geschafft (18,9 %). Dabei zeigt sich eine Persistenz der strukturellen Ungleichverteilung der Karrierechancen über die untersuchten Promotionskohorten.

Wenn man zudem noch in Rechnung stellt, dass aus der untersten Sozialklasse nur 11 % der Kinder ein Hochschulstudium beginnen, gegenüber 81 % der obersten Sozialklasse, dann wird deutlich, dass die Chancengleichheit einer dringenden Verbesserung bedarf. Es besteht sonst die Gefahr sozialer Spannungen und einer geschlossenen Gesellschaft mit einer abgeschlossenen Führungskaste und einer chancenlosen sozialen (Unter-) Schicht.

DIMENSION: Gerechtigkeit **KRITERIUM: Leistungsgerechtigkeit**

Subkriterium: Effizienter Umgang mit öffentlichen Geldern

Indikator: Quote der verschwendeten Steuergelder, die Beamte und Politiker verwalten, verplanen und investieren.

Die öffentlichen Verwaltungen haben die Steuergelder nicht selbst erwirtschaftet, sondern gehen treuhänderisch mit ihnen um. Steuerzahler können erwarten, dass mit der von ihnen erbrachten Leistung verantwortungsvoll und ökonomisch effizient umgegangen wird, d. h. dass eine angemessene Gegenleistung erbracht wird. Wenn Steuergelder durch unsinnige Prestigeprojekte, unausgegorene Planungen oder durch Nachlässigkeit verschwendet werden, dann widerspricht dies dem Prinzip der Leistungsgerechtigkeit.

Der Indikator beschreibt die Quote der nach Aussagen des Bundes der Steuerzahler verschwendeten Steuergelder an der Gesamtsteuersumme.

Laut Bund der Steuerzahler ist der genaue Wert nicht zu beziffern. In seinem Schwarzbuch legt der Bund der Steuerzahler jährlich eine gut dokumentierte Liste von Fallbeispielen für Steuerverschwendung auf Landes- und Bundesebene vor. Zudem legt der Bund der Steuerzahler eine Reihe von profunden Aussagen vor, die den Schluss zulassen, dass jährlich ca. 5 % der Steuergelder unwirtschaftlich verwendet werden. Sowohl der Landesrechnungshof Baden-Württemberg, der Rechnungshof Berlin als auch der Europäische Rechnungshof schätzen demnach die Quote auf ca. 5 %. Ein positiver oder negativer Trend in den letzten Jahren lässt sich nicht feststellen. Es wird von einer zeitlich stabilen 5 %-Quote ausgegangen. Für die BRD kann für 2004 von einem Volumen von 30 Mrd. Euro ausgegangen werden.

Datenquelle: Bund der Steuerzahler 2005

DIMENSION: Gerechtigkeit **KRITERIUM: Leistungsgerechtigkeit**

Subkriterium: Konsum unter Beachtung der Leistungsgerechtigkeit

Indikator: Marktanteil des Kaffees mit FairTrade-Siegel am Kaffeeabsatz in Deutschland

Kaffee ist nach Erdöl der zweitwichtigste Exportrohstoff. Die Preisbildung im Kaffeehandel ist komplex. Witterungsbedingungen, gute oder schlechte Ernten, Dollarkurs und Börsenspekulationen sowie ein steigendes Überangebot durch neue Anbieter wirken sich aus Sicht der Produzenten negativ auf die Preise aus. Außerdem ist Kaffee in Supermärkten ein Lockvogel, der billig angeboten wird, was den Preis weiter unter Druck bringt. Während deutsche Konsumenten von den niedrigen Kaffeepreisen profitieren, sind die Kaffeeproduzenten die Leidtragenden und gleichsam das schwächste Glied in der Kaffeekette. Kaffeebauern und ihre Familien liefern einerseits ein bei den Konsumenten geschätztes Produkt, andererseits wird ihre Leistung im Rahmen der globalen Wirtschaftsordnung eher unterbewertet. Die Marktpreise spiegeln aus vielen Gründen die Knappheit des Gutes Kaffee nicht adäquat wider. Viele Kaffeebauern leben in menschenunwürdigen Verhältnissen. Das Leben von Kaffeebauern und ihren Familien lässt alle Freiheiten, die ein menschenwürdiges Leben erfordert, vermissen. Der faire Handel bemüht sich, dieser Leistungsungerechtigkeit entgegenzuwirken. Das in Deutschland etablierteste Siegel zur Kennzeichnung fair gehandelter Produkte ist das der 1992 gegründeten Initiative TransFair, einem gemeinnützigen Verein, dem 38 Mitgliedsorganisationen angehören. TransFair-gesiegelte Produkte gibt es in Deutschland inzwischen in 800 Weltläden und 24.000 Supermärkten zu kaufen. Mit dem Kauf von fair gehandelten Produkten tragen Konsumenten zur Verwirklichung von Leistungsgerechtigkeit im globalen Maßstab bei. Sie entscheiden sich dabei bewusst für die Einschränkung ihrer Freiheit, ein billigeres Produkt zu kaufen und für die Erweiterung der Handlungsfreiheiten der Produzenten.

Der Indikator zeigt den Marktanteil des Kaffees mit TransFair-Siegel am Kaffeeabsatz in Deutschland.

Der Marktanteil des fair gehandelten Kaffees am deutschen Markt liegt derzeit bei 0,85 %. Nach einem Hoch Mitte der neunziger Jahre (0,95 %) fiel der Marktanteil auf 0,69 % (2003). Seitdem ist der Absatz des Fair-Kaffees relativ stärker gestiegen als der des konventionellen Kaffees. Der Marktanteil ist jedoch noch immer gering. Es gibt ein großes Potential unausgeschöpfter Leistungsgerechtigkeit.

Abbildung 25: Marktanteil von Kaffee mit TransFair-Siegel am Gesamtabsatz (Röstkaffee)

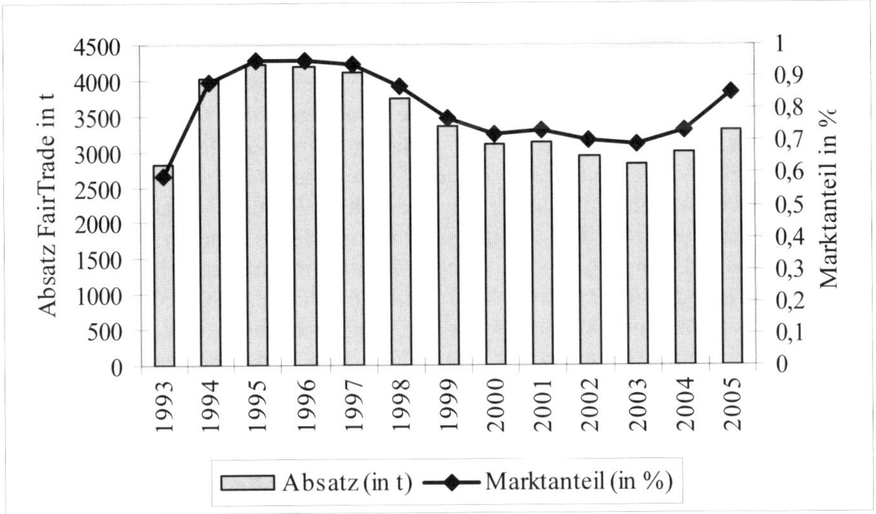

Datenquelle: Deutscher Kaffeeverband (2004, 2005a, 2005b, 2006), TransFair e. V./ Rugmark (2004, 2005a, 2005b, 2006)

DIMENSION: Gerechtigkeit **KRITERIUM: Leistungsgerechtigkeit**

Subkriterium: Gleiche Anerkennung für vergleichbare Leistungen

Indikator: Einkommensunterschiede zwischen vollerwerbstätigen Männern und Frauen mit gleicher Qualifikation

Neben den schichtspezifischen Differenzierungen gehören die sozialen Ungleichheiten zwischen den Geschlechtern zu den wesentlichen Charakteristika der Sozialstruktur moderner Gesellschaften. Während in Deutschland das so genannte Ernährermodell mit einem außer Haus arbeitenden Mann und einer für Haushalt und Kinder sorgenden Frau traditionell gefördert wurde und zum Teil auch wird, sind in anderen Ländern Bedingungen dafür geschaffen worden, die sowohl Vätern als auch Müttern eine kontinuierliche Berufstätigkeit erlauben. Familienbedingte Erwerbsunterbrechungen sind mit Dequalifizierungseffekten verbunden, die sich auf den Verdienst und die Karrierechancen niederschlagen und die typischerweise von Frauen getragen werden. Eine der Konsequenzen ist, dass sich in Deutschland bislang Kind und Beruf oder gar Kind und Karriere kaum miteinander verbinden lassen. So weisen Frauen in den höchsten Berufspositionen die höchste Quote der Kinderlosigkeit auf, bei Akademikerinnen liegt die Quote der Kinderlosigkeit mit 36 % weit über dem Durchschnitt. Außerdem haben sich geschlechtsspezifisch geteilte Arbeitsmärkte herausgebildet, die für Frauen schlechtere Arbeitsbedingungen, ein niedrigeres Einkommen, ein niedrigeres Sozialprestige sowie höhere Armuts- und Arbeitsplatzrisiken mit sich bringen. Um diesen Tendenzen gegenzusteuern, dürfen sich u. a. die von Frauen erbrachten Leistungen für die Familie und damit auch für die Gesellschaft nicht zu ihrem Nachteil im Berufsleben auswirken.

Der Indikator beschreibt den Anteil von vollerwerbstätigen Männern und Frauen mit gleicher formaler Ausgangsqualifikation mit einem monatlichen Nettoeinkommen von 2.600 € und mehr.

Trotz formal gleicher Ausgangsleistung (hier: Qualifikation) haben Frauen unabhängig vom Ausbildungsniveau typischerweise ein niedrigeres Nettoeinkommen als Männer. Während z. B. 59,4 % der männlichen Hochschulabgänger ein Einkommen über 2.600 € haben, sind es bei den Frauen nur 26,1 %. Das gleiche Verhältnis zeigen die Abschlüsse Meister/Technikerausbildung und Lehrausbildung. Frauen verdienen also im Schnitt deutlich weniger als ihre männlichen Kollegen. Dafür kann es zwar verschiedene Ursachen geben – der familienbedingte Karriereknick ist mit Sicherheit ein bedeutender Grund. Dies kann jedoch nicht der Leistungsgerechtigkeit einer nachhaltigen und mithin kinderfreundlichen sozialen Marktwirtschaft entsprechen.

Abbildung 26: Vollzeiterwerbstätige mit monatlichem Nettoeinkommen von 2.600 Euro und mehr

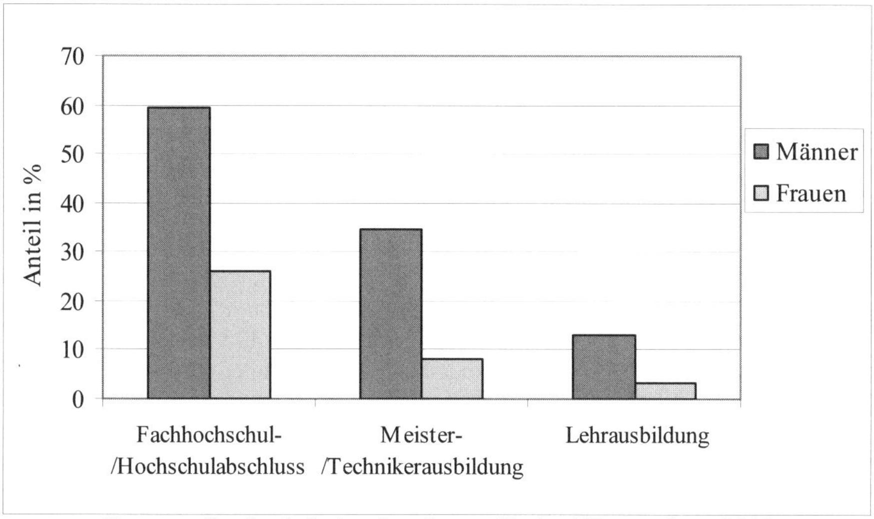

Datenquelle: Statistisches Landesamt Baden-Württemberg 2005

DIMENSION: Gerechtigkeit **KRITERIUM: Bedarfsgerechtigkeit**

Subkriterium: Bedarf von gesellschaftlichem Interesse

Indikator: Platz-Kind-Relation bei Krippenplätzen

Kinder sind für die Nachhaltige Entwicklung die zentrale „Humanressource". Betreuung und Bildung der heranwachsenden Generation sind daher unmittelbar mit der Bedarfsgerechtigkeit verbunden. Dies wird vor dem Hintergrund des demographischen Wandels immer deutlicher. Die Familienfreundlichkeit einer Stadt oder Region ist inzwischen auch zu einem Imagefaktor geworden. Die Aufgabe einer nachhaltigen Familienpolitik ist die Sicherung einer ausreichenden Kinderzahl. Gleichzeitig verliert das Alleinverdienermodell bei den Frauen an Zustimmung. Nur noch 12 % der Frauen können sich damit identifizieren (Hofäcker/Lück 2004: 13). 90 % der nicht erwerbstätigen Mütter geben an, lieber arbeiten zu wollen (Beckmann 2002: 8). In Familien gibt es einen Konflikt zwischen Beruf und dem Kinderwunsch. Immer mehr Paare entscheiden sich gegen Kinder oder v. a. dagegen, mehr als ein Kind zu haben. Es besteht also ein Bedarf nach einer besseren Vereinbarkeit zwischen Familie und Beruf. Dies gilt natürlich auch für Alleinerziehende. Diesem Bedarf kann dadurch begegnet werden, indem die Opportunitätskosten, die gegen Kinder sprechen, gesenkt werden. Ein bedarfsgerechtes Angebot der Kinderbetreuung ist dazu ein Mittel.

Die Platz-Kind-Relation gibt die Zahl der Krippenplätze für Kinder im Alter unter drei Jahren bezogen auf die Zahl der Kinder in entsprechendem Alter an. Sie gibt an, wie viele Kinder dieser Altersgruppe rein rechnerisch ein altersgemäßes Angebot der Tagesbetreuung wahrnehmen können.

Die Graphik zeigt einen beträchtlichen Unterschied zwischen Ost- und Westdeutschland. In Ostdeutschland stehen 2002 für 37 % der unter 3-Jährigen Krippenplätze zur Verfügung, im Westen sind es nur 3 %. Dort standen 190.000 Krippenplätzen rund 2,2 Mio. Kinder im Krippenalter gegenüber. In dem Niveauunterschied spiegeln sich die unterschiedlichen Quoten der Erwerbstätigkeit von Frauen in der DDR und in der BRD wieder. Die bundesweite Relation beträgt knapp 9 %. Aus einer neuen Studie des Deutschen Jugendinstituts (Bien et al. 2005) geht zwar hervor, dass die Platz-Kind-Relation in Westdeutschland unter Berücksichtigung privater Einrichtungen und Tagesmütter bei 7,7 % liegt. Der Bedarf wird dabei trotzdem bei weitem nicht gedeckt. Es ist im Sinne der Bedarfsgerechtigkeit geboten, dass der Handlungsfreiraum von Familien und insbesondere von Frauen durch die bedarfsgerechte Aufstockung von Krippenplätzen erweitert wird.

Abbildung 27: Prozentualer Anteil der Kinder, für die ein Krippenplatz zur Verfügung steht

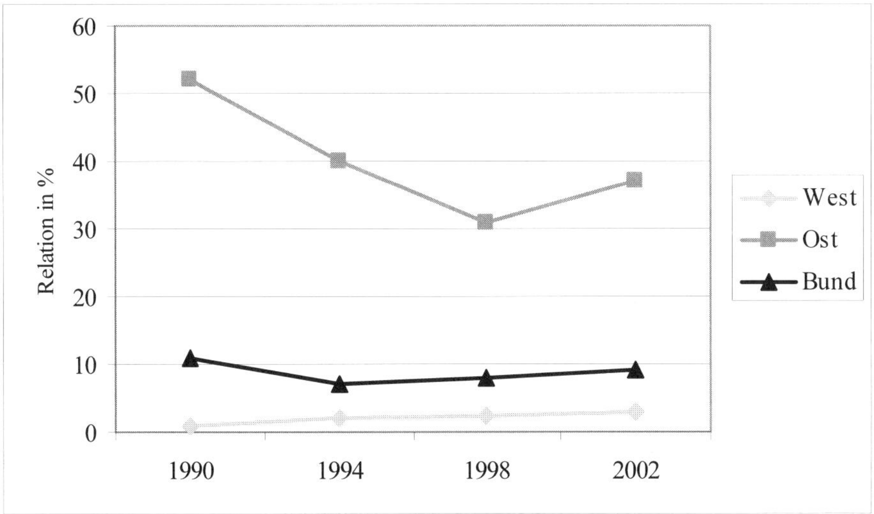

Datenquelle: Statistisches Bundesamt 2004

DIMENSION: Gerechtigkeit **KRITERIUM: Bedarfsgerechtigkeit**

Subkriterium: Bedarf an gesellschaftlicher Integration

Indikator: Angebots-Nachfrage-Relation bei Ausbildungsplätzen

Die Nichtintegration in das Beschäftigungssystem ist eine der zentralen Determinanten sozialer Ungleichheit und eingeschränkter Freiheit der Lebensgestaltung. Gleichzeitig verlangt es die Würde des Menschen, dass er die Möglichkeit zur eigenen Existenzsicherung und zur gesellschaftlichen Beteiligung hat. Es gibt deshalb ein zwar nicht einklagbares aber immerhin programmatisch festgeschriebenes Recht auf Arbeit. Der Statusübergang in das Erwerbsleben ist typischerweise mit zwei Schwellen verbunden: von der Schule zur Ausbildung und von der Ausbildung in die Erwerbsarbeit. Jugendliche, die die erste Schwelle nicht überwinden können, haben kaum eine Chance, in die Erwerbsarbeit integriert werden zu können. 2003 hatten 42 % der arbeitslosen Jugendlichen keine abgeschlossene Berufsausbildung. Während positive Berufserfahrungen eine positive Arbeitseinstellung, berufliche Erfolgserwartungen und auch weiteren beruflichen und gesellschaftlichen Erfolg begünstigen, beeinträchtigen fortgesetzte Misserfolge die Arbeitseinstellung und die Erfolgserwartungen. Dies kann in einen Armutskreislauf münden, daher sind Jugendliche auf ein ausreichendes Angebot an Ausbildungsplätzen angewiesen. Im Rahmen des Generationenvertrages ist die mittlere, an den Hebeln der Unternehmen stehende Generation in der Verpflichtung der Bedarfsdeckung.

Der Indikator beschreibt die Anzahl der angebotenen Ausbildungsplätze je 100 Nachfrager in % (Lesehilfe: Deckung von Angebot und Nachfrage = 100%). Der Indikator spiegelt nur einen Teil des Lehrstellenmarktes wider, denn nicht alle Lehrstellen werden der Arbeitsagentur gemeldet, aber auch nicht alle Ausbildungssuchende melden sich bei der Arbeitsagentur.

Die Relation ist seit Mitte der 90er Jahre rückläufig. Zwar gab es 2001 ein kurzes Zwischenhoch, die Relation lag aber auch hier nur knapp über 100 %. 2004 erreichte die Relation mit 95 % ihren Tiefststand (2005: 95,2 %). Regional gibt es große Unterschiede. Die Spannweite betrug 2005 28 % (min. 80 %, max. 108 %). Vor dem Hintergrund dessen, dass nur ca. 30 % der deutschen Unternehmen ausbilden und viele nicht ausbildende Unternehmen von der Ausbildung anderer profitieren, kann hier ein typisches Rationalitätsdilemma festgestellt werden. Die Leidtragenden sind die Jugendlichen ohne Ausbildungsplatz, sie sind die Opfer dieser Rationalitätsfalle.

Abbildung 28: Anzahl der angebotenen Ausbildungsplätze je 100 Nachfrager

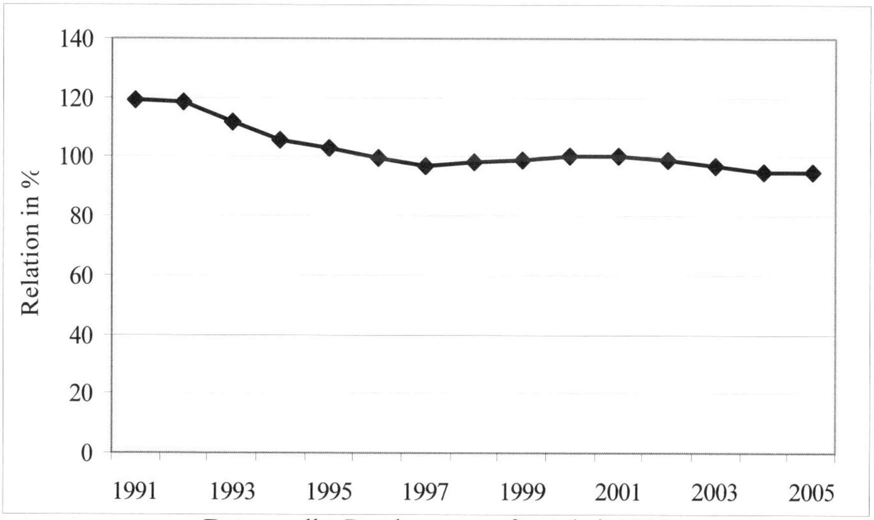

Datenquelle: Bundesagentur für Arbeit 2005

DIMENSION: Gerechtigkeit **KRITERIUM: Bedarfsgerechtigkeit**

Subkriterium: Bedarfsgerechtigkeit des Gesundheitssystems

Indikator: Universelle medizinische Versorgung

Jahrzehntelang konnten im deutschen System der sozialen Absicherung Verteilungskonflikte einigermaßen gelöst werden, weil Gewinne aus relativ kontinuierlichem Wachstum zur Verfügung standen. Die prekäre Lage auf dem Arbeitsmarkt, der demographische Wandel, die gestiegene Lebenserwartung und die immer aufwändigeren und teueren Verfahren der Medizin belasten in der Zwischenzeit das Gesundheitssystem. Zu diesen Faktoren kommt die Möglichkeit für bestimmte Personengruppen mit hohem Einkommen, sich privat versichern zu lassen. Mit der gesetzlichen Krankenkasse und den privaten Krankenversicherungen bestehen zwei Systeme parallel nebeneinander. In der Konsequenz sehen viele Beobachter eine zunehmende Ungleichstellung in der Versorgung, die mit dem Schlagwort der „Zwei-Klassen-Medizin" bezeichnet wird. Während in den gesetzlichen Krankenkassen ein relativ hoher Anteil Geringverdiener, Kranker und Personen mit hohem Krankheitsrisiko versichert sind, sind es bei den Privatkassen v. a. Junge, Gesunde und Einkommensstarke. Das Prinzip des Sozialstaats, dass der Stärkere zur Solidarität mehr beizutragen hat als der Schwächere, sehen Kritiker deshalb zum Teil ausgehebelt.

Eine TNS EMNID-Umfrage (2002) lieferte folgende Ergebnisse: 69 % der gesetzlich Versicherten und 73 % der Privatversicherten sind der Meinung, dass es in Deutschland eine Zwei-Klassen-Medizin gibt. 71 % aller Befragten sind der Meinung, dass Kassenpatienten alles in allem eine schlechtere Gesundheitsversorgung haben.

Während sich gesetzliche Krankenkassen am Solidarprinzip orientieren, orientieren sich private Kassen am Erlös. Wie Deppe (2002) und Rosenbrock (2002) ausführten, kann ein bedarfsgerechtes Gesundheitssystem jedoch nicht allein marktwirtschaftlich organisiert sein. Verschiedene Faktoren passen nicht zu den marktwirtschaftlichen Prinzipien. Eine ausschließliche Absicherung nach Kaufkraft unterliegt der Gefahr, die Grenzen der sozialen Gerechtigkeit zu sprengen und zur Norm des menschlichen Zusammenlebens insgesamt zu werden, wenn sie die Schutzzonen der Bedarfsgerechtigkeit aushöhlt.

Folgen einer Zwei-Klassen-Medizin könnten sein, dass sich der Umfang der Leistungskataloge weiter auseinander entwickelt, dass der medizinische Fortschritt zum Privileg derer wird, die ihn sich leisten können, dass Transplantationen nicht mehr nach Bedarf und Wartezeit vorgenommen werden, sondern unter ökonomischen Gesichtspunkten, und dass Medikamente – z. B. im Falle einer Pandemie – nach Höchstgebot vergeben werden.

Zwar ist es nicht von der Hand zu weisen, dass es auch in der Vergangenheit soziale Unterschiede in der Bedarfsabdeckung gab, jedoch ist für die Zukunft im Sinne der Bedarfsgerechtigkeit sicherzustellen, dass die Unterschiede nicht den sozial verträglichen Rahmen verlassen. Entsprechende Kriterien des sozial Verträglichen und Indikatoren der Messung sind zu entwickeln. Indikatoren könnten sein:

- Anzahl der Ärzte, die ihre Kassenzulassung zurückgeben, um privatärztlich zu arbeiten
- Versorgungslücken in sozial schwachen Stadtteilen und Regionen
- Empfänger innovativer Arzneimittel, Diagnose und Therapie nach sozialer Stellung
- Leistungskatalog der Kassen
- Unterschiedliche Wartezeiten beim Arzt zwischen gesetzlich und privat Versicherten

DIMENSION: Gerechtigkeit **KRITERIUM: Generationengerechtigkeit**

Subkriterium: Vererbung von finanziellen Lasten

Indikator: Zins-Steuer-Quote

Unter der Prämisse der Generationengerechtigkeit müssen Leistungen durch die nutznießenden Generationen bezahlt werden. Denn der Wert eines Investitionsobjektes nimmt mit der Zeit ab, während die Kosten einer Investition durch Zins und Zinseszins zunehmen, sofern keine ereignisnahe Tilgung der Schulden erfolgt. Die Schulden öffentlicher Haushalte werden in diesem Falle sukzessiv an künftige Generationen vererbt, während der maximale Nutzen der Investition zum Zeitpunkt der Realisierung abgeschöpft wurde. Zukünftige Generationen haben durch die Belastung der Tilgung weniger finanzielle Freiheiten zur Gestaltung ihrer Lebenswelt zur Verfügung.

Der Indikator stellt den prozentualen Anteil der für den Zinsdienst verwendeten Steuereinnahmen des Bundes dar. Die Zins-Steuer-Quote gibt an, welcher Teil der Steuereinnahmen in den Zinsdienst wandern und damit einer konkreten Leistungserstellung entzogen ist. Die Zinslast wird je nach Laufzeit der Verschuldung an künftige Generationen vererbt, die bei steigender Zinslast relativ immer weniger Mittel zur Gestaltung zur freien Verfügung haben.

Knapp 21 % der eingenommen Steuergelder mussten 2005 für den Zinsdienst verwendet werden. Der seit Anfang der 90er Jahre feststellbare Anstieg der Zins-Steuer-Quote konnte zwischen 2000 und 2004 abgefangen werden, zwischen 2004 und 2005 ist wieder ein Anstieg zu verzeichnen. Es wird eine sehr hohe Belastung an künftige Generationen weitergegeben.

Abbildung 29: Prozentualer Anteil der für den Zinsdienst verwendeten Steuereinnahmen des Bundes

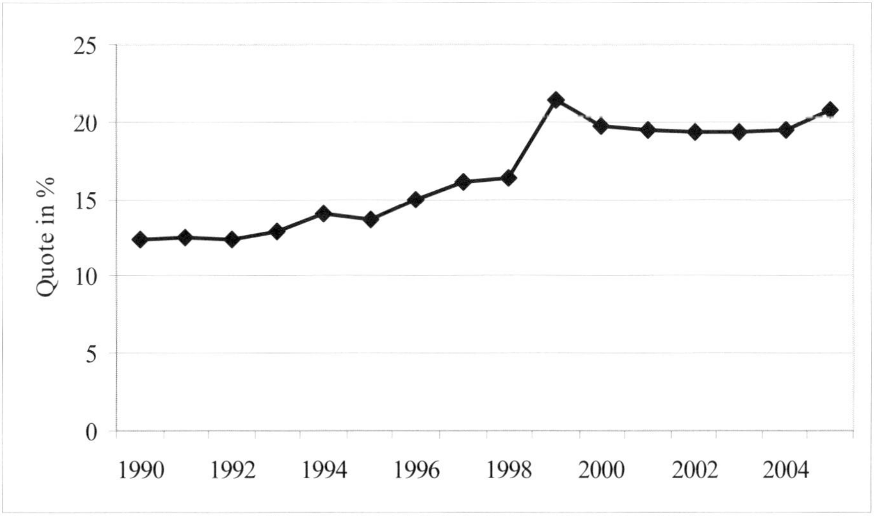

Datenquelle: Bundesministerium der Finanzen 2003

DIMENSION: Gerechtigkeit **KRITERIUM: Generationengerechtigkeit**

Subkriterium: Engagement der jungen Generation

Indikator: TeilnehmerInnen am freiwilligen sozialen Jahr

Nachhaltigkeit und Generationengerechtigkeit wird i. d. R. so interpretiert, dass die heutige mittlere und ältere Generation den jüngeren und noch ungeborenen Generationen keine unverhältnismäßig hohen Lasten aufbürden. Klassische Beispiele hierfür sind der Zustand der Umwelt im Bereich der Ökologie, die Zins-Steuer-Quote und der Generationenvertrag der Rentenversicherung im Bereich der Ökonomie bzw. der Sozialsysteme. Dem hier vorgestellten Indikator liegt eine alternative Sicht auf Generationengerechtigkeit zugrunde, bei der die Einstellung der Subjekte selbst als Indikator genommen wird. Es geht bei der Generationengerechtigkeit nicht allein darum, die Zahlungsverpflichtungen gegenüber der älteren Generation auf ein akzeptables Maß zu bringen. Es geht auch darum, dass die junge Generation es als einen Teil ihrer eigenen persönlichen Lebensgestaltung empfindet, persönliche Fürsorge und Unterstützung gegenüber Bedürftigen zu erbringen. Die Freiheiten dies zu tun bestehen für die junge Generation typischerweise beim Statusübergang von der Schule in die sekundäre Ausbildung. Eine Möglichkeit, sich in die Gesellschaft einzubringen, bietet das Freiwillige Soziale Jahr (FSJ). Dabei handelt es sich um einen ehrenamtlichen Dienst an kranken, behinderten und sozial benachteiligten Menschen. Das FSJ wird über den Zeitraum von einem Jahr ganztägig als überwiegend praktische Hilfstätigkeit in gemeinwohlorientierten Einrichtungen geleistet. In Frage dafür kommen Menschen im Alter von 16 bis 27 Jahren.

Der Indikator gibt die Anzahl der jungen Menschen an, die ein FSJ absolvieren. Die Anzahl nimmt stetig zu, von rund 5.000 (1991) auf knapp 24.000 (2005). Dabei interessieren sich derzeit etwa dreimal so viele Menschen für den Dienst, als Plätze vorhanden sind. Es gibt also ein großes, noch nicht ausgeschöpftes Potential. Hindernisse sind bislang die organisatorischen Möglichkeiten und Kapazitäten der Träger, aber auch fehlendes Geld. Zwar kostet jeder Platz nur 600-800 Euro im Monat, worin Unterkunft, Verpflegung, Sozialversicherung und ein Taschengeld eingeschlossen sind, für viele Träger ist das dennoch finanziell nicht tragbar. Gleichwohl zeigt die Kurve eine erfreuliche Tendenz zu mehr Generationengerechtigkeit in diesem Bereich.

Abbildung 30: Teilnehmer und Teilnehmerinnen an einem freiwilligen sozialen Jahr (Gesamtzahl)

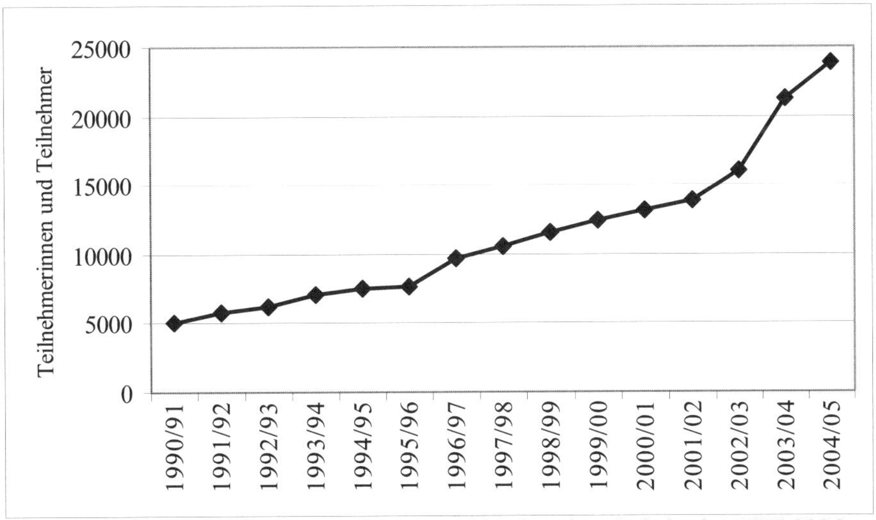

Datenquelle: Bundesarbeitskreis „FSJ“ 2005, Bundesarbeitskreis „FSJ“ 2006

DIMENSION: Gerechtigkeit **KRITERIUM: Generationengerechtigkeit**

Subkriterium: Nachhaltige Planung

Indikator: Ausgaben für Renaturierungsmaßnahmen

Die technologische Verfügungsmacht des Menschen nimmt immer größere Dimensionen an und reicht in immer weitere Zukunftshorizonte hinein: Zukunftsszenarien werden oftmals erst durch komplexe Modellberechnungen generierbar. In anderen Bereichen zeigt sich jedoch schon heute die Nicht-Nachhaltigkeit der Planung und Umsetzung, die von früheren Generationen durchgeführt wurde. Beispiele hierfür sind das Leitbild der autogerechten Stadt und die Maßnahmen der Flurbereinigung.

Das Leitbild der autogerechten Stadt wird heute in vielen Kommunen, die ihm folgten, kritisch gesehen. Es werden erhebliche Mittel dafür aufgewendet, den ÖPNV als Alternative zu etablieren, Lärmschutzmaßnahmen zu installieren und verkehrsberuhigte Bereiche auszubauen. Gleiches kann für die Flurbereinigung festgestellt werden. Die in den 50er bis 70er Jahren durchgeführten Radikalmaßnahmen werden seit den 80er Jahren zunehmend kritisch beurteilt. Es werden heute Gelder dafür aufgewendet, die erst wenige Jahrzehnte zuvor durchgeführten Maßnahmen zu entschärfen. Als Erosionsschutz und als Refugium für Tiere werden Hecken angepflanzt, die einst aufwändig beseitigt wurden. Es werden Biotope angelegt und eine systematische Biotopvernetzung betrieben. Ehemals drainagierte Feuchtwiesen werden feucht gesetzt und begradigte, in ein Betonkorsett gezwängte Fließgewässer werden inzwischen mit erheblichem Aufwand renaturiert.

In beiden Bereichen dienen die heute durchgeführten Maßnahmen nicht nur ästhetischen Zwecken und der Erhöhung der Lebensqualität und des Freizeitwertes. Wie das Problem der Feinstaubbelastung in den Städten und die Hochwasserereignisse der letzten Jahre zeigen, gehen von der autogerechten Stadt und den Fließgewässerbegradigungen der Flurbereinigung gesundheitliche und/oder umweltbedingte Gefahren aus.

Beide hier exemplarisch vorgestellten Leitbilder sind auch heute noch in ihrem Grundgedanken als sinnvoll zu bewerten – z. B. im Bereich der Flurbereinigung das Zusammenlegen zersplitterter Parzellen und der Aufbau von Aussiedlerhöfen – , dennoch muss festgestellt werden, dass große Teile der umgesetzten Maßnahmen gegen die Generationengerechtigkeit verstoßen. So muss die heutige mittlere Generation der Steuerzahler für den Rückbau von Maßnahmen bezahlen, für deren Errichtung frühere Generationen ebenfalls schon bezahlten. Ein Fallbeispiel aus jüngster Zeit ist die Renaturierung der Isar auf einer Länge von 8 Kilometern bei München, für die 28 Mio. Euro ausgegeben wurden. Ein anderes Beispiel ist die Renaturierung der Körsch bei Esslingen. Dafür zahlt die Projektgesellschaft „Neue Messe Stuttgart" als Ausgleichsmaßnahme 600.000 Euro.

Ein Indikator für die Nachhaltigkeit der Planung ist nicht verfügbar. In der Theorie müssten die nachhaltigen Planungsmaßnahmen von den nicht nachhaltigen eindeutig zu unterscheiden sein. Das ist aber in der Regel nicht der Fall: Einige Teile der Planung widersprechen, andere unterstützen das Ziel der Nachhaltigkeit innerhalb eines Maßnahmepakets. Eine passgenaue Differenzierung und Quantifizierung ist praktisch nicht möglich. Im Bereich des Möglichen wäre eine bereichsspezifische Erfassung, z. B. der Rückbau von technischen Maßnahmen zugunsten von ökologischen Maßnahmen des Hochwasserschutzes. In jedem Falle wäre eine Bewertung der Generationengerechtigkeit nur retrospektiv möglich. D. h. es könnte festgestellt werden, wie nachhaltig die Planung früherer Generationen war.

4.3 Indikatoren der Lebensqualität

DIMENSION: Lebensqualität **KRITERIUM: Qualitatives Wachstum**

Subkriterium: Ressourceneffizienz

Indikator: Spezifischer Energieverbrauch

Der wohl griffigste Slogan des Leitbildes des qualitativen Wachstums ist der des „Faktor Vier" (s. o.). Dahinter steht die Vorstellung, eine Verdopplung des Wohlstandes bei gleichzeitiger Halbierung des Naturverbrauchs zu realisieren. Dazu müssen Energieträger immer effizienter genutzt werden.

Der Indikator des spezifischen Energieverbrauchs setzt das Bruttoinlandsprodukt (BIP) ins Verhältnis zum Primärenergieverbrauch, der zu seiner Realisierung notwendig war. (Anmerkung: Die Daten wurden für das Jahr 1991 mit 100 normiert).

Die Entwicklung zeigt zwei gegensätzliche Verläufe. Während das BIP über den betrachteten Zeitraum kontinuierlich ansteigt, sinkt der spezifische Energieverbrauch kontinuierlich. Der Grund dafür ist, dass der notwendige Primärenergieeinsatz (nicht dargestellt) relativ konstant gehalten wurde. Diese Entwicklung ist einerseits erfreulich, entspricht aber noch nicht den Vorstellungen des „Faktor Vier", demzufolge sich der Primärenergieeinsatz deutlich (Faktor 2) verringern sollte.

Abbildung 31: Spezifischer Energieverbrauch

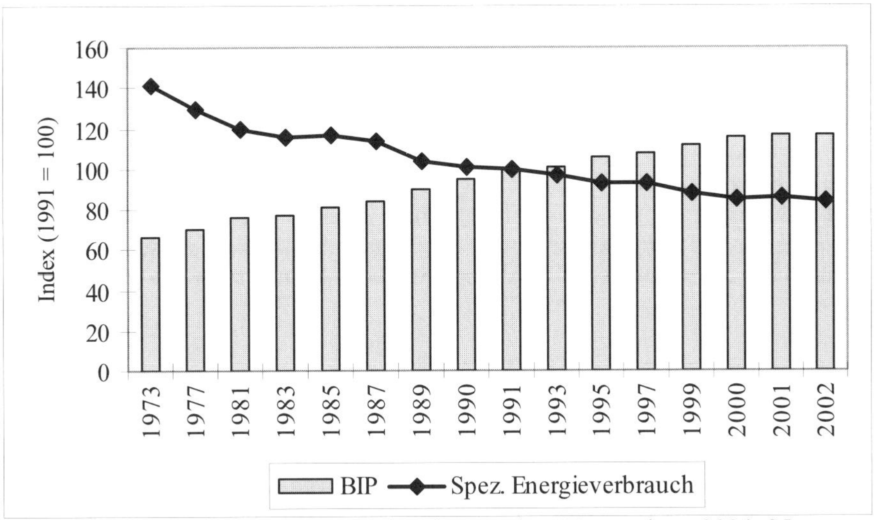

Datenquelle: Wirtschaftsministerium Baden-Württemberg 2004: 25
(Anmerkung BIP: 1973-1991 in Preisen von 1991 sowie 1991-2002 in Preisen von 1995)

DIMENSION: Lebensqualität **KRITERIUM: Qualitatives Wachstum**

Subkriterium: Künstlicher Kapitalstock: Humankapital

Indikator: Bildungsausgaben

Zu den zentralen Ideen des Leitbildes des qualitativen Wachstums gehört es, den natürlichen Kapitalstock zu schonen und stattdessen den künstlichen Kapitalstock zu fördern und zu nutzen. Das heißt die natürlichen Ressourcen (z. B. fossile Energieträger) sollen geschont werden, in soziales Kapital (z. B. Solidarität und Vertrauen) und Humankapital (Wissen, Ausbildung) soll investiert werden. Mit dem Humankapital ist die Hoffnung verbunden, dass zunehmendes Wissen u. a. dazu führt, Technologien immer effektiver und effizienter zu gestalten (Know-How). Darüber hinaus besteht die Hoffnung, dass höhere Bildung jedem Einzelnen dazu verhilft, die Zusammenhänge seines Handelns und die gesellschaftlichen Zusammenhänge im größeren Maßstab zu reflektieren. Bildung kann zu innovativen Aussichten und zu vernünftigen Einsichten führen. Schließlich stellt auch noch eine gesicherte Erkenntnis der Lebensqualitätforschung die Bedeutung der Bildung heraus: Je höher die Bildung von Personen ist, desto höher ist durchschnittlich das von diesen Personen berichtete subjektive Wohlbefinden.

Der Indikator beschreibt die auf Bundesebene getätigten Investitionen in die Allgemeinbildung anhand der Ausgaben pro Schüler/Jahr an allgemeinbildenden Schulen in € (real in Preisen von 2000).

Die Ausgaben zeigen von 1996 bis 1999 eine leicht fallende Tendenz. Von 1999 bis 2002 ist ein Anstieg der Ausgaben zu verzeichnen, wobei der Anstieg von 2001 auf 2002 schwächer ausfällt als in den Jahren zuvor. Dennoch weist die Entwicklung in die richtige Richtung. Im europäischen Vergleich liegen die deutschen Bildungsausgaben jedoch unter dem Durchschnitt. In Relation zum BIP betrachtet liegt Deutschland mit seinen Bildungsausgaben auf Platz 20 von insgesamt 28 Ländern in der Wertung. Zu beachten ist, dass Durchschnittswerte wie die dargestellten verschleiern können, dass faktisch eine Diskrepanz zwischen steigenden Ausgaben für die Eliteförderung und sinkenden Ausgaben für die restlichen Schüler und Schülerinnen vorliegen. Unter diesen Umständen könnte eine relativ kleine elitäre Gruppe an Humankapital zulegen, während die Ausbildung des Humankapitals der breiten Masse vernachlässigt wird. Dies würde dem Prinzip der sozialen Gerechtigkeit widersprechen. Es sollte eine Förderung des Humankapitals möglichst Vieler erfolgen.

Abbildung 32: Ausgaben pro Schüler an allgemeinbildenden Schulen

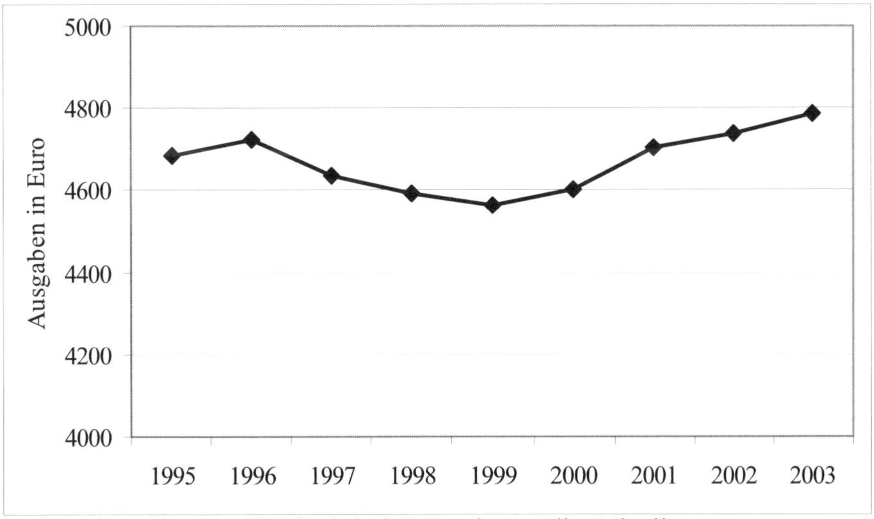

Datenquelle: Statistisches Bundesamt div. Mitteilungen

DIMENSION: Lebensqualität **KRITERIUM: Qualitatives Wachstum**

Subkriterium: Künstlicher Kapitalstock: Soziales Kapital

Indikator: Registrierte potentielle Spender in der Deutschen Knochenmarkspenderdatei (DKMS)

Die Sicherung der Gesundheit ist ein wichtiger Bestandteil der Lebensqualität. Die moderne Medizin kann diese Lebensqualität nur begrenzt sicherstellen, oft sind Kranke auch auf die selbstlose Solidarität der Gesunden angewiesen. Alle 45 Minuten erkrankt in Deutschland ein Mensch an Leukämie, darunter sind auch viele Kinder und Jugendliche. Zahlreichen dieser Patienten kann nur durch eine Stammzellentransplantation geholfen werden. Höchstens 30 % der Patienten finden einen Spender innerhalb der eigenen Familie. Größtenteils sind die Erkrankten also auf einen Fremdspender außerhalb der Familie angewiesen. Je mehr Spender registriert sind, desto schneller und desto wahrscheinlicher ist es, einen geeigneten Spender zu finden, und um so wahrscheinlicher ist es, an Leukämie erkrankte Personen zu heilen. Jedem vierten Patienten, der einen Stammzellenspender sucht, kann derzeit kein passender Spender vermittelt werden. Je mehr Personen bereit sind, sich als potentielle Spender registrieren zu lassen, um so höher ist das Niveau der Solidarität. Durch das Gefühl der Solidarität kann sich bei gesunden und bei erkrankten Menschen die Zuversicht entfalten, dass für sie ein geeigneter Spender gefunden werden könnte bzw. gefunden werden kann. Zuversicht beeinflusst die Lebensqualität positiv. Heute erhalten täglich mindestens vier Patienten Stammzellen eines DKMS-Spenders, das sind 120 Lebenschancen im Monat. Insgesamt konnten DKMS-Spender bereits über 8.600-mal neue Lebenshoffnungen schenken. Die Stammzellenspende ist – abstrahiert von ihrer konkreten Bedeutung – ein Beispiel dafür, wie sich Lebensqualität durch die Handlungen Einzelner verbessern kann.

Der Indikator beschreibt die Entwicklung der Anzahl der DKMS-registrierten potentiellen Spender.

Anfang 1991, im Gründungsjahr der DKMS, standen in Deutschland nur etwa 3.000 freiwillige potentielle Stammzellenspender zur Verfügung. Noch im gleichen Jahr konnten über 68.000 Spender aufgenommen werden. Seitdem geht die Entwicklung steil nach oben, allerdings ist noch ein sehr großer ungedeckter Bedarf vorhanden. Die Entwicklung ist dennoch als sehr positiv zu bewerten.

Abbildung 33: In der DKMS-Datei registrierte mögliche Stammzellenspender

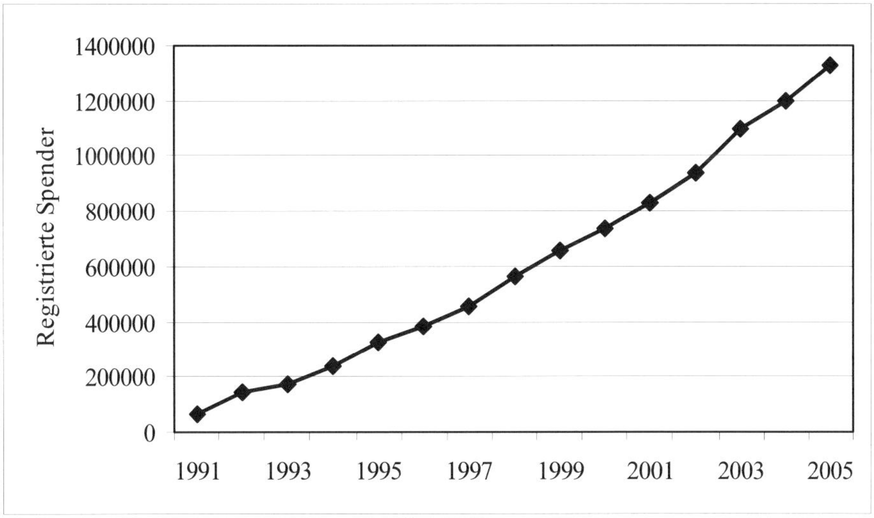

Datenquelle: DKMS 2006

DIMENSION: Lebensqualität **KRITERIUM: Qualitatives Wachstum**

Subkriterium: Umweltschonende Mobilität

Indikator: Anteil des öffentlichen Personenverkehrs an der Personenbeförderung

Räumliche Mobilität ist in unserer Gesellschaft für die Allermeisten nicht nur ein Erfordernis der Alltagsbewältigung, sondern auch ein zentraler Bestandteil der Lebensqualität. Außerdem ist der Mobilitätssektor (z. B. Autoindustrie) ein wichtiger Wirtschaftsfaktor. Gleichzeitig ist Mobilität unabhängig vom gewählten Transportmittel mit mehr oder weniger großen Belastungen für Natur und Mitmenschen verbunden. Vor diesem Hintergrund sollte Mobilität so gestaltet sein, dass die vielfältigen Belastungen möglichst gering gehalten werden und das Reiseziel dabei möglichst effizient erreicht wird. Es besteht ein Optimierungsproblem mit Faktoren wie Ressourcenverbrauch, Zeitaufwand, Kosten der Bereitstellung der Infrastruktur, Transportkosten und Emissionen. Wenn von einigen Faktoren abgesehen wird und der Ressourcenverbrauch und die Emissionen in den Fokus genommen werden, dann hat der öffentliche Personenverkehr die günstigsten Werte. Im Sinne des Leitbildes qualitativen Wachstums gilt es Mobilität nicht zu verhindern, sondern dort, wo es möglich ist, durch intelligente Telekommunikation zu substituieren und dort, wo Mobilität nötig oder gewünscht ist, sie möglichst umweltschonend zu gestalten. Dafür müssen technische und organisatorische Innovationen geschaffen und genutzt werden (z. B. attraktiver ÖPNV und umweltschonende Autos).

Der Indikator beschreibt den Anteil des öffentlichen Personenverkehrs (öffentlicher Personenstraßenverkehr und Eisenbahnverkehr) am gesamten Personenverkehr (motorisierter Individualverkehr und öffentlicher Personenverkehr) auf Basis der jeweiligen Personenkilometer (Pkm). Personenkilometer sind ein Standardmaß für Verkehrsleistungen im Personenverkehr. Die Maßeinheit wird gebildet aus dem Produkt aus der Zahl der Fahrten und der zurückgelegten Entfernung. (Beispiel: Fahren in einem PKW drei Personen über eine Entfernung von 20 km zwischen den Orten A und B, so wird eine Beförderungsleistung von 60 Pkm nachgewiesen.)

In den letzten fünf Jahrzehnten ist die Verkehrsleistung enorm gestiegen. Der Zuwachs ist nahezu ausschließlich auf den motorisierten Individualverkehr zurückzuführen, der um den Faktor 25 gewachsen ist, der öffentliche Straßenpersonenverkehr und der Eisenbahnverkehr wuchsen lediglich um das drei- bzw. zweifache. Allerdings ist der rasante Bedeutungsverlust des öffentlichen Verkehrs in den letzten Jahrzehnten aufgehalten worden. Der Anteil stagniert bei 15 % auf einem zu niedrigen Niveau.

Abbildung 34: Personenverkehr und Verkehrszweige

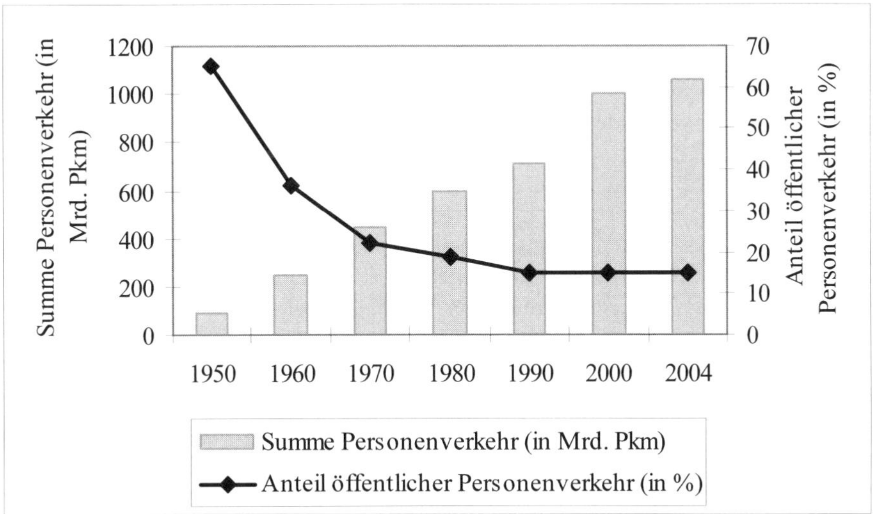

Datenquelle: Datenreport 2006: 363

DIMENSION: Lebensqualität **KRITERIUM: Qualitatives Wachstum**

Subkriterium: Öffentliche Sicherheit

Indikator: Gesamtkriminalitätsziffer

Abweichendes Verhalten findet man überall wo es Regeln gibt. Normabweichendes Verhalten ist also in allen Kulturen und Generationen anzutreffen. Diese Variabilität des Verhaltens ist auch wünschenswert. Abweichungen können, indem sie die Veränderungsbedürftigkeit gesellschaftlicher Zustände in das öffentliche Bewusstsein heben, eine wichtige Schrittmacherfunktion für den sozialen Wandel leisten. Streng davon zu trennen sind destruktive Handlungen und Straftaten, die gegen die sittlichen und prozeduralen Regeln einer demokratisch verfassten Rechtsordnung verstoßen. Sie wirken zerstörerisch auf das Zusammenleben und das soziale Vertrauen einer Gesellschaft. Wo der Staat die Sicherheit seiner Bürgerinnen und Bürger nicht garantieren kann, herrschen Angst, Willkür und Ungerechtigkeit. Kriminalität zerstört die öffentliche Sicherheit. Deshalb ist die Gewährleistung der öffentlichen Sicherheit eine der wesentlichen Voraussetzungen für das subjektive Wohlgefühl. Dort, wo ein hohes Maß an Sicherheit gegeben ist, können Menschen vertrauensvoll interagieren, angstfrei leben und materielle Werte schaffen. Gleichzeitig gilt es aber auch zu berücksichtigen, dass eine Ursache von Kriminalität darin zu finden ist, dass ein Teil der Gesellschaft vom Wohlstand und damit von der Chance auf Lebensqualität ausgeklammert ist. Auf diesem Nährboden der gesellschaftlichen Exklusion kann sich eine erhöhte Kriminalitätsbereitschaft entwickeln. Qualitatives Wachstum sollte idealer Weise für eine Inklusion möglichst aller Gesellschaftsmitglieder sorgen, wovon letztlich auch die objektiven Bedingungen subjektiven Wohlbefindens profitieren.

Der Indikator stellt die erfassten Straftaten pro 100.000 Einwohner/Westdeutschland dar (Anmerkung: ab 1963 ohne Straßenverkehrsdelikte).

Seit den 1950er Jahren nimmt die relative Zahl er erfassten Straftaten bis 1995 kontinuierlich zu. Seitdem ist eine Abflachung der Entwicklung und ein zeitweiliger Rückgang in 2002 zu verzeichnen.

Abbildung 35: Erfasste Straftaten pro 100.000 Einwohner (West)

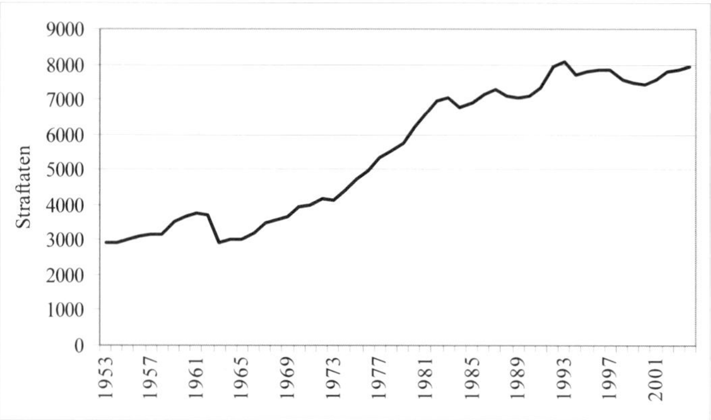

Datenquelle: Bundeskriminalamt, Statistisches Bundesamt zitiert nach ZUMA k. A.

DIMENSION: Lebensqualität **KRITERIUM: Subjektives Wohlbefinden**

Subkriterium: Allgemeine Lebenszufriedenheit

Indikator: Mitgeteilte durchschnittliche Lebenszufriedenheit

Ein wichtiger Maßstab für das subjektive Wohlbefinden ist die Zufriedenheit. Sie stellt ein zentrales Kriterium für die Lebensqualität dar. Zufriedenheit wird als kognitiver Faktor des Wohlbefindens interpretiert. Demgegenüber wird Glück als emotionale Komponente interpretiert. Die mitgeteilte Zufriedenheit ist das Ergebnis eines Bewertungsprozesses, in dem die wahrgenommenen Lebensverhältnisse relativ zum individuellen Anspruchsniveau beurteilt werden. Bestimmte Zufriedenheitswerte können deshalb die Funktion des Anspruchsniveaus, der tatsächlichen Lebensverhältnisse, deren mehr oder weniger subjektiv eingefärbten Wahrnehmung oder eines Zusammenwirkens aller drei Faktoren sein. In der Forschung sind zwei extreme Verzerrungen bekannt. Ein Unzufriedenheitsparadox liegt vor, wenn Befragte trotz guter objektiver Lebensbedingungen unzufrieden sind. Entsprechend liegt ein Zufriedenheitsparadox vor, wenn Befragte trotz widriger Lebensbedingungen mit ihrem Leben zufrieden sind. Die Zufriedenheitsskala misst die Zufriedenheit mit dem Leben als Ganzem, so wie sie von der befragten Person erlebt wird, ohne die objektiven Lebensbedingungen in Rechnung zu stellen.

Der Indikator beschreibt die Entwicklung der mitgeteilten durchschnittlichen Lebenszufriedenheit im Zeitraum 1990 bis 2001. Zur Erhebung der subjektiven Lebenszufriedenheit wurde den Befragten eine so genannte Zufriedenheitsskala mit Werten von 0 bis 10 zur Selbsteinordnung vorgelegt (0 = „ganz und gar unzufrieden"; 10 = „ganz und gar zufrieden"). Die Darstellung gibt den aus den Angaben aller Befragten errechneten Durchschnittswert des jeweiligen Erhebungsjahres an.

Die mitgeteilte Lebenszufriedenheit zeigt über die Zeit einen relativ stabilen Verlauf. Auffallend ist, dass die Werte der befragten Ostdeutschen konstant unter den westdeutschen Werten liegen. Beide Zahlenreihen liegen zwar im positiven Bereich der Skala (sofern die Werte 4 und 5 als neutral interpretiert werden), nach oben hin gibt es aber noch reichlich „Luft" zur Verbesserung der Lebenszufriedenheit.

Abbildung 36: Allgemeine Lebenszufriedenheit

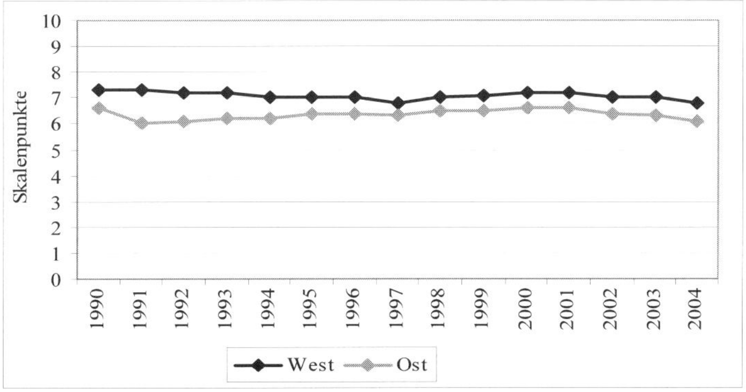

Datenquelle: SOEP 1990-2004 zitiert nach ZUMA k. A.

DIMENSION: Lebensqualität **KRITERIUM: Subjektives Wohlbefinden**

Subkriterium: Wahrgenommene Umweltqualität

Indikator: Mitgeteilte Besorgnis um die Umweltqualität

Sorgen um negative Entwicklungen wirken sich negativ auf das Wohlbefinden aus. Gleichwohl kann den Sorgen auch etwas Positives abgewonnen werden, wenn sie dazu führen, dass der besorgniserregenden Sachlage erhöhte Aufmerksamkeit geschenkt und durch entsprechendes Handeln die Sachlage verbessert wird. Sorgen können also der Ausgangspunkt für Verbesserungen sein. In der mitgeteilten Besorgnis um die Umweltqualität kommen sowohl die Bedeutung der Umweltqualität für die individuelle Lebensqualität als auch der wahrgenommene Zustand der Umwelt und die Antizipation zukünftiger Umweltprobleme zum Ausdruck. Im zeitlichen Verlauf kann die Bedeutung steigen, sie kann aber auch von anderen Themen überlagert werden. Der Zustand der Umwelt kann sich verbessern oder verschlechtern, es kann sich aber auch nur die Wahrnehmung verändern. Jedenfalls ist das umweltbezogene subjektive Wohlbefinden umso höher, je geringer die Besorgnis um die Umweltqualität ist.

Der Indikator gibt den prozentualen Anteil der Befragten an, die auf die Frage „Wie ist es mit folgenden Gebieten? Machen Sie sich da Sorgen?“ sich große Sorgen um den Schutz der Umwelt machen. (Antwortkategorien: „große Sorgen“, „einige Sorgen“, „keine Sorgen).

Der Anteil der Besorgten nimmt seit Anfang der 90er Jahre kontinuierlich ab und erreicht 2002 mit 22 % seinen Tiefststand. Ob die Wahrnehmung die objektive Qualität der Umwelt adäquat reflektiert, steht hier nicht zur Diskussion. Wie weitere Umfragen zeigen, wird das Umweltthema seit den 90er Jahren in der subjektiven Problemwahrnehmung von der Besorgnis um Arbeitslosigkeit überlagert. Auch sind viele Befragte in der Tat der Meinung, dass sich die Umweltverhältnisse in Deutschland im Verlauf der 90er Jahre verbessert haben und Fortschritte im Umweltschutz erzielt wurden. Insofern kann der Rückgang als eine Kombination von wahrgenommener Effektivität der Umweltschutzmaßnahmen verbunden mit einem geringeren Stellenwert dieses Themas für die Einschätzung der eigenen Lebensqualität interpretiert werden.

Abbildung 37: Anteil der um die Umwelt Besorgten an der Gesamtbevölkerung (West)

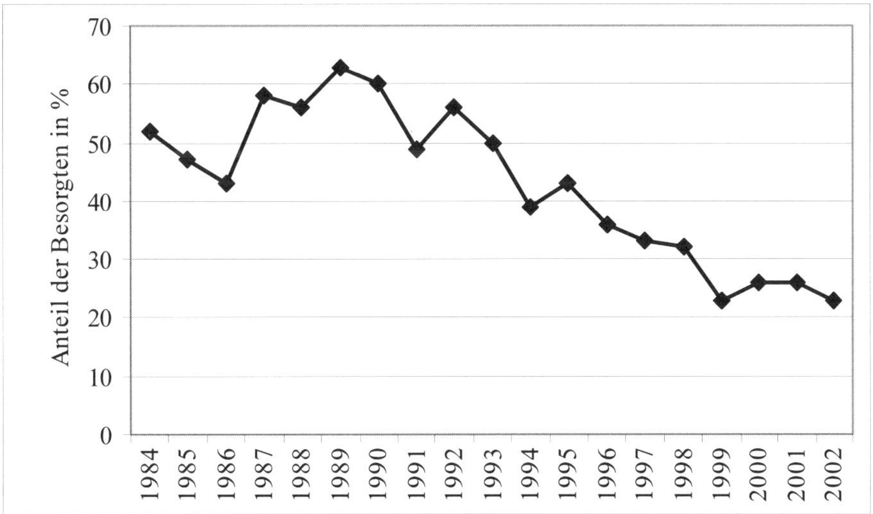

Datenquelle: SOEP 1990-2002 zitiert nach Berger-Schmitt 2004 und Christoph 2002

DIMENSION: Lebensqualität **KRITERIUM: Subjektives Wohlbefinden**

Subkriterium: Nichtmaterieller Wohlstand

Indikator: Zufriedenheit über die Zeit zur Beschäftigung mit den eigenen Kindern

Eine der Ideen des Leitbildes des qualitativen Wachstum ist es, neben der Lebensqualität auch dem Wohlstand eine erweiterte Definition zu geben. Zeit spielt in dieser Definition eine wichtige Rolle. Wohlstand drückt sich demnach nicht nur im Besitz von materiellen Gütern aus, sondern auch im Besitz des nichtmateriellen Gutes Zeit. In den letzten Jahren hat sich der Begriff des Zeitwohlstandes etabliert. Die Zeitbudgeterhebung des Statistischen Bundesamtes (2003) zeigt, dass über 40 % der Befragten der Ansicht sind, dass sie im Alltag zu wenig Zeit für ihre persönliche Freizeit und die Pflege ihrer freundschaftlichen Kontakte finden. Zwar ist der materielle Wohlstand in Zeitwohlstand transferierbar – z. B. durch die Beschäftigung einer Putzhilfe im Haushalt – , in vielen Bereichen ist das nicht möglich oder zumindest wenig befriedigend. Beispiel hierfür ist die Kinderbetreuung, die man zwar in professionelle Hände übergeben kann, die aber die eigene Beschäftigung mit den Kindern nicht ersetzen kann. Weder ist es für eine erfolgreiche Erziehung sinnvoll, noch für das Wohlbefinden förderlich, wenn man nach subjektiver Bewertung zu wenig Zeit mit den Kindern verbringt.

Der Indikator zielt auf den Anteil der befragten Väter und Mütter, die der Meinung sind, gerade richtig viel Zeit mit ihren Kindern zu verbringen.

Knapp die Hälfte der befragten Väter sind der Meinung, dass sie „zu wenig" Zeit mit ihren Kindern verbringen. Bei den Müttern vertreten ein Drittel diese Meinung. Dass der Zeitumfang „gerade richtig" ist, meinen die Hälfte der Väter und zwei Drittel der Mütter. Nur ein Prozent der Väter und zwei Prozent der Mütter sind der Meinung, dass sie „zu viel" Zeit mit den Kindern verbringen. Wie viel Zeit Eltern mit ihren Kindern verbringen, hängt nicht nur von Traditionen und persönlichen Neigungen, sondern auch von der Erwerbstätigkeit ab. Erwerbstätige Frauen mit Kindern unter 6 Jahren wenden für die Betreuung ihres Nachwuchses mit 2 ¼ Stunden doppelt so viel Zeit auf wie erwerbstätige Männer, nicht erwerbstätige Frauen mit 3 ¼ Stunden sogar etwa das Dreifache. Mit steigendem Alter der Kinder reduziert sich die Betreuungszeit spürbar. Manche Eltern werden hier vermutlich die gewollte oder ökonomisch erforderliche Rolle als Doppelverdiener mit der Beeinträchtigung des Wohlgefühls „erkaufen", weil am Ende des Tages zu wenig Zeit für die Kinder übrig bleibt. Hier könnte ein Eintauschen materiellen Wohlstands in Zeitwohlstand, z. B. durch reduzierte Arbeitszeiten mit entsprechendem Lohnverzicht, Abhilfe schaffen. Das angebotsseitige Vorhandensein kompatibler Strukturen (z. B. qualifizierte Teilzeitarbeitsplätze) ist eine notwendige Voraussetzung dafür. Eine weitere Vorraussetzungen ist, dass Eltern ein entsprechend hohes Einkommen haben, das es ihnen ermöglicht monetären Wohlstand in Zeitwohlstand umzutauschen.

Abbildung 38: Einschätzung des Zeitumfangs mit Kindern

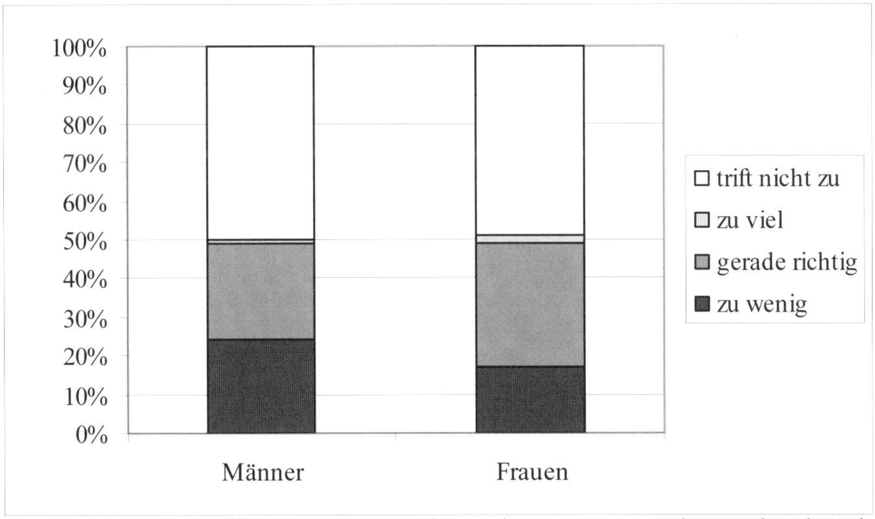

Datenquelle: Bundesministerium für Familie, Senioren, Frauen und Jugend und Statistisches Bundesamt 2003

DIMENSION: Lebensqualität **KRITERIUM: Subjektives Wohlbefinden**

Subkriterium: Künstlicher Kapitalstock: Soziales Kapital

Indikator: Vertrauen in Institutionen

Die Kohäsion einer Gesellschaft ist umso stärker, je intensiver die Mitglieder sich gegenseitig und darüber hinaus auch den politisch-administrativen Institutionen vertrauen. Je größer das Vertrauen ist, desto geringer sind Transaktionskosten, desto eher werden Entscheidungen anderer akzeptiert, desto eher können sich handlungsentlastende Routinen ausbilden und desto eher stehen Handlungs- und Orientierungspunkte zur Verfügung, die man vertrauensvoll übernehmen kann. Vertrauen in die Politik heißt aus subjektiver Perspektive auch, dass man davon ausgeht, vor Risiken geschützt zu werden. Das heißt in einem durch die politisch-administrativen Vertreter gewährleisteten Schutzraum kann sich ein entspanntes und nicht durch den Stressor Ungewissheit belastetes subjektives Wohlgefühl entwickeln. Ähnliches gilt für das Vertrauen in gesellschaftliche Institutionen wie das Gesundheitswesen und die Polizei. Für das interpersonale Vertrauen in einer Gesellschaft hat sich in der Forschung der Begriff des sozialen Kapitals etabliert. Das soziale Kapital ist umso höher, je größer das Vertrauen ist.

Der Indikator beschreibt das Vertrauen in die gesellschaftlichen Institutionen Gesundheitswesen, soziale Sicherung, Bildungssystem und Polizei. Wiedergegeben ist der Prozentteil der Befragten, die „sehr viel“ oder „ziemlich viel Vertrauen“ in die genannten Institutionen haben.

Nur 53 % bzw. 44 % der Befragten vertrauen in das Gesundheitssystem und die soziale Sicherung. Wesentlich bessere Werte haben das Bildungssystem (73 %) und die Polizei (74 %). Damit liegt Deutschland mit seinem Kapitalstock des Vertrauens im europäischen Mittelfeld. Spitzenreiter ist Finnland (Werte in oben genannter Reihenfolge der Institutionen: 84 %, 71 %, 89 %, 90 %), Schlusslicht ist Griechenland (26 %, 19 %, 29 %, 28 %). Auch beim interpersonalen Vertrauen in die Mitmenschen (Werte hier der Übersicht halber nicht wiedergegeben) liegt Deutschland weit hinter Ländern wie Dänemark und Finnland aber vor Griechenland und Italien im Mittelfeld. Die in 24 europäischen Ländern durchgeführte Studie bestätigt die These vom sozialen Kapital: In den wirtschaftlich stärksten Ländern ist das Vertrauen in die Institutionen und in die Mitmenschen am größten. Deutschland ist hier nur Mittelmaß.

Abbildung 39: Vertrauen in gesellschaftliche Institutionen

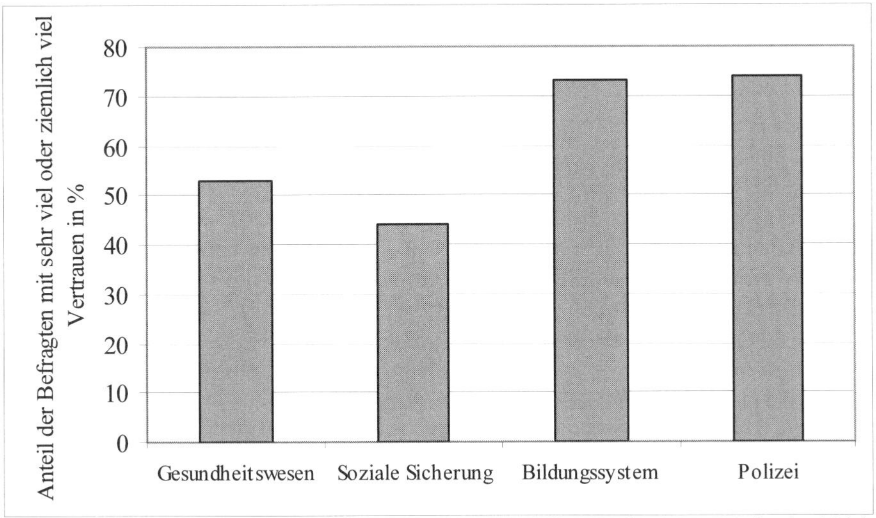

Datenquelle: Europäische Wertstudie 1999/2000 zitiert nach Berger-Schmitt 2004

DIMENSION: Lebensqualität **KRITERIUM: Subjektives Wohlbefinden**

Subkriterium: Zukunftsangst

Indikator: Angst vor Verlust des Arbeitsplatzes

Die Angst vor Arbeitslosigkeit ist seit langem eine der größten Belastungen für das subjektive Wohlbefinden. Die wahrgenommene Wahrscheinlichkeit der Arbeitslosigkeit ist abhängig von den objektiven Rahmenbedingungen der wirtschaftlichen Lage und der Arbeitslosenquote. Je schlechter hier die Werte sind, umso unsicherer wird im Durchschnitt auch der eigene Arbeitsplatz wahrgenommen bzw. die Chance einen neuen Arbeitsplatz zu finden. Eine der zentralen Herausforderungen, dem sich das Leitbild des qualitativen Wachstums stellen muss, ist die deutliche Reduzierung der Arbeitslosenquote. Mit der Implementierung einer qualitativen Wachstumspolitik müssen deshalb zwei Zielgrößen des Arbeitsmarktes besonders ins Visier genommen werden: einerseits die objektiven Kennwerte der Arbeitslosenquote, andererseits die subjektiven Wahrnehmungen. Auf der subjektiven Ebene gilt es die Potentiale für den Arbeitsmarkt argumentativ aufzuzeigen, Zuversicht zu generieren und damit das Wohlbefinden zu verbessern. Allerdings müssen die objektiven Zahlen ein entsprechendes positives Stimmungsbild widerspiegeln.

Der Indikator gibt die Zahl derer an, die sich „große Sorgen“ um die eigene Betroffenheit vor Arbeitslosigkeit machen (Fragetext: „Bereiten Ihnen die folgenden Situationen im Moment Sorgen? ... dass ich meinen Arbeitsplatz verliere bzw. keine Arbeitsstelle finde.“ Antwortvorgaben: „große Sorgen“, „Sorgen“, „kleine Sorgen“, „keine Sorgen“, „weiß nicht“).

Von den in 2003 Befragten haben insgesamt 35 % „große Sorgen“. Dabei gibt es bei den Berufstätigen je nach Berufsstatus erhebliche Unterschiede, die durch den Gesamtwert nicht wiedergegeben werden. Während (verständlicherweise) nur 6 % der befragten Beamten diese Einschätzung haben, sind es bei den Angestellten der Privatwirtschaft 39 % und bei den (Fach-)Arbeitern sogar 50 %. 2004 haben 42 % und 2005 47 % der Befragten Sorge um den Arbeitsplatz. Dies ist eine Entwicklung, die sicher nicht eine Zunahme von Lebensqualität vermuten lässt.

Abbildung 40: Große Sorge um Arbeitsplatz

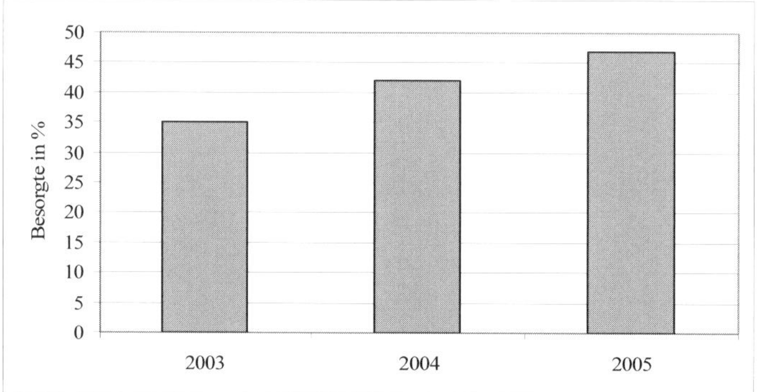

Datenquelle: McKinsey 2004: 9, 2005: 45 und 2005/2006: 37

5 Cross-Impact-Analyse: Methode und Ergebnisse[54]

5.1 Vorbemerkungen

In den vorausgegangenen Kapiteln wurden 19 Nachhaltigkeitskriterien definiert, mit deren Hilfe man das Ausmaß der Erfüllung der hierarchischen Normen „systemare Integrität", „Gerechtigkeit" und „Lebensqualität" messen kann. Die Bewertung dieser Kriterien auf Basis empirischer Daten ermöglicht jedoch lediglich eine Einschätzung des gegenwärtigen Systemzustandes und der Trends der jüngeren Vergangenheit. Der Versuch, Einsichten über mögliche Zukunftsentwicklungen des Systems zu gewinnen, erfordert es dagegen, auch die Interaktionen der Systemeigenschaften, für die diese Kriterien stehen, in den Blick zu nehmen. Ohne diese Erweiterung des Blickwinkels können die erwünschten oder unerwünschten Folgewirkungen von äußeren Entwicklungen oder von Gestaltungseingriffen nicht verstanden und bei der Planung des eigenen Handelns nicht berücksichtigt werden. Die Bedeutung der Bildung für eine Nachhaltige Entwicklung, um ein Beispiel zu nennen, kann kaum angemessen gewürdigt werden, wenn ihre Ausstrahlwirkung auf die Innovationsfähigkeit der Wirtschaft und damit auch auf die Entwicklung umweltfreundlicher Techniken, oder wenn ihre Bedeutung für die Entwicklung einer Gesellschaft mit gerechter Chancenverteilung nicht thematisiert wird. Zur Aufarbeitung der Interaktionen zwischen den Kriterien wurde daher eine Interdependenzanalyse durchgeführt, deren Methodik und Ergebnisse im Folgenden beschrieben werden.

Die Bedeutung von ineinandergreifenden, transsektoralen Veränderungen wird in der Nachhaltigkeitsforschung auch durch den Syndromansatz thematisiert (vgl. z.B. WGBU 1994; Schnellhuber et al. 1997; Lüdeke et al. 2004). Einige der vom WBGU als konstitutionell geforderten Merkmale eines Syndroms, nämlich der Einschluss einer Umweltdegradation und die globale Relevanz, werden hier aber nicht zur Bedingung gemacht, da Systemkrisen hier auch dann thematisiert werden sollen, wenn sie sich z.B. vollständig in der Humansphäre manifestieren. Auch die vielschichtige Bedeutung des Netzwerkaspektes für die Nachhaltigkeit, die sich nicht zuletzt aus dem Gedankengut des Syndromansatzes ergibt, wurde in der neueren Zeit in der Nachhaltigkeitsforschung thematisiert[55].

Es ist von Anfang an klar, dass eine Interdependenzanalyse nur grobe und in erster Linie qualitative Zielsetzungen haben kann: Eine übergreifende Theorie der hierbei angesprochenen Disziplinen, die von der Ökologie und der Physik über die Ökonomie und die Sozialwissenschaften bis hin zur Psychologie reichen, die eine fundierte quantitative Modellbildung erlauben würde, existiert nicht. Dies bedeutet aber nicht, dass kein Wissen und keine Einsichten über die Zusammenhänge vorhanden und nutzbar sind. Wissen liegt in Form von Erfahrungen, Argumenten, mentalen Teilmodellen und Datenkenntnissen in den Köp-

---

54 Autor dieses Kapitels ist Wolfgang Weimer-Jehle

55 Berg (2005: 21) definiert die Vernetzung als „... den Prozess der Strukturbildung, der den (oft wechselseitigen) Austausch von Materie oder/und Energie oder/und Informationen zwischen zahlreichen, relativ gleichwertigen Elementen, den Knoten, erlaubt".

fen der Expertinnen und Experten vor, die sich mit Nachhaltigkeitsfragen und – in welcher Form auch immer – mit integrativen Ansätzen zum Verständnis des Gesamtproblems der Nachhaltigkeit befassen. Der Versuch einer Interdependenzanalyse in einem vielschichtigen und transdisziplinären System wie dem Vorliegenden ist daher stets eine Gratwanderung zwischen dem Verlust auf mögliche Einsichten – wenn die systemanalytische Zielsetzung zu mutlos ist – und dem Verlust an Glaubwürdigkeit – wenn die Zielsetzung angesichts der Analysegrundlagen zu ehrgeizig und überzogen ist.

Die Interdependenzanalyse in diesem Projekt ging daher den Weg, Expertenurteile zu den Interdependenzen der 19 Nachhaltigkeitskriterien einzuholen. Um eine einheitliche Analysesprache zu schaffen, wurden die Expertenurteile in Form von qualitativen Einschätzungen zu den Einflussbeziehungen[56] erhoben, den „Cross-Impacts". Dabei muss berücksichtigt werden, dass die erhobenen Expertenurteile aus verschiedenen Gründen als „weiche" Daten zu interpretieren sind:

- Die Kriterien geben den urteilenden Experten nur eine ungefähre Vorstellung von den damit beurteilten Systemmerkmalen. Interpretative Divergenzen können zu divergierenden Urteilen führen.
- Die Zuspitzung der komplexen Beziehungen zwischen hoch aggregierten Systembegriffen auf die „skalare" Bewertung einer Paarbeziehung als hemmend oder fördernd erfordert oft eine erhebliche Verallgemeinerung, die viele Aspekte des Beziehungsgeflechts notgedrungen ausklammert.

Mit Rücksicht auf diese Einschränkungen wurden die erhobenen Daten nur auf ihre grundsätzlichsten Aspekte hin untersucht. Folgende Analysen wurden durchgeführt:

1. Graphische Repräsentierung der Cross-Impacts als Wirkungsnetz[57],
2. Durchmusterung des Wirkungsnetzes nach stabilen und instabilen Rückkopplungsschleifen,
3. Klassifizierung der Kriterien nach Durchgriff und Steuerbarkeit.

Von weitergehenden Analysen, die die erhobenen Daten grundsätzlich erlauben würden, wie z.B. der Simulation des Wirkungsnetzes zur Gewinnung von prognostischen Aussagen über die Zukunft der einzelnen Kriterien, haben wir bereits bei der Konzeption der Analyse bewusst Abstand genommen. Die Gefahr, dass so verfeinerte Aussagen aufgrund der „weichen" Datengrundlage einen stark artifiziellen Charakter annehmen, wäre nach unserer Einschätzung zu hoch. Andererseits sehen wir aber, wie später gezeigt, auch Gründe für die Annahme, dass die Datenqualität für Grobanalysen durchaus ausreichend ist. Die Nutzung von Expertenurteilen als Datengrundlage der Analyse bringt es aber grundsätzlich mit sich, dass ihre Ergebnisse nicht als gesicherte Erkenntnisse, sondern als Hinweise auf mögliche Sachverhalte und als Anreiz und Ausgangspunkt für vertiefende und verifizierende Untersuchungen zu bewerten sind.

---

56 Als qualitative Urteile wurde eine 7-stufige Skala vorgeschlagen: -3: stark hemmend, -2: hemmend, -1: schwach hemmend, 0: neutral, +1: schwach fördernd, +2: fördernd, +3: stark fördernd. Bei Bedarf waren die Experten auch dazu eingeladen, höhere oder gebrochene Urteilswerte zu vergeben.

57 Ein Wirkungsnetz ist die Darstellung eines wechselwirkenden Systems aus Knoten und Pfeilen, in dem die Systemelemente als Knoten und die Einflussbeziehungen zwischen den Systemelementen durch Pfeile dargestellt werden.

5.2 Ablauf der Erhebung

Zur Abgabe der Cross-Impact-Urteile wurden im Herbst 2005 13 Experten eingeladen. Die Auswahl der Einladungen folgte der Zielsetzung, sowohl eine durchmischte Altersstruktur als auch eine disziplinäre Abdeckung des transdisziplinären Problemfeldes zu erhalten. 10 Experten[58] sagten einer Teilnahme zu, worauf diese Experten die notwendigen Unterlagen per Email und nachlaufender Post erhielten. Diese bestanden aus dem auszufüllenden Cross-Impact-Formular, Erläuterungen zum Vorgehen, einer Liste von Indikatoren, die die Kriterien beispielhaft veranschaulichen sollten, einer Teilnehmerliste sowie Literatur zur Auswertungsmethodik. Alle teilnehmenden Experten gaben eine Cross-Impact-Matrix mit ihren Einschätzungen ab, wiederum per Email oder Post. Die letzte Matrix wurde am 02.12.05 eingereicht. Einige Experten gaben außerdem, wie von uns vorgeschlagen, Erläuterungen zu ihren Urteilen ab. An der Erhebung teilgenommen haben folgende Experten (in alphabetischer Reihenfolge):

- Dr. Günther Bachmann, Rat für Nachhaltige Entwicklung (RNE), Berlin
- Prof. Dr. Karl-Werner Brand, Münchner Projektgruppe für Sozialforschung (MPS)
- Dr. Hans Diefenbacher, Forschungsstätte der Evangelischen Studiengemeinschaft, Heidelberg
- Ellen Frings, IFOK GmbH, Bensheim
- Prof. Dr. Michael Jischa, Institut für Technische Mechanik, TU Clausthal
- Jürgen Kopfmüller, Institut für Technikfolgenabschätzung und Systemanalyse (ITAS), Karlsruhe
- Prof. Dr. Helge Majer, Prien am Chiemsee
- Prof. Dr. Dr. F. J. Radermacher/Dr. Thomas Kämpke, Forschungsinstitut für anwendungsorientierte Wissensverarbeitung/en (FAW/n), Ulm
- Dr. Klaus Rennings, Zentrum für Europäische Wirtschaftsforschung, Mannheim
- Dr. Jörg Tremmel, Stiftung für die Rechte zukünftiger Generationen, Oberursel

Der Auftrag für die Experten bestand ausschließlich in der Beurteilung der Interaktionen zwischen folgenden vorgegebenen Kriterien:

Systemare Integrität (Ökosphäre)

1. Klimastabilität
2. Stabilität der Biosphäre
3. Verbrauch nicht erneuerbarer Ressourcen
4. Abfallaufkommen
5. Biodiversität

Systemare Integrität (Humansphäre)

6. Humanbiologische Reproduktion
7. Wirtschaftsleistung
8. Innovationsfähigkeit
9. Stabilität des demokratischen Systems

58 An der Erhebung nahmen 1 Expertin und 9 Experten teil. Der Begriff „Experte“ soll im Folgenden sowohl die weibliche als auch die männliche Sprachform mit einschließen.

10. Soziales Engagement
11. Sozialer Rückhalt

Gerechtigkeit
12. Chancengerechtigkeit des Sozialsystems
13. Leistungsgerechtigkeit des Sozialsystems
14. Bedürfnisgerechtigkeit des Sozialsystems
15. Generationengerechtigkeit des Sozialsystems

Lebensqualität
16. Öffentliche Sicherheit
17. Bildung
18. Wahrgenommene Umweltqualität
19. Allgemeine Lebenszufriedenheit

Die Auswahl der Kriterien und der sie veranschaulichenden Indikatoren war durch uns vorgegeben und durfte – um die Erhebungsergebnisse nicht unvergleichbar werden zu lassen – von den Experten nicht mehr verändert werden. Die Verantwortung für die Kriterien- und Indikatorauswahl liegt daher ausschließlich bei uns. Beispielsweise hat ein Experte die Eignung des Bruttoinlandprodukts als Indikator für die Wirtschaftsleistung in Frage gestellt und die Notwendigkeit einer an Nachhaltigkeitsaspekten orientierten Wirtschaftsbilanz betont. Auch die Verantwortung für die nachstehenden Analysen und die daraus gezogenen Schlussfolgerungen liegt ausschließlich bei uns.

5.3 Datenqualität

Außer den bereits aufgeführten grundsätzlichen Umständen, die der Datenqualität der Erhebung zwangsläufige Grenzen setzen, gibt es einige spezifische Aspekte der Erhebung, die zur Beurteilung der Datenqualität diskutiert werden müssen.

a) Es ist zu beachten, dass die Erhebung unvermeidbar in einem aktuellen Kontext stattfindet, der letztlich zufällig ist, aber eine gewisse Problemgewichtung bei den urteilenden Experten verursachen könnte. Die Erhebung fiel in einen Zeitraum, in dem aufgrund der Koalitionsverhandlungen zur Bildung der deutschen Bundesregierung viele in der Erhebung angesprochenen Themen medial präsent waren. Die sozialen Unruhen in Frankreich schufen ebenfalls einen medialen Fokus auf bestimmte Aspekte der Erhebung. Eine gewisse zeitpunktbedingte Beeinflussung der Perspektiven könnte sich daraus ableiten. Andererseits kann bei Experten, die sich seit vielen Jahren mit den in der Erhebung thematisierten Problemstellungen beschäftigen, eine gewisse Robustheit des Urteils und eine Widerstandsfähigkeit gegenüber zufällig tagesaktuellen Problematisierungen erwartet werden.

b) Aufgrund der zeitlichen und finanziellen Restriktionen des diesem Buch zugrunde liegenden Projektes war es nicht möglich, die Cross-Impact-Urteile im Rahmen eines Expertenworkshops zu erheben. Der Expertenworkshop ist unser Standardvorgehen für Cross-Impact-Analysen und nach unseren Erfahrungen die überlegene Form der Erhebung, da alle Unklarheiten und Interpretationsdivergenzen umgehend thematisiert und behoben werden können. Außerdem setzt die Peer-Diskussion alle Urteile einem Begründungsdiskurs aus und erlaubt jedem Experten eine Überprüfung und Verbesserung seiner Urteilsqualität. Mit der schriftlichen Erhebung ist im konkreten Fall das Risiko verbunden, dass Experten Kriterien unterschiedlich deuten und daher zu unterschiedlichen Cross-Impact-Urteilen kommen, obwohl zwischen ihnen kein wirklicher Einschätzungsdissens besteht. Zwei Experten haben auch ausdrücklich auf diese Gefahr hingewiesen.

c) Um die Kriterien zu veranschaulichen haben wir uns entschieden, jeweils beispielhafte Indikatoren zu benennen. Obwohl wir darauf hinwiesen, dass die Urteile sich auf die Kriterien beziehen sollen, besteht die Möglichkeit, dass sich einzelne Experten gelegentlich stärker an den Beispielindikatoren als an den Kriterien selbst orientierten. Daraus können Urteilsdivergenzen unter den Experten entstehen, denn die Indikatoren repräsentieren zumeist nur einen Ausschnitt aus dem Themenfeld, das durch ein Kriterium angesprochen wird. In einigen Fällen lässt sich der Effekt anhand der mitgelieferten Begründungen auch belegen. Eine besonders ausgeprägte Form dieser Problematik tritt auf, wenn Kriterium und Indikator in einem reziproken Verhältnis zueinander stehen (Z. B. Klimastabilität und atmosphärische CO_2-Konzentration). In diesem Fall führt eine Orientierung am Indikator zu einem qualitativ zutreffenden Urteil, aber mit Vorzeicheninversion. Auch dies ist in einigen Fällen anhand der mitgelieferten Begründungen belegbar. Die Auswertung der Expertenurteile muss diese Umstände berücksichtigen, ohne unzulässig interpretativ zu intervenieren.

d) Der menschliche Verstand kann die Ausbreitung von Folgewirkungen in Wirkungsnetzen nur unvollkommen nachvollziehen. Daher sind die hier zur Anwendung kommenden Auswertungsmethoden darauf ausgelegt, dieses Unvermögen zu überbrücken – sie zielen in der einen oder anderen Form genau auf die Konstruktion der indirekten Wirkungen. Dies bedeutet aber andererseits, dass die Experten in ihren Urteilen zur Interdependenzstruktur nur die direkten Wirkungen berücksichtigen sollten, um Doppelzählungen zu vermeiden. Hierauf wurden die Experten im Erläuterungstext hingewiesen. Die Vermeidung von ungewollten indirekten Gedankengängen ist jedoch nicht immer leicht, was aus den umfangreichen Anwendungserfahrungen des Cross-Impact-Ansatzes bekannt ist und auch in diesem Anwendungsfall von einigen Experten bestätigt wurde. Daher kann das Datenmaterial möglicherweise Urteile enthalten, in denen eine indirekte Wirkung ungewollt berücksichtigt wurde.

Die diskutierten Einflüsse auf die Datenqualität verdeutlichen, dass gewisse Verfälschungen der Expertenurteile im Datenmaterial anzunehmen sind. Dies trifft aber noch keine Aussage darüber, wie groß die Verfälschungen sind, und ob sie tatsächlich eine ernste Einschränkung der Datenqualität darstellen. Eine Möglichkeit, die faktische Qualität des Datenmaterials empirisch zu beurteilen, ist eine Streuungsanalyse. Die diskutierten Verfälschungsquellen haben zumeist die grundsätzliche Tendenz, dass die Expertenurteile auch dann uneinheitlich ausfallen können, wenn die Systemeinschätzungen gleich sind. Wenn solche Effekte in starkem Umfang wirksam sind, sollte sich dies in einer hohen Streuung der Urteile zeigen. Im Extremfall würden die Urteile so dispers sein, dass sie uninterpretierbar werden. Was sich jedoch tatsächlich in dem vorliegenden Datenmaterial zeigt, zeichnet ein anderes Bild (Abb. 41).

Abbildung 41: Häufigkeitsverteilung der Urteilsdifferenzen in den Cross-Impact-Matrizen der Experten

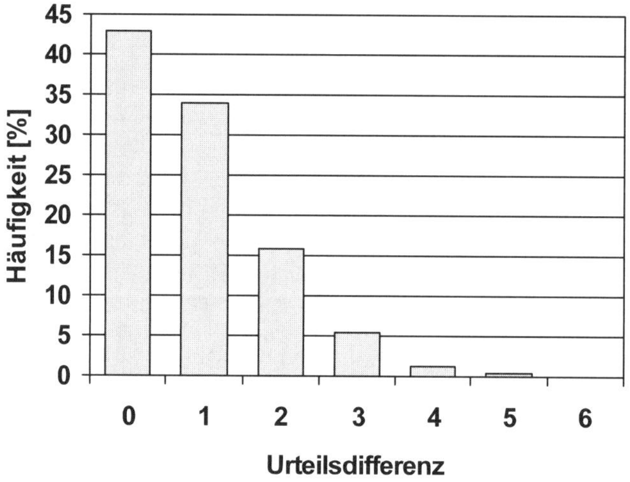

In Abbildung 41 wurden alle 10 Expertenurteile für jede der 19 x 18-Zellen verglichen. Das ergibt 45 Paarvergleiche pro Zelle und 15.390 Paarvergleiche insgesamt. Das mit rund 43 % häufigste Vergleichsergebnis ist die vollständige Übereinstimmung der Urteile, in etwa 77 % der Paarvergleiche unterscheiden sich die Urteile durch maximal einen Punkt. Auch wenn man alle „0-Voten" als „Defaultwerte" aus dem Vergleich ausschließt, ändert sich das Ergebnis nicht wesentlich. Ein Teil der geringen starken Urteilsdifferenzen hat außerdem, wie sich anhand der Urteilsbegründungen belegen lässt, keine tiefgreifenden Ursachen, sondern ist auf den erwähnten Effekt der Vorzeicheninversion zurückführen und wäre grundsätzlich korrigierbar. Die Konvergenz der Urteile empfanden wir als ermutigend, insbesondere wenn man bedenkt, dass die gefundenen mäßigen Urteilsdifferenzen nicht nur die erhebungsbedingten Divergenzen, sondern auch den angesichts der Komplexität der Fragestellung zu erwartenden genuinen Einschätzungsdissens beinhalten muss. Daher kamen wir zu dem Schluss, dass die erhobenen Daten trotz der einschränkenden Umstände insgesamt ein in den Grundzügen valides Bild der Experteneinschätzungen zeichnen und dass ihre Qualität für eine zurückhaltende Auswertung ausreicht. Dies schließt nicht aus, dass es bei der Auswertung an einzelnen Stellen zu Datenproblemen kommen kann – dies sollte allerdings deutlich die Ausnahme und nicht die Regel sein.

5.4 Das Erhebungsergebnis

Unmittelbares Erhebungsergebnis sind die 10 Cross-Impact-Matrizen. Statistische Standardverfahren zur Zusammenfassung von Einzelurteilen zu Ergebniswerten sind die zellenweise Berechung a) des Mittelwerts oder b) des Medians[59] aller Urteile. Eine Mittelwertbildung hat den Vorteil, dass jedes Urteil gleichberechtigt und entsprechend seinem

59 Der Median ist ein Wert, den ebenso viele Expertenurteile überschritten wie unterschritten haben.

Wert in das Ergebnis einfließt. Der Median dagegen mildert die Ergebnisverfälschung, die von einzelnen extremen Fehlurteilen ausgehen können.

Wir entschieden uns für eine Kombination aus beiden Ansätzen, um von den Vorteilen beider Ansätze wenigstens teilweise profitieren zu können. Zur Bestimmung des Ergebniswerts der 10 Cross-Impact-Urteile für eine Zelle wurden jeweils die beiden höchsten und die beiden tiefsten Urteile gestrichen und der Mittelwert aus den verbleibenden 6 Urteilen gebildet. Dadurch wird das Ergebnis unempfindlich gegen Extremvoten, jedenfalls solange nicht mehr als zwei Extremvoten pro Zelle auftreten. Alle anderen Voten gehen dagegen mit ihrem genauen Wert in die Ergebnisbestimmung ein.

Eine wichtiger Vorteil dieses Vorgehens ist es auch, dass so auch den in Abschnitt 5.3 angesprochenen Fällen von versehentlichen Vorzeicheninversionen Rechnung getragen wird. Abbildung 41 macht klar, dass es sich bei den Vorzeicheninversionen nur um Ausnahmen handeln kann, sie würden aber bei einer einfachen Mittelwertsbildung dennoch zu einer Abschwächung des Ergebniswertes für eine eventuell an sich konsensuale Wirkung führen. Eine genauere Untersuchung des Datenmaterials zeigte, dass niemals mehr als zwei der zehn Experten in der gleichen Zelle einer Vorzeicheninversion unterlagen. Von einer Nachkorrektur der Vorzeicheninversionen wollten wir Abstand nehmen, selbst in den Fällen, in denen diese durch die mitgelieferten Erläuterungen gedeckt gewesen wäre. Eine generelle Nachkorrektur brächte die Gefahr mit sich, dass der Eingriff in die Erhebungsdaten als interpretative Intervention empfunden würde und das Ergebnis an Legitimation verliert. Eine Nachkorrektur in nur dem Teil der Fälle, in dem auf eine mitgelieferte Erläuterung zurückgegriffen werden könnte, würde das Problem dagegen nicht insgesamt lösen.

Die so entstandene ZentralMittel-Matrix Abb. 42 ist die Datengrundlage für alle nachfolgend beschriebenen Auswertungen. Die Zellenwerte dieser Matrix werden als Stärke der Verbindungen interpretiert. Dabei drückt der Begriff Stärke eine Mischung aus Intensität und Bewertungssicherheit aus, da sowohl hohe Urteilswerte als auch ein hoher Konsens zwischen den Urteilen Voraussetzungen für hohe Zellenwerte sind.

Abbildung 42: Die ZentralMittel-Matrix als zusammenfassendes Ergebnis der Expertenerhebung. In jeder Zelle werden die beiden höchsten und tiefsten Expertenurteile gestrichen. Die verbleibenden sechs Urteilswerte werden gemittelt und hier auf eine Nachkommastelle gerundet.

	1	2	3	4	5	6	7	8	9	10	11	12	13	14	15	16	17	18	19
1. Klimastabilität		1,8	-0,2		1,0		0,2		0,3						0,3	0,3		1,8	0,8
2. Stabilität der Biosphäre	2,0				1,7		0,2	0,2	0,2						0,3	0,2		1,8	1,0
3. Verbrauch nichterneuerbarer Ressourcen	-3,0	-1,8		1,3	-0,7		0,7	0,3		0,2					-0,3	-0,3		-1,5	-0,7
4. Abfallaufkommen	-0,8	-0,8	-0,2		-0,3		0,3	0,2							-0,2			-1,8	-1,0
5. Biodiversität	0,5	2,2					0,2		0,2						0,2			1,3	1,2
6. Humanbiologische Reproduktion	-1,3	-0,8	2,0	1,5	-0,7		0,5	0,3			0,8	-0,2			0,8				0,2
7. Wirtschaftsleistung	-1,8	-1,2	2,3	2,0	-1,3	-0,7		1,5	1,0		-0,3	0,8	0,8	1,0	1,3	0,2	1,3	-0,3	1,3
8. Innovationsfähigkeit	1,7	1,3	-1,7	-1,7	0,7		2,5		0,7			0,7	0,5	0,8	1,2	0,2	1,0	0,7	0,8
9. Stabilität des demokratischen Systems	0,3	0,3	-0,2	-0,2	0,2	0,2	1,8	1,0		1,3	0,7	1,7	1,0	0,8	1,0	2,0	1,3	0,2	1,2
10. Soziales Engagement	0,3	0,3	-0,7	-0,7	0,5	0,2	0,7	0,8	1,8		0,5	0,8	0,5	0,8	1,0	0,5	0,5		1,3
11. Sozialer Rückhalt				-0,2		0,8	0,5	0,2	0,8	1,0		0,3	0,3	0,5	0,5	0,2	0,3		1,7
12. Chancengerechtigkeit						0,8	1,3	0,5	2,2	1,2	0,8		0,7	1,0	1,0	1,0	2,3		1,5
13. Leistungsgerechtigkeit						0,7	1,7	0,7	2,0	0,5	0,5	0,7		0,5	0,5		0,8		1,5
14. Bedürfnisgerechtigkeit						1,3	0,7	0,5	2,0	0,5	0,7	0,8	0,5		0,7	0,5	0,8		1,5
15. Generationengerechtigkeit	0,5	0,5	-0,3	-0,2	0,2	0,2	1,0	0,5	1,8	0,5	0,5	1,0	0,5	1,0		0,2	0,5	0,3	1,3
16. Öffentliche Sicherheit						0,2	1,7	0,5	2,2	0,8	1,0	0,2							1,7
17. Bildung	0,8	0,8	-0,7	-1,0	0,7	-0,5	2,3	2,5	2,0	1,5	0,5	1,5	1,3	1,0	1,0	0,3		1,0	1,2
18. Wahrgenommene Umweltqualität	0,7	0,7	-0,5	-1,0	0,5	0,3	0,3	0,2	0,2	-0,2									1,5
19. Allgemeine Lebenszufriedenheit	0,2	0,2		-0,2	0,2	0,8	0,5	0,2	1,8	0,5	0,5	0,2		0,3	0,2	0,5		0,5	

5.5 Direkter Einfluss und direkte Abhängigkeit der Kriterien

Die Matrix in Abbildung 42 erweckt bereits durch Augenschein den Eindruck, dass manche Kriterien stärkeren Einfluss ausüben als andere, da sie mehr und stärkere Cross-Impacts in ihrer Zeile besitzen. Umgekehrt drücken viele hohe Cross-Impacts in der Spalte eines Kriteriums aus, dass es von vielen anderen Kriterien in starker Form abhängig ist. In der Strukturanalyse drückt man diese Unterschiede durch das „System-Grid"-Diagramm aus (zum System-Grid siehe z.B.: Götze 1991). In diesem Diagramm wird die Summe der Absolutwerte einer Zeile als pauschales Einflussmaß, die Summe der Absolutwerte einer Spalte als pauschales Maß der Abhängigkeit eines Systemelements eingetragen. Das Ergebnis zeigt Abbildung 43.

Abbildung 43: System-Grid der direkten Wirkungen in der ZentralMittel-Matrix Abbildung 42

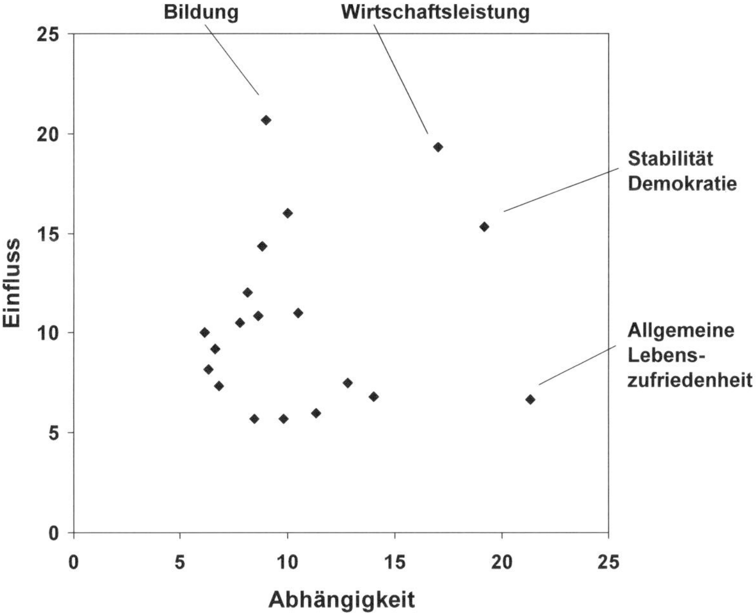

In Abbildung 43 zeigt sich, dass sich die meisten Kriterien im mittleren Bereich des Diagramms sammeln. Vier Kriterien fallen dadurch auf, dass der Einfluss oder die Abhängigkeit oder beide Werte ungewöhnlich hoch sind. Von ihnen kann vermutet werden, dass sie im einen oder anderen Sinn eine hervorgehobene Rolle im Systemverhalten spielen werden.

In der Netzwerkanalyse besonders herausgestellt werden Elemente, für die das Produkt aus Einfluss und Abhängigkeit besonders hoch ist. Ihre anschauliche Bedeutung liegt darin, dass besonders viele und wichtige indirekte Verbindungen über diese Elemente laufen, da viele starke Verbindungen bei diesen Elementen eingehen und auch viele starke Verbindungen wieder von ihnen ausgehen. Sie werden daher auch als „Naben“ des Netzwerks bezeichnet. Man geht davon aus, dass komplexe Netzwerke, die im Allgemeinen eher robust auf Störungen und Teilausfälle reagieren, dann anfällig sind, wenn sie an den Naben getroffen werden. Im vorliegenden Fall gibt es zwei sehr klare Naben des Netzwerks:

- Netzwerk-Nabe „Wirtschaftsleistung“, und
- Netzwerk-Nabe „Stabilität des demokratischen Systems“.

Die beschriebene Auszählung der direkten Verbindungen der Netzwerkknoten dient der ersten Orientierung, sie darf jedoch nicht überinterpretiert werden. Eine hohe Quantität von Einflussbeziehungen eines Knotens bedeutet noch nicht zwangsläufig, dass sich andere Knoten stark nach diesem Knoten richten. Es hängt davon ab, welchen konkurrierenden Einflüssen die anderen Knoten ausgesetzt sind und ob der einflussnehmende Knoten möglicherweise seinen eigenen Einfluss auf dem Umweg indirekter Wirkungen konterkariert, indem er selbst Gegenwirkungen anderer Knoten provoziert. Ähnliches gilt für die Abhängigkeiten eines Knotens. Systemare Effekte beinhaltet erst die Bestimmung der Größen „Durchgriff“ und „Steuerbarkeit“, die in Abschnitt 5.8 erfolgt.

5.6 Verbundenheit und graphische Repräsentierung des Wirkungsnetzwerks

Die Matrix Abbildung 42 stellt eine tabellarische Formulierung eines Wirkungsnetzwerks dar. Sie kann auf die Verbundenheit des Netzwerkes untersucht werden, also auf die Frage, ob jedes Kriterium jedes andere über Wirkungsbeziehungen – mit oder ohne Zwischenschritte über andere Kriterien – erreichen kann. Die Auswertung von Abbildung 42 mit dem dafür konzipierten MICMAC-Verfahren[60] zeigt, dass dies grundsätzlich gegeben ist, wenn man auch die schwächeren Verbindungen mit berücksichtigt. Jedes Kriterium wirkt auf jedes andere über Verbindungen der Stärke 1 oder stärker. Schränkt man die Verbundenheitsanalyse auf Verbindungen von mindestens der Stärke 1,5 ein, so gibt es eine Reihe von Kriterien, die selbst keinen Einwirkungen mehr unterliegen, wie man auch in Abbildung 42 sieht. Diese Kriterien erreichen aber alle anderen Kriterien, und auch die anderen Kriterien erreichen sich untereinander vollständig. Die Kriterien, die sich im Wirkungsnetzwerk Abbildung 42 als frei von mittelstarken und starken Einwirkungen (Einwirkungen ab Stärke 1,5) erweisen, sind:

- 6. Humanbiologische Reproduktion
- 11. Sozialer Rückhalt
- 13. Leistungsgerechtigkeit des Sozialsystems
- 14. Bedürfnisgerechtigkeit des Sozialsystems
- 15. Generationengerechtigkeit des Sozialsystems

60 MICMAC: ‘Matrice d’Impacts Croisés – Multiplication Appliquée à un Classement’. Zu MICMAC siehe z.B. Godet 1993 oder Arcade/Godet/Meunier/Roubelat 1999

Die tabellarische Darstellung der Interdependenzen als Cross-Impact-Matrix hat den Vorteil großer Kompaktheit, anschaulicher ist aber die Darstellung in Form eines Netzgraphen. Netzgraphen können aber andererseits oft nicht die volle Komplexität eines Netzwerks darstellen, ohne ihre Übersichtlichkeit zu verlieren.

Als ersten Schritt betrachten wir Abbildung 42 unter dem Aspekt, dass darin auch die Vernetzung der Normen zum Ausdruck kommt. Die Kriterien 1 bis 5 stehen für die systemare Integrität der Ökosphäre, die Kriterien 6 bis 11 für die systemare Integrität der Humansphäre, Kriterien 12 bis 15 für die Gerechtigkeitsnorm, 16 bis 19 für die Lebensqualität. Die mittlere Stärke der Bepunktungen in den jeweiligen Sektoren der Matrix drückt in aggregierter Form aus, wie stark die Kriterien einer Norm auf die einer anderen Norm einwirken. Unter Weglassung von drei sehr schwachen Kopplungen[61] ergibt sich das in Abbildung 44 gezeigte Wirkungsnetz.

Abbildung 44: Die Kopplungen zwischen den Normen. Die Pfeilstärken repräsentieren die mittleren Absolutwerte der Punktevergaben in den zugehörigen Interaktionssektoren der ZentralMittel-Matrix[62]. Drei sehr schwache Kopplungen sind nicht dargestellt. Die Pfeile sind von unbestimmtem Vorzeichen, da sie viele einzelne Cross-Impacts zusammenfassen und dadurch im Allgemeinen für ein Gemenge aus fördernden und hemmenden Einzelwirkungen zwischen den Kriterien stehen.

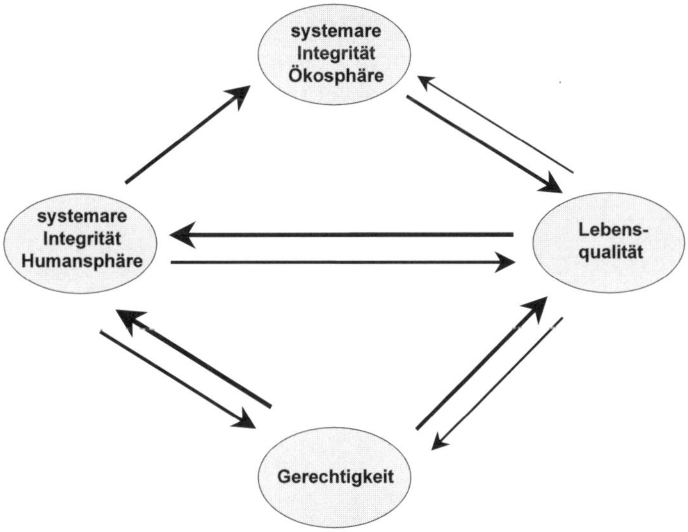

61 Die Stärken der in Abb. 44 dargestellten Verbindungen schwanken zwischen 0,9 und 2,1 (Mittlerer Betrag der Cross-Impacts in einem Sektor von Abbildung 42 ohne Einrechnung der Diagonalzellen, die grundsätzlich unbesetzt sind). Die drei nicht eingetragenen Verbindungen sind im Vergleich dazu mit Stärke 0,2 um mehr als den Faktor vier schwächer als die schwächste berücksichtigte Verbindung.

62 Beispiel: Der Interaktionssektor, der die Wirkungen der Norm „Gerechtigkeit" auf die Norm „Lebensqualität" enthält, umfasst den Kreuzungsbereich der Zeilen 12-15 und der Spalten 16-19 in der Matrix Abb. 42.

Abbildung 44 zeigt, dass nicht jede denkbare Kopplung von den Experten in relevanter Stärke errichtet wurde. So sind die Normen systemare Integrität, Ökosphäre und Gerechtigkeit im Wesentlichen nur mittelbar gekoppelt. Auffällig ist auch das Fehlen der direkten signifikanten Kopplung „systemare Integrität Ökosphäre“ wirkt auf „systemare Integrität Humansphäre“. Entsprechende Mechanismen wurden von den Experten nicht in breitem Umfang als besonders relevant bewertet.[63] Die Wirkungen in dieser Hinsicht laufen aus Sicht des Expertenkreises überwiegend über die Vermittlung anderer Normen ab.

Zu einem detaillierteren Bild gelangt man, wenn man die Normen auflöst und einen entsprechenden Wirkungsnetzgraphen für die Kriterien selbst aufzeichnet. Um diesen übersichtlich zu halten, können in Abbildung 45 allerdings nur die mittelstarken und starken Verbindungen mit einer Stärke von mindestens 1,5 eingezeichnet werden. Um hemmende und verstärkende Einflüsse im Graph unterscheiden zu können, wurden folgende Konventionen für die Form der Pfeilspitzen verwendet:

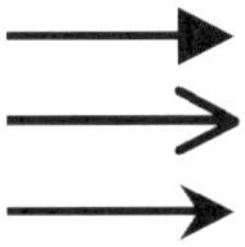

Verstärkender Einfluss

Hemmender Einfluss

Einfluss ohne Spezifizierung der Wirkungspolarität (vgl. z. B. Abb. 44)

Der linke Teil des Graphen beschreibt im groben Bild einen komplexen Wirkungsfluss von unten nach oben, d. h. von der Lebenszufriedenheit bis zu den Kriterien der systemaren Integrität (Ökosphäre). Der rechte Teil zeigt die Rückwirkung dieser Kriterien über die Umweltqualität auf die Lebenszufriedenheit.

63 Dies würde sich vermutlich anders ergeben, wenn der Beurteilung ein ausdrücklich langfristiger Zeithorizont vorgegeben worden wäre.

Abbildung 45: Der Wirkungsnetzgraph der ZentralMittel-Matrix (Wirkungen mit Mindeststärke 1,5). Links das Wirkungsgeflecht, das die Lebensqualitätskriterien über die Gerechtigkeitskriterien mit den Kriterien der systemaren Integrität verbindet. Rechts die Rückkopplung der Systemintegrität (Ökosphäre) über die Umweltqualität auf die Lebensqualität. Hinweis: Um Kreuzungen zu vermeiden, ist die Lebenszufriedenheit („LZ") mehrmals im Diagramm eingezeichnet.

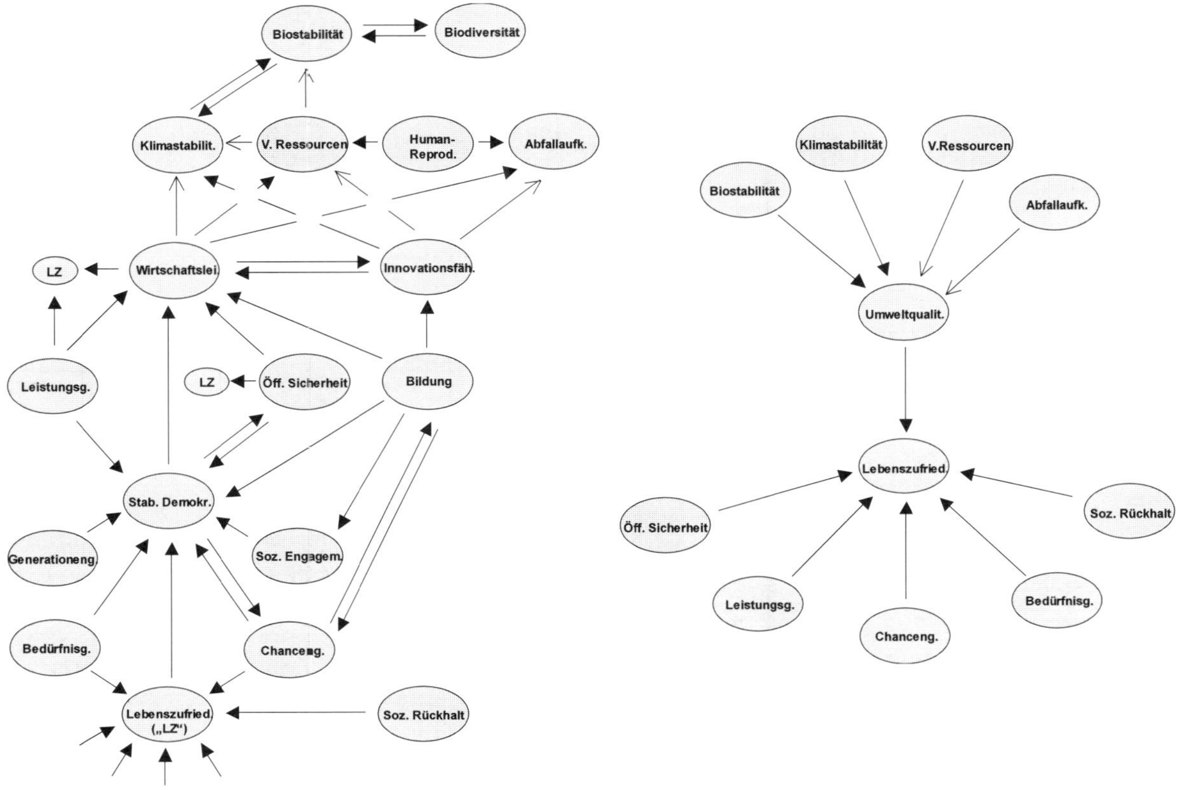

5.7 Wirkungszyklen

Eine der Botschaften des Wirkungsnetzgraphen in Abbildung 45 ist, dass verschiedene geschlossene Wirkungspfade zwischen den Kriterien existieren. Ein Beispiel in Abbildung 45 ist das Tripel „Stabilität des demokratischen Systems“, „Chancengerechtigkeit des Sozialsystems“, „allgemeine Lebenszufriedenheit“.

In den verschiedenen Disziplinen, die sich aus unterschiedlichen Blickwinkeln mit Netzwerkanalysen befassen, spielen geschlossene Wirkungspfade eine große Rolle. Sie werden als Wirkungszyklen, Rückkopplungsschleifen oder Regelkreise bezeichnet. Ihre Deutung geht dahin, dass sie nach einer spontanen oder extern verursachten Veränderung eines Elements eine Rückwirkung auf dasselbe Element vermitteln, die – je nach Charakter des Zyklus – die auslösende Veränderung verstärkt oder ihr gegensteuert. Ein Gegensteuern stabilisiert das System („stabile Zyklen“), eine Verstärkung kann hin bis zur Selbstaufschaukelung des Systems führen („instabiler Zyklus“). Die wichtigsten Merkmale, die Wirkungszyklen auszeichnen und charakterisieren, zeigt Abbildung 46.

Sowohl stabile als auch instabile Zyklen haben eine Licht- und eine Schattenseite. Die Rückkopplung bei instabilen Zyklen kann sowohl eine sich aufschaukelnde Verbesserung oder eine Verschlechterung für ein Kriterium erzeugen – die Existenz des instabilen Zyklus gibt lediglich einen Hinweis auf eine Neigung der betroffenen Elemente zur Eigendynamik, aber keinen Hinweis auf deren Richtung. Eine Gegensteuerung bei stabilen Zyklen kann Verschlechterungen abfedern, sich aber auch Verbesserungen widersetzen.

Abbildung 46: Das Konzept der Wirkungszyklen. Stabile Wirkungszyklen besitzen eine ungerade Anzahl von hemmenden Verbindungen innerhalb des Zyklus, instabile keine oder eine gerade Anzahl.

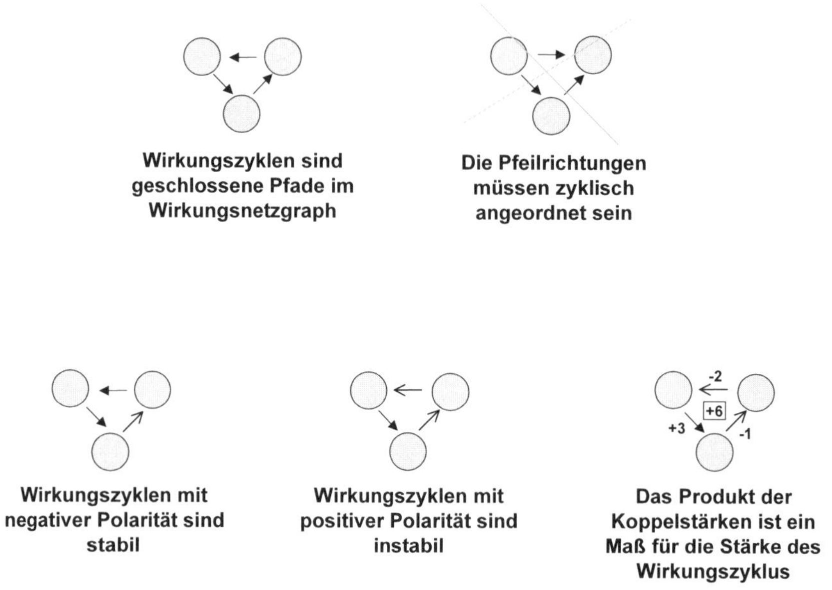

Komplexe Netze wie das Netzwerk Abbildung 42 besitzen typischerweise viele Wirkungszyklen. Ein Auswahlkriterium, welche Zyklen als wichtig anzusehen sind, ist die Stärke der einzelnen Verbindungen des Zyklus. Je stärker diese sind, als desto sicherer nehmen wir an, dass die Expertenvoten auf einen tatsächlichen, relevanten Mechanismus hinweisen. Desto sicherer ist auch, dass die Rückkopplung trotz Einwirkung anderer Elemente des Netzwerks zustande kommt. Im Folgenden werden daher selektiv Zyklen vorgestellt, bei denen i) das Produkt der Verbindungen („Π P“) hoch ist, und ii) die schwächste Verbindung („P_{min}“) nicht zu schwach ist.

Die einfachsten Wirkungszyklen sind zweigliedrig und fallen in einem Wirkungsnetzgraph ohne weiteres ins Auge: Sie bestehen einfach aus zwei Elementen, die eine bilaterale Wechselwirkung aufweisen. Die wichtigsten zweigliedrigen Zyklen (alle mit $P_{min} \geq 1,5$) sind:

Tabelle 4: Die wichtigsten zweigliedrigen Wirkungszyklen

			Π P	P_{min}
Stabilität Demokratie	↔	Öffentliche Sicherheit	4,33	2
Wirtschaftsleistung	↔	Innovationsfähigkeit	3,75	1,5
Klimastabilität	↔	Stabilität Biosphäre	3,67	1,5
Stabilität Biosphäre	↔	Biodiversität	3,61	1,7
Stabilität Demokratie	↔	Chancengerechtigkeit	3,61	1,7
Chancengerechtigkeit	↔	Bildung	3,50	1,5

Diese zweigliedrigen Zyklen bestehen alle aus verstärkenden Wirkungen und sind daher alle instabil.

Unter den dreigliedrigen Zyklen heben sich fünf Zyklen durch ihre Stärke heraus. Ihre Besonderheit liegt auch darin, dass sie vernetzt sind, d. h. dass sich mehrere Zyklen ein Element teilen. Das Netz dieser fünf dreigliedrigen Zyklen ist in Abbildung 47 dargestellt. Es existiert außerdem eine Reihe von schwächeren dreigliedrigen Zyklen, die dieses Netz zusätzlich erweitern.

Abbildung 47: Das Netz der fünf stärksten dreigliedrigen Wirkungszyklen mit ausgewählten Beispielen für Begründungen, die Experten für die Wirkungspfeile angegeben haben. Alle Zyklen dieses Netzes sind instabil. Zur Verdeutlichung der Struktur sind nur die Wirkungspfeile eingetragen, die dieses System aus dreigliedrigen Zyklen errichten.

„Innovationsfähigkeit hat einen stark positiven Einfluss auf die Wirtschaftsleistung (die Konkurrenzfähigkeit eines Landes verbessert sich)...“

„Bessere Wirtschaftsleistung schafft die finanziellen Voraussetzungen, sich ein gutes Bildungssystem leisten zu können.“

„Auch in stabilen, autoritären Regimen ist die Wirtschaftsleistung hoch; grundsätzlich begünstigt die Stabilität des demokratischen Systems die Wirtschaftsleistung aber positiv (Erwartbarkeit, Transparenz, Rechtssicherheit usw.).“

„Die Stabilität des demokratischen Systems beeinflusst positiv die Öffentliche Sicherheit. In „failed states“ mit einem Zusammenbruch der Öffentlichen Ordnung ist auch keine öffentliche Sicherheit mehr gegeben.“

„Eine Zunahme an Kriminalität kann im individuellen Alltag der Menschen sehr unmittelbar spürbar sein, weswegen sie die allgemeine Lebenszufriedenheit negativ beeinflusst.“

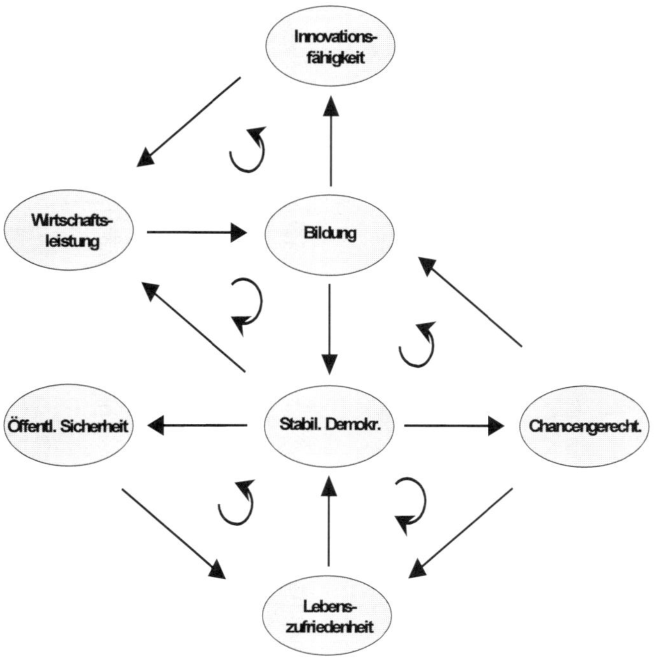

„Bildung ist essenziell, um die Innovationsfähigkeit zu sichern.“

„Die letzten Erhebungen haben gezeigt, wie bedeutend die soziale Herkunft und damit chancen- und bedürfnisgerechte Sozialsysteme sind, um den Zugang zu Bildung zu schaffen.“

„Mehr Ausgaben [für Bildung] führen zu besserer (Aus-)Bildung der Schüler, was deren Anfälligkeit für extremistisches Gedankengut und damit auch später die Chancen entsprechender Parteien reduziert“

„...In einem instabilen System mit einem schwachen Sozialstaat werden sozial Schwächere sich selbst überlassen.“

„Die subjektive Lebenszufriedenheit hat einen hohen Einfluss auf die Stabilität des demokratischen Systems.“

„Alle Gerechtigkeitsformen wirken positiv, wenn man sie am eigenen Leib erfährt.“

Drei dieser Zyklen sind unmittelbar in Abbildung 45 zu sehen, da sie nur aus Verbindungen der Stärke 1,5 oder höher bestehen. Doch auch der vierte und fünfte Zyklus (Bildung, Innovationsfähigkeit, Wirtschaftsleistung sowie Bildung, Stabilität des demokratischen Systems, Wirtschaftsleistung) besitzen eine hohe Gesamtstärke, obwohl eine Verbindung (Wirtschaftsleistung wirkt auf Bildung) eine etwas geringere Stärke aufweist (P = 1,3), da die beiden anderen Verbindungen jeweils sehr stark sind.

Die Bedeutung der Vernetztheit der Zyklen besteht darin, dass sie die Möglichkeit einer Kopplung in den Raum stellt. Wenn eine Störung den Aufschaukelungsprozess in einem Zyklus in Gang setzt, könnte ein vernetzter Zyklus über ein gemeinsames Element „infiziert" werden, so dass schließlich der ganze Komplex eine korrelierte Entwicklung aufnimmt.

Auffällig ist die zentrale Stellung des Kriteriums „Stabilität des demokratischen Systems". Es ist gemeinsames Element von vier der fünf Zyklen, wodurch seine Klassifizierung als Netzwerk-Nabe (vgl. Abschnitt 5.5) eine konkrete Veranschaulichung erhält. Die andere Netzwerk-Nabe „Wirtschaftsleistung" hat in diesem Zusammenhang aber keine gleichermaßen hervorgehobene Rolle.

Es existieren auch höhergliedrige Zyklen. Allerdings ist ein Zyklus grundsätzlich störanfälliger, je mehr Glieder er aufweist und es wird unsicherer, ob sich die entsprechende Rückkopplung wirklich manifestieren kann. Von den höhergliedrigen Zyklen werden daher nur die Fälle vorgestellt, die sowohl mindestens mittelstark sind ($P_{min} \geq 1{,}5$) als auch einen neuen Aspekt mit sich bringen. Höhergliedrige Zyklen, die Varianten von mehr oder weniger schon bekannten Kreisläufen thematisieren, werden ausgelassen.

Die viergliedrigen Zyklen erbringen in dieser Hinsicht wenig Neues, teilweise sind sie eng mit dem in Abbildung 47 gezeigten Netz der dreigliedrigen Zyklen verwoben. Bei den fünfgliedrigen Zyklen fällt auf, dass keine instabilen Zyklen mit der geforderten Mindeststärke auftreten, dafür jedoch ein stabiler Zyklus – der einzige genügend starke stabile Zyklus überhaupt von zwei bis einschließlich fünf Gliedern Länge. Er ist in Abbildung 48 dargestellt.

Abbildung 48: Ein stabiler fünfgliedriger Zyklus mit $P_{min} = 1{,}5$. Die Wirkung von der Wirtschaftsleistung zur wahrgenommenen Umweltqualität kann über drei Pfade erfolgen.

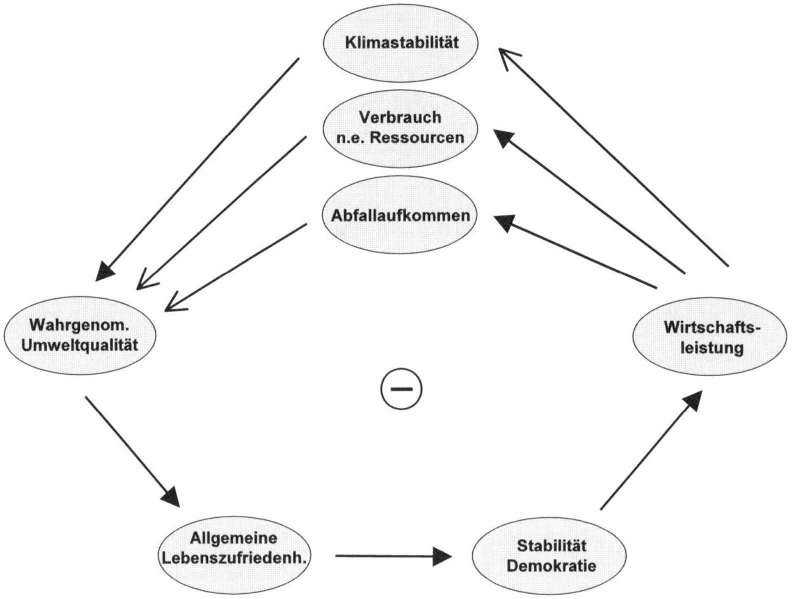

Die Darstellung fasst genaugenommen drei Zyklen zusammen, die alle in Abbildung 45 zum Ausdruck kommen: Die Wirtschaftsleistung wirkt sowohl auf den Verbrauch nichterneuerbarer Ressourcen, auf das Abfallaufkommen als auch auf die Klimastabilität. Alle drei Kriterien wirken ihrerseits auf die wahrgenommene Umweltqualität. Eine dieser beiden Wirkungen ist stets hemmend, die andere verstärkend (z. B. Wirtschaftsleistung hemmt Klimastabilität/Klimastabilität stärkt wahrgenommene Umweltqualität oder Wirtschaftsleistung stärkt Abfallaufkommen/Abfallaufkommen hemmt Umweltqualität). Zusammengenommen bilden die Glieder eine Rückkopplung, die z. B. bei einer Ausweitung der Wirtschaftsleistung eine gegenwirkende Rückwirkung auf dieselbe erzeugen kann. Der fünfgliedrige Zyklus ist der kürzeste Zyklus, der einen „vollständigen Systemdurchlauf" thematisiert, indem er eine Brücke von den gesellschaftlichen Kriterien über die ökologischen Kriterien und zurück schlägt.

Mit sechs Gliedern entstehen auch instabile Zyklen, die einen vollständigen Systemdurchlauf zeigen. Eine Zusammenfassung von 8 dieser Zyklen zeigt Abbildung 49.

Abbildung 49: Sechsgliedrige instabile Zyklen mit Rückwirkungen zwischen Öko- und Humansystem. Zwischen „Stabilität Demokratie" und „Innovationsfähigkeit" sowie zwischen „Innovationsfähigkeit" und „wahrgenommene Umweltqualität" verlaufen jeweils mehrere Pfade, die alle zum Gesamtzyklus beitragen.

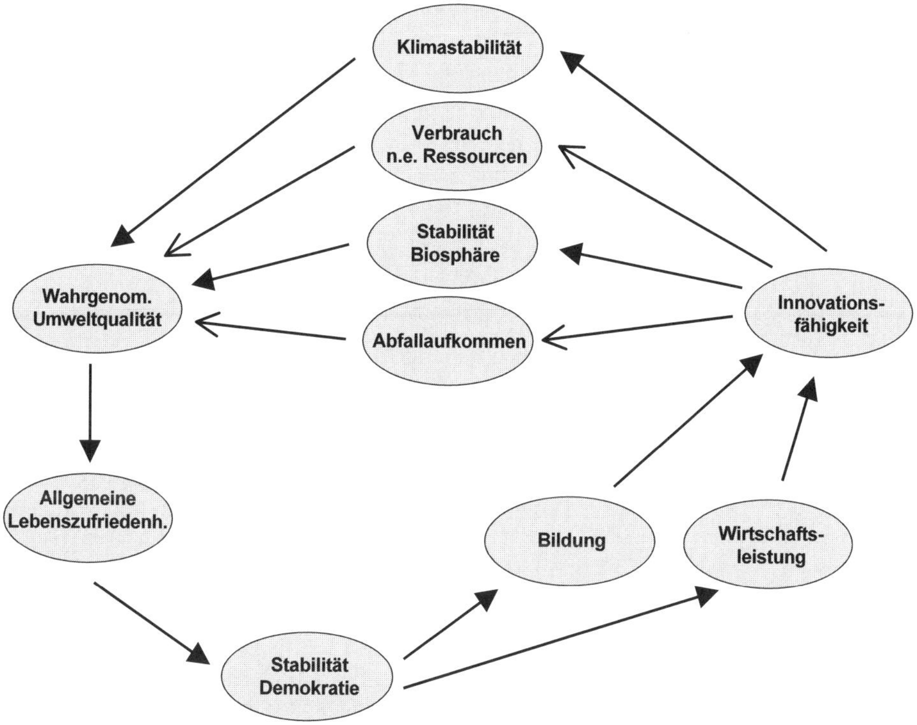

Alle Zyklen aus Abbildung 49 sind instabil, da die Einwirkung in die Vierergruppe oben in der Abbildung in allen Fällen das gleiche Vorzeichen hat wie die Wirkung aus der Gruppe heraus auf die wahrgenommene Umweltqualität: Die Innovationsfähigkeit stärkt die Klimastabilität, diese stärkt die Umweltqualität. Die Innovationsfähigkeit hemmt das Abfallaufkommen, das Abfallaufkommen hemmt seinerseits die Umweltqualität. Alle Wirkungen im restlichen Zyklus sind verstärkend. Daher ist die Zahl der hemmenden Verknüpfungen in den Zyklen stets 0 oder 2, also geradzahlig (vgl. Legende zu Abbildung 46).

5.8 Die systemare Bedeutung der Kriterien im Netzwerk

In einer Hinsicht weist das Netzwerk Abbildung 42 relativ einfache Struktureigenschaften auf: Die signifikanten Wirkungen sind überwiegend verstärkend, das Netzwerk hat also einen eher unipolaren Charakter. Es wird daher eine grundsätzliche Tendenz geben, dass sich das Netzwerk als Komplex organisiert, d. h. dass es sich mehr oder weniger als Ganzes entweder in Richtung einer Verbesserung oder einer Verschlechterung bewegt. Teilsysteme, die in starken Zyklen gebunden sind, können dabei schrittmachend und richtungsbestimmend agieren. Der Netzwerkcharakter des Kriterienverbundes wird sich unter den annähernd unipolaren Bedingungen weniger mustererzeugend auswirken, sondern er wird sich eher darin zeigen, dass sich eine einmal eingeschlagene Entwicklung selbst stabilisiert. Das heißt, das Netzwerk wird die Tendenz aufweisen, Gegenimpulse an einzelnen Elementen ganz oder teilweise auszusteuern, indem es die Störungsstelle zunächst umgeht und dann wieder synchronisiert.

Der Durchgriff

Die Frage ist, wie gut dem Netzwerk dieser Widerstand gegen Veränderungen gelingt. Eingriffe an verschiedenen Elementen des Netzwerkes können unterschiedlich erfolgreich sein, da sie das Netzwerk an unterschiedlich sensitiven Stellen treffen. Wir wollten daher untersuchen, an welchen Kriterien ein äußerer Eingriff zu starken Veränderungen im Gesamtsystem führt, d. h. welche Kriterien einen hohen *Durchgriff* auf das System besitzen. Diese Frage ist sowohl unter dem Aspekt des Risikos als auch der Chance zu sehen, denn Eingriffe an Elementen mit einem starken Durchgriff könnten sowohl eine günstige als auch eine ungünstige Entwicklung „kippen".

Zur Bewertung des unterschiedlichen Durchgriffs der einzelnen Netzwerkelemente ist es erforderlich, eine quantitative Skala einzuführen. Einem Element soll der Durchgriff 100 % zugeschrieben werden, wenn die Festlegung der Entwicklungsrichtung dieses Elements (z. B. durch einen äußeren Eingriff) dazu führt, dass die Entwicklungsrichtung aller anderen Elemente des Netzwerks damit ebenfalls sicher festgelegt sind. Ein Durchgriff von 0 % bedeutet, dass die Festlegung der Entwicklungsrichtung dieses Elements auf kein anderes Element irgendeinen Einfluss besitzt. Durchgriffswerte zwischen diesen Extremen beschrieben Zwischenformen, d. h. ein mehr oder weniger großer Teil der anderen Elemente wird mehr oder weniger stark auf eine Entwicklungsrichtung festgelegt.

Die Steuerbarkeit

Die komplementäre Fragestellung zur Untersuchung des Durchgriffs ist die *Steuerbarkeit* der Elemente. Dabei stellt man sich die Frage, ob ein Element von vielen oder vielleicht nur von wenigen anderen Elementen wirksam beeinflusst wird. Im Gegensatz zum Abhängigkeits-Begriff aus Abschnitt 5.5 soll die Steuerbarkeit auch indirekte Wirkungen bewerten. Auch diese Eigenschaft ist janusköpfig: Stark steuerbare Elemente können von günstigen Entwicklungen des Gesamtsystems profitieren oder in einen Abwärtssog seiner Umgebung gezogen werden. Schwach steuerbare Elemente widerstehen sowohl Verbesserungs- als auch Verschlechterungsimpulsen aus seiner Umgebung.

Die Steuerbarkeit wird ähnlich wie der Durchgriff quantifiziert: Ein Element besitzt die Steuerbarkeit 100 %, wenn die Festlegung der Entwicklungsrichtung an irgend einem einzelnen anderen Element stets dazu führt, dass auch die Entwicklungsrichtung des betrachteten Elements festgelegt wird. Eine Steuerbarkeit von 0 % bedeutet, dass ein äußerer Eingriff an keinem anderen Element ausreicht, um die Unbestimmtheit der Entwicklung des betrachteten Elements auch nur teilweise aufzuheben. Zwischenwerte der Steuerbarkeit beschreiben Zwischenformen zwischen diesen Extremen.

Die Cross-Impact-Bilanzen als methodischer Zugang zur Netzwerkanalyse

Um den einzelnen Elementen Werte für den Durchgriff und die Steuerbarkeit zuordnen zu können, ist ein Auswertungsverfahren erforderlich, das die logischen Implikationen der Netzwerkverknüpfungen analysieren kann. In diesem Abschnitt wird die Methodik skizziert, mit der wir diese Analyse durchgeführt haben. Der an methodischen Aspekten weniger interessierte Leser kann diesen Abschnitt überspringen und direkt zur Diskussion der Ergebnisse im nächsten Abschnitt übergehen. Es werden im Folgenden nur die Grundzüge des Verfahrens dargestellt, für eine umfassendere Methodendarstellung wird auf die zitierte Literatur verwiesen.

Zur Analyse der Netzwerkstruktur verwendeten wir die Cross-Impact-Bilanz-Methode (CIB) (zu CIB siehe z.B.: Weimer-Jehle 2006). Für den Spezialfall eines Netzes aus zweiwertigen Elementen entspricht das Verfahren weitgehend der in der Komplexitätstheorie verwendeten Methode der booleschen Netzwerke (zu den booleschen Netzwerken siehe z.B.: Weisbuch 1991 oder Kauffman 1993) und wir wollen uns hier tatsächlich damit begnügen, die Elemente des Netzwerks (die Kriterien) als Größen zu verstehen, die sich entweder verbessern oder verschlechtern, also als zweiwertige Größen. Auf eine Unterscheidung zwischen stärkeren oder schwächeren Veränderungen oder Stagnationen wird verzichtet, obwohl sie methodisch möglich wäre, um den Charakter einer Grobbetrachtung zu unterstreichen und damit der Unsicherheit der Cross-Impact-Daten Rechnung zu tragen. Um den Grundgedanken von CIB zu erläutern, betrachten wir das einfache Netzwerk in Abb. 50 mit fünf zweiwertigen Elementen.

Abbildung 50: Ein Netzwerk mit 5 zweiwertigen Elementen (Knoten) A-E.

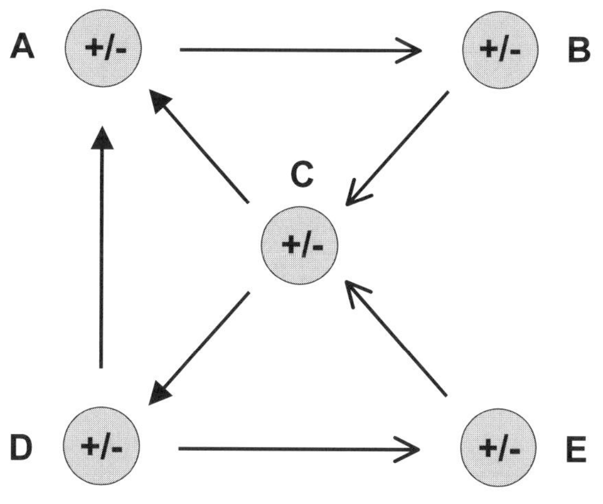

Jedes Element in Abb. 50 kann entweder im Zustand „steigend“ (+) oder „fallend“ (-) sein. *Ad hoc* hat das Netzwerk keine Präferenz, welchen dieser Zustände die einzelnen Elemente einnehmen, was durch die Kennzeichnung +/- ausgedrückt werden soll. Die Wirkungspfeile bezeichnen verstärkende oder hemmende Einflüsse (vgl. die Konvention für die Pfeilformen in Abschnitt 5.6). Alle Einflüsse sollen für diese Beispielbetrachtung gleich stark sein.

Ohne nähere Betrachtung könnte das Netzwerk in Abb. 50 $2^5 = 32$ unterschiedliche Zustände besitzen, die jeweils aus anderen Kombinationen der Zustände der einzelnen Elemente bestehen. [+,+,+,+,+], [+,+,-,+,-] oder [-,-,-,-,-] sind drei Beispiele in Kurzschrift für mögliche Netzzustände der Elemente [A,B,C,D,E].

Der entscheidende Gedanke ist nun, dass die meisten dieser kombinatorisch möglichen Netzzustände der inneren Logik des Netzwerks widersprechen. Ein logischer Widerspruch besteht z. B. wenn ein Element als „steigend" (+) ausgewiesen ist, obwohl alle seine einflußnehmenden Elemente so ausgewiesen sind, dass sie auf eine Verschlechterung hinwirken. Abb. 51 zeigt ein Beispiel für einen widersprüchlichen Netzzustand.

Abbildung 51: Ein widersprüchlicher („inkonsistenter") Zustand des Netzwerks Abb. 50.

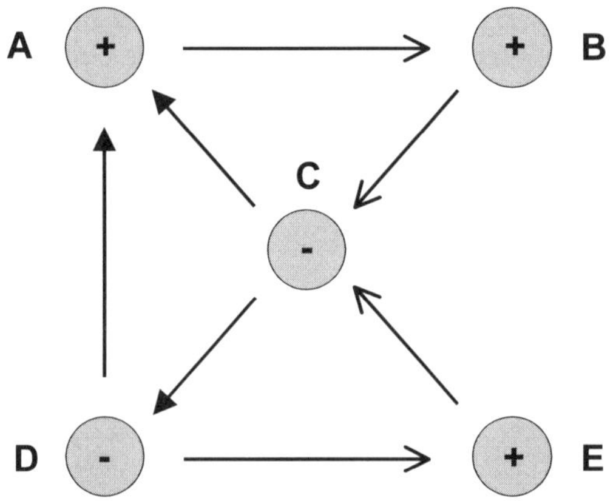

Ein logischer Widerspruch des angenommenen Netzwerkzustandes mit den Netzverbindungen zeigt sich bei Element B: Es wird als „+" angenommen, obwohl es ausschließlich unter dem hemmenden Einfluss des ebenfalls als „+" angenommenen Elementes A steht: Diese beiden Annahmen passen nicht zueinander. Auch bei Element A selbst zeigt sich ein weiteres logisches Defizit dieses Netzwerkzustandes. Die Elemente C und D nehmen zwar verstärkenden Einfluss auf A. Das bedeutet, dass sie A in Richtung auf „+" drängen, wenn sie selbst auf „+" stehen. Da aber C und D auf „-" stehen, müsste eigentlich der umgekehrte Effekt eintreten. Man spricht daher davon, dass die Cross-Impact-Bilanz des Elements A „inkonsistent" mit seinem Zustand ist.

Die anderen Elemente (C, D und E) sind dagegen konsistent. C steht unter dem hemmenden Einfluss des auf „+" geschalteten Elements B und steht daher folgerichtig auf „-". Bei Element D ist dies gerade umgekehrt mit dem gleichen Gesamteffekt: D steht unter dem verstärkenden Einfluss von C; da C jedoch auf „-" steht, zieht dies D ebenfalls in Richtung „-". Einen anderen, aber ebenfalls logisch konsistenten Fall demonstriert Element E. Es steht unter dem hemmenden Einfluss von D. Da D jedoch auf „-" steht, drängt dieser Einfluss E in Richtung „+". Das ist leicht einzusehen, wenn wir uns an die beispielhafte Interpretation erinnern, dass „+" für eine steigende Entwicklung und „-" für eine fallende

Entwicklung des entsprechenden Elements steht: Wenn D das Element E hemmt, so ist es eine Entlastung und damit ein Antrieb für eine steigende Entwicklung von E, wenn sich D in Richtung sinkender Stärke entwickelt.

Der in Abb. 51 gezeigte Netzwerkzustand besteht also aus einigen Elementen, deren Zustand konsistent mit seiner Einflussumgebung ist, und einigen Elementen, deren Zustand nicht zu ihrer Einflussumgebung passt. Der Netzwerkzustand als Ganzes gesehen kann daher nicht als selbstkonsistent bezeichnet werden, das Geflecht der gegenseitigen Einflussnahmen „geht nicht auf". Strenggenommen genügt bereits ein einziges inkonsistentes Element, um einen Netzwerkzustand als inkonsistent einzustufen[64].

In diesem Sinn können die meisten der kombinatorisch denkbaren Netzwerkzustände als widersprüchlich, d. h. „inkonsistent" disqualifiziert werden und der Blick kann den wenigen Netzwerkzuständen zugewendet werden, die ein in sich stimmiges Geflecht von Einzelzuständen der Elemente bilden. Ein Beispiel für einen stimmigen („konsistenten") Netzwerkzustand zeigt Abb. 52.

Abbildung 52: Ein selbstkonsistenter Netzwerkzustand: [+,-,+,+,-]. Für jedes Element besteht eine Übereinstimmung zwischen seinem Zustand und den auf ihn einwirkenden Einflüssen.

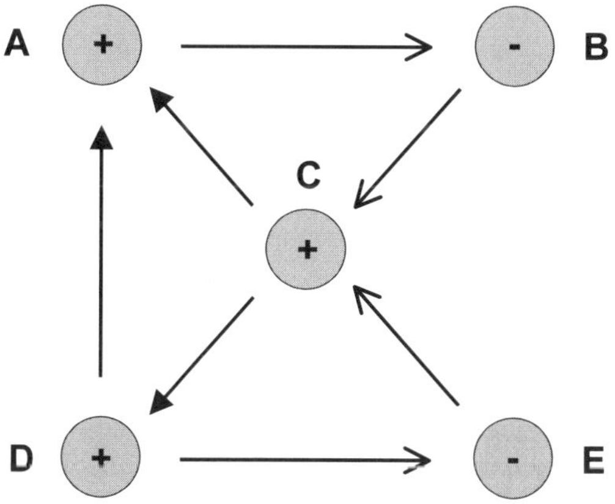

Bei Netzwerken, die anders als im hier diskutierten Beispiel Wirkungspfeile unterschiedlicher Stärke besitzen (wie das in Abb. 42 dokumentierte Nachhaltigkeitsnetzwerk), werden bei der Cross-Impact-Bilanz eines Elements nicht nur einfach die Zahl der fördernden und hemmenden Einflüsse zusammengezählt, sondern bei der Bilanzierung geht jeder Einfluss mit dem Gewicht seiner Stärke ein. So kann berücksichtigt werden, dass das Zusammenwirken von zwei konträren Einflüssen nicht zwangsläufig zu einer Kompensation führt, sondern dass sich einer der Einflüsse durchaus auch durchsetzen kann: nämlich dann, wenn sein Wirkungspfeil mit einer höheren Stärke bewertet wurde.

64 Dennoch kann man von einem Qualitätsunterschied zwischen einem Netzwerkzustand, in dem nur wenige Elemente inkonsistent sind, und einem Netzwerkzustand, in dem dies auf sehr viele Elemente zutrifft, sprechen.

Für das hier als Beispiel diskutierte kleine Netzwerk sind genau zwei Netzwerkzustände vollständig konsistent. Neben dem in Abb. 52 gezeigten Netzwerkzustand [+,-,+,+,-] ist dies noch der komplementäre Zustand [-,+,-,-,+]. Bei Netzwerken dieses Typs ist es stets so, dass konsistente Netzwerkzustände als komplementäre Paare auftreten. Alle anderen 30 Netzwerkzustände besitzen dagegen logische Defizite der gezeigten Art. Diese logischen Defizite können von unterschiedlichem Umfang sein: Sie können an mehr oder weniger vielen Elementen des Netzwerks auftreten und sie können auch unterschiedlich deutlich ausgeprägt sein (indem z. B. von drei einflussnehmenden Elementen alle in die falsche Richtung weisen, oder aber nur zwei davon). Daher können auch die inkonsistenten Netzwerkzustände in eine Rangfolge nach dem Grad ihrer Inkonsistenz geordnet werden.

Für größere Netzwerke sind die Werte für die Zahl der möglichen Netzzustände natürlich wesentlich größer. Für das in Abb. 42 dokumentierte Netzwerk aus 19 Nachhaltigkeitskriterien beträgt sie 2^{19} = 524.288. Diese können mit der beschriebenen Methode auf ihre Konsistenz beurteilt werden. Angesichts der Unsicherheit der durch Expertenurteile erhobenen Cross-Impacts ist es allerdings vernünftig, die Grenze zwischen konsistenten und inkonsistenten Netzwerkzuständen nicht völlig scharf zu ziehen: Eine im Rahmen der Unsicherheit rechtfertigbare Urteilsänderung könnte einen konsistenten Netzwerkzustand leicht inkonsistent machen und umgekehrt. Daher haben wir für alle Auswertungen nicht nur die vollständig konsistenten Netzwerkzustände, sondern insgesamt die ca. 1.000 konsistentesten Netzwerkzustände verwendet. Da diese die besten Zustände aus der Menge von über 500.000 Zuständen darstellen, bilden sie trotz kleinerer Inkonsistenzen einen exklusiven Kreis von Netzwerkzuständen, die besonders gut mit dem Wechselwirkungsnetz harmonieren.

Dieser Satz der konsistentesten Netzwerkzustände besteht ebenso wie die Lösungen des oben beschriebenen Beispielnetzwerks aus komplementären Paaren. Daher können wir diesem Satz zwar viele Informationen darüber entnehmen, welche Gruppen von Elementen vermutlich einen untereinander einheitlichen Zustand einnehmen und welche Elemente sich eher gegensätzlich zueinander einstellen werden. Wir können aber keine Schlüsse ziehen, ob sich ein bestimmtes Element eher im Zustand „+“ oder „-“ befinden wird, denn aufgrund der Bildung komplementärer Paare ist die Häufigkeit der Zustände „+“ und „-“ in diesem Satz stets 50 %.

Das Netzwerk ist also zunächst in der Schwebe, und der Satz seiner denkbaren Zustände enthält günstige und ungünstige Entwicklungen für jedes Element in ausgewogenem Umfang. Diese Unbestimmtheit wird erst aufgehoben, wenn wir einen äußeren Anstoß, einen „Impuls“ auf das System unterstellen. Durch einen äußeren Vorfall könnte die Entwicklung für ein bestimmtes Element des Nachhaltigkeitsnetzwerks, also ein Kriterium, eindeutig festgelegt werden, ohne dass die systeminternen Wechselwirkungen noch einen wirksamen Einfluss darauf besitzen. Wenn man unter dieser Prämisse wiederum den Satz der besten Netzwerkzustände berechnet, so enthält dieser keine durchgehend gleichen Häufigkeiten von „+“ und „-“-Zuständen mehr. Einige Elemente mögen diese Ambivalenz eventuell noch weiter aufweisen, wenn sie unter keiner direkten oder indirekten Einwirkung des festgelegten Elements stehen. Im Regelfall sind die Netzwerkelemente aber durch diesen äußeren Impuls beeinflusst, und Häufigkeiten der beiden möglichen Zustände „+“ oder „-“ sind für die verschiedenen Elemente in charakteristischer Weise erhöht oder erniedrigt. Bei einer starken direkten oder indirekten Beeinflussung weichen die Häufigkeiten weiter von den ursprünglichen 50 % ab als bei einer schwachen Beeinflussung.

Durch dieses methodische Rüstzeug sind wir nun in der Lage, Durchgriff und Steuerbarkeit der einzelnen Elemente zu messen. Um den Durchgriff des Elements X zu bestimmen, weisen wir ihm die Rolle des Elements zu, das einen äußeren Impuls wie zuvor beschrieben erhält. Dann berechnen wir die unter dieser Prämisse entstehenden Zustandshäufigkeiten aller anderen Elemente und bestimmen unter diesen die durchschnittliche Abweichung der Zustandshäufigkeiten von der ursprünglichen 50 %-Häufigkeit. Damit haben wir einen Wert für den Durchgriff: Wie es die oben formulierte Definition erfordert, ist der Wert 0, wenn X keinen direkten oder indirekten Einfluss auf irgendein anderes Element besitzt, denn dann behalten alle Elemente außer X ihre anfängliche Unbestimmtheit. Der ermittelte Wert für den Durchgriff beträgt 100 %, wenn eine Festlegung von X alle anderen Elemente ebenfalls eindeutig festlegt (sei es im gleichen oder im entgegengesetzten Zustand von X) und daher die Zuständshäufigkeiten für alle Elemente entweder 0 oder 100 % betragen.

Ähnlich können wir nun die Steuerbarkeit des Elements X ermitteln. Dazu wiederholen wir die gerade beschriebene Analyse, indem wir nacheinander einen Impuls auf jedes andere Element außer X setzen und dabei immer bestimmen, wie sich die Zustandshäufigkeiten von X ändern. Die mittlere Änderung der Zustandshäufigkeiten ist die Steuerbarkeit. Sie ergibt 0, wenn kein anderes Element eine Änderung der Zustandshäufigkeiten von X bewirken kann, X ist dann faktisch isoliert. Die Steuerbarkeit beträgt 100 %, wenn die Festlegung eines beliebigen anderen Elements stets bewirkt, dass die Zustandshäufigkeiten von X vollständig von 50 % zu 0 oder 100 % verschoben werden.

Ergebnisse für Durchgriff und Steuerbarkeit des Nachhaltigkeit-Netzwerks

Die Ergebnisse der Bestimmung von Durchgriff und Steuerbarkeit des Netzwerkes Abb. 42 mit der Cross-Impact-Analyse zeigt Abb. 53.

Abbildung 53: System-Grid der Gesamtwirkungen. Die Kriterien ordnen sich weitgehend zu einem h-förmigen Graphen. Die Kriteriensequenzen auf den Ästen des h-Graphen sind rechts aufgelistet. Im Gegensatz zum System-Grid Abbildung 43 auf Basis der direkten Wirkungen sind hier auch alle indirekten Wirkungspfade mit berücksichtigt. Elemente mit stark ausgeprägter Wirkungsambivalenz sind kursiv und mit Stern markiert.

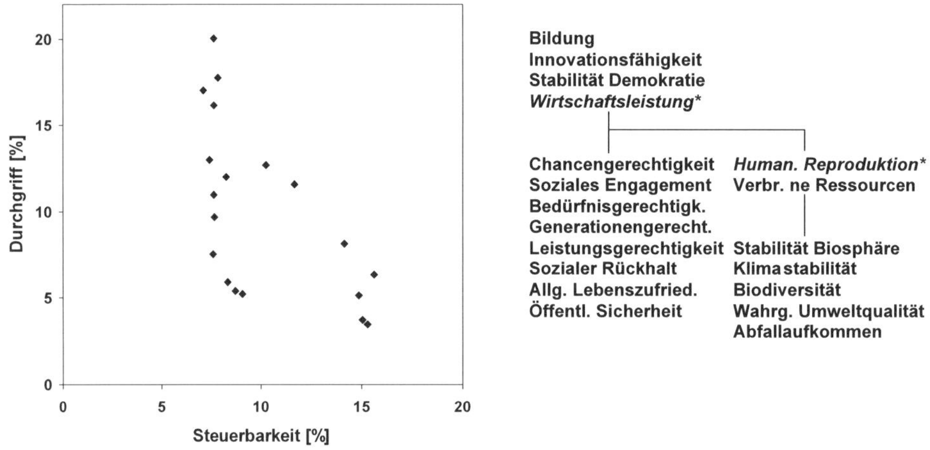

Die in Abbildung 53 dargestellten Ergebnisse führen zu folgenden Schlussfolgerungen:

- Die Werte für den Durchgriff und die Steuerbarkeit erreichen insgesamt keine sehr hohen Werte. Ein Element, das bei einem Eingriff alle anderen 18 Elemente vollständig mitbestimmen würde, hätte einen Durchgriff von 100 %. Für die Steuerbarkeit würde dieser Maximalwert erreicht, wenn jedes andere Element das untersuchte Element vollständig bestimmen könnte. Das Netzwerk erweist sich also als steif, d. h. als recht resistent gegenüber Eingriffen an einzelnen Stellen. Entsprechendes gilt für die Steuerbarkeit.
- Die Netzwerk-Elemente besitzen hinsichtlich der Werte für den Durchgriff eine deutlich höhere Varianz als für die Steuerbarkeit: Das stärkste Element ist fast 6-mal stärker als das schwächste. Der Durchgriff ist also die bessere Einzelcharakteristik zur Unterscheidung der Elemente.
- Die Elemente des Netzwerks ordnen sich in auffälliger Weise zu einer h-förmigen Linienstruktur an. Diese hat folgende Segmente: Die Elemente
    - Bildung,
    - Innovationsfähigkeit,
    - Stabilität des demokratischen Systems und
    - Wirtschaftsleistung

bilden im oberen Ast des h-Graphen eine Gruppe aus Elemente mit relativ hohem Durchgriff, aber geringer Steuerbarkeit. Deren Zustand ist für das Netzwerk besonders bedeutsam, da der Zustand der anderen Elemente stark von ihnen abhängt und andererseits kaum Möglichkeiten bestehen, diese Elemente im Zuge der Verbesserung anderer Elemente günstig mit zu beeinflussen.

Mit der Aussage, dass diese Elemente das Netzwerk stark beeinflussen, ist jedoch noch nichts darüber gesagt, ob dieser Einfluss uneingeschränkt günstig im Sinne einer Nachhaltigen Entwicklung ist. Darin unterscheiden sich die vier Elemente dieser Gruppe. Bildung hat beispielsweise nach dem Ergebnis der Durchgriffsberechnungen einen günstigen Gesamteinfluss (direkte und indirekte Wirkungen) auf die Klimastabilität (in dem Sinn, dass mehr Bildung die Klimastabilität erhöht), auf das Abfallaufkommen (mehr Bildung senkt das Abfallaufkommen) und auf vieles andere mehr. Ähnliches gilt für die Innovationsfähigkeit und die Stabilität des demokratischen Systems. Das Element „Wirtschaftsleistung“ trägt dagegen deutlich ambivalentere Züge. Es hat günstige Wirkungen auf z. B. die Elemente Innovationsfähigkeit oder Bildung (mehr Wirtschaftsleistung führt zu mehr Innovationsfähigkeit und mehr Bildung), auf der anderen Seite hat dieses Element häufig ungünstige Wirkungen, z. B. auf die Elemente Klimastabilität (mehr Wirtschaftsleistung führt zu weniger Klimastabilität) oder Abfallaufkommen (mehr Wirtschaftsleistung führt zu mehr Abfallaufkommen). Insgesamt halten sich die günstigen und ungünstigen Einflüsse dieses Elements grob gesprochen etwa die Waage. Obwohl das Element Wirtschaftsleistung also insgesamt ähnlich einflussreich ist wie die anderen Elemente dieser Gruppe, ist es aufgrund der Ambivalenz seiner Wirkungen weniger als diese dazu geeignet, das Gesamtnetz in eine günstige Richtung zu steuern. Aufgrund dieser Eigenschaft ist das Element „Wirtschaftsleistung“ in Abbildung 53 als ambivalentes Element markiert.

Der Systemzustand hängt also insgesamt hervorgehoben davon ab, dass es gelingt, die drei Elemente „Bildung“, „Innovation“ und „Stabilität des demokratischen Systems“ auf direktem Weg in einen für das Gesamtsystem günstigen Zustand zu versetzen und darin zu halten. Man könnte diese Elemente daher etwas plakativ als „Schicksalsgrößen“ des Netzwerks bezeichnen.

- Der linke untere Ast des h-Graphen enthält eine Sequenz von Kriterien mit einheitlich niedriger Steuerbarkeit und – entlang der Linie – auch zunehmend niedrigem Durchgriff. Die Abfolge auf diesem Ast von oben nach unten beschreibt damit eine Reihe von Kriterien, die zunehmend vom Netzwerk abgekoppelt sind[65]. Dies heißt nicht, dass sie an sich unwichtig sind. Sie besitzen eine Eigenbedeutung entsprechend ihren Inhalten. Von geringerer Wichtigkeit sind sie jedoch als interagierendes Element des Kriteriennetzwerkes. Dies hat die kritische Begleiterscheinung, dass sie kaum noch durch Netzwerkwirkungen verbessert werden können, sobald sie sich in einem schlechten Zustand befinden.
- Der rechte untere Ast des h-Graphen beschreibt eine Sequenz von Kriterien, für die eine Zunahme der Steuerbarkeit tendenziell mit einem Verlust an Durchgriff verbunden ist. Die Reihe dieser Kriterien beschreibt also einen schrittweisen Übergang von der Gruppe der Schicksalsgrößen zu passiven Systemgrößen, die sich nach dem sons-

65 Elemente mit niedriger Steuerbarkeit und niedrigem Durchgriff werden in der Strukuranalyse auch als „inerte Faktoren“ bezeichnet. Weder beeinflussen sie wesentlich noch werden sie wesentlich beeinflusst, sie sind daher weitgehend entkoppelt.

tigen Netzwerkzustand ausrichten, ohne diesen aktiv in wesentlichem Umfang mit zu beeinflussen. Auch dieser Ast enthält mit der humanbiologischen Reproduktion ein stark ambivalentes Element. In diesem Ast befinden sich außerdem alle Kriterien der systemaren Integrität (Ökosphäre). Dieser Befund steht in scheinbarem Widerspruch zu dem Umstand, dass starke Störungen der natürlichen Lebensgrundlage (z. B. Häufungen von Ressourcenverknappungen oder Umweltkatastrophen) sehr wohl starken Einfluss auf alle Belange des menschlichen Lebens nehmen können. Das Ergebnis erklärt sich aber durch die mittelfristige Zeitperspektive, die die urteilenden Experten eingenommen haben. Unseres Erachtens passen die Urteile gut zu einer Zeitskala von etwa 10-20 Jahren. Umweltereignisse in einer Stärke, die die gesellschaftliche und wirtschaftliche Substanz in Deutschland tatsächlich signifikant angreifen, wäre eher Teil eines ungünstigen längerfristigen Szenarios.

5.9 Zusammenfassung

Nachhaltigkeitskriterien können als Elemente eines interagierenden Netzwerkes interpretiert werden. Die in diesem Projekt erhobenen Expertenurteile ordnen sich zu einem einfachen Modell dieses Netzwerks und ermöglichen es dadurch, die Eigenschaften dieses Netzwerkmodells mit analytischen Methoden zu untersuchen. Dabei wurden folgende Eigenschaften erkennbar:

Normativ-funktionale Nachhaltigkeits-kriterien bilden ein steifes Netzwerk	Zusammengefasst beschreiben die Expertenurteile ein Netzwerk, das stark unipolar (fördernde Einflüsse überwiegen die hemmenden deutlich), verbunden (jedes Kriterium erreicht über direkte oder indirekte Wirkungen jedes andere Kriterium) und steif ist (Eingriffe an einzelnen Elementen beeinflussen den Netzwerkzustand insgesamt nur begrenzt). Naben des Netzwerks sind die Kriterien *Wirtschaftsleistung* und *Stabilität des demokratischen Systems* (über diese Kriterien verlaufen besonders viele starke Wirkungsverbindungen).
Eine auf die Umweltwahrnehmung begrenzte Wirkung der Ökosphäre auf die Humansphäre entspricht einem mittelfristigen Zeithorizont	Die graphische Darstellung des Netzwerks zeigt, dass die Kriterien der Ökosphäre in erster Linie über zwei Schnittstellen an die Kriterien der Humansphäre angekoppelt sind: Über *Wirtschaftsleistung* und *Innovationsfähigkeit* treten starke Wirkungen in die Ökosphäre ein, über *wahrgenommene Umweltqualität* und *allgemeine Lebenszufriedenheit* koppeln sie in erster Linie über die Lebensqualität wieder zurück. Dadurch rückten die Experten die Frage der direkten physischen Randbedingungen von Wirtschaft und Gesellschaft eher in den Hintergrund. Dieser Befund ist jedoch stark an den Zeithorizont gebunden, für den die Betrachtungen durchgeführt wurden. Sie berühren nicht das Wissen um die längerfristigen Bedrohungen der physischen Lebens- und Wirtschaftsgrundlagen und die Notwendigkeit, dieser durch vorsorgendes Handeln zu begegnen.

Die Wirkungsverbindungen bilden ein Netz aus Wirkungszyklen, durch das sich „Infektionen" ausbreiten können	Die Existenz von Wirkungszyklen (Rückkopplungsschleifen) in Wirkungsnetzwerken eröffnet ein plausibles Szenario, wie sich ein Netzwerk zu einem einheitlichen Komplex organisiert: Anfangs isolierte Störungen schaukeln sich in einem Wirkungszyklus auf und „infizieren" dann alle mit ihnen vernetzte Wirkungszyklen. Ein Umschlag des Systems in dieser Form ist sowohl in Richtung Verbesserung → Verschlechterung des Systemzustandes als auch umgekehrt möglich. Die vielleicht auffälligste Struktur in dem erhobenen Wirkungsnetz ist ein Netz aus fünf starken dreigliedrigen Wirkungszyklen, das sieben Kriterien direkt erfasst und indirekte Ausstrahlkraft auf alle anderen besitzt.
Bildung, Innovationsfähigkeit und Stabilität des demokratischen Systems sind die „Schicksalsgrößen" des Netzwerks	Eine Analyse des Durchgriffs (die Fähigkeit, den Gesamtzustand des Netzwerks zu beeinflussen) und der Steuerbarkeit der einzelnen Kriterien (die Sensitivität gegenüber Eingriffen an anderen Elementen des Netzwerks) zeigt, dass sich die Kriterien zu drei Gruppen ordnen: ▪ Bildung, Innovationsfähigkeit und Stabilität des demokratischen Systems sind Kriterien von besonders starker Ausstrahlkraft bei geringer Beeinflussbarkeit. Verbesserungen in diesen Kriterien können einen Systemumschlag hin zum Besseren am stärksten fördern[66]. Verschlechternde Störereignisse auf diese Kriterien können den größten Schaden im Gesamtsystem verursachen. Dagegen besitzt die Wirtschaftsleistung zwar einen ähnlich großen, aber sehr ambivalenten Einfluss auf die anderen Kriterien. ▪ Eine Gruppe von Kriterien, zu denen insbesondere die ökologischen Kriterien zählen, erweisen sich als Kriterien, die sich mehr oder weniger passiv auf den Zustand anderer Kriterienverbünde einstellen. ▪ Die dritte Gruppe enthält Kriterien, die sich in unterschiedlichem Grad vom Netzwerk entkoppelt verhalten. Hierzu zählen z. B. die öffentliche Sicherheit, die allgemeine Lebenszufriedenheit und der soziale Rückhalt. Bei ungünstiger Entwicklung des Gesamtsystems kann der Zustand dieser Kriterien also besonders schwer durch Eingriffe an anderer Stelle positiv beeinflusst werden. Andererseits gilt bei einem sich positiv entwickelnden Gesamtsystem, dass Störungen an anderer Stelle des Netzwerks nur geringe Verschlechterungen für diese Kriterien verursachen.

66 Die Einstufung einiger Größen als „Schicksalsgrößen" ist jedoch nicht voraussetzungslos. Die Innovationsfähigkeit z. B. erlangt ihre systemisch herausragend günstige Wirkung im Netzwerk auch dadurch, dass die Experten Innovationen als Weg zu weniger Abfall, mehr Klimastabilität etc. bewertet hatten. Diese Wirkungen haben Innovationen jedoch nicht per se, sondern nur unter der Voraussetzung, dass die Gesellschaft die Entscheidung trifft, Innovationsfähigkeit (auch) auf diesen Feldern zu nutzen und nicht nur z. B. zur Generierung neuer Konsumprodukte. Ähnliches gilt auch für andere Kriterien.

5.10 Bedeutung der Cross-Impact-Analyse für die Nachhaltigkeitsforschung

Was ist besonders wichtig? Diese Frage mag man sich bei der Betrachtung von Indikatorsystemen stellen, wenn sie wie häufig (und aufgrund der Vielschichtigkeit der Fragestellung auch begründbar) mehrere Dutzend oder sogar mehrere Hundert Indikatoren umfassen. Eine subjektive Antwort ergibt sich daraus, dass manche Themen für das persönliche Wohlbefinden als wichtiger empfunden werden als andere. Doch es gibt noch eine andere, von subjektiven Werthaltungen unabhängige Ebene, auf der sich Bedeutungsunterschiede von Nachhaltigkeitskriterien und -indikatoren ergeben. Sie betrifft die Stellung eines Kriteriums, eines Indikators oder auch eines Handlungsfeldes in dem Wirkungsgeflecht, das sie untereinander verbindet. Zum Beispiel könnten Handlungsfelder, die uns in direktem Sinn nicht prioritär erscheinen mögen, eine verborgene Schlüsselrolle einnehmen, indem sie die Entwicklung in anderen Handlungsfeldern, die ein höheres subjektives Gewicht für uns haben, entscheidend mitprägen.

Die in den vorangegangenen Abschnitten beschriebene Cross-Impact-Interdependenzanalyse hat diesen Aspekt zum Gegenstand. Sie erschloss qualitative Einsichten in die wechselseitige Beeinflussung der Nachhaltigkeitskriterien. Sie bleibt notgedrungen auf dem hochaggregierten Niveau, das durch die Kriterien- und Indikatorsysteme vorgegeben ist und ermöglicht dadurch nur eine grobe Skizze des Beziehungsgeflechts der wichtigsten Elemente der drei Dimensionen systemare Integrität, Gerechtigkeit und Lebensqualität. Doch bereits dies ist aus unserer Sicht ein wichtiger Schritt über die reine Erstellung von Indikatorsystemen hinaus, denn ohne den Blick auf das Beziehungsgeflecht zwischen den verschiedenen Kriterien und Indikatoren lässt sich die Bedeutung der gegenwärtigen Entwicklungstrends für die Zukunft nicht verstehen. Auch die Frage, wo Gestaltungseingriffe über die systemaren Hebelwirkungen besonders große Effekte erzielen oder wo Störungen durch Dominoeffekte ausgreifende Folgen bewirken können, lässt sich ohne die Betrachtung der Wechselwirkungsaspekte nicht diskutieren.

Die beschriebene Interdependenzanalyse hat vor dem Hintergrund terminlicher und finanzieller Restriktionen des Projektes in erster Linie den Charakter eines ersten Schrittes. Eine Erhärtung der Befunde könnte durch eine Erhebung der Cross-Impacts im Rahmen eines Expertendiskurses (z. B. in Form eines Gruppendelphis) erfolgen, denn die in diskursiven Prozessen entstehende Begründungspflicht und die Möglichkeit, unterschiedliche Sichtweisen in Diskussionen zu klären, führt zu besonders hochwertigen Expertenurteilen. Eine zusätzliche Absicherung der Befunde könnte geschaffen werden, indem zwei oder drei Expertengruppen unabhängig von einander Gruppenurteile erarbeiten, wodurch die Robustheit und Intersubjektivität der Ergebnisse überprüft und validiert werden könnte. Eine spezifische Erhebung sowohl der mittelfristigen als auch der langfristigen Wirkungsbeziehungen würde den Einfluss des Zeithorizonts auf das systemare Geschehen deutlicher herausarbeiten. Der nächste Schritt hin zu einem fundierten Bild des Beziehungsgeflechts der Nachhaltigkeitskriterien kann dann in der Suche nach empirischen Belegen für die systemanalytisch thematisierten Wirkungsketten bestehen.

Eine weitere fruchtbare Erweiterung des beschriebenen Verfahrens läge in der Gewichtung der Netzwerkknoten, also der Kriterien. Diese sind in der vorliegenden Untersuchung gleichgewichtet, während die Verbindungen zwischen den Knoten durch die Expertenurteile gewichtet wurden. Diese Verbindungsgewichte stellen Sachaussagen über funktionale Zusammenhänge dar, während durch Knotengewichte normative Urteile über die inhaltliche Bedeutung (die in Kapitel 5.8 angesprochene Eigenbedeutung) der einzelnen Elemente in die Analyse einbezogen werden könnten. Beides zusammen macht die hier konzipierte Netzwerkanalyse erst zum voll anschlussfähigen Werkzeug einer normativ-funktional orientierten Nachhaltigkeitsforschung. Die Bestimmung von Knotengewichten könnte im einfachsten Fall über Umfragen erfolgen. Zeigt sich dabei aber ein tiefgreifender Wertedissens, müsste dieser über diskursive Prozesse aufgearbeitet werden, wie sie im nachfolgenden Kapitel beschrieben werden. Methodisch erfolgt der Einbezug von Knotengewichten dadurch, dass die Beiträge der einzelnen Elemente bei der Bestimmung von Globalgrößen wie dem Durchgriff oder der Steuerbarkeit gewichtet addiert werden.

Doch bereits der in diesem Bericht beschriebene erste Schritt hin zu einem interdependenz-analytisch orientierten Programm der Nachhaltigkeitsforschung eröffnet Einblicke. Er lenkt den Blick darauf, dass sich die einzelnen Kriterien der Nachhaltigkeit in einem systemaren Sinn nicht gleichberechtigt gegenüberstehen. Ihre Unterschiede hinsichtlich ihrer systemaren Bedeutsamkeit als Elemente eines Wirkungsgeflechts führen zu einer von Werthaltungen unabhängigen Form des Ranking, die durch die Interdependenzanalyse thematisiert wird und die in diesem Projekt zu dem Befund führte, dass eine kleine Gruppe von Kriterien eine Sonderstellung innerhalb des Beziehungsgeflechts einnimmt. Es liegt nahe, ungünstigen Entwicklungen in diesen Kriterien mit besonderer Aufmerksamkeit zu begegnen und sie bei dem Bemühen, eine günstige Entwicklung des Gesamtsystems herbeizuführen, herausgehoben zu behandeln.

Aus der in diesem Projekt durchgeführten Erhebung ergaben sich konkret die Kriterien „Bildung", „Innovationsfähigkeit" und „Stabilität des demokratischen Systems" als Kriterien mit einer systemaren Sonderstellung. Sie beeinflussen das Gesamtsystem (jedenfalls mittelfristig) stärker als alle anderen, sind aber umgekehrt nur schwer durch andere Kriterien beeinflussbar. Einer ungünstigen Entwicklung in diesen Feldern wird wenig Aussichten belassen, dass es in den anderen Feldern umfassend zu günstigen Entwicklungen kommen kann. Es bestehen auch nur geringe Aussichten, dass günstige Entwicklungen in anderen Feldern diese Schlüsselfaktoren „mitreißen" können. Gelingt es aber, die Entwicklung in den genannten Feldern günstig zu gestalten, so prägt ihre Ausstrahlwirkung die Entwicklung in den anderen Feldern in besonderem Maße günstig mit.

Die Ergebnisse dieses Projektes zeigen im konkreten Beispiel, wie das oben skizzierte Programm einer interdependenzorientierten Nachhaltigkeitsforschung zu direkten Handlungsempfehlungen für die Umsetzung des Leitbildes Nachhaltigkeit führen kann. Im Idealfall wird man sich um eine günstige Beeinflussung aller Kriterien der Nachhaltigkeit (die ja zugleich auch immer auf Handlungsfelder hinweisen) bemühen und damit auch aus Sicht der Interdependenzanalyse einen sicheren Weg gehen. Wenn begrenzte Ressourcen jedoch die Konzentration auf einen Teil der Handlungsfelder erzwingen, bieten die Befunde einer Interdependenzanalyse Orientierung, welche Handlungsfelder aufgrund ihrer Hebelwirkungen eine besondere Ausstrahlkraft besitzen und welche Gestaltungseingriffe dadurch eine besonders hohe Effizienz erreichen können.

6 Diskursive Verfahren zur Lösung von Ziel- und Transformationskonflikten[67]

6.1 Steuerungsmöglichkeiten und -anforderungen

Mit der Erörterung von Grundanforderungen, Normen, Bewertungsdimensionen und Indikatoren sind die Grenzen einer deduktiven Ableitung aus theoretischen Vorgaben erreicht. Spätestens bei der Frage der Auswahl und Begründung der Maßnahmen zur Erreichung der angestrebten Ziele sind lokale Gegebenheiten, Präferenzen und Werte der betroffenen Bevölkerung und die mit dem Indikatoreinsatz verbundenen Ziel- und Transformationskonflikte (Trade-offs) mit zu berücksichtigen. Zielkonflikte treten dann auf, wenn die Erreichung eines Zieles durch Maßnahme A die Erreichung eines anderen gleichrangigen Zieles durch Maßnahme B behindert oder sogar unmöglich macht. So steht etwa die Forderung nach besseren Rahmenbedingungen, damit Eltern mehr Zeit mit ihren Kindern verbringen können, im Gegensatz zu der Forderung, eine möglichst hohe Wirtschaftsleistung in einer Volkswirtschaft zu erbringen. Auch könnte man beispielsweise eine ungerechte Verteilung von Gütern zwischen den reichen und den armen Ländern dadurch beheben, dass man die Ressourcen, die künftige Generationen noch in Anspruch nehmen müssen, zum Ausgleich nutzt. Transformationskonflikte treten dann auf, wenn Maßnahmen mit Nebenwirkungen verbunden sind, die als nicht wünschbar angesehen werden. So kann zum Beispiel die Verteilung von Lebenschancen nach Bedürftigkeit die Leistungsmotivation dieser Individuen negativ beeinflussen. Ebenso können Vorschriften zum Erhalt der Biodiversität mögliche wirtschaftliche Entwicklungsmöglichkeiten verbauen oder soziale Chancen mindern. Beide Konflikttypen sind zudem gestreut: Was für eine Gruppe als Zielerfüllung gelten mag, ist für eine andere nicht zielkonform und umgekehrt. Einer dieser Konflikte lässt sich in der Diskussion um die so genannte Zwei-Klassen-Medizin beobachten. Während eine Gruppe vom Standpunkt der Leistungsgerechtigkeit her argumentierend eine an Eigenleistung gebundene medizinische Absicherung begrüßt, wird sie von der anderen Gruppe abgelehnt, die sich auf die Prinzipien der Bedürfnisgerechtigkeit beruft. In dieser Gemengelage von Konflikten können nicht mehr substantielle Vorgaben aus der Wissenschaft, sondern nur noch prozessuale Orientierungen zur gegenseitigen Verständigung gegeben werden. Die weitere Spezifizierung von Maßnahmen ist also auf einen Kommunikationsprozess angewiesen, der auf Verfahren gemeinsamer Abwägung abgestimmt sein muss. Dazu sind neue kommunikative und diskursive Formen der Kooperation und Entscheidungsfindung einzusetzen bzw. gegebenenfalls zu entwickeln.

Je weiter und schwammiger das Verständnis der Akteure über die inhaltliche Fassung des Nachhaltigkeitskonzeptes ausgeprägt ist, desto schwieriger ist der erforderliche Prozess der Abstimmung über kollektiv verbindliche Maßnahmenpakete. Gibt es kommunikative Verfahren, die eine plurale Eingabe von Werten, Interessen und Vorstellungen mit einer

67 Autor dieses Kapitels ist Ortwin Renn

kollektiv verbindlichen Auswahl und Prioritätensetzung von Maßnahmen verbinden können? Denn bei der Wahl der Maßnahmen geht es immer um eine multi-dimensionale Entscheidung. Wenn man auch die Effektivität und häufig die Effizienz von Maßnahmen intersubjektiv eindeutig bestimmen kann, sind andere Bewertungsfaktoren wie Fairness, Akzeptabilität, Ausstrahleffekte auf andere hoch bewertete Güter und faktische Akzeptanz von subjektiven Annahmen und Eindrücken geprägt. Diese sind schwer zu objektivieren. Aber selbst wenn man sich bei jeder Maßnahme auf eine einheitliche Bewertung intersubjektiv einigen könnte, verbleibt das Problem der schon angesprochenen Interaktionen und der relativen Gewichtungen zwischen den als wichtig angesehenen und zum Teil im Konflikt miteinander stehenden Kriterien der Beurteilung.. Die Umsetzung der einen Maßnahme kann auf die Erfolgsaussichten einer anderen Maßnahme direkt und indirekt Einfluss nehmen. Ziel- und Transformationskonflikte sind hier zu erwarten.

In der politikwissenschaftlichen und soziologischen Literatur wird meist auf drei Auswege aus dem Steuerungsdilemma pluralistischer Gesellschaften verwiesen (Renn 1997):

Zum Ersten wird Legitimation allein als eine Frage des Verfahrens angesehen (vgl. vor allem Luhmann 1983: 32 ff. und Vollmer 1996: 149 ff.). Steuerung bedeutet eine Entscheidungsfindung nach formalen Entscheidungsregeln (etwa Mehrheitswahlrecht). Sind die Regeln alle eingehalten worden, ist eine Entscheidung allgemeinverpflichtend und verbindlich, gleichgültig ob der Inhalt der Entscheidung begründet werden kann oder ob die von der Entscheidung betroffenen Bürger die Begründung nachvollziehen können. Bei dieser Variante muss lediglich ein gesellschaftlicher Konsens über die Struktur des Verfahrens gefunden werden, an den Entscheidungen selbst sind dann nur die beteiligt, die im Rahmen des beschlossenen Verfahrens dazu explizit legitimiert sind. Dieses Verfahren ist für den Nachhaltigkeitsdiskurs deshalb besonders problematisch, weil eine explizite Berücksichtigung der drei Kriterien Systemintegrität, Gerechtigkeit und Lebensqualität nicht stattfindet. Legitimation ist an die Einhaltung formaler Kriterien gebunden.

Zum Zweiten kann man sich auf die im politischen Meinungsprozess gewachsene Minimalkonsense (muddling through) verlassen (Lindbloom 1959 und 1965); als legitim werden nur solche Entscheidungsoptionen angesehen, die den geringsten Widerstand in der Gesellschaft hervorrufen. Gesellschaftliche Gruppen nehmen in dieser Steuerungsvariante insoweit auf den Prozess der Willens- und Entscheidungsbildung Einfluss, wie sie anschlussfähige, d. h. dem Sprachcode und dem Verarbeitungsstil des politischen Steuerungssystems angepasste, Vorschläge liefern und öffentlichen Druck mobilisieren. In der Politik setzt sich dann der Vorschlag durch, der sich im Wettstreit der Vorschläge am besten behauptet, d. h. der für die politischen Entscheidungsträger die geringsten Einbußen an Unterstützung durch Interessengruppen mit sich bringt. Im Sinne der Nachhaltigkeit ist auch diese Variante der Legitimation mit großen Problemen behaftet. Vor allem werden die Interessen der kommenden Generationen in einem solchen Modell des „Muddling Through" gar nicht oder nur in geringem Maße einbezogen.

Die dritte Variante setzt auf den Diskurs zwischen den beteiligten Gruppen (vgl. vor allem Habermas 1971: 101 ff.; Habermas 1991: 68 ff.; Renn/Webler 1998). Im kommunikativen Austausch der pluralen Rationalitäten kann sich eine Meta-Rationalität für die Begründung und Anwendung moralischer Bewertungskriterien, ebenso wie für die Erstellung methodologischer Kriterien zur Überprüfung von Tatsachenbehauptungen, herausbilden, die beide als Legitimation für kollektiv verbindliche Anweisungen dienen können. Zugleich erheben diskursive Verfahren den Anspruch, die Vernunftnatur des Menschen angemessener zur Geltung zu bringen und auch gerechtere und kompetentere Lösungen von Problemen zu liefern. Im Prinzip ist die Legitimation von kollektiv verbindlichen Normen an zwei Bedingungen geknüpft: Zustimmung aller Beteiligten und substantielle Begründung der im Diskurs gemachten Aussagen (Habermas 1981, Bd. 1: 369 ff.).

Alle drei Varianten der politischen Steuerung sind in unterschiedlichem Maße in modernen Gesellschaften vertreten. Legitimationskonflikte ergeben sich meist dann, wenn die drei Varianten in Reinform verwirklicht werden. Eine lediglich formale Einhaltung von Entscheidungsregeln ohne inhaltliche Begründung stößt bei betroffenen Gruppen, vor allem dann, wenn sie negative Nebeneffekte oder Risiken zu erleiden haben, auf Unverständnis und Ablehnung. Es kommt zur Akzeptanzverweigerung. Geht man dagegen den umgekehrten Weg des geringsten Widerstandes und richtet sich nach der jeweils marktgängigsten Politik, dann ist man sich zwar des Beifalls der einflussreichen Gruppen sicher, die unterlegenen Gruppen werden aber, wie im ersten Fall, wegen mangelnder Begründung der Entscheidung ihre Akzeptanzbereitschaft nach und nach aufkündigen. Dazu kommt noch, dass sich eine nur auf faktische Akzeptanz hin ausgerichtete Steuerungspolitik über kurz oder lang in immer größere Widersprüche verwickeln wird, weil kollektives Akzeptanzverhalten in der Realität inkonsistent und wechselnden Zeitgeistströmungen unterworfen ist. Besonders problematisch ist auch die Ausblendung von Langzeitfolgen für die folgenden Generationen, die diesem Modell innewohnt. Gleichzeitig wächst auch bei der betroffenen Bevölkerung der Überdruss an eine Politik ohne Linie und Führungsanspruch. Politikverdrossenheit ist dann die Folge.

Es verbleibt die dritte Möglichkeit der diskursiven Steuerung. Diese Variante ist zwar im Idealfall geeignet, nachvollziehbare Begründungen für das Entscheidungsverfahren wie das Entscheidungsprodukt zu liefern, im Realfall lassen sich die Bedingungen aber selten einhalten, die einen auf Verständigung zielenden Diskurs charakterisieren (Wellmer 1992). Häufig verhelfen diskursive gestaltete Arrangements, in denen positionales und strategisches Handeln nicht unterbunden werden, den mächtigen Akteuren zur Paralyse praktischer Politik, indem diese endlose Sitzungsmarathons durch Unmengen an Geschäftsordnungsanträgen und peripheren Diskussionsbeiträgen erzwingen (Wiedemann 1994: 180; Nennen 1995). Die „Diktatur des Sitzfleisches" (Weinrich 1972) bestimmt letztendlich, welche Begründungen akzeptabel sind. Die Bevölkerung sieht sich durch solche Diskurse, die mit großem Anspruch beginnen und mit trivialen Erkenntnissen enden, verunsichert und enttäuscht. Von der Politik werden häufig diskursähnliche Verfahren in der Öffentlichkeit inszeniert, um den Anschein von demokratischer Legitimation zu erzielen, ohne an einer wirklich argumentativen Auseinandersetzung interessiert zu sein.

6.2 Anforderungen an eine rationale und faire Steuerungspolitik

Wie müsste eine Mischung aus den drei Elementen (Verfahrensrationalität, pluralistisches muddling through und Diskurs) aussehen, damit ein Höchstmaß an Legitimation zustande kommen kann? Legitimation bedeutet in diesem Kontext, dass die kollektiv verbindlichen Vorschriften auch für diejenigen, die nicht am Entscheidungsprozess teilgenommen haben, nachvollzogen und im Sinne einer Selbstverpflichtung angenommen werden (Münch 1982: 267).

Nachvollzug und Selbstverpflichtung sind in der Regel daran gebunden, dass die Entscheidungen als problemadäquat, gerecht, effizient und politisch legitimiert angesehen werden (Renn/Webler 1997; Renn 2003). Damit sind bereits die vier entscheidenden Bewertungskriterien für Diskurse angesprochen: Kompetenz, Fairness, Effizienz und politische Legitimität. Was bedeuten diese vier Kriterien?

Zunächst einmal müssen die Lösungen in ihren Wirkungen dem Problemdruck und dem Stand des Wissens angemessen sein, d. h. die Urteilsbildung muss nach dem besten Wissen über die zu erwartenden Konsequenzen und nach einem nachvollziehbaren Schlüssel der Abwägung von Vor- und Nachteilen erfolgen (vgl. Gethmann/Mittelstraß 1992). Eine angemessene Problemlösung schließt immer eine Abwägung zwischen den Kosten bzw. Risiken der jeweils verfügbaren Handlungsoptionen und dem Nutzen ein, den man erwartungsgemäß mit den Handlungsfolgen bei Realisierung einer der verfügbaren Handlungsoptionen erwarten kann. Fairness bedeutet in diesem Zusammenhang, dass die Kosten, Risiken und Nutzen nach einem begründbar fairen Verteilungsschlüssel auf einzelne Personen und Gruppen aufgeteilt werden können. Als Drittes bedeutet Effizienz, dass die Ergebnisse der Handlung wie des Entscheidungsverfahrens selbst nicht durch einen geringeren Mitteleinsatz zu erreichen gewesen wären. Schließlich besagt das Kriterium der politischen Legitimität, dass im Prozess der Entscheidungsfindung die Normen und vorgeschriebenen bzw. üblichen Verfahrensweisen einer demokratischen Beschlussfassung eingehalten sowie die legal vorgesehene und die für die jeweilige Problemstellung zu erwartende Beteiligung von betroffenen Personen oder Gruppen erfolgt ist.

Kurzum: Das Verfahren zur Entscheidungsfindung muss also zu einem problemadäquaten Handlungsvollzug führen, eine faire Verteilungsregel der von der Entscheidung betroffenen Gruppen auf direkte oder indirekte Weise gewährleisten, haushälterisch mit den begrenzten Mitteln an Zeit und Geld umgehen und schließlich ein legitimes Procedere in der Urteilsbildung und -begründung umfassen (Webler 1995; Linder/Vatter 1996; Renn 2003). Tabelle 5 gibt Auskunft darüber, wie diese vier Kriterien definiert und weiter strukturiert werden können.

Tabelle 5: Kriterien zur Bewertung diskursiver Verfahren

Kriterium	Ziel	Operationalisierung
Kompetenz		
- sachlich	Minimierung von „post decisional regrets“	▪ Systematisches Wissen durch Expertendelphi ▪ Anekdotisches Wissen durch Überprüfung
- kommunikativ	gleiche Chancen für alle Teilnehmer, Geltungsansprüche anzumelden und zu kritisieren	▪ konsensual festgelegte Regeln der Beweisführung ▪ Unterstützung durch Moderator
Fairness		
- extern	gleiche Beteiligungschancen für alle Betroffene	1. Priorität: Zufallsverfahren 2. Priorität: Freiwillige 3. Priorität: Repräsentation
- intern	gleiche Rechte und Pflichten für alle Beteiligten im Diskurs	▪ konsensual festgelegte Gesprächsregeln ▪ Autonomie der Gruppe in Bezug auf Mandatsübernahme, Tagesordnung, Moderation u. a.
Effizienz		
- intern	Positives Verhältnis von Zeitaufwand und Ergebnis	▪ Einhaltung der Gesprächsregeln ▪ Nutzung entscheidungsanalytischer Verfahren
- extern	Positives Verhältnis von Kosten und Aufwand zum Ergebnis	▪ x-Prozent der Gesamtkosten ▪ x-Prozent des maximalen „post-decional regrets“ ▪ Vergleich mit vermiedenen Konfliktkosten
Legitimation		
- intern	Rechtfertigung der Teilnehmerauswahl	▪ Auswahlverfahren nach: Chancengleichheit (Zufallsauswahl, Freiwillige) ▪ Nachvollziehbarer Repräsentationsschlüssel
- extern	Integration in legal vorgeschriebene Entscheidungsverfahren	▪ klares politisches Mandat ▪ a priori Festlegung des weiteren Umgangs mit Empfehlungen ▪ Verpflichtung der Politik zur Begründung von Abweichungen

Quelle: Renn und Webler 1997: 67

Die Einhaltung der vier Kriterien stellt sicher, dass alle betroffenen Gruppen einen fairen Zugang zur Entscheidungsfindung und -durchsetzung erhalten und dass das Entscheidungsergebnis durch die Kraft der Argumente wie durch den Einbezug aller relevanter Werte und Interessen Verbindlichkeit beanspruchen kann (Dahl 1989: 108ff; Frey/Oberholzer 1996: 371). Diese Kriterien spiegeln auch die Grundnormen unseres Nachhaltigkeitskonzeptes wieder. Kompetenz ist erforderlich, um die Auswirkungen der Maßnahmen auf Systemintegrität, Gerechtigkeit und Lebensqualität nach bestem Wissen abzuschätzen; Fairness in der Vorgehensweise ist die Grundvoraussetzung, dass eine gerechte Verteilung der Güter angestrebt wird. Effizienz sorgt dafür, dass die Potenziale für Lebensqualität nicht unnötig durch aufwändige und kostenintensive Verfahren vermindert werden. Legitimation schließlich trägt dafür Sorge, dass diejenigen, die von den Maßnahmen betroffen sind, auch selbst an den Entscheidungen beteiligt sind, die ihre Leben bestimmen werden. Dadurch kann die Lebensqualität des Individuum direkt und indirekt gefördert werden.

Will man im Sinne der vier oben genannten Kriterien eine umfassende gesellschaftliche Legitimation erreichen, dann ergeben sich folgende Forderungen an die Steuerungspolitik:

- Das Verfahren der Entscheidungsfindung muss weitgehend durch einen Grundkonsens in der Bevölkerung getragen sein (etwa demokratische Abstimmungen),
- das Verfahren der Entscheidungsfindung muss den legalen Bestimmungen und den demokratischen Traditionen entsprechen und gegenüber Nichtbeteiligten als transparent und nachvollziehbar erscheinen,
- das Verfahren muss als fair (alle beteiligten Interessen- und Wertgruppen kommen zu Wort), kompetent (dem Problem angemessen und mit der notwendigen Sachkenntnis versehen) und effizient (die Mittel bzw. Entscheidungskosten sind den Zielen angemessen) erscheinen,
- das Produkt des Entscheidungsprozesses muss in seinem normativen wie kognitiven Gehalt nachvollziehbar und intersubjektiv begründbar sein,
- das Produkt des Entscheidungsprozesses muss die pluralen Wertvorstellungen der betroffenen Bürger im Sinne eines fairen Konsenses oder Kompromisses widerspiegeln.

Wollte man alle diese Forderungen zur Legitimation kollektiv bindender Entscheidungen parallel erfüllen, so dürfte ein einziges Steuerungsinstrument mit Sicherheit nicht ausreichen. Vielmehr verlangen Entscheidungen von größerer Reichweite eine Aneinanderreihung verschiedener Steuerungsinstrumente, die jeweils unterschiedliche Teilforderungen abdecken. So ist beispielsweise eine demokratische Abstimmung in Form eines Referendums oder eines Parlamentsbeschlusses als prozedurale Legitimationsgrundlage in einem demokratisch verfassten Staat unerlässlich. Eine solche Abstimmung reicht aber in der Regel zur Legitimation von Entscheidungen nicht aus: Weder kann dadurch eine intersubjektive Begründung der gewählten Option noch ein Nachweis des Einbezugs aller relevanten Standpunkte erbracht werden. Hier sind zusätzlich diskursive Elemente notwendig.

Diskursive Verfahren haben ebenso wenig wie andere Steuerungsverfahren den Anspruch, alle Forderungen, die zur Legitimation kollektiv bindender Entscheidungen notwendig sind, gleichzeitig einzulösen. Sie sind bestenfalls ein Glied in einer langen Kette von aufeinander abgestimmten Verfahren. (Wie ein solches abgestimmtes Hybrid-

Verfahren aussehen könnte, beschreiben Renn et al. 1993; Renn/Webler 1998). Der Diskurs setzt gerade an dem Punkt an, an dem viele andere Entscheidungsverfahren versagen: Der Begründung von normativen und wertenden Aussagen und der Integration von pluralen Wertmustern in ein konsensfähiges Bewertungsraster, das unbedingt benötigt wird, wenn man eine multikriterielle Bewertung von integrativen Maßnahmenpaketen vornehmen will.

6.3 Das Grundkonzept eines verständigungsorientierten Diskurses

Wenn auch diskursive Elemente politischer Steuerung nicht den Anspruch erheben, alle Anforderungen an legitime Entscheidungen in modernen pluralistischen Gesellschaften zu erfüllen, so können sie doch einen erheblichen Beitrag dazu leisten, vor allem die mit Entscheidungsfragen verbundenen Bewertungen und Abwägungen nachvollziehbar zu machen und gegenüber Außenstehenden zu begründen. Die ebenfalls notwendige Eingabe faktischer „Wenn-dann-Beziehungen“ kann dagegen nur durch wissenschaftsinterne Prozesse des Erkenntnisgewinns und der methodologisch fundierten Erkenntnisbewertung (wobei ebenfalls diskursive Prozesse eine Rolle spielen können) erfolgen, ebenso wie die formale Legitimation der Entscheidungen nach verfassungsgemäßen Grundsätzen (etwa Abstimmungen im Parlament) gewährleistet werden muss. Diskursive Verfahren sind also immer nur ein Bestandteil eines als legitim zu bewertenden umfassenden Entscheidungsprozesses.

Um die Leistungsfähigkeit von diskursiven Verfahren zur Begründung und Legitimation von Entscheidungen zu beschreiben, ist zunächst eine kurze Begriffserläuterung angebracht. Was soll im Kontext der Erstellung und Bewertung von Maßnahmenpaketen zur Umsetzung der Ziele einer Nachhaltigen Entwicklung unter diskursiven Verfahren verstanden werden und welches Diskurskonzept liegt unseren Überlegungen zugrunde?

Bei der Wahl eines geeigneten Konzeptes für eine theoretisch befriedigende und praktisch umsetzbare Diskurstheorie kann die Theorie des kommunikativen Handelns von Jürgen Habermas weiterhelfen (erstmalig in Habermas 1971: 101-141). Warum gerade dieses theoretische Konzept? Zum Ersten hat Habermas die Grundelemente einer jeden Verständigung über Wissen, Bewertungen und Ziele identifiziert, theoretisch zugänglich gemacht und dadurch die Struktur von idealen Beteiligungsverfahren vorgezeichnet. Zum Zweiten verarbeitet Habermas Erkenntnisse aus der Entwicklungspsychologie, der Kleingruppenforschung, der politischen Soziologie und der Philosophie und integriert sie in einen logisch konsistenten Bezugsrahmen. Zum Dritten erscheinen die von Habermas verwandten Kategorien nach langjähriger praktischer Erfahrung mit Bürgerbeteiligung als intuitiv einsichtig und relevant. Schließlich gibt es wenig theoretisch befriedigende Alternativen in der Literatur (dazu ausführlich Renn/Webler 1998; Renn 2004).

Es kann nicht Aufgabe dieses Kapitels sein, die Theorie des kommunikativen Handelns in all ihren Nuancen wiederzugeben. Zum besseren Verständnis der Leistungsfähigkeit von Diskursen ist es aber notwendig, einige Grundbegriffe der Theorie vorzustellen. Habermas unterscheidet zwischen kognitiv-instrumenteller und kommunikativer Rationalität (grundlegend in Habermas 1971: 101-141; Habermas 1981; Habermas 1992). Im ersten Falle geht es um Handlungen, die darauf abzielen, die Weltzustände erfolgreich zu verändern; im zweiten Falle um Handlungen, die darauf abzielen, andere zu überzeugen.[68] Im

68 Habermas beschreibt den Begriff der kommunikativen Rationalität folgendermaßen: „Dieser Begriff *kommunikativer Rationalität* führt Konnotationen mit sich, die letztlich zurückgehen auf die zentrale Erfahrung der zwang-

Rahmen von Beteiligungsverfahren können vor allem seine Überlegungen zur kommunikativen Rationalität für die Organisation von Diskursen genutzt werden. Ein Austausch von Informationen und Argumenten, die zur Prüfung von Gründen dienen. genügt dann den Ansprüchen der kommunikativen Rationalität, wenn alle Teilnehmer gleiche Rechte und Pflichten besitzen und – freiwillig oder durch Regeln der Beweisführung – von strategischen Beeinflussungen Abstand nehmen. Im Einzelnen erfüllt ein Diskurs die Ansprüche an die kommunikative Rationalität, wenn folgende Bedingungen gegeben sind:

1. Es muss einen Konsens darüber geben, nach welchem Verfahren Einigung über kollektiv bindende Entscheidungen getroffen werden soll. Die Teilnehmer können Einstimmigkeit, das Mehrheitswahlrecht oder die Einschaltung eines Schlichters mit Entscheidungsbefugnis vorsehen; wichtig ist aber, dass alle Teilnehmer der vorgesehenen Verfahrensweise zustimmen.
2. Es muss einen Konsens darüber geben, dass alle in die Verhandlung eingebrachten Aussagen einer kritischen Prüfung durch andere Diskursteilnehmer unterzogen werden können und sie durch entsprechende Gültigkeitskriterien (wobei je nach Aussagentypus unterschiedliche Kriterien infrage kommen) bestätigt, widerlegt oder als zur Zeit nicht entscheidbar charakterisiert werden müssen.
3. Es muss einen Konsens darüber geben, dass unterschiedliche Interpretationsmuster und Rationalitäten in den Diskurs einbezogen werden können, sofern sie nicht den Regeln der Logik und anderer formaler Argumentationsregeln widersprechen.
4. Es muss einen Konsens darüber geben, dass alle Teilnehmer die eigenen Interessen und Werte offen legen und sich selbst verpflichten, nicht um ihres Vorteils willen zu lügen.
5. Es muss einen Konsens darüber geben, dass alle in den Diskurs eingebrachten Interessen und Werte zunächst als legitim und verhandlungswürdig anerkannt werden, ohne damit die Notwendigkeit der Begründung von Interessen oder Werten infrage zu stellen.

Sind diese Bedingungen im Wesentlichen erfüllt, dann besteht das eigentliche Diskursverfahren darin, dass alle Teilnehmer Aussagen formulieren, diese zur Diskussion stellen und auf Gegenargumente und Einwände reagieren.

6.4 Die Einlösung von Geltungsansprüchen im Diskurs

Aussagen in einem Diskurs können vielfältige Formen annehmen. Sie können zum Beispiel Behauptungen, Argumente, Gefühlsäußerungen, Appelle, Versprechungen u. a. m. umfassen. Derartige Aussagen werden in einem Diskurs vorgestellt und begründet und stehen dann den anderen Diskursteilnehmern zur Kommentierung oder Kritik zur Verfügung. Im Rahmen dieses Austauschs von Aussagen werden Geltungsansprüche angemeldet. Diese Ansprüche besagen, dass die Aussagen entweder hilfreich, wahr, wahrhaftig oder angemes-

---

los einigenden, konsensstiftenden Kraft argumentativer Rede, in der verschiedene Teilnehmer ihre zunächst nur subjektiven Auffassungen überwinden und sich dank der Gemeinsamkeit vernünftig motivierter Überzeugungen gleichzeitig der Einheit der objektiven Welt und der Intersubjektivität ihres Lebenszusammenhangs vergewissern" (Habermas 1989: 605).

sen seien. Innerhalb des Diskurses muss dann die Gültigkeit dieser Ansprüche überprüft und eingelöst werden. Habermas unterscheidet dabei vier Formen von Aussagen: kommunikative, kognitive, expressive und normative Sprechakte. Diesen Aussagetypen sind vier Kriterien zur Überprüfung der Geltungsansprüche gegenübergestellt, mit deren Hilfe die Gültigkeit der jeweiligen Aussagen intersubjektiv bewertet werden kann (Webler 1995). Aussagetypen und Kriterien sind Hilfsmittel, um legitime von illegitimen Aussagen bzw. Einwänden zu trennen. Die vier Aussagetypen, die Formen der Geltungsansprüche und die Kriterien zur Überprüfung dieser Ansprüche sind in Tabelle 6 zusammengefasst.

Im Folgenden sollen die Kriterien und ihre Geltungsansprüche kurz erläutert werden (siehe auch Austin 1969; Ernste 1996: 203 ff, Kettner 1995; Andelfinger 1997: 144 ff.):

Tabelle 6: Aussagetypen und Kriterien ihrer Geltung

Geltungs-kriterien	**Verständ-lichkeit**	**Wahrheit**	**Wahrhaftigkeit**	**Richtigkeit bzw. Normative Angemessenheit**
Aussage-typus	kommunikativ	kognitiv	expressiv	evaluativ/normativ
Beispiel	Definition	Tatsachen	Versprechen, Gefühlsäußerung	Werte, Ziele, Normen und Handlungsregeln
Geltungs-anspruch	Terminologische Zweckmäßigkeit	Wahrheit	Aufrichtigkeit	Evaluativ: Gemeinwohl Normativ: Richtigkeit
Kriterien der Über-prüfung	Erleichterung des Verständnisses Kongruenz zwischen Übersetzung und Original Semantische Kohärenz Autorisierung durch Verfasser	Für systematisches Wissen: - Methodologische Regeln - Peer Review - Glaubwürdigkeit Für anekdotisches Wissen: - Singuläre Nachprüfbarkeit	Für affektive Aussagen: - Übersetzung in kognitive oder normative Aussagen - Autorisierung der Übersetzung Für Verhaltensprognosen: - Verhalten in der Vergangenheit - Reputation	Für evaluative Aussagen: - Kohärenz (Widerspruchsfreiheit) - Verallgemeinerungsfähigkeit Für normative Aussagen: - Universalisierungsgebot - Kompatibilität mit moralisch-rechtlichen Gesetzen

Quelle: Renn 1996: 166

- *Verständlichkeit:* Aussagen müssen zunächst daraufhin überprüft werden, ob alle Teilnehmer des Diskurses mit den dort vorgebrachten Sprechakten gleiche Bedeutungsinhalte verbinden. Die Aussagen müssen verständlich und eindeutig sein. Nach dem Kriterium der Verständlichkeit müssen vor allem Begriffsdefinitionen, analytische Sprachwerkzeuge, Klassifikationsschemata und Übersetzungen von allen Diskursteilnehmern in ihren Bedeutungsinhalten geteilt werden. Die Gültigkeit dieser Äußerungen kann dann in Frage gestellt werden, wenn Termini inkonsistent oder unklar benutzt werden, wenn der Aufbau von Argumenten nicht logisch nachvollzogen werden kann oder wenn bei Übersetzungen (nicht nur zwischen unterschiedlichen Sprachen, sondern beispielsweise auch bei populären Darstellungen von wissenschaftlichen Erkenntnissen) keine Kongruenz zwischen Urtext und Übersetzung vorliegt.
- *Wahrheit:* Aussagen über kognitive Sachverhalte können auf systematischem Wissen, auf anekdotischer Erfahrung (personalem Wissen) oder auf Intuition beruhen. Vielfach wird unterstellt, dass für kollektive Entscheidungen nur das systematische Expertenwissen von Bedeutung sei. Diese Forderung ist epistemologisch, aber auch aus praktischen Erwägungen wenig sinnvoll, denn es ist völlig irrelevant, woher das Wissen stammt; es kommt nur darauf an, dass es Regeln gibt, nach denen die epistemische Richtigkeit oder Zweckmäßigkeit von Aussagen überprüft werden kann. Entscheidend für einen Diskurs ist die Verständigung über Vorgehensweisen, um diese Beurteilung nach Richtigkeit oder Falschheit von Sachaussagen vorzunehmen. Für Entscheidungen über Maßnamenpakete erscheint es sinnvoll, den Bewertungen von Sachaussagen die methodologischen Normen der entsprechenden Systemwissenschaften zugrunde zu legen. Bei anderen Entscheidungen (etwa bei der Planung von Spielplätzen) dürften andere Kriterien (etwa Erfahrungen von Kindern und Eltern) sinnvoller sein. Wichtig ist, dass es einen Konsens über die Art der Nachprüfung von Sachaussagen gibt.
- *Wahrhaftigkeit:* Aussagen in dieser Kategorie umfassen einerseits die Verbalisierungen von persönlichen Gefühlen, Ahnungen und Befürchtungen, andererseits Verhaltensprognosen in Form von Versprechungen, Beteuerungen und Vertrauensappellen. Affektive Äußerungen lassen sich weder faktisch noch auf ihre Aufrichtigkeit hin intersubjektiv gültig überprüfen. In vielen Diskursformen sind sie deshalb prinzipiell von den Beratungen ausgeschlossen (etwa bei Anhörungen). Dies ist aber problematisch, weil Affekte häufig Indikatoren für kognitive Sachverhalte oder normative Bewertungen sind und sie gleichzeitig die Präferenzen von Bürgern maßgeblich mitbestimmen. Ein Ausschluss von affektiven Aussagen bringt es demgemäß mit sich, dass bestimmte Präferenzen entweder nicht zum Tragen kommen (was dem Prinzip der Fairness widerspricht) oder aber nicht begründet werden können (wodurch Kompetenz eingeschränkt wird). Habermas glaubt, dass die Erfahrungen der Lebenswelt ausreichen, um den Teilnehmern am Diskurs eine Beurteilung der Authentizität von affektiven Aussagen zu ermöglichen (Habermas 1983: 302 f.). Die meisten Praktiker von Beteiligungsverfahren sind in dieser Frage skeptischer: Die Lebenswelt ist kein „Deus ex machina“, der uns lehrt, die Wahrhaftigkeit von Gefühlsäußerungen intersubjektiv gültig zu beurteilen. Es ist deshalb notwendig, affektive Aussagen in kognitive oder normative Aussagen zu übersetzen, wobei das Kriterium der Verständlichkeit gelten muss.
- Im Gegensatz zu affektiven Aussagen (die bestenfalls nach dem Grad ihrer Authentizität geprüft werden können) sind Verhaltensprognosen der am Diskurs teilnehmenden

Personen empirisch zu überprüfen. Ob jemand Vertrauen verdient oder Versprechungen auch wirklich einhält, lässt sich (zumindest mit hoher Wahrscheinlichkeit) aus dem Verhalten der Vergangenheit ableiten. Wer in der Vergangenheit selbst übernommene Verpflichtungen versäumt oder Vertrauen missbraucht hat, muss damit rechnen, dass erneute Versprechungen nicht ernst genommen oder nur mit entsprechenden Kontrollen akzeptiert werden.

- *Normative Angemessenheit:* Aussagen in dieser Kategorie beziehen sich auf moralische Urteile, Werturteile, Präferenzen und Bewertungen von Optionen. Normative Aussagen lassen sich in zwei Kategorien unterteilen: evaluative Aussagen (individualisierbare Bewertungen nach persönlicher Erwünschtheit) und kollektiv verbindliche Verhaltensnormen. Evaluative Aussagen beziehen sich auf subjektive Präferenzen, Vorlieben oder Lebensstile von Individuen oder Gruppen. Bei diesen Aussagen lassen sich keine übergeordneten Kriterien angeben, nach denen „wahre" von „falschen" Werten oder „gute" von „schlechten" Präferenzen unterschieden werden können. Wenn jemand A lieber mag als B und jemand anders B lieber mag als A, dann lassen sich zwar diese Präferenzen begründen, aber nicht auf ihre Wahrheit hin überprüfen. Aussagen über den Ist-Zustand lassen prinzipiell keine logisch schlüssigen Ableitungen über den Soll-Zustand zu (naturalistischer Fehlschluss). Die Maxime heißt hier: Solange die Präferenz des einen nicht die Auslebung der Präferenz des anderen oder wichtige gemeinschaftliche Aufgaben negativ beeinträchtigt, kann und darf es keine kollektiv verbindlichen Normen geben, die eine Einschränkung der eigenen Präferenz mit sich bringen würden. Vielfalt von Lebensstilen und individuelle Sinnorientierungen stehen demnach nicht zur Disposition, es sei denn diese Vielfalt wäre selbst bedroht.

In dem Falle, dass Präferenzen und Werte von Personen miteinander kollidieren, so dass die Auslebung dieser Präferenzen oder Werte unvermeidlich zu Konflikten führt, sind verbindliche Verhaltensnormen notwendig, die eine kollektive Steuerung von präferenzgerechten Verhaltensweisen ermöglicht. Dazu benötigt man Kriterien, die von allen anerkannt werden. Wie lassen sich diese Kriterien gewinnen? Nach Habermas können diese übergeordneten Kriterien in einem konsensorientierten Diskurs, der die oben genannten Bedingungen erfüllt, intersubjektiv gültig bestimmt werden. Diskurse ermöglichen eine reflexive Einstellung zu den eigenen Präferenzen und Lebensstilen und führen dann zu kollektiv verbindlichen Normen, denen alle aus guten Gründen zustimmen können. Dabei geht es nicht allein darum, dass alle Teilnehmer diesen Kriterien „irgendwie" zustimmen können, sondern dass sie in einem Begründungszwang die für alle Betroffenen besten normativen Lösungen entwickeln (Dryzek 1990: 145f.).

Die Unterscheidung in kognitive (Wahrheit), expressive (Wahrhaftigkeit) und normative (Angemessenheit) Aussagen ist in der Diskussion um nachhaltige Politikgestaltung vielfach aufgegriffen worden, wobei die kommunikativen Aussagen wegen ihres geringen Konfliktpotentials nicht weiter thematisiert werden. Ray Kemp hat beispielsweise die Terminologie von Habermas auf die Analyse von öffentlichen Anhörungen und Informationskampagnen angewandt (Kemp 1985). Silvio Funtowicz und Jerome Ravetz haben drei Arten von Risikodebatten unterschieden, die sich im Wesentlichen auf diese drei Aussagetypen zurückführen lassen (Funtowicz/Ravetz 1985).

6.5 Leistungsfähigkeit von Diskursen

Diskurs und Konsensorientierung werden in der Öffentlichkeit oft missverstanden. Diskurs bedeutet nicht: Einigung auf den kleinsten, meist trivialen Nenner. Es geht vielmehr um eine Konfliktaustragung, bei der die Argumente in aller Klarheit und, wenn notwendig, auch in aller Schärfe ausgetauscht und die unterschiedlichen Werte und Interessen dargelegt werden. Häufig enden diese Diskurse nicht mit einem Konsens, sondern mit einem Konsens über den Dissens. In diesem Falle wissen alle Teilnehmer, warum die eine Seite für eine Maßnahme und die andere dagegen ist. Die jeweiligen Argumente sind dann aber im Gespräch überprüft und auf Schwächen und Stärken ausgelotet worden (Elster 1989). Die verbleibenden Unterschiede beruhen nicht mehr auf Scheinkonflikten oder auf Fehlurteilen, sondern auf klar definierbaren Differenzen in der Bewertung von Entscheidungsfolgen (Schimank 1992). Alle Parteien wissen, was sie sich mit ihren Präferenzen für die eine oder andere Lösung an erwartbaren Konsequenzen einhandeln werden, mit allen Unsicherheiten, die damit verbunden sind. Das Ergebnis eines Diskurses ist mehr Klarheit, nicht unbedingt Einigkeit.

Auch wenn das Ergebnis eines Diskurses auf Dissens hinausläuft, ist dieses Ergebnis für die Entscheidungsfindung in Wirtschaft und Politik ebenso bedeutsam wie ein von allen getragener Konsens. In beiden Fällen können die legalen Entscheidungsträger abgewogene und im klassischen Sinne rationale Entscheidungen fällen. Bei konsensualen Vorschlägen ist dies weniger schmerzhaft, bei Dissens müssen die Entscheidungsträger unter Rückgriff auf übergeordnete Werte oder ihrem eigenen programmatischen Ansatz der einen oder anderen Lösung den Vorzug geben. In der Demokratie können ebenso wenig wie in allen anderen Staatsformen immer alle gewinnen. Ist der Dissens deutlich und argumentativ begründet, dann ist die in der Politik allenthalben geforderte Führungsstärke gefragt. Entschieden werden muss so oder so. Diese Entscheidungen jedoch auf der Basis einer diskursiven Auseinandersetzung fällen zu können, verbessert nicht nur die Ergebnisse der Entscheidung, es wächst auch die Chance für eine höhere Akzeptanz, selbst bei denen, die sich mit ihren Präferenzen nicht haben durchsetzen können.

Immer wieder wird bei der Beantwortung dieser Frage auf das Mehrheitsprinzip hingewiesen (vgl. dazu Mohr 1996: 14 ff.; Dettling 1974: 74 ff.; Übersicht in Eckert 1970). Sind es nicht die gewählten Volksvertreter, die in ihrer Mehrheit beschließen, welche Werte zur Beurteilung der Wünschbarkeit von Strategien zur Anwendung kommen sollen? Würde Betroffenheitsdemokratie nicht zu einer Aufweichung der repräsentativen Demokratie führen? Beide Fragen verraten, dass das Prinzip demokratischer Willensbildung nicht richtig eingeschätzt wird.

Die beiden Grundprinzipen der liberal-demokratischen Grundordnung sind die Souveränität des Individuums, im Rahmen der politischen Ordnung seine eigenen Präferenzen ausleben zu können und die Gleichstellung aller Individuen bei der Bestimmung kollektiv verbindlichen Handelns auf der Basis konsensfähiger Normen und aushandelbarer kollektiver Präferenzen bzw. Interessen (Dahl 1989: 83 ff.; Zilleßen 1993: 18; Sclove 1995). Sofern Handlungen von Individuen keine Auswirkungen auf andere Individuen haben oder diese direkt den Handlungen zustimmen (etwa durch einen Vertrag oder Tausch), ist es allein die Aufgabe kollektiver Institutionen, die Spielregeln von Vertrag und Tausch zu überwachen und die Chancengleichheit der am Tausch beteiligten Personen sicherzustellen. Weder die Mehrheit des Parlaments noch die Mehrheit des Volkes hat das Recht, der Minderheit Optionen aufzuzwingen, die von den Vertretern dieser Minderheit nicht gewollt werden (Bacharach 1967; 3; Dahl 1989: 107 ff.). Würde man an diesem Prinzip rütteln, dann gäbe es keine Privatautonomie, Gemeindeautonomie, keinen Föderalismus und keinen Minderheitenschutz mehr (Seiler 1991: 5-18).

Anders sieht es bei Handlungen von Individuen oder Gruppen aus, die Auswirkungen auf andere haben. In diesem Falle muss sichergestellt werden, dass die von den Auswirkungen betroffenen Gruppen in ihren eigenen Rechten und Präferenzen nicht eingeschränkt werden. Im Idealfall geschieht dies durch explizite Zustimmung (Schrader-Frechette 1990: 24; Fiorino 1990; Lynn 1990). Häufig ist aber der Kreis der Betroffenen nicht eindeutig bestimmbar oder es klafft eine Schere zwischen dem Kreis der Nutznießer und dem Risikoträger. Je diffuser die Betroffenheit, desto bedeutsamer sind repräsentative Entscheidungsformen, die quasi als Ersatz für die fehlende Bestimmbarkeit der Betroffenen Wünschbarkeit beurteilen. Schließlich gibt es noch kollektive Güter, wie Sicherheit und saubere Umwelt, die alle Bürger gleichzeitig betreffen und die von daher kollektiv geregelt werden müssen (vgl. Buchanan/Tullock 1962).

Die Wünschbarkeit von politischen Entscheidungsoptionen mit Hilfe repräsentativer Gremien zu bestimmen, bedeutet also nicht die Erfüllung demokratischer Grundsätze, sondern stellt vielmehr eine pragmatische Lösung dar, und zwar angesichts unübersichtlicher Betroffenheitsverhältnisse, zeitlicher und örtlicher Grenzen direkter Mitwirkung und konkurrierender Aufgaben, die Mitglieder einer Sozialgemeinschaft zu erfüllen haben. Dennoch ist gerade in Situationen, in denen Entscheidungen weitreichende Folgen für die Gestaltung der eigenen Lebenswelt in abgrenzbaren Regionen haben, das Repräsentationssystem oft überfordert. Die von den Entscheidungen betroffenen Menschen sehen weder ihre eigenen Interessen in den Entscheidungsgremien widergespiegelt noch erkennen oder anerkennen sie die Gründe, die zu der Wahl der einmal getroffenen Entscheidungsoption geführt haben. Die vielfach beschworene Politikverdrossenheit ist dabei zweifach motiviert: zum einen durch den fehlenden Nachvollzug der Begründungen für die einmal getroffene Wahl aus dem Kranz der möglichen Optionen und Maßnahmen; zum anderen durch die wahrgenommene Distanz zwischen den Polen Expertentum und Politik auf der einen sowie dem eigenen Wissen und dem vorherrschenden Wertegefühl auf der anderen Seite.

In dieser Situation sind neue Verfahren der Entscheidungsfindung und Legitimation gefragt. Dabei sind beide Komponenten, die Einbindung von betroffenen Personen in den Prozess der Entscheidungsfindung und die Legitimierung der Entscheidungen vor den Nicht-Beteiligten, untrennbar miteinander verbunden. Eine nur auf nachträgliche Legitimation hin ausgerichtete Politik, bei der die Maßnahmenpakete allein durch repräsentative Gremien festgelegt und dann der Öffentlichkeit durch Maßnahmen zur Akzeptanzbeschaffung nahegelegt werden, verfehlt ebenso ihr Ziel wie eine Politik, die ganz auf partizipativ zustande gekommene Entscheidung setzt, ohne aber auf eine Breitenwirkung dieser Verfahren in die Bevölkerung hinein zu achten. Es gilt also, die von den betroffenen Bürgerinnen und Bürgern selbst als zentral angesehenen Bewertungsdimensionen und Indikatoren zu identifizieren und auszuwählen. Denn sie sind es, die in einer demokratischen Gesellschaft selbst bestimmen sollen, wie sie in Zukunft leben wollen.

Nicht von ungefähr entstammt der ersten Weltkonferenz für Umwelt und Entwicklung in Rio de Janeiro deshalb nicht nur das Nachhaltigkeitsprinzip, sondern im dokumentarischen Anhang auch das Agenda-21-Programm. Das entscheidende Postulat der Agenda-21 ist, aus „Betroffenen Beteiligte zu machen". In der Agenda-21 wird deutlich dokumentiert, dass Nachhaltigkeit ohne politische Beteiligung und ohne gemeinsam anerkannte demokratisch legitimierte kulturelle Werte nicht wünschenswert ist. Diese Aufforderung nach dezentraler Mitwirkung der Betroffenen muss sich auch bei der Gestaltung der Maßnahmen und deren Umsetzung widerspiegeln.

6.6 Diskursive Formen der Auswahl und Abwägung von Maßnahmenpaketen

Bei den komplizierten Abwägungsprozessen, die mit der Auswahl und Begründung von Maßnahmenpaketen verbunden sind, ist zur Umsetzung einer diskursiven Strategie der Festlegung von Maßnahmebündeln eine Integration von drei Arten von Diskursen notwendig: Wissensdiskurs, Reflexionsdiskurs und Gestaltungsdiskurs (Renn 1999).

Zunächst müssen in einem Wissensdiskurs die Wissensgrundlagen für die zu erwartenden Folgen der jeweils ins Auge gefassten Maßnahmen geklärt werden. Unter dem Eindruck der Bedrohtheit essentieller Funktionen der Systemintegrität ist Folgewissen entscheidend dafür, um die Priorität der Funtkionserfüllung auch einwandfrei nachzuweisen und politisch zu legitimieren. Wichtige Fragen in diesem Zusammenhang sind: Welche Folge kann man bei welcher Maßnahme erwarten? Welche Nebenwirkungen sind zu erwarten? Wie hoch sind die Unsicherheiten, die mit den Maßnahmen verbunden sind? Dieser Diskurs kann an dem vorhandenen Wissen über Indikatoren und deren Messung ansetzen, wie wir sie in diesem Dokument entwickelt haben. Zum anderen lassen sich aus den Erkenntnissen einzelwissenschaftlicher Analysen Effektivität und Effizienz nachzeichnen. Gleichzeitig ist es notwendig, die anderen Bewertungskriterien festzulegen (etwa in unserem Sinne die Auswirkungen auf Verteilungsgerechtigkeit und Lebensqualität) und das dazu vorhandene Wissen zusammenzufassen. Auch hier kann die in dieser Studie vorgenommene Erörterung der normativ gebotenen Dimensionen hilfreich sein. Welche Maßnahme aber welche Dimension im Einzelnen berührt und in welcher Weise, lässt sich vorab schwer abschätzen. Dies muss im Rahmen des Wissensdiskurses geschehen. Es geht also um eine Analyse des aktuellen Wissenstandes auf der Basis der im Diskurs festgelegten Bewertungskriterien.

Aufgabe des Wissensdiskurses ist es, geeignete und aussagekräftige Maßnahmen oder Maßnahmepakete (um Interaktionseffekte mit einzubeziehen) vorzuschlagen, die Verbesserungen in den relevanten Bewertungsdimensionen versprechen. Dabei sind auf die üblichen Kriterien der Exhaustivität (deckt die Maßnahme oder das Maßnahmepaket wirklich den Bedeutungsumfang der angestrebten Dimension ab?), der Trennschärfe (geht das Maßnahmepaket über den Bedeutungsumfang des Kriteriums hinaus?), der Operationalisierbarkeit (lassen sich Fort- bzw. Rückschritte eindeutig und auf einer eindimensionalen Messlatte monoton steigend bzw. fallend messen?) und der Realisierbarkeit (gibt es bereits Daten dazu oder können diese im Verlauf des Projektes beschafft werden?) zu achten.

Zwei Produkte lassen sich aus einem solchen Diskurs entwickeln: Zum Ersten ergibt sich eine Ist-Analyse der durch die Maßnahmen angestrebten Veränderungen, die im vorgegebenen zeitlichen Betrachtungsrahmen signifikante Auswirkungen auf eine der Bewertungsdimensionen haben können. Dabei sollte es den Teilnehmern frei bleiben, über die oben deduktiv abgeleiteten Bewertungsdimensionen hinauszugehen, sie sollten aber ohne eingehende Begründung keine der vorgegebenen Dimensionen außer Acht lassen. Zum Zweiten gibt es eine Liste von Maßnahmen oder Maßnahmepaketen, die alle diese relevanten Dimensionen abbilden. Der in dieser Studie entwickelte Indikatorkatalog hat dabei zwei Funktionen: zum Einen hilft er als Heurismus, entsprechend wirksame Maßnahmen zu entwickeln, zum anderen hilft er als Kontrollinstrument, um die Wirksamkeit von Maßnahmen entweder zu antizipieren (modellmäßig) oder faktisch es post zu messen.

Um einen solchen Wissensdiskurs zu führen, sind zum Teil neue Formen wissensgestützter Gesprächs- und Argumentationsführung einzusetzen. Darunter sind Verfahren wie die wissenschaftliche Konsensuskonferenz, das Gruppen-Delphi oder der meta-analytische Workshop zu nennen (Renn/Oppermann 1995).

Der zweite Diskurs berührt die Frage der Behandlung von zwangsweise auftretenden Konflikten zwischen den Maßnahmen oder Maßnahmepaketen (Reflexionsdiskurs). Auch hier können die wissensbezogenen Ergebnisse unserer Studie, vor allem die Resultate der Cross-Impact-Matrix helfen, Interaktionen zwischen den Maßnahmen (auf der Basis der Verflechtung der Indikatoren) zu identifizieren und eventuelle Zielkonflikte bzw. Transformationskonflikte in ihrer vermuteten Stärke ausfindig zu machen. Auf dieser Wissensbasis können dann die Zielkonflikte genauer herausgearbeitet und in den Reflexionsdiskurs einbezogen werden. Darüber hinaus sind wir der Überzeugung, dass die normativ begründete Reihenfolge der drei Zielgrößen: systemare Integrität als primäre Bewertungsgröße und Gerechtigkeit und individuelle Lebensqualität jeweils als sekundäre Bewertungsgrößen bei der Aufgabe der Prioritätensetzung und der Festlegung von absoluten oder relativen Gewichten eine wichtige Orientierung vermittelt.

Das Ziel des Reflektionsdiskurses ist die Abwägung zwischen sich zum Teil ausschließenden oder zumindest überlappenden Zielgrößen und deren Umsetzung. Gerade durch das integrative Konzept der Nachhaltigkeit sind solche Konflikte zu erwarten. Sie müssen deutlich identifiziert und explizit bearbeitet werden. An einem solchen Bewertungsdiskurs sollten vor allem die organisierten Gruppen in einer Gesellschaft teilnehmen. Zentrale Fragen sind: Welche Interessen und welche Werte werden von den identifizierten Maßnahmen betroffen? Wie können Zielkonflikte aufgelöst oder fair abgewogen werden? Welche Ziele sind vorrangig zu verfolgen? Lassen sich Kompensationsmaßnahmen finden, die negative Nebenwirkungen von notwendigen Maßnahmen abmildern können?

Ziel dieses zweiten Diskurses ist es also, die mit einer Bewertung zwangsweise verbundenen Zielkonflikte zu verdeutlichen und die dadurch erforderlichen Prioritäten und Posterioritäten festzulegen. Als Produkt dieser Diskursphase entsteht eine Rangfolge von Maßnahmen im Rahmen eines abgestimmten Maßnahmepakets, mit dem implizit eine Bewertung der Dimensionen, die als besonders relevant und handlungsbedürftig angesehen werden, verbunden ist.

Für die Durchführung von Bewertungsdiskursen sind Verfahren wie Runde Tische, Open Space Konferenzen, Zukunftswerkstätten und andere eher geeignet (Oppermann/Renn 1995). Wichtig ist dabei, dass es zu einer möglichst klaren Prioritätensetzung kommt, wobei verschiedene Maßnahmepakete auch als gleichrangig eingestuft werden können. Am Ende stehen mehrere Optionen für Maßnahmepakete, die in unterschiedlichem Maße exemplarische Auflösungen der Ziel- und Transformationskonflikte widerspiegeln.

Der dritte Diskurs, der sich daran anschließen sollte, dient einer reflektierten Auseinandersetzung mit den Ergebnissen der beiden vorangegangenen Diskurse und der letztendlichen Auswahl und Umsetzung der Maßnahmen. Dieser Diskurs lässt sich als Gestaltungsdiskurs bezeichnen. Dort ist der Ort, wo im Idealfall eine Auswahl aus betroffenen Bürgerinnen und Bürgern gemeinsam mit Vertretern des ersten und zweiten Diskurses und den legitimen Entscheidungsträgern die Wissensgrundlagen und die Bewertungsergebnisse aus den beiden anderen Diskursen diskutieren und sich dann gemeinsam auf die Umsetzung eines der Maßnahmekataloge einigen. Gestaltungsdiskurse können einerseits die Personengruppen umfassen, die aus eigener Kraft Maßnahmen umsetzen können (Selbstverpflichtungen). Andererseits sind Gestaltungsdiskurse auch dort notwendig, wo legitimierte Gremien stellvertretend für andere kollektiv verpflichtende Maßnahmen beschließen. In einer Demokratie sind dies die gewählten oder durch das Gesetz festgelegten Gremien. Diese müssen aber, wie oben ausgeführt, durch partizipative Prozesse der direkten Mitwirkung durch die betroffenen Bürgerinnen und Bürger ergänzt (nicht ersetzt) werden.

Für den Gestaltungsdiskurs eignen sich Verfahren wie Runde Tische, Mediation, Zukunftswerkstatt, Konsensuskonferenzen und Bürgerforen bzw. Planungszellen (Überblick in Renn/Oppermann 1995). Alle Diskursformen müssen im Ergebnis offen geführt werden, auch der Dialog mit der Öffentlichkeit muss noch Spielraum für Veränderungen haben, sonst verkommt er zum bloßen Ritual.

Die drei hier aufgeführten Diskursformen sind von der Theorie als Abfolge eines einzigen komplexen diskursiven Verfahrens oder Ansatzes zu werten. Die einzelnen Formen beziehen sich aufeinander und arbeiten sequentiell die Fragen ab, die in den unterschiedlichen Aussagetypen bei Habermas zusammentreffen. Aus pragmatischen Gründen ist es sinnvoll, diese Diskursformen organisatorisch unterschiedlich zu strukturieren und je nach Fragestellung auch unterschiedlich zu besetzen. Dies ändert aber nichts daran, dass sie als eine Einheit aufgefasst werden sollen.

Diskursverfahren sollen die offizielle Politik nicht ablösen, sondern Anregungen und Lösungswege aufzeigen, um den zuständigen Entscheidungsträgern eine handhabbare Grundlage für ihre Gestaltungsaufgaben zu geben.

6.7 Planung und Durchführung diskursiver Verfahren

Für alle drei Diskurstypen ist eine genaue Ablaufplanung vorzunehmen. Die Reihenfolge der drei Diskurse ist vorgegeben, sie sollten aber miteinander verzahnt werden (Benighaus et al. 2005). Häufig treten auch rekursive Prozesse auf, Wissensfragen werden neu aktualisiert, wenn man sich die Zielkonflikte vornimmt, oder neue Zielkonflikte ergeben sich aus der Interaktionsanalyse der Indikatoren. Je nach Instrument, das man für den jeweiligen Diskurs nutzen möchte, ist diese Detailplanung anders vorzunehmen. Generell müssen aber folgende Aspekte beachtet werden:

Planungsfaktor 1: Auswahl der Akteursgruppen:
Ein erster Schritt der Planung ist die Auswahl der Akteursgruppen. Für die Transparenz und Glaubwürdigkeit des Vorgehens ist es wichtig, möglichst frühzeitig in der Vorbereitungsphase alle relevanten gesellschaftlichen Gruppierungen zu informieren und in die weitere Diskursplanung einzubeziehen. Die Art des Auswahlprozesses hat Auswirkungen auf die spezifische Zusammensetzung und Merkmale des Teilnehmerkreises und damit letztendlich auf die Zielsetzung und Ergebnisse des Verfahrens. Zur Zusammenstellung der Gremien können drei Vorgehensweisen unterschieden werden, die jeweils verschiedene Zielrichtungen haben:

- *Vorgehensweise A: Los- oder Zufallsauswahl:* Eine Los- oder Zufallsauswahl ergibt in der Regel einen plural zusammengesetzten Teilnehmerkreis aus unterschiedlichen gesellschaftlichen Gruppen und Organisationen mit einer breiten Interessens- und Meinungsvielfalt. Die verschiedenen subjektiven Meinungen nähern sich dem Gemeinwohlinteresse am weitesten an und werden häufig für den Gestaltungsdiskurs – insbesondere im Bürgerforum – angewendet. Eine Zufallsauswahl ist für einen Wissensdiskurs eher ungeeignet.
- *Vorgehensweise B: Öffentliche Ansprache, Aufrufe:* Es können auch gezielt Personen angesprochen werden, die sich von der Thematik betroffen fühlen, in ihrem persönlichen Umfeld berührt sind oder großes Interesse an der Themenstellung aufweisen. Die Ansprache der Personengruppen kann über öffentliche Aufrufe z. B. in Pressemitteilungen, auf Informationsveranstaltungen, kleineren Workshops oder durch Handzettel erfolgen. Die Personengruppen sind entsprechend engagiert und der Schwerpunkt liegt häufig auf der Erfassung bestimmter subjektiver Einschätzungen und Wertvorstellungen der Gruppen. Die Methode wird oft für Fokusgruppen verwendet und ist für den Reflexionsdiskurs sinnvoll.
- *Vorgehensweise C: Benennung von Teilnehmern in Gesprächen mit den Akteursgruppen:* Als weiteres Verfahren bieten sich Gespräche mit einzelnen Akteursgruppen an, die wiederum potenzielle Teilnehmer oder Experten benennen. Dabei sollten alle für das Verfahren relevanten Gruppen angesprochen und einbezogen werden. Das Gremium ist dann ebenfalls pluralistisch zusammengesetzt und präsentiert die verschiedenen gesellschaftlichen Sichtweisen im Verfahren. Dieses Vorgehen wird häufig in Konfliktschlichtungsprozessen wie Mediationsverfahren und Runden Tischen angewendet und wird daher regelmäßig in Gestaltungsdiskursen zur Teilnehmerrekrutierung eingesetzt. Zudem ist dieses Verfahren für Wissensdiskurse besonders geeignet, weil hier Kompetenz und Pluralität zusammengebracht werden können.

Auch die Kombination der unterschiedlichen Auswahlverfahren ist möglich, um einen besonders großen Teilnehmerkreis mit unterschiedlichsten Teilgruppen zu erzielen.

Planungsfaktor 2: Erstellung eines Zeit- und Ablaufplans:
Um allen Beteiligten im Diskursverfahren einen Einblick in das Vorgehen und die einzelnen Schritte zu geben, ist die Erstellung eines Zeit-, Kosten-/Finanzierungs-, Meilenstein- und Ablaufplans entsprechend dem Vorgehen im Projektmanagement sinnvoll. Informierte Akteure und Partner, die die einzelnen Schritte im Verfahren kennen, arbeiten zielgerichteter und vertrauensvoller mit.

Planungsfaktor 3: Prozessbegleiter:
Die Auswahl eines Prozessbegleiters, der das Beteiligungsverfahren plant, steuert und moderiert ist entscheidend. Komplexe Verfahren wie Runde Tische oder Bürgerforen sollten von einem neutralen Organisator durchgeführt und moderiert werden. Der Einsatz unterschiedlichster Moderations-, Verhandlungs- und Kreativitätstechniken ist dabei anzustreben. Allerdings sollte die Methode nicht über den Kopf der Teilnehmer hinweg eingesetzt werden. Besonders wichtig ist auch die Grundhaltung des Moderators, Vertrauen in die Akteursgruppe zu zeigen. Die Anforderungen an einen Moderator können folgendermaßen zusammengefasst werden:

- Überparteilichkeit/Neutralität
- Akzeptanz bei allen Beteiligten
- Ausreichende Sachkenntnis („Feldkompetenz“)
- Fähigkeit, Konflikte anzusprechen und damit umzugehen

Planungsfaktor 4: Öffentlichkeitsarbeit:
Um die Ergebnisse und Einsichten, die in den Diskursverfahren gewonnen wurden, nach außen zu vermitteln, ist eine begleitende Presse- und Öffentlichkeitsarbeit notwendig. Diese kann schon zum Zeitpunkt der Konzeption des Verfahrens einsetzen oder zum Aufruf und zur Motivation von Teilnehmern zu Beginn des Prozesses genutzt werden. Während des eigentlichen Verfahrens sind in der Regel nur sehr wenige Personen am Prozess direkt beteiligt, so dass weitere Informationen zum Vorgehen und den Zwischenergebnissen Transparenz und Akzeptanz für das Verfahren und die Resultate schaffen kann. Die Öffentlichkeitsarbeit sollte in Abstimmung mit allen Beteiligten erfolgen und flexibel gestaltet sein, d. h. Transparenz, wenn erforderlich, aber auch Vertraulichkeit zulassen. Gerne wird auch zur Vorstellung des Verfahrens und am Ende zur Präsentation der Ergebnisse die Öffentlichkeit informiert oder einbezogen (Sandwich-Methode). Gerade in Mediationsverfahren, Open Space- oder Konsensuskonferenzen bietet sich die Methode an, da nicht immer konsensfähige Zwischenergebnisse während des Verfahrensverlaufs vorliegen.

Am Ende des Diskursverfahrens steht ein abgestimmter Maßnahmekatalog, den die Teilnehmer im Verfahren ausgehandelt haben. Gab es mehrere Teilgruppen, ist eine Zusammenführung von den Teilergebnissen wichtig. In einigen Prozessen wie dem Mediationsverfahren oder der Konsensuskonferenz erfolgte die Integration von Teilergebnissen häufig schon im Prozess. Aber bei anderen Verfahren wie Fokusgruppen oder Bürgerforen erfolgt dieser Schritt der Zusammenführung nach dem Abschluss durch die Organisatoren.

6.8 Ausblick

Politische Entscheidungen sind im weitesten Sinne kollektive Einigungen über eine ethisch gerechtfertigte und sozial wünschenswerte Zukunft. Sie umfassen immer zwei grundsätzliche Elemente: Wissen über Zweck-Mittel-Beziehungen und Präferenzen in Bezug auf Mittel und Ziele. Das erste Element, Wissen-um-Ursache-Wirkungsketten, ist eine Frage der Expertise oder der Sachkenntnis. Damit verbindet man eine Person, eine Personengruppe oder Institution, die den für die Entscheidung relevanten Wissensschatz beherrscht. Relevantes Wissen muss nicht unbedingt auf systematischen und theoriegeleiteten Erkenntnissen beruhen. Für bestimmte Fragen sind auch anekdotisches Wissen und die berühmte Spürnase erfahrener Politiker bedeutsam. Aber für Entscheidungen mit erheblichem Risikopotential und Möglichkeit weitreichender Nebenfolgen ist es geradezu lebenswichtig, die besten Expertisen verfügbar zu haben. Dazu haben wir in diesem Dokument einige Bausteine zusammengetragen.

Das zweite Element von Entscheidungen, Präferenzen über Mittel und Ziele, ist dagegen nicht auf Wissen bezogen, sondern auf Bewertungen, Präferenzen und sozialen Werten, d. h. auf Beurteilungen der evaluativen und normativen Begründbarkeit von Handlungen. Darin eingeschlossen ist die Beurteilung der sozialen Wünschbarkeit dieser Handlungen oder Konsequenzen in einer wertepluralistischen Gesellschaft (Habermas 1989: 578 ff.; Koller 1992: 63 f.). Normen und Werte beziehen sich nicht nur auf die Konsequenzen von

Handlungen, sondern auch auf die Qualität der Mittel, um ethisch gerechtfertigte und sozial wünschenswerte Ziele zu erreichen. Was ethisch gerechtfertigt ist, sollte im Idealfall durch Konsens aller Mitglieder eines Sozialsystems auf der Basis begründbarer Argumentation festgelegt werden (vgl. hierzu Apel 1992: 35). Was im Sinne des eigenen Lebensstils wünschenswert ist oder nicht, ist dagegen eine Frage individuellen Ermessens; allerdings müssen bei individuellen Entscheidungen mit Auswirkungen auf die Entscheidungsfreiheit der anderen die konfligierenden Werte und Präferenzen der handelnden Individuen aufeinander abgestimmt werden. Anders als bei Sachwissen, wo es zumindest ansatzweise gelingen kann, mit Hilfe von methodologischen Regeln falsche von richtigen Aussagen intersubjektiv gültig zu trennen, fehlen uns zur Beurteilung der Wünschbarkeit von Maßnahmen oder Entscheidungsalternativen von allen akzeptierte allgemeingültige Regeln. Fehlende allgemeinverbindliche Maßstäbe bedeuten aber nicht Willkür (Habermas 1996: 339). Ordnungsregeln der Konsistenz, der Kohärenz und der Verallgemeinerungsfähigkeit behalten auch bei normativen und wertbezogenen (evaluativen) Aussagen ihre Gültigkeit. Zudem binden Normen in Form von gesetzlichen Vorschriften individuelles und kollektives Handeln. Aus diesem Grunde haben wir auch das normative Orientierungswissen und eine deduktive Ableitung wichtiger Ziele der Nachhaltigkeit an den Beginn unserer Studie gestellt. Sie sind das Ergebnis vieler vergangener normativer Diskurse.

Moderne plurale und globalisierte Gesellschaften brauchen mehr denn je diskursiv angelegte Verfahren der Entscheidungsfindung, in denen betroffene Bürgerinnen und Bürger die Gelegenheit erhalten, in einem Klima gegenseitiger Gleichberechtigung, der Anerkennung von Sachwissen und normativen Vorgaben sowie des Respekts vor der Legitimität unterschiedlicher Wertesysteme und Präferenzen Handlungsoptionen zu diskutieren, die damit verbundenen Folgen und Implikationen zu bewerten und auf dieser Basis Empfehlungen für repräsentative Gremien und/oder für ihre Mitbürger zu formulieren. Die moderne Gesellschaft braucht also keinen Ersatz für ihre repräsentativen Gremien, sondern sie benötigt vielmehr eine Funktionsbereicherung durch diskursive Formen direkter Bürgerbeteiligung, die den repräsentativen Gremien wiederum in ihrem eigenen Streben nach Legitimation zugute kommen.

Aus all dem wird deutlich: Demokratisch verfasste Gesellschaften mit hohem Grad an normativer Pluralität sind darauf angewiesen, dass neue diskursive Formen in den Prozess der politischen Urteils- und Entscheidungsfindung integriert werden. Dazu bedarf es keiner grundlegenden Veränderungen der politischen Strukturen, zumindest nicht auf der systemaren Ebene, sondern vielmehr gezielter Reformen, die eine Anschlussfähigkeit der im Diskurs gewonnenen Ergebnisse in den Strukturrahmen der Politik sicherstellen. In allen Industrieländern wächst der Wunsch nach neuen diskursiven Verfahren, die in einer Welt voller Wertkonflikte und pluraler Rationalitäten Verständigung über kollektive Ziele und deren Erreichung über die rein formale Legitimation durch Abstimmungen hinaus ermöglichen. Eine konstruktive Verständigung über wünschenswerte Optionen zur Gestaltung einer gemeinsamen Zukunft ist unseres Erachtens zwingend auf einen Diskurs zwischen den pluralen Gestaltungskräften angewiesen.

7 Zusammenfassung und Ausblick

7.1 Ein integratives Konzept der Nachhaltigkeit: Anforderungen und Merkmale

Eine nachhaltige Entwicklung stellt sich nicht von alleine ein. Weder die inhärenten Kräfte des Marktes noch die in einzelne Aufgabengebiete zersplitterte Politik werden die erforderliche Transformationsleistung erbringen können. Wenn man wirklich an der Nachhaltigkeit als globales Ziel der menschlichen Entwicklung festhalten will – und dafür sprechen eigentlich alle Erkenntnisse aus dem Orientierungs- und Systemwissen -, dann kann der Übergang nur gelingen, wenn Wirtschaft, Wissenschaft, Politik und Zivilgesellschaft an einem Strang ziehen und gemeinsam Strategien entwickeln, um die Ziele der Nachhaltigkeit umzusetzen, d.h. diese effektiv in Maßnahmepakete zu übersetzen und die Wirksamkeit dieser Pakete durch geeignete Indikatoren zu überprüfen. Weil sich nachhaltige Entwicklung auf das gesamte Umfeld des Menschen bezieht und dabei die natürliche, kulturelle und soziale Umwelt miteinander verzahnt, greifen wohlgemeinte aber allzu einfache Konzepte zu kurz. Weder der griffige Slogan „Wir müssen von den Zinsen der Natur und nicht vom Grundkapital leben“ noch die Überzeugung, dass sich Nachhaltigkeit von selbst einstellen würde, wenn die Preise „die ökologische Wahrheit“ sagen würden, helfen uns bei aller Berechtigung der beiden Forderungen wirklich weiter. Keiner kann genau angeben, wie man Zinsen und Kapital bei Naturgütern differenzieren kann, und es bleibt mehr als fraglich, ob die Verteuerung von natürlichen Ressourcen oder die Bepreisung von Senkenkapazität die erwünschte Lenkungsfunktion erreichen werden. Vor allem zielen solche gängigen Konzepte meist auf eine einzige Dimension der Nachhaltigkeit ab, in der Regel die ökologische. Benötigt wird also eine Konzeption, die die verschiedenen Dimensionen der Nachhaltigkeit theoretisch fundiert in ein Gesamtkonzept integriert, die eine Bewertung des Status Quo nach intersubjektiv gültigen Kriterien erlaubt und Handlungsorientierungen für die beteiligten Akteure bereitstellt. Diesen drei Aufgaben hat sich dieses Buch gestellt. Ausgehend von der Beschreibung der Ausgangslage und der Übersicht über einige exemplarisch ausgewählte Studien zur Nachhaltigkeit haben wir Schritt für Schritt zunächst ein Konzept der Nachhaltigkeit entwickelt, daraus Kriterien und Indikatoren abgeleitet, diese dann exemplarisch auf die Situation in Deutschland übertragen, die mit den Kriterien verbundenen Interdependenzen ermittelt und dann diskursive Verfahren erörtert, um die auftretenden Zielkonflikte effektiv und fair aufzulösen.

Ausgangspunkt unserer Überlegungen ist ein Verständnis von Nachhaltigkeit, das normative Grundforderungen nach Systemintegrität, Gerechtigkeit und Lebensqualität mit den dazu notwendigen funktionalen Erfordernissen verknüpft. Dabei geht es um die Integration von *Orientierungswissen* (wie lassen sich normative Forderungen intersubjektiv begründen und als Leitbilder in den Köpfen und Herzen der Menschen verankern?), *Systemwissen* (welche Faktoren beeinflussen oder bedingen die Einlösung der normativen Ziele) und *Transformationswissen* (wie kann man den angestrebten Zustand der Nachhaltigkeit erreichen?). Schon der erste Schritt dieser Integrationsleistung bedarf der ausführlichen Begründung: Was wollen wir erreichen, wenn wir Nachhaltigkeit anstreben? Diese Zieldiskussion führte uns zu den drei zentralen Begriffen: systemare Integrität, Gerechtigkeit und Lebensqualität.

Systemare Integrität meint die Kontinuität und den Fortbestand der für Menschen bedeutsamen sozio-kulturellen und ökologischer Systeme. Die Aufteilung in diesen beiden Systemebenen (sozio-kulturell und ökologisch) ist durch Differenzen in ihrem Aufbau, ihren Elementen und Prozessen begründet. Als Folge daraus ergeben sich zwar keine grundlegenden, aber dennoch bedeutsame Unterschiede im Hinblick auf die Zuschreibung der dauerhaften Funktionsfähigkeit der beiden Systeme. Während soziale Systeme ihre Funktionsfähigkeit selbst definieren, sind Funktionen von ökologischen Systemen kulturelle Zuschreibungen der Menschen zu beobachtbaren Naturphänomenen. Diese funktionalen Zuschreibungen ergeben sich aus den Interessen, Werten und Naturbildern der Menschen. Der Fortbestand von ökologischen Systemen lässt sich damit nicht durch natürliche „Fakten" bestimmen, sondern erfolgt auf einer Beobachtungsebene. Die Funktionen oder Dysfunktionen eines ökologischen Systems beruhen auf einer intersubjektiven Verständigung der Gesellschaft über das, was Menschen in der Natur wertschätzen (etwa die Nutzung von Ressourcen oder Senken, die Freude an der Biodiverisität unabhängig vom Nutzen, ästhetische Eindrücke, religiöse oder mystische Symbolübertragungen) in Abstimmung mit gegebenen physikalischen und biologischen Eigenschaften. Die in der Natur vorherrschenden Interdependenzen zwischen menschlichen Interventionen und natürlichen Reaktionen, die wissenschaftlich phänomengetreu untersucht werden können, formen lediglich das notwendige Systemwissen, das erst dann in Form von Handlungsanweisungen wirksam werden kann, wenn es in Bezug zu normativen Zielvorstellungen gesetzt wird.

Diesen Zusammenhang kann man anhand des im ersten Kapitel beschriebenen Problems des Bevölkerungswachstums verdeutlichen. Die ökologischen Folgen einer größeren Bevölkerungsdichte lassen sich wissenschaftlich erfassen. Ob man aus Kenntnis dieser zumeist negativen Folgen aber aktive bevölkerungspolitische Maßnahmen einleiten will und welche das sein sollen, lässt sich aus dem Systemwissen allein nicht ableiten. So begrenzt z.B. die konsequente Einhaltung der Ein-Kind Politik in China die dort drohende Bevölkerungsexplosion, schafft aber gleichzeitig ein immenses Versorgungsproblem für die ältere Generation, deren Anteil exponentiell zunimmt. Bereits im Jahre 2020 werden mehr als die Hälfte aller auf der Welt lebenden Personen über 65 Jahren in China beheimatet sein. Wie man die mit dieser Entwicklung verbundene Flut von Versorgungsansprüchen bewältigen will, ist noch völlig offen. Hält man an den Postulaten der sozio-kulturellen Integration fest und gesteht jedem Individuum ein Lebensrecht zu, dann treten in der Frage der Bevölkerungspolitik zwischen der ökologischen und der sozio-kulturellen Integrität deutlich Zielkonflikte auf, für deren Lösung Orientierungswissen und Verfahren der diskursiven Abwägung benötigt werden. Die Problematik verschärft sich weiter, wenn man globales Bevölkerungswachstum und lokale Bevölkerungsschrumpfung gemeinsam betrachtet. Für den Indikator Geburtenrate in Deutschland zeichnet sich ja gerade in Umkehrung der globalen Entwicklung eine dramatische Abnahme der Bevölkerung ab. Die handlungsleitende Frage, die sich für Deutschland stellt, betrifft wiederum eine normative Abwägung, vor allem wie sich Einwanderung als Ventil zwischen globaler Explosion und lokaler Schrumpfung so gestalten lässt, dass die für eine Gesellschaft notwendige kulturelle Kohärenz nicht gefährdet wird. Die Debatte um eine „multikulturelle" Gesellschaft in Deutschland vermittelt einen Abglanz dieses grundlegenden Zielkonfliktes.

Die enge Verknüpfung zwischen ökologischer und sozio-kultureller Integrität, die sich immer wieder in Zielkonflikten verdeutlicht, ist auch einer der Gründe, die traditionelle Gliederung in eine ökologische, ökonomische und soziale Säule der Nachhaltigkeit als nicht problemadäquat zu verwerfen. Nicht nur, dass ökologische Funktionen nur unter der Perspektive sozio-kultureller Zielsetzungen bestimmt werden können, macht diese Trennung obsolet. Wichtiger ist noch, dass erst die gemeinsame Betrachtung von erwartbaren Folgen unter dem Blickwinkel der ökologischen und sozio-kulturellen Wünschbarkeit uns dem Ziel der Nachhaltigkeit näher bringen kann.

Dagegen ist die Frage der systemaren Integrität als Aggregatgröße von der Frage der gerechten Verteilung von Lebenschancen analytisch gut zu trennen. Damit sind wir beim zweiten Grundpostulat: der Gerechtigkeit.

Auch bei der Frage der Gerechtigkeit helfen uns einfache Verteilungsformeln wenig. Denn ein der Nachhaltigkeit verpflichtetes Konzept der sozialen Gerechtigkeit ist nicht monolithisch, d. h. sie ist nicht auf ein einziges Prinzip reduzierbar. Verschiedene Leitprinzipien sind möglich und mit jeweils guten Gründen zu rechtfertigen. Unsere Überlegungen in diesem Buch mündeten in einem differenzierten Konzept, in dem Gerechtigkeit in vier grundlegende Postulate aufgegliedert wird: Chancen-, Bedürfnis-, Leistungs- und Generationengerechtigkeit. Mit Hilfe dieser vier Postulate lässt sich ein Analyse- und Entscheidungsraster aufspannen. Auch hier gibt es ähnlich wie bei der systemaren Integrität keine eindeutig aus dem Systemwissen abzuleitenden Handlungsanweisungen. Vielmehr müssen die erkannten Folgen von Handlungen, die verteilungsrelevant sind, mit einer Vorstellung des Wünschenswerten verglichen werden. Leitbilder sind notwendig, an denen sich Entscheidungen ausrichten. Solche Leitbilder haben wir in unserer Analyse aus der Deutschen Verfassung und dem Modell der sozialen Marktwirtschaft abgeleitet. Als Ergebnis stellten wir fest, dass die soziale Gleichverteilung von Lebenschancen als erstrebenswertes Ziel dort ebenso festgeschrieben ist wie die Verantwortung für künftige Generationen. Auch die Prinzipien der Bedürfnis- und der Leistungsgerechtigkeit finden hierin ihren Ausdruck.

Nicht zuletzt angeregt durch die Ergebnisse der PISA-Studie ist die Chancengerechtigkeit ein zentraler Topos der öffentlichen Diskussion in Deutschland. Unsere Indikatoren bilden die Chancengerechtigkeit in drei Bereichen ab und zeigen einen Zustand, den man relativ zum verfassten Leitbild als ungenügend bezeichnen muss. Weniger eindeutig ist die Situation in den anderen Gerechtigkeitssphären. Z.T. ist man auch hier weit von den Leitzielen entfernt, z.T. zeigen sich aber auch begrüßenswerte Entwicklungen, wie beispielsweise bei der Bereitschaft, ein freiwilliges soziales Jahr zu leisten. Der letztgenannte Indikator beleuchtet auch eine Grundüberzeugung in unserer Konzeption: Der Zustand sozialer Gerechtigkeit ist ebenso abhängig von den freiwilligen Handlungsentscheidungen jedes einzelnen Akteurs wie von den strukturellen Vorleistungen durch staatliche Institutionen.

Deshalb sehen wir in der (chancengerechten) Bildung einen Schlüsselfaktor für mehr Nachhaltigkeit. Jedoch meinen wir nicht nur die formale Bildung im Hinblick auf Wissen und Innovationsfähigkeit, sondern auch die Ausbildung von Empathiefähigkeit. Das Strukturprinzip der sozialen Gerechtigkeit ist durch das aufeinander „Angewiesensein" gerechtigskeitsfördernder Rahmenbedingungen und rechtschaffener individueller Handlungen gekennzeichnet.

Die dritte zentrale Leitfigur unseres Konzeptes betrifft die individuelle Lebensqualität. Auch diese ist zunächst einmal unabhängig von der systemaren Integrität als Aggregatgröße und der Gerechtigkeit als Beziehungsgröße zwischen den Individuen. Sie spiegelt die objektiven Bedingungen für subjektives Wohlbefunden wieder. Ob sich jemand wohl fühlt oder nicht, ist zum einen von den Rahmenbedingungen abhängig, unter denen das Individuum lebt, und zum anderen von den eigenen Erwartungen, Vorlieben und Persönlichkeitsmerkmalen. Obgleich diese auch zum Teil sozial oder kulturell vermittelt werden, ist unser Konzept der Lebensqualität auf die Bedingungen bezogen, die ein individuelles Wohlbefinden ermöglichen oder wahrscheinlicher machen. Zur Schaffung individuellen Wohlbefindens sind also die von administrativer Seite gewährleisteten Rahmenbedingungen eine notwendige Voraussetzung. Diese Bedingungen zu messen, ist eine methodische Herausforderung, die in der Sozialindikatorforschung seit Jahren für heftige Kontroversen und Meinungsverschiedenheiten sorgt.

Wir haben uns bewusst für einen Ansatz entschieden, der subjektive Eindrücke und objektive Tatbestände parallel erfasst und als Indikatoren zur Messung der für Lebensqualität notwendigen Bedingungen aufnimmt. Denn die objektiven Rahmenbedingungen und das subjektive Wohlbefinden werden zum einen durch die individuellen Handlungen individueller Akteure beeinflusst. Zum anderen ist die Wirkungsmächtigkeit administrativer Regelung begrenzt. Es ist beispielsweise kaum vorstellbar, dass ein gesetzlicher Zwang zur Knochenmarkspende geschaffen wird. Deshalb baut Lebensqualität notwendigerweise auch immer auf den freiwilligen Handlungsentscheidungen jedes Einzelnen auf. Es sind die Handlungen, die der Einzelne auf sich bezogen trifft, aber auch im Hinblick auf die Lebensqualität der Mitmenschen und künftiger Generationen, also beispielsweise die Entscheidung, Knochenmark, Blut oder Organe für das Leben bzw. das Wohlbefinden anderer zu spenden. In einer idealen Welt widersprechen sich Eigen- und Fremdbezug nicht, das Streben nach individuellem Wohlbefinden steht nicht zwangsläufig im Widerspruch zu den Anforderungen der Nachhaltigkeit. Es kommt immer auf die Bedingungen und Begleitumstände an, inwieweit das Streben nach persönlicher Lebensqualität die Lebensqualität anderer erhöht, unberührt lässt oder vermindert. Das Leitbild des qualitativen Wachstums hat unseres Erachtens das Potential, den Anforderungen eines Ausgleichs zwischen persönlichem Streben nach mehr Lebensqualität und der gleichzeitigen Beeinflussung der Lebensqualität anderer gerecht zu werden.

Vieles von dem, was nach unseren heutigen Vorstellungen Lebensqualität ausmacht, ist mit dem Leitbild des qualitativen Wachstums kompatibel, aber beileibe nicht alles. So schränkt das Leitbild nicht Mobilität ein, sondern Mobilität, die Umwelt und Mitmenschen über Gebühr belastet. Das Leitbild schränkt weder wirtschaftliches Wachstum noch Konsum ein, sondern die Art des Wachstums und des Konsums, die sich selber ihrer Grundlagen für die Zukunft berauben. Der Durchbruch zu mehr Nachhaltigkeit muss von zwei Seiten her erfolgen, in ähnlicher Weise wie bei einem Durchbruch eines Tunnels, der von zwei Seiten durch den Berg getrieben wird. Einerseits müssen durch die Instrumente administrativer Regulierung Anreize für eine nachhaltige Lebensqualität gegeben werden, andererseits muss massiv für dieses Leitbild als individuelle Form eines gelingenden Lebens geworben werden. Mit jeder Einschränkung nicht-nachhaltigen Handelns müssen zugleich neue Spielräume in Richtung Nachhaltigkeit geschaffen werden. Denn wir gehen wir davon aus, dass Menschen sich insgesamt wohler fühlen, je mehr Freiheitsgrade sie haben (Wahlmöglichkeiten) und je stärker sie (aus freien Stücken) in sinngebende Strukturen eingebunden sind. Das bedeutet: Lebensqualität kann dadurch gesteigert werden, dass mehr Freiheitsräume im Rahmen nachhaltiger Entwicklung angeboten werden und gleichzeitig der Sinn einer nachhaltigen Lebensweise verdeutlicht wird. Gelingt dies, dann lassen sich

Lebensqualität auch gut mit Postulaten der Gerechtigkeit und der systemaren Integrität vereinbaren. Gelingt dies nicht, dann, so unsere Analyse, muss der systemaren Integrität Vorrang vor der Lebensqualität eingeräumt werden.

Bei der Umsetzung dieser drei Zielgrößen in praktisches Handeln ist neben dem Orientierungswissen und dem Systemwissen auch das Transformationswissen bedeutsam. Dieses Wissen zeigt an, wie man zu einem wünschenswerten Zustand kommen kann. Voraussetzung dafür ist eine möglichst genaue Beschreibung des Ist-Zustandes und eine Analyse der Fort- bzw. Rückschritte, die man auf dem Weg in eine nachhaltige Entwicklung macht. Dazu werden plausible und aussagekräftige Indikatoren benötigt, die anzeigen, ob im Zeitverlauf mehr bzw. weniger Nachhaltigkeit erreicht wird. Ein Indikatorensystem stellt gewissermaßen den Kompass dar, um sicherzustellen, dass die angestrebten Ziele auch erreicht werden.

Wie aber kann man den Zustand der Nachhaltigkeit „messen"? Nach welchen Indikatoren soll man sich dabei richten? Kann man überhaupt den Grad der Zielerreichung objektiv bestimmen? Gefragt ist also eine möglichst exakte Bestandsaufnahme, um den Stand der Nachhaltigkeit so objektiv wie möglich zu bestimmen und in Zahlenwerte zu fassen. Diesem Anliegen sind jedoch konzeptionelle und methodische Grenzen gesetzt: Die Wissenschaft kennt nicht die objektiven Schwellenwerte, von denen an die Nachhaltigkeit ernsthaft gefährdet ist. Die Politiker wissen nicht, welche Vorlieben und Neigungen die kommenden Generationen haben werden. Die Prognostiker können nicht vorhersagen, wie sich das Wissen der Gesellschaft in Richtung auf Naturnutzung in Zukunft entwickeln wird. Wohl wissend, dass die Menschen das Ziel noch nicht erreicht haben, gleichzeitig aber auch die Zielgerade noch nicht bestimmen können, gilt es nach dem Motto zu verfahren: Der Weg ist das Ziel. Alle Maßnahmen, die es der Menschheit ermöglichen, die drei wesentlichen Funktionen der systemaren Integrität, der Gerechtigkeit und der Erhaltung der individuellen Lebensqualität dauerhaft zu sichern, bedeuten Schritte in die richtige Richtung.

In diesem Dokument haben wir deshalb einen Indikatorkatalog entwickelt, der diesen Unsicherheiten Rechnung trägt und dennoch die notwendige Orientierungsfunktion ausüben soll und kann. Der Indikatorkatalog und die damit verbundenen Zeitreihen der Messung zeigen für unterschiedliche Leitgrößen der drei primären Ziele: systemare Integrität, Gerechtigkeit und individuelle Lebensqualität an, wo unmittelbarer Handlungsbedarf, wo vermutlich Handlungsbedarf und wo zunächst kein Handlungsbedarf besteht. Er dient zur möglichst objektiven Orientierung über den Zustand der Nachhaltigkeit. Dort, wo sicherlich oder vermutlich Handlungsbedarf besteht, sind Maßnahmen notwendig, um die unbefriedigende Ist-Situation zu verbessern.

Allerdings reicht eine additive Sammlung von Indikatoren und den damit verbundenen Messwerten immer noch nicht aus, um das von uns angestrebte integrative Konzept der Nachhaltigkeit adäquat umzusetzen. Vielmehr geht es auch und vor allem um die Wechselwirkungen zwischen den Indikatoren, durch die erst mögliche Zielkonflikte, aber auch Kompatibilitäten zwischen unterschiedlichen Zielen bestimmt werden können. Um diese Interdependenzen zu messen, haben wir eine neue Methode eingesetzt, die sog. Cross-Impact-Bilanzanalyse. Der Einsatz dieser Methode ermöglichte es uns, die zahlreichen Verflechtungen zwischen den einzelnen Problem- und Handlungsbereichen der Nachhaltigen Entwicklung aus einer neuen Perspektive zu betrachten: Im Vordergrund dieser Analyse stand die Frage, welche Systemeigenschaften ein Wirkungsnetzwerk besitzt, das nach dem Muster des gekoppelten Systems „Umwelt-Kultur-Gesellschaft" geknüpft ist.

Die Ergebnisse der Cross-Impact-Analyse belegen, was oft intuitiv vermutet wird: Die unterschiedlichen Systembereiche der Nachhaltigen Entwicklung sind so gründlich vernetzt, dass jede Veränderung in einem Bereich grundsätzlich (früher oder später und mehr oder weniger stark) auch in allen anderen Bereichen spürbar werden kann. Diese Verbundenheit entsteht durch Ketten von indirekten Wirkungen, die von jedem beliebigen Punkt des Netzwerks über wenige Zwischenschritte zu jedem anderen Punkt führen – eine typische Eigenschaft komplexer Netzwerke.

Die Untersuchung des interdependenten Netzwerks weckt das Verständnis dafür, wie bereichsübergreifende Problemsyndrome entstehen können: Das Netzwerk enthält viele miteinander verbundene Wirkungszyklen. In jedem dieser Zyklen können sich Störungen aufschaukeln, bis sie schließlich die verbundenen Zyklen infizieren und sich so schließlich über weite Systemteile ausbreiten können. Syndrome dieser Art, in denen sich verschiedene Verschlechterungstendenzen gegenseitig zu einem zuletzt unüberwindbar erscheinenden Komplex verstärken, sind an der Schnittstelle zwischen Umwelt und Gesellschaft in der Vergangenheit bereits häufig identifiziert worden (etwa die Verbindung zwischen Entwaldung, Einbußen in der Landwirtschaft wegen höherer Verwundbarkeit gegenüber Naturgefahren, Verarmung und weiterer Entwaldung). Doch auch im gesellschaftlichen Bereich konnten wir solche Phänomene aufspüren. Ein Beispiel dafür ist etwa das Verbindungsnetz zwischen mangelnder Ausbildung, fehlendem Know-how für Innovationen, wirtschaftlichen Einbußen durch technische Rückständigkeit, fehlenden Mitteln für die Bildungssysteme und damit wiederum geringere Bildungschancen, was außerdem zur Abkehr von Jugendlichen vom demokratischen System und damit zur weiteren Verschlechterung der ökonomischen Rahmenbedingungen führen kann).

Aus der Analyse dieser Wechselwirkungen kann für die Steuerung eines Systems gelernt werden, dass es Bereiche gibt, an denen wohl gemeinte punktuelle Eingriffe verpuffen, weil die systemischen Wirkungen sie wieder aussteuern werden. Auf der anderen Seite gibt es Bereiche, in denen Steuerungseingriffe das Potenzial besitzen, eine starke unterstützende Hebelwirkung zu entfalten. Als solche Bereiche wurden Bildung, Innovationsfähigkeit und Stabilität des demokratischen Systems identifiziert.

Aus diesen Resultaten ergeben sich aus Sicht der Systemanalyse zwei Schlussfolgerungen: Die Wirkung punktueller Steuerungseingriffe wird durch die Steifheit des Netzwerks in Frage gestellt. Isolierte positive Ansätze werden dabei häufig durch die kombinierte Gegenwirkung gegenläufiger Einflüsse aus anderen Bereichen außer Kraft gesetzt. Eine nachdrückliche Wirksamkeit können Steuerungseingriffe nur dann entfalten, wenn sie entweder selektiv in Bereichen mit großer Hebelwirkung vorgenommen werden, oder wenn sie den Ansatz verfolgen, die bereichsübergreifenden Rahmenbedingungen für Nachhaltiges Handeln zu verbessern.

Aber selbst wenn man diese Hebel identifiziert und die wirkungsvollen Stellschrauben des Systems gefunden hat, bedeutet das noch lange nicht, dass dann auch entsprechende Maßnahmen entworfen und umgesetzt werden. Maßnahmen sind ressourcenintensiv, sie sind daran gebunden, dass Akteure Geld, Zeit und Wissen investieren, selbst wenn sie wie bei der Nachhaltigkeit nur indirekt davon profitieren. Die Motivation für Akteure, sich auf einen solchen Prozess einzulassen, ist einerseits davon abhängig, dass die Wahl der Maßnahmen nicht von außen her vorgeschrieben, sondern im Diskurs von den beteiligten Akteuren selbst bestimmt werden. Dazu haben wir im Kapitel 6 eine Reihe von Vorschlägen unterbreitet. Zum anderen müssen die staatlichen Rahmenbedingungen so gesetzt werden, dass es finanzielle und motivationale Anreize gibt, den Prozess der gemeinsamen Strategieentwicklung aufrecht zu erhalten. Dabei ist es oft einfach, einen Prozess, wie etwa eine Lokale-Agenda-21 Initiative, in Gang zu setzen, wesentlich schwieriger ist es, diesen Prozess so zu verstetigen, dass die erwünschten Maßnahmen auch umgesetzt und wirksam werden.

Die gemeinsam getragene Festlegung von Maßnahmepaketen und deren Umsetzung in praktisches Handeln beruht zum einen auf wissensbezogenen Vorleistungen im Sinne von Orientierungs-, System- und Transformationswissens, zum anderen aber auf einem Anreizsystem, das mit den staatlichen und gesellschaftlichen Rahmenbedingungen verbunden ist. Welche Aufgaben ergeben sich aus dieser Erkenntnis für die politischen und subpolitischen Akteure in dem Bestreben, zu einer nachhaltigen Entwicklung in Deutschland beizutragen? Wie lassen sich diese Aufgaben auf die spezielle Frage der Transformation hin zu einer nachhaltigen Entwicklung präzisieren? Darauf soll im letzten Teil dieses Kapitels eingegangen werden.

7.2 Bedingungen für einen gelingenden Übergang in eine Kultur der Nachhaltigkeit

Die Erörterung der Setzung politischer Rahmenbedingungen lässt sich mit Hilfe einer Liste von Grundforderungen vornehmen. Die Reihenfolge der Nennungen folgt hier der Logik der Steuerungstiefe oder Interventionsintensität. Am Anfang stehen die eher weicheren, am Ende die härteren Anforderungen.

Erster Grundsatz: Staatliche oder subpolitische Akteure sollten Informationen bereitstellen, die alle Akteure in die Lage versetzen, die Konsequenzen des eigenen Lebensstils für Umwelt, Mitwelt und Nachwelt einigermaßen zuverlässig abschätzen zu können. Natürlich kann es nicht Aufgabe des Staates sein, jeden Bürger und jede Bürgerin zum Lebensmittelchemiker, Kernphysiker, Gentechniker, Bildungsexperten u.s.w. auszubilden. Was sicherlich mit gutem Recht verlangt werden kann, ist eine abgerundete Allgemeinbildung in Schule, Hochschule und Stätten der Erwachsenenbildung, die auch auf natur- sozial- und kulturwissenschaftliche Kompetenz ausgerichtet ist. Darum geht es uns hier aber nicht. Vielmehr ist mit dem ersten Grundsatz die Forderung verbunden, Informationen über die Wirkungen des eigenen Verhaltens auf zentrale Aspekte der Nachhaltigkeit an alle relevanten Akteure weiterzuleiten. Wichtig ist dabei, dass die Informationen nicht nur auf Umweltverträglichkeit, sondern auf alle Zielgrößen der Nachhaltigkeit, also auf Integrität, Gerechtigkeit und Lebensqualität bezogen werden. Mit dieser Hintergrundinformation sind die Akteure eher in der Lage, die Konsequenzen des eigenen Handelns zu erkennen und aus dieser Einsicht heraus an der Erarbeitung von Maßnahmen und deren Umsetzung mitzuwirken.

Zweiter Grundsatz: Die politischen und subpolitischen Akteure sollten systematisch die Erfolge und Wirkungen einmal getroffener Maßnahmen an alle Beteiligte rückkoppeln. Eines der wesentlichen Gründe für die Kluft zwischen der positiven Einstellung zur Nachhaltigkeit und dem tatsächliches Verhalten ist die Illusion der Marginalität des eigenen Verhaltens. Ob ich meinen Abfall sortiere oder nicht, ob ich öffentliche Verkehrsmittel statt meines eigenen Personenkraftwagens benutze, ob ich meinen Garten mit Naturdünger bearbeite, ob ich für Entwicklungsprojekte spende oder ob ich fair-trade Produkte kaufe, all dies macht sich aus der Sicht des Einzelnen an keiner Stelle bemerkbar. Psychologisch ist es aber wichtig, dass man den Erfolg des eigenen Verhaltens erfährt, vor allem dann, wenn dieses Verhalten mit Unannehmlichkeiten oder sogar Verzichten verbunden ist. Fehlt die Rückkopplung über längere Zeit, dann erlahmt die Motivation. Die meisten werden erst einmal nachlässiger, und da sich die allgemeine Lage dadurch nicht sichtbar verändert, werden die Nachlässigkeiten zunehmend zur Regel, bis man in die alten Gewohnheiten zurückfällt. Um diesem Motivationsverlust vorzubeugen, ist es unbedingt notwendig, dass fortlaufend die Erfolge oder Wirkungen des marginalen Verhaltens von vielen an jeden Einzelnen rückgekoppelt werden. Nur so werden Akteure motiviert, auf dem einmal eingeschlagenen Weg fortzuschreiten und weiterführende Maßnahmen vorzunehmen.

Dritter Grundsatz: Der Staat und die subpolitischen Akteure sind aufgerufen, geeignete infrastrukturelle Angebote anzubieten oder zu ermöglichen, die eine Nachhaltige Entwicklung unterstützen. Wenn man bedenkt, dass heute ein immer größerer Anteil der Fahrten im eigenen Fahrzeug der Freizeitgestaltung dienen, dann ist dies zunächst eine Entscheidung des Konsumenten, den eigenen PKW in die Gestaltung der Freizeit einzubeziehen. Gleichzeitig reflektiert dieses Verhalten aber auch das Fehlen von alternativen Freizeitangeboten, die Erholung und Entspannung auch ohne Einsatz des eigenen Fahrzeugs versprechen. Verantwortliche in Städten und Gemeinden sowie subpolitische Anbieter von Infrastruktur könnten sicherlich die Palette der Freizeitmöglichkeiten und ihre Zugänglichkeit verbessern. Dort, wo Kommunen Freizeitangebote verstärkt und öffentliche Verkehrsmittel für Freizeit und Einkauf bereit gestellt haben, konnte der individuelle Straßenverkehr auch gesenkt werden.

Der Verkehr ist nur ein Beispiel für die vielen Möglichkeiten, durch eine an Nachhaltigkeit ausgerichtete Planung der Infrastruktur nachhaltiges Verhalten zu fördern. Das fängt bei der Stadtplanung an und hört bei der Errichtung von Börsen für ehrenamtliche Tätigkeiten auf. Dabei geht es nicht um noch mehr Subventionen oder Fördermittel für neue infrastrukturelle Einrichtungen. Vielmehr sollte das Augenmerk darauf liegen, die geplanten oder laufenden Maßnahmen zur Verbesserung der Infrastruktur an die Erfordernisse einer nachhaltigen Entwicklung anzupassen. Dazu gehören kurze Wege zu den Einkaufsmöglichkeiten, Schulen, Kulturzentren und Arbeitsstätten, attraktive Angebote im Bereich des öffentlichen Nahverkehrs, Angebote für ehrenamtliches Engagement und persönliche Begegnungen, einfacher Zugang zu Beratungsstellen und kommunale Gemeinschaftseinrichtungen, die bestimmte soziale und kommunikative Funktionen erfüllen, sowie ganzheitliche Bildungs- und Fortbildungsangebote.

Vierter Grundsatz: Staatliche und subpolitische Akteure sind aufgerufen, ihre Beratungskapazität zu verbessern und neue Formen der Beratung bereitzustellen. Schon heute bestehen Beratungsstellen für Verbraucher, für Energienutzer, für Bauwillige und viele andere Funktionsbereiche. Diese Beratungstätigkeit kann sicher aktiviert und verbessert werden. Aus unserer Sicht läuft die herkömmliche Beratung aber immer noch zu stark nach der Regel „Hier der Fachmann - dort der Laie“ ab. Gerade im integrierten Ansatz der Nachhaltigkeit ist aber weniger das Fachwissen entscheidend als ein einfühlendes Orientierungs- und ein effektives Transformationswissen. Den Ratsuchenden geht es vor allem um die Frage, wie sie die Ziele der Nachhaltigkeit mit ihrem Lebensstil und den objektiv gegebenen Handlungsspielräumen in Einklang bringen können. Dazu reicht es nicht aus zu wissen, welcher Kühlschrank die beste Wärmedämmung besitzt oder welche Produkte dem Ziel eines fairen Handels am besten entsprechen. Vielmehr stehen Fragen der persönlichen Lebensführung, der Orientierung an inneren und äußeren Werten sowie die Abhängigkeiten vom Urteil anderer an. Solche Fragen lassen sich nur schwer im Rahmen eines klassischen Beratungsgesprächs klären. Hier sehen wir eine besondere Aufgabe der kulturell tätigen subpolitischen Akteure. Die Kirchen könnten beispielsweise gemeinsame Gesprächsrunden anbieten, die Volkshochschulen Kurse zum nachhaltigen Lebensstil veranstalten und die Sozialverbände Aktionseinheiten für eine nachhaltige Lebensweise entwickeln. In dialogischen Verfahren können die Teilnehmer untereinander ihre Erfahrungen austauschen und gemeinsame Wege zu einem nachhaltigen Alltagsverhalten ausloten. Die Fachleute sind dann in ihrer Funktion als Wegbegleiter gefragt und weniger als Faktengeber. Diese kommunikativen und edukativen Prozesse üben oft eine katalytische Wirkung für weiterführende Politikdialoge und Gestaltungsdiskurse aus. Sie bereiten das Feld für kooperative Problemlösungen vor.

Fünfter Grundsatz: Staatliche und subpolitische Akteure sollten sich aktiv an der Erarbeitung, Bewertung und Umsetzung von Maßnahmen beteiligen und selbst diskursive Formen der Konfliktschlichtung und der Selbstverpflichtung anbieten. Neben Information und Beratung gehören Formen der problemlösenden Kommunikation zu den wichtigsten Instrumenten einer nachhaltigen Politik. Solche Kommunikationsformen beruhen auf der Freiwilligkeit der Teilnehmer, zielen aber nicht nur auf soziale Lernprozesse, sondern darüber hinaus auf die Erarbeitung gemeinsamer Handlungsstrategien, Selbstverpflichtungen oder Konfliktschlichtungen ab. Grundlage für solche Kommunikationsprozesse sind Informationseingaben, wie sie exemplarisch in diesem Dokument entwickelt wurden. Dazu gehören normative Orientierungen (Was will ich?), eine kritische Analyse der Ausgangslage (Was weiß ich?) und ein Wissen über Auswirkungen des eigenen Handelns (Wie erreiche ich meine Ziele?). Dieses Transformationswissen lässt sich am besten durch Indikatoren im Soll-Ist-Vergleich und durch Interdpendenzanalysen (hier könnte man die in diesem Buch beschriebene Cross-Impact Matrix nutzen) bereitstellen. Staatliche und subpolitische Akteure sind deshalb zunächst aufgefordert, dieses Wissen zu erstellen sowie Anregungen und Förderungen denen zuteil werden zu lassen, die diese Hintergrundinformationen liefern, aufbereiten oder in Auftrag geben können. Mehr Klarheit, Eindeutigkeit und Genauigkeit bei der Abschätzung der Auswirkungen von eingeleiteten Maßnahmen sind wichtige Voraussetzungen dafür, dass in einem Diskurs nicht die eigenen Vorurteile, sondern der beste Stand des Wissens zum Ausgangspunkt genommen wird.

Damit sind wir beim zweiten Element des fünften Grundsatzes. Die durchgeführten Bewertungen bleiben meist folgenlos, wenn sie nicht zum Gegenstand eines Diskurses gemacht werden. Diskursive Verfahren, die kollektiv verbindliches Handeln im Dialog festlegen, sind für die Umsetzung von Nachhaltigkeit deshalb so wichtig, weil es ja keine verbindlichen Bewertungsmaßstäbe gibt, nach denen eine Gesellschaft ex cathedra bestimmen könnte, wie Zielkonflikte zwischen Integrität, Gerechtigkeit und Lebensqualität aufzulösen sind. Für die Behandlung von Zielkonflikten kann die Wissenschaft nur allgemeine Orientierungen (z.B. Integrität geht vor Lebensqualität) sowie Verfahrensvorschläge unterbreiten. Im Diskurs können die subpolitischen Akteure ihre Interpretationen der Bewertungen austauschen, gemeinsame Strategien zur Behandlung von Zielkonflikten ausarbeiten und gegebenenfalls durch geeignete Kompromisse zum Ausgleich bringen.

Diskurse können und sollen die offizielle Politik nicht ersetzen. Ihre Aufgabe besteht vielmehr darin, zum einen den Handlungsraum zu füllen, der von den Teilnehmern in eigener Regie gesteuert und verändert werden kann, zum anderen Anregungen an die legitimierten Entscheidungsträger weiterzuleiten, die der Politikberatung der legalen Gremien, wie Parlamente und Regierungen, dienen sollen. Welche Verfahren dazu geeignet sind, haben wir in Kapitel 6 skizziert. Eine Gesellschaft nach nachhaltigen Kriterien zu gestalten oder umzugestalten, lässt sich weder von oben verordnen, noch allein durch Information der Öffentlichkeit herbeiführen. Vielmehr sind individuelle Lernprozesse, kollektive Diskurse und politische Meinungs- und Willensbildungsprozesse parallel zu führen.

Neben den hier aufgeführten Grundsätzen sind Politik und Subpolitik aufgerufen, ihre klassischen Funktionen und Aufgaben, die ihnen kraft Amt und Verantwortlichkeit unterliegen, auch unter dem Gesichtspunkt der Nachhaltigkeit auszuführen. Für den Staat bedeutet dieses, bei der Aufstellung und Formulierung von Gesetzen, Vorschriften, Grenzwerten und technischen Anleitungen die Belange der Nachhaltigkeit zumindest mit zu bedenken. Nicht ein Mehr an Gängelung und Ordnungspolitik ist gefragt, sondern eine effektivere und gezielte Gesetzgebung und deren konsequente Umsetzung. Subpolitische Akteure, wie Gewerkschaften und Unternehmerverbände sollten bei Tarifauseinandersetzungen oder bei neuen Vereinbarungen auch die Folgen für die Nachhaltigkeit mit in das Kalkül einbeziehen. Schließlich können Politik und Subpolitik auch als Wirtschaftssubjekte selbst Vorbilder sein und damit einen Ausstrahlungseffekt auf andere ausüben. So hat die evangelische Landeskirche in Württemberg eine Initiative zum Energiesparen in kirchlichen Gebäuden ins Leben gerufen und damit für alle Gläubigen ein Beispiel dafür gegeben, wie man die Verkündigung zur Bewahrung der Schöpfung in Einklang bringen kann mit der eigenen Praxis. In einigen Orten haben Gewerkschaften und Bürgerinitiativen Partnerschaften zwischen Hauptschülern und arbeitslosen bzw. im Ruhestand lebenden Handwerkern vermittelt, um diesen Schülern eine persönliche Betreuung und neue Zukunftsperspektiven zu vermitteln.

Abbildungsverzeichnis

Literatur

Einleitung

Bayrisches Staatsministerium für Landesentwicklung und Umweltfragen (Hrsg.) (1996): Chemikalien in der Umwelt. Toxikologie, Prüfungen, gesetzliche Regelungen. München: Landesregierung

Birnbacher, D./Schicha C. (1996): Vorsorge statt Nachhaltigkeit – Ethische Grundlagen der Zukunftsverantwortung. In: Kastenholz, H.G./Erdmann, K.H./Wolff, M. (Hrsg.): Nachhaltige Entwicklung – Zukunftschancen für Mensch und Umwelt. Berlin und Heidelberg: Springer. 143-158

BUND/Misereor (Hrsg.) (1996): Zukunftsfähiges Deutschland – Ein Beitrag zu einer global nachhaltigen Entwicklung. Basel: Birkhäuser.

Bundesministerium für wirtschaftliche Zusammenarbeit und Entwicklung (Hrsg.) (1996): Sektorkonzept Siedlungswasserwirtschaft. In: BMZ Entwicklungspolitik aktuell. Bonn

Catton, R. (1980): Overshoot: The Ecological Basis of Revolutionary Change. Urbana: University of Illinois Press

Daschkeit, A. (2006): Von der naturwissenschaftlichen Umweltforschung zur Nachhaltigkeitswissenschaft? In: GAIA – Ökologische Perspektiven für Wissenschaft und Gesellschaft, 15 (1). 37-43

Eberhardt, A. (2006): Wirkungsorientierte Steuerungskonzepte in der Umwelt- und Nachhaltigkeitspolitik. In: GAIA Ökologische Perspektiven für Wissenschaft und Gesellschaft, 15 (1). 54-62

Enquête-Kommission „Schutz der Erdatmosphäre" des Deutschen Bundestages (1995): Mehr Zukunft für die Erde. Nachhaltige Energiepolitik für dauerhaften Klimaschutz. Bonn: Econ

Fritz, P./Huber, J./Levi, H. W. (Hrsg.) (1995): Nachhaltigkeit in naturwissenschaftlicher und sozialwissenschaftlicher Perspektive. Stuttgart: Universitas

Hauff, V. (Hrsg.) (1987): Unsere gemeinsame Zukunft. Der Bericht der Weltkommission für Umwelt und Entwicklung (Brundtland-Bericht). Greven: Eggenkamp Verlag

Hillerbrand, M. (1997): Nachhaltige Entwicklung: Ein Leitbild für das 21. Jahrhundert. In: Standpunkte 4. 26-29

Inter/esse (2000): Wirtschaft und Politik in Daten und Zusammenhängen, Heft 11. 1-2

Jänicke, M./Carius, A./Jörgens, H. (1997): Nationale Umweltpläne in ausgewählten Industrieländern. Berlin und Heidelberg: Springer

Jüdes, U. (1997): Nachhaltige Entwicklung – wozu Theorie? In: Politische Ökologie 15, Nr. 52. 1-12.

Knaus, A./Renn, O. (1998): Den Gipfel vor Augen. Unterwegs in eine nachhaltige Zukunft. Marburg: Metropolis

Mohr, H. (1995): Qualitatives Wachstum. Losung für die Zukunft. Stuttgart und Wien: Weitbrecht

Münchener Rückversicherung (2000): Topics 2000. Naturkatastrophen – Stand der Dinge. München: Münchener Rückversicherung

Peters, W. (1984): Die Nachhaltigkeit als Grundsatz der Forstwirtschaft, ihre Verankerung in der Gesetzgebung und ihre Bedeutung in der Praxis. Dissertation an der Universität Hamburg

Potthast, T. (2000): Wo sich Biologie, Ethik und Naturphilosophie treffen (müssen): Epistemiologische und moralphilosophische Aspekte der Umweltethik. In: Ott, K./Gorke, M. (Hrsg.): Spektrum der Umweltethik. Marburg: Metropolis. 101-146

Reich, L. (2000): Nachhaltigkeit versus Positionalität: Zur Leitbildfrage in der ökonomischen Theorie. In: Ott, K./Gorke, M. (Hrsg.): Spektrum der Umweltethik. Marburg: Metropolis. 215-250

Renn, O. (1996): Ökologisch denken – sozial handeln: Die Realisierbarkeit einer nachhaltigen Entwicklung und die Rolle der Sozial- und Kulturwissenschaften. In: Kastenholz, H.G./Erdmann, K./Wolff, M. (Hrsg.): Nachhaltige Entwicklung – Zukunftschancen für Mensch und Umwelt. Berlin und Heidelberg: Springer. 79-117

Renn, O. (1997): Schulden für die Nachwelt? Externe Kosten und nachhaltige Entwicklung. In: VDI-GET (Hrsg.): Jahrbuch 97 der VDI Gesellschaft Energietechnik. Düsseldorf: VDI-Verlag. 35-62

Riebesell, U./Wolf-Gladrow, B. (1993): Das Kohlenstoffrätsel. In: Biologie unserer Zeit, Nr. 23/2. 97-101

Schmidt-Bleek, F. (1994): Ohne De-Materialisierung kein ökologischer Strukturwandel. In: Altner, H./Leischuh-Fecht, G./Michelsen, G. et al. (Hrsg.): Jahrbuch Ökologie 1994. München: Beck. 94-108

Schulze, E. D. (2000): Der Einfluss des Menschen auf die biogeochemischen Kreisläufe der Erde. Sonderdruck des Festvortrages auf der 51. MPG-Jahresversammlung, Max Planck Forschung. In: Das Wissenschaftsmagazin der Max-Planck-Gesellschaft, JV/2000. 77-89

Simon, J. L. (1992): There is no environmental, population, or resource crisis. In: Tyler-Miller, G. (Hrsg.): Living in the Environment. Belmont: Wadsworth. 29-30

Statistisches Bundesamt (1997): Jahrbuch für die Bundesrepublik Deutschland. Stuttgart: Schäfer-Poeschel

Swanson, D. et al. (2004): National Strategies for Sustainable Development: Challenges, Approaches and Innovations in Strategic and Co-ordinated Action. Eschborn und Winnipeg: International Institute for Sustainable Development und Deutsche Gesellschaft für Technische Zusammenarbeit

United Nations (Hrsg.) (1992): United Nations: Earth Summit Agenda 21. The United Nations Programme of Action from Rio. New York: UN Press

van Dieren, W. (1995): Mit der Natur rechnen. Der neue Club-of-Rome-Bericht: Vom Bruttosozialprodukt zum Ökosozialprodukt. Basel, Boston und Berlin: Birkhäuser

Vitousek, P. M./ hrlich, A. H./Matson, P. H. (1986): Human appropriation of the products of photosynthesis. In: Bio Science, 34. 368-373

von Weizsäcker, E. U. (1992): Erdpolitik. Ökologische Realpolitik an der Schwelle zum Jahrhundert der Umwelt. Darmstadt: Wissenschaftliche Buchgesellschaft

von Weizsäcker, E. U../Lovins, A. B./Lovins, L. H. (1995): Faktor Vier: Doppelter Wohlstand, halbierter Naturverbrauch. Der neue Bericht an den Club of Rome. München: Droemer Knaur

Wissenschaftlicher Beirat Globale Umweltveränderungen (WBGU) (1998): Welt im Wandel: Wege zu einem nachhaltigen Umgang mit Süßwasser. Jahresgutachten 1997. Heidelberg und Berlin: Springer

Wissenschaftlicher Beirat Globale Umweltveränderungen (WBGU) (2000a): Welt im Wandel. Erhaltung und nachhaltige Nutzung der Biosphäre. Jahresgutachten 1999. Heidelberg und Berlin: Springer

Wissenschaftlicher Beirat Globale Umweltveränderungen (WBGU) (2000b): Welt im Wandel: Umwelt und Ethik. Sondergutachten. Marburg: Metropolis

World Resources Institute/United Nations Environment Programme/United Nations Development Programme/World Bank (1996): World Resources 1996-97. A Guide to the Global Environment. Oxford

1. Die Ausgangslage: Globale Trends und Probleme

Bundesministerium für wirtschaftliche Zusammenarbeit und Entwicklung (Hrsg.) (1996): Sektorkonzept Siedlungswasserwirtschaft. In: BMZ: Entwicklungspolitik aktuell. Bonn

Catton, R. (1980): Overshoot: The Ecological Basis of Revolutionary Change. Urbana: University of Illinois Press

Harvard Business Review (2006): Patente: Wie gut sind deutsche Erfinder? Heft 3. Cambridge

Höffe, O. (1992): Immanuel Kant. München: Beck

Knaus, A./Renn, O. (1998): Den Gipfel vor Augen. Unterwegs in eine nachhaltige Zukunft. Marburg: Metropolis
Mohr, H. (1995): Qualitatives Wachstum. Stuttgart: Weitbrecht
Münchener Rückversicherung (2000): Topics 2000. Naturkatastrophen – Stand der Dinge. München
Enquête-Kommission „Schutz der Erdatmosphäre" des Deutschen Bundestages (1995): Mehr Zukunft für die Erde. Nachhaltige Energiepolitik für dauerhaften Klimaschutz. Bonn
Freud, S. (1972): Studienausgabe, Band 1. Frankfurt am Main: Suhrkamp
Inter/esse (2000): Wirtschaft und Politik in Daten und Zusammenhängen, Heft 11
Knutti, R./Stocker, T. F./Joos, F./Plattner, G.-K. (2002): Constraints on radiative forcing and future climate change from observations and climate model ensembles. In: Nature, 416. 719-723.
Orzessek, A. (2001): Braucht uns die Zukunft? In: Universitas, 56. Jg., Heft 1. 55
Rademacher, F. J. (2000): Zukunftsfragen der Menschheit: Technische, gesellschaftliche und ethische Aspekte. Ulm: Manuskript FAW
Renn, O. (1996): Ökologisch denken – sozial handeln: Die Realisierbarkeit einer nachhaltigen Entwicklung und die Rolle der Sozial- und Kulturwissenschaften. In: Kastenholz, H. G./Ermann, K.-H./Wolff, M. (Hrsg.): Nachhaltige Entwicklung - Zukunftschancen für Mensch und Umwelt. Berlin und Heidelberg: Springer. 79-117
Renn, O. (1997): Die Rolle von Technikleitbildern für technische Innovationen. In: Blättel-Mink, B./Renn, O. (Hrsg.): Zwischen Akteur und System. Die Organisierung von Innovation. Opladen: Leske + Budrich. 271-284
Renn, O./Rohrmann, B. (2000): Cross-Cultural Risk Perception. Dordrecht und Boston: Kluwer Academic Publishers
Riebesell, U./Wolf-Gladrow, D. (1993): Das Kohlenstoffrätsel. In: Biologie unserer Zeit, Jg. 23, Nr. 2. 97-101
Simon, J. L. (1992): There is no environmental, population, or resource crisis. In: Tyler-Miller, G.: Living in the Environment. Belmont: Wadsworth. 29-30
Statistisches Bundesamt (1997): Jahrbuch für die Bundesrepublik Deutschland. Stuttgart: Schäfer-Poeschl
Schulze, E. D. (2000): Der Einfluss des Menschen auf die biogeochemischen Kreisläufe der Erde. Sonderdruck des Festvortrages auf der 51. MPG-Jahresversammlung. Max Planck Forschung. In: Das Wissenschaftsmagazin der Max-Planck-Gesellschaft, JV/2000. 77-89
van Dieren, W. (1995): Mit der Natur rechnen. Der neue Club-of-Rome-Bericht: Vom Bruttosozialprodukt zum Ökosozialprodukt. Basel, Boston und Berlin: Birkhäuser
Vitousek, P. M./Ehrlich, A. H./Matson, P. H. (1986): Human appropriation of the products of photosynthesis. In: Bio Science, Nr. 34. 368-373
WBGU – Wissenschaftlicher Beirat der Bundesregierung Globaler Umweltwandel (1998): Welt im Wandel: Wege zu einem nachhaltigen Umgang mit Süßwasser. Jahresgutachten 1997. Berlin: Springer
WBGU – Wissenschaftlicher Beirat der Bundesregierung Globaler Umweltwandel (2000): Welt im Wandel. Erhaltung und nachhaltige Nutzung der Biosphäre. Jahresgutachten 1999. Berlin: Springer
World Resources Institute/United Nations Environment Programme/United Nations Development Programme/World Bank (1996): World Resources 1996-97. A Guide to the Global Environment. Oxford. 3, 174

2. Konzept für eine Nachhaltige Entwicklung – Übersicht

Bundesregierung (Hrsg.) (2002): Perspektiven für Deutschland. Unsere Strategie für nachhaltige Entwicklung. Berlin
Bundesregierung (Hrsg.) (2004): Fortschrittsbericht 2004. Perspektiven für Deutschland. Unsere Strategie für eine nachhaltige Entwicklung. Berlin
Bundesregierung (Hrsg.) (2005): Wegweiser Nachhaltigkeit 2005. Bilanz und Perspektiven. Berlin

Diefenbacher, H./Teichert, V./Wilhelmy, S. (2005): Leitfaden Indikatoren im Rahmen einer Lokalen Agenda 21. 3., vollständig überarbeitete und erweiterte Auflage. Heidelberg: FEST
Kleine, A. (2005): Das Integrierende Nachhaltigkeits-Dreieck zur interdisziplinären und systematischen Diskussion der Nachhaltigen Entwicklung. In: UmweltWirtschaftsForum, Jg. 13. 22-27
Kopfmüller, J./Brandl, V./Jörissen, J./Paetau, M./Banse, G./Coenen, R./Grundwald, A. (2001): Nachhaltige Entwicklung integrativ betrachtet – Konstitutive Elemente, Regeln, Indikatoren. Berlin: Edition Sigma
Landtag Rheinland-Pfalz (Hrsg.) (2003): Agenda-21-Programm der Landesregierung Rheinland-Pfalz – zweiter Bericht der Landesregierung nach dem Stand vom 31.10.2002. Drucksache 14/2051. Mainz
Ott, K./Döring, R. (2004): Theorie und Praxis starker Nachhaltigkeit. Marburg: Metropolis
von Hauff, M./Kleine, A. (2005): Methodischer Ansatz zur Systematisierung von Handlungsfeldern und Indikatoren einer Nachhaltigkeitsstrategie – Das Integrierende Nachhaltigkeits-Dreieck. In: Volkswirtschaftliche Diskussionsbeiträge der an der Universität Kaiserslautern, Nr. 19-05

3. Ein normativ-funktionales Konzept für Nachhaltige Entwicklung

3.1 Vorteile normativ-funktionaler Konzepte und Normen in der Nachhaltigkeitsdebatte

Merton, R. K. (1973): Funktionale Analyse. In: Moderne amerikanische Soziologie. Stuttgart: Ferdinand Enke Verlag. 169-214

3.2 Dimensionen der drei normativ-funktionalen Setzungen: systemare Integrität, Gerechtigkeit und Lebensqualität

3.2.1 Systemare Integrität

Becker, E./Jahn, T./Steiß, I. (1999): Exploring Uncommon Ground: Sustainability and the Social Sciences. In: Becker, E./Jahn, T.: Sustainability and the Social Sciences. A Cross-Disciplinary Approach to Integrating Environmental Considerations into Theoretical Reorientation. London: Zed-Books
Brand, F. (2005): Ecological Resilience and its Relevance within a Theory of Sustainable Development. In: UFZ Centre for Environmental Research Leipzig, UFZ-Report 03/2005
Cadwallader, M. L. (1979): Die kybernetische Analyse des Wandels. In: Zapf, W.: Theorien des sozialen Wandels. Regensburg: Verlagsgruppe Athenäum, Hain, Scriptor, Hanstein.141-147
Drossel, S./Scheu, B. (2004): Komplexität und Stabilität von Ökosystemen: Forschungsstand und offene Fragen. In: Ipsen, D./Schmidt, J. (Hrsg.): Dynamiken der Nachhaltigkeit. Marburg: Metropolis. 1-60
Grimm, V. (2004): Irrungen und Wirrungen in der ökologischen Stabilitätsdiskussion. In: Ipsen, D. (Hrsg.): Dynamiken der Nachhaltigkeit. Marburg: Metropolis Verlag
Knaus, A./Renn, O. (1998): Den Gipfel vor Augen. Unterwegs in eine nachhaltige Zukunft. Marburg: Metropolis
Littig, B./Geißler, E. (2005): Soziale Nachhaltigkeit, Informationen zur Umweltpolitik. Wien: Bundeskammer für Arbeiter und Angestellte Österreich
Luhmann, N. (2001): Soziale Systeme. Frankfurt am Main: Suhrkamp
Merton, R. K. (1973): Funktionale Analyse. In: Moderne amerikanische Soziologie. Stuttgart: Ferdinand Enke Verlag. 169-214
Mirowski, P. (1990): More Heat Than Light: Economics as Social Physics: Physics as Nature's Economics. London: CUP
Ritt, T. (Hrsg.) (2002): Soziale Nachhaltigkeit. Von der Umweltpolitik zur Nachhaltigkeit? Informationen zur Umweltpolitik. Wien: Bundeskammer für Arbeiter und Angestellte Österreich
Spannberger, J. H. (2003): Soziale Nachhaltigkeit – Eine integrierte Perspektive für Deutschland. In: UTOPIE kreativ, Heft 153/154. 649-661

3.2.2 Gerechtigkeit

Adloff, F. (2005): Die Reziprozität der Gesellschaft – Zum Paradigma der Gabe in der Moderne. In: Corsten, M./Rosa, H./Schrader, R. (Hrsg.): Die Gerechtigkeit der Gesellschaft. Wiesbaden: VS-Verlag. 25-52

Andersen, U. (2003): Soziale Marktwirtschaft/Wirtschaftspolitik. In: Andersen, U./Woyke, W. (Hrsg.): Handwörterbuch des politischen Systems der Bundesrepublik Deutschland. Opladen: Leske + Budrich. 559-568

Beck, U. (1986): Risikogesellschaft. Auf dem Weg in eine andere Moderne. Frankfurt am Main: Suhrkamp

Becker, I./Hauser, R. (2004): Soziale Gerechtigkeit – eine Standortbestimmung. Berlin: Sigma

Boyd, R./Richerson, P. J. (1985): Culture and the evolutionary process. Chicago: The university of Chicago Press

Brandl, S. (2004): Nachhaltige Entwicklung und Generationengerechtigkeit. In: Burmeister, K./Böhning, B. (Hrsg.): Generationen & Gerechtigkeit. Hamburg: VSA-Verlag. 149-160

Bückmann, W./Lee, Y. H./Simonis, U. (2003): Nachhaltigkeit und das Recht. In: Das Parlament B 27/2003. Bonn: Bundeszentrale für politische Bildung. 27-32

Cohen, G. A. (2001): Gleichheit ohne Gleichgültigkeit. Politische Philosophie und individuelles Verhalten. Hamburg: Rotbuch

Dahrendorf, R. (1967): Pfade aus Utopia. Arbeiten zur Theorie und Methode der Soziologie. München: Piper

Deuschle, J. (2003): Technologische Kommunikation. Zur kommunikativen Repräsentation, Wahrnehmung und Akzeptanz von Flughäfen. Unveröffentlichte Magisterarbeit, Universität Stuttgart

Diamond, J. (2005): Kollaps. Warum Gesellschaften überleben oder untergehen. Frankfurt am Main: Fischer

Diefenbacher, H. (2001): Gerechtigkeit und Nachhaltigkeit. Zum Verhältnis von Ethik und Ökonomie. Darmstadt: Wissenschaftliche Buchgesellschaft

Diekmann, A. (2003): Evolution und Rationalität in den Sozialwissenschaften. In: Diekmann, A./Moser, R. (Hrsg.): Evolution in den Natur-, Sozial- und Geisteswissenschaften. Bern: Haupt

Döring, D. (2004): Sozialstaat. Frankfurt am Main: Fischer

Ekardt, F. (2005): Das Prinzip Nachhaltigkeit. Generationengerechtigkeit und globale Gerechtigkeit. München: Beck

Fürst, W./Günther, H. (1982): Grundgesetz. Das Verfassungsrecht der Bundesrepublik Deutschland in Grundzügen. Stuttgart: Kohlhammer

Gehlen, A. (1966): Der Mensch. Seine Natur und seine Stellung in der Welt. Frankfurt am Main: Athenäum

Geissler, H. (2005): Der Tanz um das goldene Kalb. In: Horster, D. (Hrsg.): Sozialstaat und Gerechtigkeit. Weilerswist: Velbrück. 61-74

Grunwald, A./Kopfmüller, J. (2006): Nachhaltigkeit. Frankfurt am Main: Campus

Hallich, O. (1998): Mitleid und Moral. Schopenhauers Leidensethik und die moderne Moralphilosophie. Würzburg: Königshausen u. Neumann

Hardin, G. (1976): The Tragedy of the Commons. In: Proshansky, H. M../Ittelson, W.H./Rivlin, L. G. (Hrsg.): Environmental Psychology. 2. Auflage. New York: Holt, Rinehart and Winston. 379-389

Hart, H.L.A. (1998): Rawls über Freiheit und ihren Vorrang. In: Höffe, O. (Hrsg.): John Rawls. Eine Theorie der Gerechtigkeit. Berlin: Akademie Verlag. 117-148

Höffe, O. (2001): Gerechtigkeit. Eine philosophische Einführung. München: Beck

Kaufmann, F.-X. (2003): Varianten des Wohlfahrtsstaats. Der deutsche Sozialstaat im internationalen Vergleich. Frankfurt am Main: Suhrkamp

Kersting, W. (2000): Theorien sozialer Gerechtigkeit. Stuttgart: Metzler

Kersting, W. (2004): John Rawls zur Einführung. 2., korr. Auflage. Hamburg: Junius

Knaus, A./Renn, O. (1998): Den Gipfel vor Augen. Unterwegs in eine nachhaltige Zukunft. Marburg: Metropolis

Kraft, V. (1997): Rousseaus „Emile“. Bad Heilbrunn: Lehr- und Studienbuch Klinkhardt

Krebs, A. (2005): Wieviel Gleichheit wollen wir? In: Horster, D. (Hrsg.): Sozialstaat und Gerechtigkeit. Weilerswist: Velbrück. 37-43

Krings, H. (1977): Reale Freiheit. Praktische Freiheit. Transzendentale Freiheit. In: Simon, J. (Hrsg.): Freiheit. Theoretische und praktische Aspekte des Problems. Freiburg: Alber. 85-113

Kruip, G. (2005): Was ist soziale Gerechtigkeit? In: Horster, D. (Hrsg.): Sozialstaat und Gerechtigkeit. Weilerswist: Velbrück. 87-99

Küng, H. (1996): Das eine Ethos in der einen Welt – Ethische Begründung einer nachhaltigen Entwicklung. In: Kastenholz, H. G. /Erdmann, K.-H./Wolff, M. (Hrsg.): Nachhaltige Entwicklung. Zukunftschancen für Mensch und Umwelt. Berlin: Springer. 235-253

Lengfeld, H./Liebig, S./Märker, A. (2002): Politisches Engagement, Protest und die Bedeutung sozialer Ungerechtigkeit. In: Liebig, S./Lengfeld, H. (Hrsg.): Interdisziplinäre Gerechtigkeitsforschung. Frankfurt am Main: Campus. 243-264

Leisering, L. (2004): Paradigmenwechsel sozialer Gerechtigkeit. Normative Diskurse im Umbau des Sozialstaats. In: Liebig, S./Lengfeld, H./Mau, S. (Hrsg.): Verteilungsprobleme und Gerechtigkeit in modernen Gesellschaften. Frankfurt am Main: Campus. 29-68

Luhmann, N. (1986): Ökologische Kommunikation. Opladen: Westdeutscher Verlag

Luhmann, N. (1997): Gesellschaft der Gesellschaft. Frankfurt am Main: Suhrkamp

Märker, A. (2002): Die politische Relevanz von Gerechtigkeitsvorstellungen und Ungerechtigkeitserfahrungen. In: Liebig, S./Lengfeld, H. (Hrsg.): Interdisziplinäre Gerechtigkeitsforschung. Frankfurt am Main: Campus. 265-285

Merkel, W./Krück, M. 2003: Soziale Gerechtigkeit und Demokratie. Auf der Suche nach dem Zusammenhang. Friedrich-Ebert-Stiftung: Bonn. Online unter http://library.fes.de/fulltext/id/01706.htm

Negt, O. (2005): Uneingelöste Leistungsgerechtigkeit. In: Horster, D. (Hrsg.): Sozialstaat und Gerechtigkeit. Weilerswist: Velbrück. 109-123

Nowak, M. A./Page, K. M./Sigmund, K. (2000): Fairness versus Reason in the Ultimatum Game. In: Science Vol. 289. 1773-1776

Nullmeier, F. (2003): Sozialstaat. In: Andersen, U./Woyke, W. (Hrsg.): Handwörterbuch des politischen Systems der Bundesrepublik Deutschland. Opladen: Leske + Budrich

Nussbaum, M. C. (1993): Menschliches Tun und soziale Gerechtigkeit. Zur Verteidigung des aristotelischen Essentialismus. In: Brumlik, M./Brunkhorst, H. (Hrsg.): Gemeinschaft und Gerechtigkeit. Frankfurt am Main: Fischer. 323-361

Ostrom, E. (1999): Die Verfassung der Allmende. Tübingen: Mohr

Ott, K. (2001): Moralbegründungen zur Einführung. Hamburg: Junius

Ott, K./ Döring, R. (2004): Theorie und Praxis starker Nachhaltigkeit. Marburg: Metropolis

Pioch, R. (2005): Funktionale Differenzierung und die Konsequenzen für eine Soziologie der Gerechtigkeit. In: Corsten, M./Rosa, H./Schrader, R. (Hrsg.): Die Gerechtigkeit der Gesellschaft. Wiesbaden: VS-Verlag. 53-73

Rawls, J. (1975): Eine Theorie der Gerechtigkeit. Frankfurt am Main: Suhrkamp

Renn, O. (1996): Ökologisch denken – sozial handeln. Die Realisierbarkeit einer nachhaltigen Entwicklung und die Rolle der Kultur- und Sozialwissenschaften. In: Kastenholz, H. G../Erdmann, K.-H./Wolff, M. (Hrsg.): Nachhaltige Entwicklung. Zukunftschancen für Mensch und Umwelt. Berlin: Springer. 79-118

Rorty, R. (1989): Kontingenz, Ironie und Solidarität. Frankfurt am Main: Suhrkamp

Rousseau, J.-J. (2001): Emil oder über die Erziehung. 13. Auflage. Paderborn: Schöningh

Sabbagh, C. (2002): Eine Taxonomie normativer und empirischer Theorien der Verteilungsgerechtigkeit. In: Liebig, S./Lengfeld, H. (Hrsg.): Interdisziplinäre Gerechtigkeitsforschung. Frankfurt am Main: Campus. 23-50

Schmähl, W. (2004): „Generationengerechtigkeit“ und Alterssicherung. Oder: Wie ein vieldeutiges Konzept einseitig instrumentalisiert wird. In: Burmeister, K./Böhning, B. (Hrsg.): Generationen & Gerechtigkeit. Hamburg: VSA-Verlag. 45-61

Schmid, M. (2003): Evolution und Selektion. Handlungstheoretische Begründung eines soziologischen Forschungsprogramms. In: Meleghy, T./Niedenzu, H.-J. (Hrsg.): Soziale Evolution. Die Evolutionstheorie und die Sozialwissenschaften. Wiesbaden: Westdeutscher Verlag

Schopenhauer, A. (2005): Über das Mitleid. Das Mitleid hebt die Mauer zwischen du und ich auf. München: dtv

Seifert, J. (1989): Die Verfassung. In: Benz, W. (Hrsg.): Die Geschichte der Bundesrepublik Deutschland. Politik (Band 1). Frankfurt am Main: Fischer. 40-70

Sigmund, K./Fehr, E./Nowak, M. A. (2002): Teilen und Helfen – Ursprünge sozialen Verhaltens. In: Spektrum der Wissenschaft, März 2002. 52-59

Simon, J. (1977): Freiheit und Erkenntnis. In: Simon, J. (Hrsg.): Freiheit. Theoretische und praktische Aspekte des Problems. Freiburg: Alber. 11-36

Struck, O. (2006): Arbeitsmotivation, Fluktuation, Krankenstand – Wie wirken sich Entlassungen und Lohnsenkungen aus? In: Struck, O./Stephan, G./Köhler, Ch./Krause, A./Pfeifer, Ch./Sohr, T.: Arbeit und Gerechtigkeit. Entlassungen und Lohnkürzungen im Urteil der Bevölkerung. Wiesbaden: VS-Verlag. 78-104

von Freytag-Löringshoff, B. (1977): Die logische Struktur des Begriffs der Freiheit. In: Simon, J. (Hrsg.): Freiheit. Theoretische und praktische Aspekte des Problems. Freiburg: Alber. 37-54

von Hayek, F. A. (1991): Die Verfassung der Freiheit. 3. Auflage. Tübingen: Mohr

von Hayek, F. A. (2003): Recht, Gesetz und Freiheit. Eine Neufassung der liberalen Grundsätze der Gerechtigkeit und der politischen Ökonomie. Tübingen: Mohr

Vorländer, H. (1999): Die Verfassung. Idee und Geschichte. München: Beck

3.2.3 Lebensqualität

Andersen, U. (2003): Soziale Marktwirtschaft/Wirtschaftspolitik. In: Andersen, U./Woyke, W. (Hrsg.): Handwörterbuch des politischen Systems der Bundesrepublik Deutschland. Opladen: Leske + Budrich. 559-568

Beck, U. (1986): Risikogesellschaft. Auf dem Weg in eine andere Moderne. Frankfurt am Main: Suhrkamp

Brand, K.-W. (1997): Eine Neubestimmung des Projekts der Moderne. In: Brand, K.-W. (Hrsg.): Nachhaltige Entwicklung. Eine Herausforderung an die Soziologie. Opladen: Leske + Budrich. 9-32

Birnbacher, D./Schicha, C. (1996): Vorsorge statt Nachhaltigkeit – Ethische Grundlagen der Zukunftsverantwortung. In: Kastenholz, H. G./Erdmann, K.-H./Wolff, M. (Hrsg.): Nachhaltige Entwicklung. Zukunftschancen für Mensch und Umwelt. Berlin: Springer. 141-156

Bulmahn, T. (2000): Zur Entwicklung der Lebensqualität im vereinten Deutschland. In: Aus Politik und Zeitgeschichte, B40. Online unter: www.bpb.de/publikationen/P3VSTZ.html

Diefenbacher, H. (2001): Gerechtigkeit und Nachhaltigkeit. Zum Verhältnis von Ethik und Ökonomie. Darmstadt: Wissenschaftliche Buchgesellschaft

Döring, D. (2004): Sozialstaat. Frankfurt am Main: Fischer

Erhard, L. (1957): Wohlstand für Alle. Düsseldorf: Econ

Fromm, E. (1979): Haben oder Sein. Die seelischen Grundlagen einer neuen Gesellschaft. Stuttgart: Deutsche Verlags-Anstalt

Grube, F./Richter, G. (1983): Wie „sozial“ war die „soziale“ Marktwirtschaft? In: Grube, F./Richter, G. (Hrsg.): Das Wirtschaftswunder. Unser Weg in den Wohlstand. Hamburg: Hoffmann und Campe. 89-128

Grunwald, A./Kopfmüller, J. (2006): Nachhaltigkeit. Frankfurt am Main: Campus

Habich, R./Noll, H.-H. (1994): Soziale Indikatoren und Sozialberichterstattung. Internationale Erfahrungen und gegenwärtiger Forschungsstand. Bern: Bundesamt für Statistik der Schweiz

Kastenholz, H. G./Erdmann, K.-H./Wolff, M. (1996): Perspektiven einer nachhaltigen Entwicklung – Eine Einführung. In: Kastenholz, H. G./Erdmann, K.-H./Wolff, M. (Hrsg.): Nachhaltige Entwicklung. Zukunftschancen für Mensch und Umwelt. Berlin: Springer. 1-8

Kaufmann, F.-X. (2003): Varianten des Wohlfahrtsstaats. Der deutsche Sozialstaat im internationalen Vergleich. Frankfurt am Main: Suhrkamp

Kersting, W. (2004): John Rawls zur Einführung. 2., korr. Auflage. Hamburg: Junius

Knaus, A./Renn, O. (1998): Den Gipfel vor Augen. Unterwegs in eine nachhaltige Zukunft. Marburg: Metropolis

Korczak, D. (1995): Lebensqualität-Atlas. Umwelt, Kultur, Wohlstand, Versorgung, Sicherheit und Gesundheit in Deutschland. Opladen: Westdeutscher Verlag

Küng, H. (1996): Das eine Ethos in der einen Welt – Ethische Begründung einer nachhaltigen Entwicklung. In: Kastenholz, H. G./Erdmann, K.-H./Wolff, M. (Hrsg.): Nachhaltige Entwicklung. Zukunftschancen für Mensch und Umwelt. Berlin: Springer. 235-253

Majer, H. (1984): Qualitatives Wachstum und Lebensqualität: definitorische und analytische Zusammenhänge. In: Majer, H. (Hrsg.): Qualitatives Wachstum. Einführung in Konzeptionen der Lebensqualität. Frankfurt am Main: Campus. 32-50

Majer, H. (1998): Wirtschaftswachstum und nachhaltige Entwicklung. München: Oldenbourg

Masberg, D. (1984): Zur Entwicklung der Diskussion um „Lebensqualität" und „qualitatives Wachstum" in der Bundesrepublik. In: Mayer, H. (Hrsg.): Qualitatives Wachstum. Einführung in Konzeptionen der Lebensqualität. Frankfurt am Main: Campus. 11-31

Meadows, D. (1972): Die Grenzen des Wachstums. Stuttgart: Deutsche Verlags-Anstalt

Metzler, G. (2003): Der deutsche Sozialstaat. Vom bismarckschen Erfolgsmodell zum Pflegefall. Stuttgart: Deutsche Verlags-Anstalt

Mickel, W. W. (1994): Die soziale Frage und die Kritik an der bürgerlichen Gesellschaft. In: Mickel, W. W./Wiegand, B. (Hrsg.): Geschichte, Politik und Gesellschaft. Band 1. 3. Auflage. Berlin: Cornelsen. 206-257

Mohr, H. (1995): Qualitatives Wachstum. Losung für die Zukunft. Stuttgart: Weitbrecht

Noll, H.-H. (2000): Konzepte der Wohlfahrtsentwicklung: Lebensqualität und „neue" Wohlfahrtskonzepte. Berlin: Wissenschaftszentrum Berlin für Sozialforschung, Arbeitspapier P00-505. Online unter:
http://skylla.wz-berlin.de/pdf/2000/p00-505.pdf

Nullmeier, F. (2003): Sozialstaat. In: Andersen, U./Woyke, W. (Hrsg.): Handwörterbuch des politischen Systems der Bundesrepublik Deutschland. Opladen: Leske + Budrich

Nussbaum, M. C. (1993): Menschliches Tun und soziale Gerechtigkeit. Zur Verteidigung des aristotelischen Essentialismus. In: Brumlik, M./Brunkhorst, H. (Hrsg.): Gemeinschaft und Gerechtigkeit. Frankfurt am Main: Fischer. 323-361

Rawls, J. (1975): Eine Theorie der Gerechtigkeit. Frankfurt am Main: Suhrkamp

Reiß, W. (1990): Mikroökonomische Theorie. Historisch fundierte Einführung. München: Oldenbourg

Renn, O. (1994): Ein regionales Konzept qualitativen Wachstums. Pilotstudie für das Land Baden-Württemberg. In: Arbeitsbericht Nr. 3. Stuttgart: Akademie für Technikfolgenabschätzung in Baden-Württemberg

Renn, O. (1996): Ökologisch denken – sozial handeln. Die Realisierbarkeit einer nachhaltigen Entwicklung und die Rolle der Kultur- und Sozialwissenschaften. In: Kastenholz, H. G../Erdmann, K.-H./Wolff, M. (Hrsg.): Nachhaltige Entwicklung. Zukunftschancen für Mensch und Umwelt. Berlin: Springer. 79-118

Samuelson, P. A./Nordhaus, W. D. (1998): Volkswirtschaftlehre. 15. Auflage. Wien: Ueberreuter

Schmidt, E (1983): Die Wiederherstellung der „alten Ordnung". In: Grube, F./ Richter, G. (Hrsg.): Das Wirtschaftswunder. Unser Weg in den Wohlstand. Hamburg: Hoffmann und Campe. 129-152

Schmidt, M. G. (1998): Sozialpolitik in Deutschland. Historische Entwicklung und internationaler Vergleich. 2. Auflage. Opladen: Leske + Budrich

Schmidbauer, W. (1972): Weniger ist manchmal mehr: Zur Psychologie des Konsumverzichts. Reinbek: Rowohlt

Schulze, G. (1994): Das Projekt des schönen Lebens. Zur soziologischen Diagnose der modernen Gesellschaft. In: Bellebaum, A./Barheier, K. (Hrsg.): Lebensqualität. Ein Konzept für Praxis und Forschung. Opladen: Westdeutscher Verlag. 13-36

Treue, W. (1962): Wirtschaftsgeschichte der Neuzeit. Stuttgart: Kröner

Trojan, A./Legewie, H. (2001): Nachhaltige Gesundheit und Entwicklung. Leitbilder, Politik und Praxis der Gestaltung gesundheitsförderlicher Umwelt- und Lebensbedingungen. Frankfurt am Main: VAS

Umweltbundesamt (1997): Nachhaltiges Deutschland. Wege zu einer dauerhaft umweltgerechten Entwicklung. Berlin: Schmidt

Veenhoven, R. (2001): Why Social Policy Needs Subjektive Indicators. Berlin: Wissenschaftszentrum Berlin für Sozialforschung, Arbeitspapier FS III 01-404. Online unter: http://skylla.wz-berlin.de/pdf/2001/iii01-404.pdf

von Weizsäcker, E. U. (Hrsg.) (1994): Umweltstandort Deutschland. Argumente gegen die ökologische Phantasielosigkeit. Berlin: Birkhäuser

von Weizsäcker, E.U./Lovins, A. B./Lovins, L. H. (1995): Faktor vier. Doppelter Wohlstand – halbierter Naturverbrauch. München: Droemer Knaur

Zapf, W. (1984): Individuelle Wohlfahrt: Lebensbedingungen und wahrgenommene Lebensqualität. In: Glatzer, W./Zapf, W. (Hrsg.): Lebensqualität in der Bundesrepublik: Objektive Lebensbedingungen und subjektives Wohlbefinden. Frankfurt am Main: Campus. 13-26

4. Indikatoren

Bundesregierung (Hrsg.) (2002): Perspektiven für Deutschland. Unsere Strategie für nachhaltige Entwicklung. Berlin

4.1.1 Indikatoren der sozialen Integrität

Nettoreproduktionsrate

Bundesinstitut für Bevölkerungsforschung (BiB) (2004): Bevölkerung. Fakten – Trends –. Ursachen – Erwartungen. 2., überarbeitete Auflage. Online unter: http://www.bib-demographie.de/info/bib_broschuere2.pdf

Preisbereinigtes pro Kopf BIP

Bundesamt für Statistik – Schweiz: „Nachhaltigkeitsindikatoren und Postulate“. Online unter: http://www.bfs.admin.ch/bfs/portal/de/index/themen/nachhaltige_entwicklung/indikatoren/ind7.html

Risch, M./Wolf, A.: Wirtschaftswachstum – eine Auseinanadersetzung mit den Auswirkungen auf die Nachhaltigkeit. Baudepartment Aargau. Online unter: http://www.naturama.ch/projekte/nachhaltigkeit/Wirtschaftswachstum.pdf

Erwerbslosenquote

Bundesamt für Statistik – Schweiz: „Nachhaltigkeitsindikatoren und Postulate“. Online unter: ttp://www.bfs.admin.ch/bfs/portal/de/index/themen/nachhaltige_entwicklung/indikatoren/ind7.html

Statistisches Bundesamt „ILO-Arbeitsmarktstatistik“. Online unter: http://www.destatis.de/presse/deutsch/abisz/ILO_Arbeitsmarktstatistik.htm

Ausgabenintensität für Forschung- und Entwicklung

BmfB (2005): Die technologische Leistungsfähigkeit Deutschlands. Online unter: http://www.bmbf.de/pub/zur_technologischen_leistungsfaehigkeit_deutschlands_2005.pdf

Statistisches Bundesamt: Schriftliche Mitteilung

Statistisches Landesamt Baden-Württemberg (2005): Forschungs- und Entwicklungsmonitor Baden-Württemberg. Statistische Analysen, Heft 5

Haushaltsgröße
Statistisches Bundesamt. Online unter: http://www.destatis.de/presse/deutsch/pk/2006/mikrozensus2005_tabellenanhang.pdf

Anzahl der Suizide
Bundeskriminalamt (2005): Polizeiliche Kriminalstatistik 2004. Wiesbaden: Bundeskriminalamt. Online unter: http://www.bka.de/pks/pks2004/index2.html
Feldmann, K. (2004): Tod und Gesellschaft – Sozialwissenschaftliche Thanatologie im Überblick. Wiesbaden. Verlag für Sozialwissenschaften. 203-238
Fiedler, G. (2005): Suizide, Suizidversuche und Suizidalität in Deutschland. Forschungszentrum Suizidalität und Psychotherapie Hamburg. Online unter: www.uke.uni-hamburg.de/extern/tzs/online-text/daten.pdf
Statistisches Bundesamt (2005): Gesundheitswesen – Todesursachen in Deutschland 2004. Wiesbaden: Statistisches Bundesamt. Online unter: http://www.ec.destatis.de/csp/shop/sfg/bpm.html.cms.cBroker.cls?cmspath=struktur,vollanzeige.csp&ID=1017241
Welz, R. (1999): Suizid. In: Albrecht, G.: Handbuch soziale Probleme. Wiesbaden: Westdeutscher Verlag. 667-679

Ehrenamt
Gabriel, O. W./Trüdinger, E.-M./ Völkel, K. (2004): Bürgerengagement in Form von ehrenamtlicher Tätigkeit und sozialen Hilfsleistungen. In: Statistisches Bundesamt: Forum der Bundesstatistik, Bd. 43. 337-356
Gensicke, Th. (2005): Wachsende Gemeinschaftsaktivitäten und steigendes freiwilliges Engagement. In: ISI, Heft 34. 11-15
Hillmann, K.-H. (1994): Wörterbuch der Soziologie. Stuttgart: Kröner. 654

Einstellung zu Ausländern
Allgemeine Bevölkerungsumfrage der Sozialwissenschaften (ALLBUS) 1994-2002
Hillmann, K.-H. (1994): Wörterbuch der Soziologie. Stuttgart: Kröner. 876

Wahl extremistischer Parteien
Andersen, U./Woyke, W. (Hrsg.) (2003): Handwörterbuch des politischen Systems. Opladen: Leske + Budrich
Backes, U./Jesse, E. (1990): Politischer Extremismus in der Bundesrepublik Deutschland. 2. Auflage. Köln: Verlag Wissenschaft und Politik. 33
Büro des Bundeswahlleiters. Online unter: http://www.bundeswahlleiter.de/bundestagswahl2005/ergebnisse/bundesergebnisse/b_tabelle_99.html
Jagodzinski, W./Friedrichs, J./Dülmer, H. (1996): Bestimmungsgründe der Wahlbeteiligung und der Wahl rechtsextremistischer Parteien - Ergebnisse von Aggregatanalysen zweier deutscher Großstädte. In: Gabriel, O. W./Falter, J. W. (Hrsg.): Wahlen und politische Einstellungen in westlichen Demokratien. Frankfurt am Main: Europäischer Verlag der Wissenschaften. 119-143
Müller, A. (2004): Wahllexikon 2004. Wahlergebnisse in der Bundesrepublik 1946-2004. Sankt Augustin und Berlin Konrad-Adenauer-Stiftung e. V.
Ritter, G. A./Niehuss, M. (1991): Wahlen in Deutschland 1946-1991. Ein Handbuch. München: Beck

Zustimmung der Bevölkerung zur Demokratie in Deutschland
Andersen, U./Woyke, W. (Hrsg.) (2003): Handwörterbuch des politischen Systems. Opladen: Leske + Budrich. 516

Gabriel, O. W. (2004): Politische Einstellungen und politische Kultur. In: Gabriel, O. W../Holtmann, E. (Hrsg.): Handbuch Politisches System der BRD. München: Oldenbourg. 459-522
Schmidt, M. G. (1995): Wörterbuch zur Politik. Stuttgart: Kröner
Walz, D. (1996): Parteiidentifikation, Institutionenvertrauen und Systemunterstützung in Ost- und Westdeutschland. In: Gabriel, O. W./Falter, J. W. (Hrsg.): Wahlen und politische Einstellungen in westlichen Demokratien. Frankfurt am Main: Europäischer Verlag der Wissenschaften. 205-222

Haushaltsverschuldung
Andersen, U./Woyke, W. (Hrsg.) (2003): Handwörterbuch des politischen Systems. Opladen: Leske + Budrich. 603 f.
Hinrichs, J. (2002): Die Verschuldung des Bundes 1962-2001. Arbeitspapier der Konrad-Adenauer-Stiftung. Online unter: www.kas.de/db_files/dokumente/arbeitspapiere/7_dokument_dok_pdf_465.pdf
Hohlstein, M./Pflugmann, B./Sperber, H./Sprink, J. (2003):Lexikon der Volkswirtschaft. 2.Auflage. Nördlingen: Beck. 546 f.
Schmidt, M. G. (1995): Wörterbuch zur Politik. Stuttgart: Kröner. 916 f.
Statistisches Bundesamt. Online unter: http://www.destatis.de/indicators/d/lrfin03ad.htm

4.1.2 Indikatoren der ökologischen Integrität

CO_2-Gehalt in der Atmosphäre
University of California: Carbon Dioxide Research Group. Online unter: http://www.itl.nist.gov/div898/handbook/pmc/section4/pmc4411.htm

Anzahl der jährlichen Hitzetage
Klimastatusbericht 2003. Deutscher Wetterdienst. Online unter: http://www.dwd.de/de/FundE/Klima/KLIS/prod/KSB/ksb04/index.htm

CO_2-Emissionen
Deutsches Institut für Wirtschaftsforschung: Daten aus: Globus 9835. Online unter: http://www.learn-line.nrw.de/angebote/agenda21/archiv/05/daten/g9835CO2-Emissionen-DE.htm

Gehalt an bodennahem Ozon
Umweltbundesamt (2005): Hintergrundinformation: Sommersmog. Berlin: Umweltbundesamt

Waldschäden
Meining, S./Wilpert, K./Schröter, H. (2005): Waldzustandsbericht Baden-Württemberg 2005. Freiburg: Forstliche Versuchs- und Forschungsanstalt Baden-Württemberg
Bundesministerium für Ernährung, Landwirtschaft, und Verbraucherschutz (2006): Bericht über den Zustand des Waldes 2005. Berlin: BMELV

Anteile der Flächen für Landwirtschaft, Wald, Siedlung und Verkehr
Universität Karlsruhe: Flächenaufteilung in der BRD. Online unter: http://www.isl.uni-karlsruhe.de/module/bodennutzung/bodenflaesta/bodenflaesta.html

Verbrauch an nicht erneuerbaren Primärenergien:
Arbeitsgemeinschaft für Energiebilanzen. Online unter: http://www.ag-energiebilanzen.de/

Menge an privatem und industriellem Abfall
Statistisches Bundesamt: Schriftliche Mitteilung

Anteil der wieder verwerteten Siedlungsabfälle
Statistisches Bundesamt. Online unter: Quelle: http://www.destatis.de/themen/d/thm_umwelt1.php

Natur- und Landschaftsschutzgebiete
Blaschke, M./Bundesamt für Naturschutz (2003): Daten zur Natur 2002. Bonn: Landwirtschaftsverlag

4.2 Indikatoren der Gerechtigkeit

Chancengerechtigkeit Kinderarmut

Butterwegge, C./Klundt, M./Zeng, M. (2005): Kinderarmut in Ost- und Westdeutschland. Wiesbaden: VS Verlag

Butterwegge, C./Klundt, M. (Hrsg.) (2003): Kinderarmut und Generationengerechtigkeit. Familien- und Sozialpolitik im demographischen Wandel. Opladen: Leske + Budrich

Corak, M./Fertig, M./Tamm, M. A. (2005): Portrait of Child Poverty in Germany. Forschungsinstitut zur Zukunft der Arbeit. Diskussionspapier Nr. 1528. Online unter: ftp://ftp.iza.org/dps/dp1528.pdf

Huster, E.-U. (2003): Kinder zwischen Armut und Reichtum. In: Butterwegge, C./ Klundt, M. (Hrsg.): Kinderarmut und Generationengerechtigkeit. Familien- und Sozialpolitik im demographischen Wandel. Opladen: Leske + Budrich. 43-55

Lange, A./Lauterbach, W./Becker, R. (2003): Armut und Bildungschancen. Auswirkungen von Niedrigeinkommen auf den Schulerfolg am Beispiel des Übergangs von der Grundschule auf weiterführende Schulstufen. In: Butterwegge, C./ Klundt, M. (Hrsg.): Kinderarmut und Generationengerechtigkeit. Familien- und Sozialpolitik im demographischen Wandel. Opladen: Leske + Budrich. 153-170

Mansel, J. (2003): Lebenssituation und Wohlbefinden von Jugendlichen in Armut. In: Butterwegge, C./Klundt, M. (Hrsg.): Kinderarmut und Generationengerechtigkeit. Familien- und Sozialpolitik im demographischen Wandel. Opladen: Leske + Budrich. 115-136

Martens, R. (2005): Kinder und Hartz IV: Eine erste Bilanz der Auswirkungen. Berlin: Deutscher Paritätischer Wohlfahrtsverband – Gesamtverband e. V. Online unter: http://www.paritaet-nrw.org/content/e5748/e5754/e11853/index_ger.html

Merten, R. (2003): Psychosoziale Folgen von Armut im Kindes- und Jugendalter. In: Butterwegge, C./Klundt, M. (Hrsg.): Kinderarmut und Generationengerechtigkeit. Familien- und Sozialpolitik im demographischen Wandel. Opladen: Leske + Budrich. 137-151

Statistisches Bundesamt (2003): Sozialhilfe in Deutschland. Wiesbaden: Statistisches Bundesamt

Statistisches Bundesamt (2004): Statistik der Sozialhilfe. Kinder in der Sozialhilfe 2003. Wiesbaden: Statistisches Bundesamt

Statistisches Bundesamt Schriftliche Mitteilung vom 24.10.2005

Chancengerechtigkeit Bildung

Becker, R. (2004): Bildung. In: Statistisches Bundesamt (Hrsg.): Datenreport 2004. Zahlen und Fakten über die Bundesrepublik Deutschland. Bonn: Bundeszentrale für politische Bildung

Bos, W./Lankes, E.-M./Prenzel, M./Schwippert, K./Valtin, R./Walther, G. (2003): Erste Ergebnisse aus IGLU. Schülerleistungen am Ende der vierten Jahrgangstufe im internationalen Vergleich. Zusammenfassung ausgewählter Ergebnisse. Online unter: http://www.erzwiss.uni-hamburg.de/IGLU/home.htm

Bos, W./Lankes, E.-M./Prenzel, M./Schwippert, K./Valtin, R./Walther, G. (2004): IGLU. Einige Länder der Bundesrepublik Deutschland im nationalen und internationalen Vergleich. Zusammenfassung ausgewählter Ergebnisse. Online unter: http://www.erzwiss.uni-hamburg.de/IGLU/home.htm

Geißler, R. (1996): Die Sozialstruktur Deutschlands. Opladen: Westdeutscher Verlag. Kap. 12

Klein, T. (2005): Sozialstrukturanalyse. Eine Einführung. Reinbek: Rowohlt. Kap. 4

Lange, A./Lauterbach, W./Becker, R. (2003): Armut und Bildungschancen. Auswirkungen von Niedrigeinkommen auf den Schulerfolg am Beispiel des Übergangs von der Grundschule auf weiterführende Schulstufen. In: Butterwegge, C./ Klundt, M. (Hrsg.): Kinderarmut und Generationengerechtigkeit. Familien- und Sozialpolitik im demographischen Wandel. Opladen: Leske + Budrich. 153-170

OECD (2001): Lernen für das Leben. Erste Ergebnisse der internationalen Schulleistungsstudie PISA 2000. Paris: OECD. Kap. 6. Online unter: http://www.pisa.oecd.org/dataoecd/44/31/33691612.pdf

Prenzel, M./Baumert, J./Blum, W./Lehmann, R./Leutner, D./Neubrand, M./Pekrun, R./Rost, J./Schiefele, U. (2005): PISA 2003: Ergebnisse des zweiten Ländervergleichs. Zusammenfassung. Kiel: PISA-Koordinierungsstelle. Kap. 9 + 10. Online unter: http://pisa.ipn.uni-kiel.de/PISA2003_E_Zusammenfassung.pdf

Chancengerechtigkeit Zugang zu Elitepositionen

Hartmann, M. (2002): Der Mythos von den Leistungseliten. Spitzenkarrieren und soziale Herkunft in Wirtschaft, Politik, Justiz und Wissenschaft. Frankfurt am Main: Campus

Hartmann, M. (2004): Elitesoziologie: Eine Einführung. Frankfurt am Main: Campus

Isserstedt, W./Middendorff, E./Weber, S./Schnitzer, K./Wolter, A. (2004): Die wirtschaftliche und soziale Lage der Studierenden in der Bundesrepublik Deutschland 2003. 17. Sozialerhebung des Deutschen Studentenwerks durchgeführt durch HIS Hochschul-Informations-System. Berlin: Bundesministerium für Bildung und Forschung. Kap. 3

Pollak, R. (2003): Soziale Durchlässigkeit in Westdeutschland gestiegen. Analysen zur intergenerationalen sozialen Mobilität von Männern und Frauen für den Zeitraum 1976-2000. In: Informationsdienst soziale Indikatoren (ISI) 29/Januar 2003. Mannheim: ZUMA. 8-11. Online unter: http://www.gesis.org/Publikationen/Zeitschriften/ISI/pdf-files/isi-29.pdf

Schäfer, G. (2005): Demokratie, Sozialstaatlichkeit, gesellschaftliche und individuelle Verantwortung. In: Horster, D. (Hrsg.) Sozialstaat und Gerechtigkeit. Weilerswist: Velbrück. 12-36

Leistungsgerechtigkeit Verdienstunterschiede zwischen Männern und Frauen

Geißler, R. (1996): Die Sozialstruktur Deutschlands. Opladen: Westdeutscher Verlag. Kap. 13

Pollak, R. (2003): Soziale Durchlässigkeit in Westdeutschland gestiegen. Analysen zur intergenerationalen sozialen Mobilität von Männern und Frauen für den Zeitraum 1976-2000. In: Informationsdienst soziale Indikatoren (ISI) 29/Januar 2003. Mannheim: ZUMA. 8-11. Online unter: http://www.gesis.org/Publikationen/Zeitschriften/ISI/pdf-files/isi-29.pdf

Statistisches Landesamt Baden-Württemberg (2005): Erwerbstätigkeit von Frauen in Baden-Württemberg. Stuttgart: Statistisches Landesamt Baden-Württemberg. Online unter: http://www.statistik.baden-wuerttemberg.de/Veroeffentl/Statistik_Aktuell/Arbeitsmarkt.pdf

Leistungsgerechtigkeit FairTrade

Deutscher Kaffeeverband (Hrsg.) (2004): Jahresbericht 2003. Hamburg: Deutscher Kaffeeverband. Online unter: http://www.kaffeeverband.de/pdf/jb03.pdf

Deutscher Kaffeeverband (Hrsg.) (2005a): Jahresbericht 2004. Hamburg: Deutscher Kaffeeverband. Online unter: http://www.kaffeeverband.de/pdf/jb04.pdf

Deutscher Kaffeeverband (Hrsg.) (2005b): Kaffee-Digest 1. Daten und Hintergründe Welt, Europa und Deutschland. 11. Auflage. Hamburg: Deutscher Kaffeeverband. Online unter: http://www.kaffeeverband.de/pdf/digest1_2005.pdf

Deutscher Kaffeeverband (2006) Schriftliche Mitteilung vom 11.1.2006

Lamla, J. (2005): Zivilität und Konsum. Die Bürgerkultur im Prozess gesellschaftlicher Vermarktlichung. In: Corsten, M./Rosa, H./Schrader, R. (Hrsg.): Die Gerechtigkeit der Gesellschaft. Wiesbaden: VS-Verlag. 281-308

TransFair e. V./ Rugmark (Hrsg.) (2004): Jahresbericht 2003 – Ausblick 2004. Köln: TransFair. Online unter: http://www.transfair.org/download/pdf/43.pdf

TransFair e. V./ Rugmark (Hrsg.) (2005a): Jahresbericht 2004 – Ausblick 2005. Köln: TransFair. Online unter: http://www.transfair.org/download/pdf/48.pdf

TransFair e. V./ Rugmark (Hrsg.) (2005b): Kaffee – Mit Fairness und Genuss. Informationen zum fairen Handel mit Kaffee in Deutschland. Köln: TransFair. Online unter: http://www.transfair.org/download/pdf/51.pdf

TransFair e../ Rugmark (2006) Schriftliche Mitteilung vom 4.1.2006

Leistungsgerechtigkeit Steuerverschwendung

Bund der Steuerzahler Baden-Württemberg e. V. (2005): Schriftliche Mitteilung vom 14.10.2005

Präsidium des Bundes der Steuerzahler e. V. (Hrsg.) (div. Jg.): Die öffentliche Verschwendung: Schwarzbuch d. Bundes der Steuerzahler. Wiesbaden: Bund der Steuerzahler

Bedarfsgerechtigkeit Krippenplätze

Bien, W./Alt, Ch./Fendrich, S../Hackauf, H./Lange, A./Pothmann, J./Prien, G./von Santen, F.//Teubner, M. u. Traub, A. (2005): DJI-Kinderbetreuungsstudie 2005. Erste Ergebnisse. München: Deutsches Jugendinstitut. Online unter: http://www.bmfsfj.de/RedaktionBMFSFJ/Pressestelle/Pdf-Anlagen/dji-kinderbetreuungsstudie,property=pdf,bereich=,rwb=true.pdf

Beckmann, P. (2002): Zwischen Wunsch und Wirklichkeit. Tatsächliche und gewünschte Arbeitszeitmodelle von Frauen mit Kindern liegen immer noch weit auseinander. In: IAB Werkstattbericht Nr. 12/2002. Nürnberg: Institut für Arbeitsmarkt- und Berufsforschung

Beckmann, P./Kurtz, B. (2001): Die Betreuung der Kinder ist der Schlüssel. In: IAB Kurzbericht Nr. 10/2001. Nürnberg: Institut für Arbeitsmarkt- und Berufsforschung

Bertram, H./Rösler, W./Ehlert, N. (2005): Nachhaltige Familienpolitik. Zukunftssicherung durch einen Dreiklang von Zeitpolitik, finanzieller Transferpolitik und Infrastrukturpolitik. Berlin: Bundesministerium für Familie, Senioren, Frauen und Jugend. Online unter: http://www.bmfsfj.de/RedaktionBMFSFJ/Broschuerenstelle/Pdf-Anlagen/Bertram-Gutachten-Nachhaltige-Familienpolitik,property=pdf,bereich=,rwb=true.pdf

Engelbrech, G./ Jungkunst, M. (2001): Wie bringt man Beruf und Kinder unter einen Hut? In: IAB Kurzbericht, Nr. 7. Nürnberg: Institut für Arbeitsmarkt- und Berufsforschung

Hofäcker, D./Lück, D. (2004): Zustimmung zu traditionellem Alleinverdienermodell auf dem Rückzug. Einstellungen von Frauen zur geschlechtsspezifischen Arbeitsteilung im internationalen Vergleich. In: Informationsdienst soziale Indikatoren (ISI) 32. Mannheim: ZUMA. 12-15. Online unter: http://www.gesis.org/Publikationen/Zeitschriften/ISI/pdf-files/isi-32.pdf

Statistisches Bundesamt (2004): Kindertagesbetreuung in Deutschland. Einrichtungen, Plätze, Personal und Kosten 1990 bis 2002. Wiesbaden: Statistisches Bundesamt

Bedarfsgerechtigkeit Ausbildungsplätze

Bundesagentur für Arbeit (2005): Ausbildungsmarkt 1994-2004. Nürnberg: Bundesagentur für Arbeit

Finke, A. (1997): Jugendarbeitslosigkeit. Eine fast alltägliche Geschichte? In: Themenheft 1 der Kolpingjugend. Köln: Kolpingwerk

Kieselbach, T./Beelmann, G. (2003): Arbeitslosigkeit als Risiko sozialer Ausgrenzung bei Jugendlichen in Europa. In: Aus Politik und Zeitgeschichte B 6-7/2003. Bonn: Bundeszentrale für politische Bildung. 32-39. Online unter: http://www.bpb.de/publikationen/1WME8Y,0,0,Arbeitslosigkeit_als_Risiko_sozialer_Ausgrenzung_bei_Jugendlichen_in_Europa.html

Morgenroth, C. (2003): Arbeitsidentität und Arbeitslosigkeit – ein depressiver Zirkel. In: Aus Politik und Zeitgeschichte B 6-7/2003. Bonn: Bundeszentrale für politische Bildung. 17-24. Online unter: http://www.bpb.de/publikationen/2OHJCA,0,0,Arbeitsidentit%E4t_und_Arbeitslosigkeit_ein_depressiver_Zirkel.html

Oschmiansky, Fr. (2003): Faule Arbeitslose? Zur Debatte über Arbeitsunwilligkeit und Leistungsmissbrauch. In: Aus Politik und Zeitgeschichte B 6-7/2003. Bonn: Bundeszentrale für politische Bildung. 10-16. Online unter: http://www.bpb.de/publikationen/C25W0J,0,0,Faule_Arbeitslose.html Keine Entspannung auf dem Ausbildungsmarkt, Stuttgarter Zeitung vom 1.10.2005

Bedarfsgerechtigkeit medizinische Versorgung
Deppe, H.-U. (2002): Kommerzialisierung oder Solidarität?. Zur grundlegenden Orientierung von Gesundheitspolitik. In: Deppe, H.-U./Burkhardt, W. (Hrsg.): Solidarische Gesundheitspolitik. Hamburg: VSA-Verlag. 10-23
Gall, I.: Trend zur Zwei-Klassen-Medizin verstärkt sich. In: Die Welt vom 22.8.2005
Gerlinger, T./Lenhardt, U./Stegmüller, K. (2002): Kontroversen um den Leistungskatalog der Gesetzlichen Krankenversicherung. In: Deppe, H.-U./ Burkhardt, W. (Hrsg.): Solidarische Gesundheitspolitik. Hamburg: VSA-Verlag. 87-103
Hähnle, J.: Die Zweiklassenmedizin ist längst Realität. Erfahrungen aus der Praxis: lieber Privat- als Kassenpatient. In: Stuttgarter Zeitung vom 29.11.2005
Richter-Kuhlmann, E. A. (2004): Im Schraubstock der Ökonomie. Der Nationale Ethikrat such den „idealen Arzt“. In: Deutsches Ärzteblatt, Jg. 101, Heft 44. A2922
Rosenbrock, R. (2002): Kann die soziale Krankenversicherung in der Marktgesellschaft überleben? In: Deppe, H.-U./ Burkhardt, W. (Hrsg.): Solidarische Gesundheitspolitik. Hamburg: VSA-Verlag. 24-35
Spiegel Special (1996): Selektion will ich nicht. Special-Gespräch mit Minister Horst Seehofer (CSU) über die Finanzierbarkeit moderner Medizin
Steindor, M. (2005): Gerechte Gesundheitschance – ein halbherziges Thema über 200 Jahre deutscher Gesundheitspolitik. In: Corsten, M./Rosa, H./Schrader, R. (Hrsg.): Die Gerechtigkeit der Gesellschaft. Wiesbaden: VS-Verlag. 169-228
TNS EMNID (2002): Gesundheitspolitik und Altersversorgung. Bielefeld: TNS EMNID

Generationengerechtigkeit Zins-Steuer-Quote
Becker, A. (2003): Generationengerechte Finanzpolitik. In: Stiftung für die Rechte zukünftiger Generationen (Hrsg.): Handbuch Generationengerechtigkeit. München: Ökom. 243-271
Bundesministerium der Finanzen (2003): Monatsbericht 05.2003. Berlin: Bundesministerium der Finanzen. 69

Generationengerechtigkeit FSJ
Bertram, H./Rösler, W./Ehlert, N. (2005): Nachhaltige Familienpolitik. Zukunftssicherung durch einen Dreiklang von Zeitpolitik, finanzieller Transferpolitik und Infrastrukturpolitik. Berlin: Bundesministerium für Familie, Senioren, Frauen und Jugend. Online unter: http://www.bmfsfj.de/RedaktionBMFSFJ/Broschuerenstelle/Pdf-Anlagen/Bertram-Gutachten-Nachhaltige-Familienpolitik,property=pdf,bereich=,rwb=true.pdf
Bundesarbeitskreis „FSJ“ (Hrsg.) (2005): Auswertung der Jahresstatistiken 1996/97 bis 2003/04. Berlin: Deutscher Paritätischer Wohlfahrtsverband
Bundesarbeitskreis „FSJ“ (Hrsg.) (2006): Schriftliche Mitteilung

Generationengerechtigkeit Nachhaltige Planung
Brugger, A. (1990): Baden-Württemberg. Landschaft im Wandel, eine kritische Bilanz in Luftbildern aus 35 Jahren. Stuttgart: Theiss
Heger, H. M.: Die Körsch kann wieder zu natürlichen Ufern streben. In: Stuttgarter Zeitung vom 21.12.2005
Ministerium für Ernährung, Landwirtschaft, Umwelt- und Forsten Baden-Württemberg (Hrsg.) (1982): Ökologie und Flurbereinigung. Fachtagung der Flurbereinigungsverwaltung Baden-Württemberg in Bietigheim-Bissingen am 6. und 7. Oktober 1981. Ludwigsburg: Landesamt für Flurbereinigung und Siedlung Baden-Württemberg
Oppermann, R./Ostermann, G./Blew, J./Schöne, F./Unselt, C. (2003): Flurbereinigung und Naturschutz. Situation und Handlungsempfehlungen. Bonn: Naturschutzbund Deutschland e.V.

4.3. Indikatoren der Lebensqualität

Qualitatives Wachstum: Öffentliche Sicherheit

ZUMA (k. A.): Digitales Informationssystem soziale Indikatoren (DISI), Version 2.1. Mannheim: ZUMA

Qualitatives Wachstum: Künstlicher Kapitalstock (Bildungsausgaben)

Statistisches Bundesamt (div. Jahrgänge): Mitteilungen zu „Ausgaben je Schüler an öffentlichen Schulen". Wiesbaden: Statistisches Bundesamt. Online unter: http://www.destatis.de/

Qualitatives Wachstum: Künstlicher Kapitalstock (DKMS)

DKMS (2006): Status DKMS 1991-2006. Das Wichtigste zur größten Datei der Welt. Köln: Deutsche Knochenmarkspenderdatei

Qualitatives Wachstum: Ressourceneffizienz (Mobilität)

Bundeszentrale für politische Bildung (2006): Datenreport 2006. Bonn: Bundeszentrale für politische Bildung

Schnüll, R. (2000): Zielorientierte Mobilitätsplanung als Beitrag zur Nachhaltigkeit im Verkehrswesen. In: Aus Politik und Zeitgeschichte B 45-46/2000. Bonn: Bundeszentrale für politische Bildung. Online unter: http://www.bpb.de/publikationen/8QTMJO,0,0,Zielorientierte_Mobilit%E4tsplanung_als_Beitrag_zur_Nachhaltigkeit_im_Verkehrswesen.html

Qualitatives Wachstum: Ressourceneffizienz (Spez. Energieverbrauch)

Wirtschaftsministerium Baden Württemberg (2004): Energiebericht 2004. Stuttgart: Wirtschaftsministerium Baden-Württemberg. Online unter: www.wm.baden-wuerttemberg.de

Subjektives Wohlbefinden: Allgemeine Lebenszufriedenheit

Christoph, B. (2002): Weiter deutliche Zufriedenheitsdifferenzen zwischen Ost und West trotz Annäherung in manchen Bereichen. In: Informationsdienst Soziale Indikatoren (ISI) Nr. 28, Juli/2004. Mannheim: ZUMA. 11-14

ZUMA (k. A.): Digitales Informationssystem soziale Indikatoren (DISI), Version 2.1. Mannheim: ZUMA

Subjektives Wohlbefinden: Wahrgenommene Umweltqualität

Berger-Schmitt, R. (2004): Umwelt. In: Bundeszentrale für politische Bildung: Datenreport 2004. Bonn: Bundeszentrale für politische Bildung. 524-532

Christoph, B. (2002): Weiter deutliche Zufriedenheitsdifferenzen zwischen Ost und West trotz Annäherung in manchen Bereichen. In: Informationsdienst Soziale Indikatoren (ISI) Nr. 28, Juli/2004. Mannheim: ZUMA. 11-14

Preisendörfer, P. (1999): Umwelteinstellungen und Umweltverhalten in Deutschland. Empirische Befunde und Analysen auf der Grundlage der Bevölkerungsumfragen „umweltbewusstsein in Deutschland 1991-1998". Opladen: Leske + Budrich

Subjektives Wohlbefinden: Nichtmaterielle Wohlstand (Zeit)

Bundesministerium für Familie, Senioren, Frauen und Jugend und Statistisches Bundesamt (Hrsg.) (2003): Wo bleibt die Zeit? Die Zeitverwendung der Bevölkerung in Deutschland 2001/02. Wiesbaden: Statistisches Bundesamt

Kramer, C. (2004): Zeitverwendung. In: Bundeszentrale für politische Bildung: Datenreport 2004. Bonn: Bundeszentrale für politische Bildung. 545-554

Subjektives Wohlbefinden: Künstlicher Kapitalstock (Vertrauen)

Berger-Schmitt, R. (2004): Geringes Vertrauen in wirtschaftlich schwachen Ländern. In: Informationsdienst Soziale Indikatoren (ISI) Nr. 32, Juli/2004. Mannheim: ZUMA. 6-10

Subjektives Wohlbefinden: Arbeitsplatz
McKinsey & Company (2004): Perspektive Deutschland 3. Sonderauswertung Arbeit und Beruf. Berlin: McKinsey. Online unter: http://www.perspektive-deutschland.de/files/presse_2004/pd3-Special-Arbeit_und_Beruf.pdf
McKinsey& Company (2005): Projektbericht Perspektive Deutschland 2004/05. Düsseldorf: McKinsey. Online unter: http://www.perspektive-deutschland.de/files/presse_2005/Projektbericht_Perspektive_Deutschland_2004_05.pdf
McKinsey& Company (2006): Projektbericht Perspektive Deutschland 2005/06. Düsseldorf: McKinsey. Online unter: http://www.perspektive-deutschland.de/files/presse_2006/pd5-Projektbericht.pdf

5. Cross-Impact-Analyse: Methode und Ergebnisse

Arcade, J./Godet, M./Meunier, F./Roubelat, F. (1999): Structural analysis with the MICMAC method and Actors' strategy with MACTOR method. In: Futures Research Methodology, AC/UNU Millennium Project. Washington, DC: American Council for the United Nations University
Berg, C. (2005): Vernetzung als Syndrom – Risiken und Chancen von Vernetzungsprozessen für eine nachhaltige Entwicklung. Campus Verlag: Frankfurt am Main, New-York.
Godet, M. (1993): From anticipation to action – a handbook of strategic prospective. Paris: UNESCO Publishing
Götze, U. (1991): Szenariotechnik in der strategischen Unternehmensplanung. Wiesbaden: Deutscher Universitäts-Verlag
Kauffman, S. A. (1993): The origins of order. New-York, Oxford: Oxford University Press
Lüdeke, M. K. B./Petschel-Held. G./Schellnhuber, H.-J. (2004): Syndromes of global change: The first panoramic view. GAIA 13 (1)
Schellnhuber, H. .J. et al. (1997): Syndromes of Global Change. In: GAIA - Ökologische Perspektiven in Natur-, Geistes- und Wirtschaftswissenschaften 6 (1). 19-34
WBGU (Wissenschaftlicher Beirat der Bundesregierung Globale Umweltveränderungen) (1994): Die Gefährdung der Böden. Jahresgutachten. Bonn: Economica-Verlag
Weimer-Jehle W. (2006): „Cross-impact balances". Technology Forecasting and Social Change. Cross-Impact Balances – A System-Theoretical Approach to Cross-Impact Analysis. Technological Forecasting and Social Change, Vol. 73, No. 4, S. 334-361.
Weisbuch, G. (1990): Complex Systems Dynamics. Redwood City, CA: Addison-Wesley

6. Diskursive Verfahren zur Lösung von Ziel- und Transformationskonflikten

Andelfinger, U. (1997): Diskursive Anforderungsanalyse, Europäische Hochschulschriften. Frankfurt am Main: Peter Lang
Apel, K.-O. (1992): Diskursethik vor der Problematik von Recht und Politik: Können die Rationalitätsdifferenzen zwischen Moralität, Recht und Politik selbst noch durch Diskursethik normativ-rational gerechtfertigt werden? In: Apel, K.-O. /Kettner, M. (Hrsg.): Zur Anwendung der Diskursethik in Politik, Recht und Wissenschaft. Frankfurt am Main: Suhrkamp. 29-61
Austin, J. (1969): How to Do Things with Words. Cambridge, MA: Harvard University Press
Bacow, L.S./Wheeler, M. (1984): Environmental Dispute Resolution. New York: Plenum
Bacharach, P. (1967): The Theory of Democratic Elitism: A Critique. Boston: Little Brown
Benighaus, C./Kastenholz, H. (2003): Praxisleitfaden – Mobilfunkanlage. Information und Beteiligung bei der Standortsuche von Mobilfunkanlagen. Manuskript für das Sozialministerium des Landes Baden-Württemberg. Stuttgart: Akademie für Technikfolgenabschätzung
Benighaus, Ch./Oppermann, B./Renn, O. (2005): Partizipative Verfahren in der kommunalen Planung. In: Michelsen, G./ Godemann, J. (Hrsg.): Handbuch Nachhaltigkeitskommunikation. Grundlagen und Praxis. München: Ökom. 698-708
Buchanan J. M./Tullock, G. (1962): The Calculus of Consent. The Logical Foundation of Democracy. Ann Arbor: Univeristy of Michigan Press

Burns, T. R./Überhorst, R. (1988): Creative Democracy: Systematic Conflict Resolution and Policymaking in a World of High Science and Technology. New York: Praeger

Dahl, R. A. (1989): Democracy and its Critics. New Haven: Yale University Press

Dettling, W. (1974): Demokratisierung. Wege und Irrwege. Köln: Deutscher Instituts-Verlag

Dryzek, J. S. (1990): Discursive Democracy. Cambridge: Cambridge University Press

Eckert, R. (1970): Politische Partizipation und Bürgerinitiative. In: Bundeszentrale für Politische Bildung (Hrsg.): Partizipation. Aspekte politischer Kultur. Reihe: Offene Welt, Nr. 10. Opladen: Westdeutscher Verlag. 30-47

Elster, J. (1989): Solomonic Judgmentsd: Studies in the Limitation of Rationality. Cambridge: Cambridge University Press

Ernste, H. (1996): Kommunikative Rationalität und umweltverantwortliches Handeln. In: Kaufmann-Hayoz, R./Di Giulio, A. (Hrsg.): Umweltproblem Mensch. Humanwissenschaftliche Zugänge zu umweltverantwortlichem Handeln. Bern: Paul Haupt. 197-216

Fiorino, D. (1989): Environmental Risk and Democratic Process: A Critical Review. In: Columbia Journal of Environmental Law, 14, No. 2. 501-547

Fiorino, D. (1990): Citizen Participation and Environmental Risk: A Survey of Institutional Mechanisms. In: Science, Technology, & Human Values, 15, No.2. 226-243

Frey, B./Oberholzer-Gee, F. (1996): Fair Siting Procedures: An Empirical Analysis of Their Importance and Characteristics. In: Policy Analysis and Management, Vol. 15, No. 3. 353-376

Funtowicz, S. O./Ravetz, J. R. (1985): Three Types of Risk Assessment: A Methodological Analysis. In: Whipple, C./Covello, V. (Hrsg.): Risk Analysis in the Private Sector. New York: Plenum. 831-848

Gethmann, C. F./Mittelstraß, J. (1992): Maße für die Umwelt. In: GAIA - Ökologische Perspektiven in Natur-, Geistes- und Wirtschaftswissenschaften, Nr. 1. 16-25

Hartwich, H. H./Wewer, G. (Hrsg.) (1991): Regieren in der Bundesrepublik III. Systemsteuerung und „Staatskunst". Opladen: Westdeutscher Verlag

Habermas, J. (1971): Vorbereitende Bemerkungen zu einer Theorie der kommunikativen Kompetenz. In: Habermas, J./Luhmann, N. (Hrsg.): Theorie der Gesellschaft oder Sozialtechnologie. Was leistet die Systemforschung. Frankfurt am Main: Suhrkamp. 101-141

Habermas, J. (1981): Theorie des kommunikativen Handelns. Frankfurt am Main: Suhrkamp

Habermas, J. (1983): Theory of Communicative Action. Vol. 1: Reason and the Rationalization of Society. Boston: Beacon Press

Habermas, J. (1989): Erläuterungen zum Begriff des kommunikativen Handelns. In: Vorstudien und Ergänzungen zur Theorie des kommunikativen Handelns. Frankfurt am Main: Suhrkamp. 571-606

Habermas, J. (1991): Moralbewußtsein und kommunikatives Handeln. Frankfurt am Main: Suhrkamp

Habermas, J. (1992): Faktizität und Geltung. Beiträge zur Diskurstheorie des Rechts und des modernen Rechtsstaates. Frankfurt am Main: Suhrkamp

Habermas, J. (1996): On the Cognitive Content of Morality. In: Proceedings of the Aristotelian Society, Vol. XCVI, Part 3. Oxford: Blackwell. 335-358

Kemp, R. (1985): Planning, Political Hearings, and the Politics of Discourse. In: Forester, J. (Hrsg.): Critical Theory and Public Life. Cambridge: MIT Press. 177-201

Kettner, M. (1995): Habermas über die Einheit der praktischen Vernunft. Eine Kritik. In: Wüstehube, A. (Hrsg.): Rationalität. Würzburg: Königshausen und Neumann. 85-111

Koller, P. (1992): Moralischer Diskurs und politische Legitimation. In: Apel, K.-O./Kettner , M. (Hrsg.): Zur Anwendung der Diskursethik in Politik, Recht und Wissenschaft. Frankfurt am Main: Suhrkamp. 62-83

Lindbloom, C. (1959): The Science of Muddling Through. Public Administration Review.79-99

Lindbloom, C. (1965): The Intelligence of Democracy. Decision Making Through Mutual Adjustment. New York: Free Press

Linder, W./Vatter, A. (1996): Kriterien zur Evaluation von Partizipationsverfahren. In: Selle, K. (Hrsg.): Planung und Kommunikation. Wiesbaden und Berlin: Bauverlag. 181-188

Lindner, C. (1990): Kritik der Theorie der partizipatorischen Demokratie. Opladen: Westdeutscher Verlag
Luhmann, N. (1983): Legitimation durch Verfahren. Frankfurt am Main: Suhrkamp
Luhmann, N. (1986): Ökologische Kommunikation. Opladen: Westdeutscher Verlag
Lynn, F. (1990): Public Participation in Risk Management Decisions: The Right to Define, the Right to Know, and the Right to Act. In: Risk-Issues in Health and Safety, 1. 95-101
Mohr, H. (1996): Das Expertendilemma. In: Nennen, H.-U./ Garbe, D. (Hrsg.): Das Expertendilemma. Zur Rolle wissenschaftlicher Gutachter in der öffentlichen Meinungsbildung. Berlin: Springer. 3-24
Münch, R. (1982): Basale Soziologie: Soziologie der Politik. Opladen: Westdeutscher Verlag
Nennen, H.-U. (1995): Homo discursivus – Von den Grenzen zuträglicher Kontingenzerfahrung. In: Arbeitsbericht 48. Stuttgart: Akademie für Technikfolgenabschätzung in Baden-Württemberg
Pateman, C. (1970): Participation and Democratic Theory. Cambridge: Cambridge Univeristy Press
Reagan, M./Fedor-Thurman, V. (1987): Public Participation: Reflections on the California Energy Policy Experience. In: DeSario, J./Langton, S. (Hrsg.): Citizen Participation in Public Decision Making. Westport: Greenwood. 89-113
Renn, O./Webler, T./Rakel. H./Dienel, P.C./Johnson, B. (1993): Public Participation in Decision Making: A Three-Step-Procedure. In: Policy Sciences, 26. 189-214
Renn, O./Webler, Th. (1997): Steuerung durch kooperativen Diskurs. Konzept und praktische Erfahrungen am Beispiel eines Deponieprojektes im Kanton Aargau. In: Köberle, S./Gloede, F./Hennen, L. (Hrsg.): Diskursive Verständigung? Mediation und Partizipation in Technikkontroversen. Baden-Baden: Nomos. 64-100
Renn, O./Webler, Th. (1998): Der kooperative Diskurs – Theoretische Grundlagen, Anforderungen, Möglichkeiten. In: Renn, O./Kastenholz, H./Schild, P./Wilhelm, U. (Hrsg.): Abfallpolitik im kooperativen Diskurs. Bürgerbeteiligung bei der Standortsuche für eine Deponie im Kanton Aargau. Zürich: Hochschulverlag AG an der ETH Zürich. 3-103
Renn, O. (1999): Diskursive Verfahren der Technikfolgenabschätzung. In: Petermann, Th./Coenen, R. (Hrsg.): Technikfolgenabschätzung in Deutschland. Bilanz und Perspektiven. Frankfurt am Main: Campus. 115-130
Renn, O. (2004): The Challenge of Integrating Deliberation and Expertise: Participation and Discourse in Risk Management. In: MacDaniels, T.L./Small, M.J. (Hrsg.): Risk Analysis and Society: An Interdisciplinary Characterization of the Field. Cambridge: Cambridge University Press
Renn, O./Oppermann, B. (2001): Mediation und kooperative Verfahren im Bereich Planung und Umweltschutz. In: Institut für Städtebau (Hrsg.): Kooperative Planung und Mediation im Konfliktfall, Heft 82. Berlin: Deutsche Akademie für Städtebau und Landesplanung. 13-36
Rowe, G./Frewer, L.J. (2000): Public Participation Methods: A Framework for Evaluation. In: Science, Technology & Human Values, 225, No. 1. 3-29
Schimank, U. (1992): Spezifische Interessenkonsense trotz generellem Orientierungsdissens. In: Giegel, H.-J. (Hrsg.): Kommunikation und Konsens in modernen Gesellschaften. Frankfurt am Main: Suhrkamp. 236-275
Sclove, R. E. (1995): Democracy and Technology. New York: Guilford Press
Seiler, H. (1991): Rechtliche und rechtsethische Aspekte der Risikobewertung. In: Chakraborty, S./Yardigaroglu, G. (Hrsg.): Ganzheitliche Risikobetrachtungen. Köln: Verlag TÜV Rheinland. 5-1 bis 5-26
Shrader-Frechette, K. (1990): Scientific Method, Anti-Foundationalism, and Public Policy. In: Risk-Issues in Health and Safety, 1. 23-41
Vollmer, H. (1996): Akzeptanzbeschaffung: Verfahren und Verhandlungen. In: Zeitschrift für Soziologie, 25, Heft 2. 147-164
Webler, Th. (1995): 'Right' Discourse in Citizen Participation. An Evaluative Yardstick. In: Renn, O./Webler, Th./Wiedemann, P. (Hrsg.): Fairness and Competence in Citizen Participation. Evaluating New Models for Environmental Discourse. Dordrecht und Boston: Kluwer. 35-86

Weinrich, H. (1972): System, Diskurs, Didaktik und die Diktatur des Sitzfleisches. Merkur, 8. 801-812

Wellmer, A. (1992): Konsens als Telos der sprachlichen Kommunikation? In: Giegel, H.-J. (Hrsg.): Kommunikation und Konsens in modernen Gesellschaften. Frankfurt am Main: Suhrkamp. 18-30

Wiedemann, P.M. (1994): Mediation bei umweltrelevanten Vorhaben: Entwicklungen, Aufgaben und Handlungsfelder. In: Claus, F./Wiedemann, P.M. (Hrsg.): Umweltkonflikte: Vermittlungsverfahren zu ihrer Lösung. Taunusstein: Blottner Verlag. 177-194

Würtenberger, T. (1993): Konfliktlösung durch Akzeptanzmanagement. In: Zilleßen, H./Dienel, P. C./Strubelt, W. (Hrsg.): Die Modernisierung der Demokratie. Opladen: Westdeutscher Verlag. 72-86

Zilleßen, H. (1993): Die Modernisierung der Demokratie im Zeichen der Umweltproblematik. In: Zilleßen, H./Dienel, P. C./Strubelt, W. (Hrsg.): Die Modernisierung der Demokratie. Opladen: Westdeutscher Verlag. 17-39